MW01093460

2008. 7. 24

~

**이중톈,
중국인을 말하다**

이중톈 易中天 샤먼廈門대학교 인문대학원 교수. 1947년 후난성湖南省 창사長沙에서 태어나,
1981년 우한武漢대학교를 졸업하고, 문학 석사 학위를 취득하였다. 2006년 CCTV이 「백가강단」이라는
프로그램에서 《삼국지》를 강의하면서 폭발적인 인기를 누리게 되었고, 중국 내에서
'역사 대중화'의 길을 개척하면서 고전의 르네상스를 열었다고 평가받고 있다.
또한 '이중톈 현상'이라는 말이 유행할 만큼 그의 인기와 사회적 관심은 대단하다.
《품인록》, 《제국의 슬픔》, 《삼국지 강의》, 《초한지 강의》, 《중국 도시 중국 사람》 등
그의 모든 책이 베스트셀러가 되었다.

옮긴이 박경숙 국민대학교 중어중문학과를 졸업하고, 북경어언문화대학 대외한어 석사 학위 취득 및
한국외국어대학교 중어중문학과 박사과정을 수료하였다. 현재 호서대학교, 명지전문대 등에서
중국어를 가르치고 있으며, 번역서로는 《하늘이 내린 지략가 쩡칭훙》이 있다.

閑话中国人

Copyright ⓒ 2006 by Yi Zhongtian
Originally published in China as 《閑话中国人》
Translated with the permission of the author and the Shanghai Literature & Art Publishing House
through Carrot Korea Agency, Seoul
All rights reserved.

Korean Translation Copyright ⓒ 2008 by EunHaeng NaMu Publishing Co.

이 책의 한국어판 저작권은 캐럿코리아를 통한 Shanghai Literature & Art Publishing House와의 독점 계약으로
도서출판 은행나무가 소유합니다.
저작권법에 의하여 한국 내에서 보호를 받는 저작물이므로 무단전재와 무단복제를 금합니다.

이중톈,
중국인을 말하다

이중톈 지음
박경숙 옮김

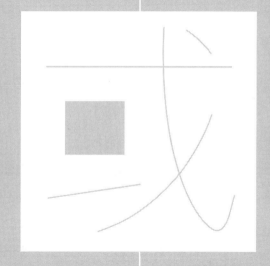

은행나무

알 수 없는 중국인

이 책은 중국인에 대한 이야기다. 실제로 중국인과 관련된 일은 이야기하기가 쉽지 않다.

부패를 예로 들어보자. 중국인은 부패를 좋아할까? 당연히 싫어한다. 부패라는 말만 들어도 인상을 찌푸리며 이를 갈지 않는 사람이 없다. 심지어 뇌물을 주고받는 사람들마저도 부패를 끔찍이 싫어한다. 그러나 뇌물을 받지 않아도 걱정 없이 살 수 있다면 왜 관직에서 쫓겨나고 철창에 갇히는 위험을 감수하면서까지 그런 짓을 하겠는가? 주는 입장에서도 별 탈 없이 쉽게 일을 처리할 수 있다면 왜 자기 돈을 남에게 줘가며 애를 쓰겠는가? 부패를 갈망하는 사람은 오직 권력과 돈, 권력과 섹스가 오가는 속에서 모종의 이득을 취하려는 사람들뿐이다. 하지만 그것도 극소수에 불과하다.

중국인 대다수가 부패를 좋아하지 않지만, 부패와 전혀 무관한 것도 아니다. 실제로 많은 중국인들은 자신에게 어떤 일이 생기면 우선 아는 사람을 통해 편법, 즉 접대나 뇌물을 쓰려고 한다. 만약 모든 관리들이 접대에 응하지도 않고 뇌물을 받지 않는다면, 많은 사람들이 실망과 함께 아무 생각도 하지 못하고 과연 일을 처리할 수 있을까 고민할 것이다. 부패를 허용해서도 안되지만 그렇다고 지나친 반대도 적절하지 않다. 가장 적절한 해결책을 제시하자면, 부탁을 들어줄 사람과 가볍게 한 끼 식사를 하거나 담배 한두 보루 건네는 게 무난하다. 이 정도라면 모두가 흔쾌히 반길 것이다.

과연 이것이 지나친 말일까? 그렇지 않다. 사실 여기에는 숨겨진 이유가 있다. 이를테면 중국인은 공금으로 먹고 마시는 것을 반대하고 혐오하기까지 한다. 하지만 당신이 아직 한 번도 공금으로 먹고 마셔본 적이 없는 누군가를 식사에 초대한다면 대부분 기쁜 얼굴로 흔쾌히 응한다. 그들은 실제로는 공금으로 먹고 마시는 것에 반대하는 것이 아니라, 남들 모두 그렇게 하는 그 자리에 자신이 낄 수 없다는 것에 대해 반대한다는 것을 알 수 있다. 즉 자기 몫이 없기 때문에 하는 수 없이 공금으로 먹고 마시는 것까지 반대하는 것이다.

그럼 중국인은 두 얼굴일까? 그렇지 않다. 중국인은 항상 똑같고, 또한 나름의 '원칙'이 있다. 이 원칙은 바로 인정과 체면 같은 것들이다. 누군가에게 식사 대접을 하는 것은 정情의 표현이면서 동시에 상대의 체면을 세워주는 것이다. 그러하니 어찌 기꺼운 마음과 좋은 얼굴로 대하지 않겠는가? 다시 말해 그가 먹는 것은 밥이 아닌, 인정이자 체면이다.

그 비용이 공금이냐, 개인 돈이냐 하는가는 또 무슨 관계일까? 그가 이론상으로는 공금으로 먹고 마시는 것을 반대하는 사람이라고 해도 상관없다. 결과적으로 대부분 공금으로 먹고 마시는 것은 반대하면서도, 이와 같은 일은 여전히 사라지지 않고 있으며 오히려 갈수록 더욱 심해지고 있다. 이는 중국인 대부분이 추상적인 원칙을 함께 논하거나, 또어떤 대의명분을 위해 개인의 체면을 희생하려 하지 않기 때문이다. 어떻게 말하면 한가지 일이고, 어떻게 말하면 별개의 일이기도 한 것이다.

예를 들어, 공금으로 먹고 마시는 것에 반대하는 친한 친구가 있다고 하자. 그 친구가 내가 일하는 곳에 왔을 때 만약 공금으로 그를 접대하지 않으면, 그 친구는 또한 별로 좋아하지 않는데, 그가 남 앞에 나설만하지 못하거나 공금으로 먹고 마실 자격이 없는 것처럼 느낌으로써 그의 체면을 깎는 일이 되기 때문이다. 다시 말해 중국인은 말과 행동이 다른 게 아니다. 그들의 앞과 뒤가 다른 것도 아니다. 다만 처세의 '원칙' 혹은 '법칙' 이 너무 많아서 종종 모순이 되기 때문이다.

중국의 선조들이 물려준 수많은 가르침 중 하나는 항상 싸워야 한다는 것이다. 정의를 보면 용감히 뛰어들고, 불의를 보면 싸워야 한다고 가르쳤다. 하지만 동시에 쓸데없는 일에는 참견하지 말고, 자기 집 일에나 신경 쓰며, 남의 집 일에는 상관하지 말라고도 경고했다. 과연 그들은 남의 일에 관여해야 할까, 말아야 할까? 관여해야 할지 아닐지는 그 일이 '쓸데없는 일' 인지 아닌지에 달려 있다. 만약 쓸데없는 일이라면 상관하지 않아야 하고, 그렇지 않다면 관여해야 한다. 그래서 불의를 보면 용감히 싸우라는 말도 맞고, 수수방관하는 태도로 일관하는 것도 맞다.

이쯤 되면 중국인의 '국민성' 이나 '민족성' 을 연구하는 사람들은 참으로 난감하다. 몇 마디 짧은 말로 중국인이나 중국인의 민족성, 문화심리에 대해 이렇다 저렇다 말할 수 없기 때문이다. 중국인은 강직한 듯 원만하고, 솔직한 듯 속물스러운 데가 있다. 의심이 많으면서도 쉽게 믿기도 하고, 고지식하면서도 융통성이 있다. 실리를 추구하면서도 정의감에 불타기도 하고, 예의를 따지면서도 공중도덕은 소홀히 한다. 중용을 주장하면서도 극단적인 면이 있고, 근검절약을 강조하면서도 걸치레를 좋아한다. 전통을 고수하면서도 유행을 좇고, 그럭저럭 만족하면서도 일확천금을 꿈꾸며, 향을 태우고 점을 보면서도 종교를 믿지 않고, 삼삼오오 뭉치기를 좋아하면서도 집안싸움은 끊일 날이 없다. 남의 흠을 들추기를 좋아하면서도 원만하게 수습을 잘하고, 남의 일에 참견하는 것을 좋아하지 않으면서도 쓸데없는 말을 잘하며, 시간의 중요성을 알면서도 '세월아 네월아' 하며 "만만디〔慢慢的〕"를 외친다.

이렇듯 중국인을 이해하기란 쉽지 않다. 비단 외국인만이 이해를 못하는 것이 아니라 중국인들 자신도 꼭 집어 어떻다고 말하지 못한다. 사실 꼭 집어 말하기 어렵다는 표현도 옳지 않다. 만약 "꼭 집어 말하기 어렵다"라고 하면, 반대할 사람이 분명히 있을 것이다. 그리고 그 사람은 일일이 중국인의 특징을 짚어낼 것이다. 그의 지적은 하나하나 사리에 맞아떨어질 것이고, 옆에 있는 사람은 계속 그렇다고 고개를 끄덕일 것이다. 하지만 그는 이 사람이 말해도, 저 사람이 말해도 모두 그렇다고 고개를 끄덕일 게 분명하다. 왜냐하면 사람들 말이 다 옳기 때문이다. 그들이 고개를 끄덕거린다고 해서 그들의 관점이 서로 일치한다고 생각한다면 큰 오산이다. 오히려 그 사람들의 말은 정반대일 가능성이 아주 높다. 이 사람은 이 입장에서, 저 사람은 저 입장에서 동조하기 때문이다. 더군다나 중국에서는 고개를 끄덕이는 것이 반드시 긍정을 표시하는 건 아니다(물론 반대를 나타내는 것도 아니다). 고개를 끄덕이는 것은 경청하고 있다는 표시이거나 예의상, 심지어는 습관상의 행동일 뿐이다.

중국인과 관련된 일은 사실 꽤 골치가 아프다.

밥 먹는 일만 해도 그렇다. 중국인은 식사에 초대하는 것을 참 좋아한다. 하지만 남방과 북방이 전혀 다르다. 어떻게, 무엇을 먹는지가 다르기 때문이다. 예를 들어, 북방 사람들은 손님을 초대할 때 항상 상다리가 휘어지도록 한 상 가득 음식을 차린다. 요리도 매우 알차다. 닭 한마리, 오리 한 마리, 돼지 다리나 양 다리가 통째로 올라온다. 술은 큰컵으로 마시고, 고기는 통째로 뜯는다. 남방은 북방보다 접시가 훨씬작고, 양도 매우 적다. 거의 젓가락질 한 번이면 끝이다. 하지만 요리의모양과 색이 다채롭고 종류가 많아서 닭 한 마리로 여러 가지 음식을만들고, 생선 한 마리로 두세 가지 맛을 볼 수 있다. 그래서 북방 사람들은 남방 사람들을 쩨쩨하다며 무시한다. 남방 사람들도 북방 사람들을 마음에 들어 하지 않기는 마찬가지다. 더 흥미로운 것은 그들이 서로 가식적이라고 생각한다는 것이다. 북방 사람들은 남방의 식탁을 보고 "이걸 음식이라고 차리다니 젓가락질 할 데도 없고만. 이게 무슨 손님 초대라는 거야? 어쩔 수 없이 차렸구만, 억지로 차렸어"라고 한다. 남방 사람들은 북방의 식탁을 보고 "다 먹지도 못할 게 뻔한데, 계속 음식을 내오면 이걸 먹으라는 거야, 구경하라는 거야? 허세부리기는, 쯧쯧!"이라고 한다.

도대체 누가 가식적인 것일까? 사실 아무도 가식적이지 않다. 북방사람은 손님을 초대했으면 성심성의껏 허리띠를 풀어놓고 먹게 해야예의라고 생각하며, 남방 사람들은 실속 있는 접대를 중요시하여 음식으로 허세부리며 낭비할 필요가 없다고 생각하는 것에 차이가 있을 뿐이다. 이러한 사고의 차이가 "음식은 먹을 만큼만 하면 되지, 그렇게 많이 해서 뭐 해? 자기 집에서 밥을 먹는다면 그렇게 할까? 안 그럴걸?"혹은 "걸신들린 사람으로 보는 거야, 뭐야? 먹을 수 있는 양 만큼만 해야지!"처럼 의도와는 정반대의 반응을 불러일으키는 것이다. 모두 나름 진심으로 행동했지만 결국 서로 가식적이라고 생각하는 것이다.

같은 중국인도 남방과 북방이 이렇게 다른데, 중국인이 중국인에 대해 이렇다 저렇다 분명하게 말할 수 있을까?

문화와 사람

중국인들이 서로 다르듯, 서양 사람들도 나라마다 다르다.

한 사람이 실험을 했다. 영국, 스페인, 프랑스, 러시아의 각 나라별로 남자 두 명과 여자 한 명을 한 조로 편성해 각각 무인도에 보냈다. 그리고 어떠한 일이 벌어지는지 살펴보았다.

3일 후, 영국인이 있는 섬에 가보니, 세 사람이 각자 떨어져 앉아 서로 아무 간섭도 하지 않았다. 그 이유를 묻자 원망 섞인 목소리로 아무도 소개시켜주지 않았다고 했다. 다음에는 스페인 사람들이 있는 섬에 갔는데, 남자 두 명은 그림자도 보이지 않고, 여자 혼자서 춤을 추고 있었다. 여자는 불만이 가득한 목소리로 실험자에게 두 남자가 자기 때문에 결투하다가 모두 죽었다고 했다. 이번에는 프랑스 사람들이 있는 섬으로 갔다. 그곳엔 다른 사람은 보이지 않고, 남자 한 명만 휘파람을 불며 나무를 깎고 있었다. 그는 신바람이 나서, "두 사람은 저 위에 있소. 남자 둘이 돌아가며 여자의 애인이 되기로 했소. 지금 그들은 저 수풀 속에서 즐기고 있을 거요"라고 했다. 마지막으로 러시아 사람들이 있는 섬으로 갔다. 그곳에는 남자들만 보드카를 마시며 포커를 치고 있었다. 여자는 어디에 있냐고 묻자, 러시아 남자들은 술에 홍건히 취해서 "여성 동지? 아! 단체농장에 사회주의를 건설하러 갔소"라고 했다. 당신들은 무엇을 하고 있느냐고 물으니, 두 남자는 정색을 하며 갑자기 눈에 힘을 주며 이렇게 말했다. "뭐요! 우리가 회의하는 거 보이지 않소?"

물론 이 이야기는 우스갯소리에 불과하다. 기왕 하는 김에 우스갯소리를 하나 더 소개한다.

네댓 명의 사람들이 커피를 마시러 커피숍에 갔다. 그들은 하나같이 커피를 시켰는데, 커피 잔 속에 파리가 빠져 있었다. 처음으로 파리를 발견한 것은 영국 사람이었다. 영국 사람은 조용히 일어나, 탁자 위에 돈을 던져두고 아무 일 없었다는 듯 나가버렸다. 두 번째는 일본 사람이었다. 일본 사람은 테이블을 탁 치며 일어나더니 매니저를 불러 욕을 한바탕하고는 기업 관리 운운하며 큰소리를 쳤다. 세 번째는 미국 사람이었는데, 그는 편안하게 의자에 기대어 앉아 손짓으로 종업원을 불러 웃으면서 말하길, "아가씨, 우리 미국에서는 파리를 따로 접시에 담아 커피와 크림, 설탕과 함께 가져오지. 손님이 각자 원하는 대로 타먹게 돼 있소"라며 농담을 했다.

그렇다면 중국인은 어떻게 할까? 아마도 "뭐 하는 거야! 가서 윗사람 불러와!"라며 호통을 칠 것이다.

이렇듯 같은 사건을 대하는 태도가 나라마다 다르다. 왜 이런 결과가 생기는 걸까?

그 원인은 바로 민족성에 있다. 이를 다른 말로 하면 민족의 문화 성격이라고 할 수 있다. 영국인들은 '신사주의'를 중시하기 때문에, 그 자리에서 태도를 바꾸지 않고, 소개를 받지 않은 낯선 사람과는 절대로 대화를 나누지 않는다. 프랑스 사람은 낭만적이고, 미국 사람은 유머가 있으며, 일본 사람은 엄격하고, 스페인 사람은 용감하다. 따라서 표현 방식이 모두 다르다. 중국인은 원래부터 윗사람의 말을 잘 들었다. 무슨 일이 생기면, 우선 윗사람부터 찾는다. 또한 자신이 상대방을 가르칠 자격이 있다는 것을 알리기 위해 기세등등하게 "윗사람 오라고 해!"

라고 한다. 미국 사람은 반대로, 자신의 일은 당연히 자신이 처리해야 한다고 여기기 때문에 윗사람을 찾지 않고, 즉시 변호사를 찾는다. 더군다나 호통을 쳐야 하는 상대가 아름다운 아가씨인데 굳이 목청을 높일 필요가 있을까?

이것이 바로 문화의 차이다.

문화의 차이는 도처에서 볼 수 있다. 한 중국인이 외국인의 집에 초대되었는데, 혹시 집주인이 "마실 것 좀 드릴까요?" 하고 물으면, 중국인은 대부분 "괜찮습니다"라고 한다. 그 결과 그는 목이 말라도 참을 수밖에 없다. 왜냐하면 자신이 "노(No)"라고 대답했기 때문이다. 집주인은 상대방에게 억지로 마시라고 강요하지 않는다.

물론 이 중국인은 "아무거나"라고도 대답할 수 있다. 하지만 그 결과는 서로를 난처하게 할 가능성이 크다. 중국이 막 개방됐을 무렵, 이런 우스갯소리가 유행했다. 청나라의 한 관리가 서양 사람을 만나러 갔다. 서양 사람이 그에게 "마실 것을 드릴까요?"라고 하자, 그는 "아무것이나 달라"고 했다. 그러자 서양인은 으레 그에게 커피를 대접했다. 커피를 마셔본 적이 없던 청나라 관리는 한 모금 마시고 토할 뻔했다. 그가 낮은 목소리로 통역사에게 "이게 뭔가?"라고 묻자, 통역사는 "커피"고 했다. 관리는 "내가 커피를 달라고 한 적 없는데!"라고 하자, 통역사가 "방금 아무거나 달라고 하지 않으셨습니까?" 하고 답했다. 관리는 화를 내며 "내가 아무거나 달라고 한다고 쓰디쓴 물을 마시게 해! 좋아, 다음에 저 사람이 아무거나 달라고 하면 말 오줌을 먹일 테다!"라고 했다고 한다.

사실 이 관리의 성격이 막무가내이기는 하다. 우선, 상대가 커피를 마시라고 한 것이 아니라 자기가 아무거나 달라고 했다. 둘째, 상대 역시 말의 오줌을 마시게 할 정도로 함부로 한 것도 아닌데, 말의 오줌으로 상대에게 복수해서도 안 된다. 셋째, 상대가 진지하게 "마실 것 좀 드릴까요?" 라고 하면, "아무것이나요"라고 대답하지 말았어야 한다. 도리어 이 관리는 문화의 차이를 알지도 못하면서 또한 알려고 들지도 않았다. 그 후 또 서양 사람 집에 가서 "아무것이나 달라"라고 했는데, 이번에는 정말 말의 오줌과 비슷한 맛이 나는 것을 마시게 됐다. 서양 사람들은 그것을 "맥주"라고 했다.

이렇듯 문화의 차이를 이해하지 못하면 문제가 생기거나 웃음거리가 되기도 하고, 뜻밖의 상황에 처할 수 있다. 예를 들어 당신이 계단을 오르고 있는 노부인을 발견했다고 하자. 과연 노부인을 부축해야 할까 아니면 그냥 모른 척해야 할까? 중국인이라면 당연히 부축할 것이다. 그렇지 않으면 부덕하다고 여기기 때문이다. 그러나 노부인이 외국인, 즉 미국인이라면 감사하기는커녕 도리어 화를 낼지 모른다. 왜냐하면 노부인은 자기를 쓸모없는 늙은이로 여겨 무시한다고 생각하기 때문이다.

이 역시 이상할 게 없다. 인간은 문화의 존재물이기 때문이다. 인간은 누구나 일정한 문화 속에서 살게 된다. 중국인이든 서양인이든, 곧게 뻗은 머리칼이든 곱슬머리이든, 파란 눈이든 검은 눈이든, 누런 피부든 흰 피부든 모두 마찬가지다. 예를 들어, 중국인들은 밥을 먹을 때 젓가락을 사용한다. 젓가락이 없으면 다른 것으로 대체한다. 농장에서 일을 하다 밭에서 점심을 먹을 때 그릇이나 젓가락이 없으면 농작물의 잎으로 그릇을 대신하고, 나뭇가지로 젓가락 삼긴 해도 어느 누구도 맨손으로 밥이나 반찬을 집어먹지 않는다. 하지만 어떤 민족은 손으로 음식을 먹는다. 손으로 양고기도, 밥도 집어먹는다. 서양인들도 칼과 포크를 사용하기 전에는 손으로 음식을 먹던 시절이 있었다. 이는 생리적인 차이가 아닌 문화의 차이다.

이러한 문화의 작용은 유전의 작용보다 훨씬 크다. 미국의 흑인과 아프리카의 흑인은 체질적으로 별 차이가 없지만, 미국의 흑인은 양복을 입고 넥타이를 매며, 영어를 사용하고, 신神을 믿고, 무슨 일이 생기면 변호사를 찾는다. 긴치마를 입고 맨발로 다니며, 귀신을 믿고, 코사족 언어를 쓰며, 일이 생기면 주술사를 찾는 아프리카 형제들과는 전혀 다르다. 같은 흑인이라도 전부 만물에 영혼이 있다고 믿지 않는다. 이슬람교를 믿는 사람도 있다. 이슬람교를 믿는 사람과 기독교를 믿는 사람과 만물에 영혼이 있다고 믿는 사람이 일을 할 때는 전혀 다르다.

인간의 수수께끼는 바로 문화의 수수께끼다.

중국인의 수수께끼는 당연히 중국 문화의 수수께끼다.

그래서 중국인을 알려면 우선 중국 문화를 확실히 알아야 한다.

문화의 수수께끼

문화 역시 파악하기가 쉽지 않다.

문화란 무엇인가? 무엇이 문화인가? 이 문제는 정말 대답하기 어렵다. 문화는 형상이 없어서 묘사할 방법이 없고, 범위가 없어서 한계를 정하기도 어렵다. 문화는 마치 공기와 같다. 우리는 매일 그 속에서 생활하며 잠시도 자신이 속한 문화의 영역에서 벗어날 수 없다. 그러나 우리가 손을 뻗어 그것을 파악하려고 하면, 의외로 언제든 어디든 존재한다는 것을 알 수 있다. 그러면서도 유독 우리 손에는 잡히지 않는다.

사실 문화가 항상 주변에 존재한다는 것을 알게 되면 사정은 비교적 간단해진다. 왜냐하면 우리 신변에서 일어나는 가장 일반적이고 가장 자주 보는 일, 가장 익숙한 여러 가지 문화 현상에서 문화의 비밀을 탐색할 수 있기 때문이다.

중세 프랑스 궁전에서는 삼으로 만든 노끈을 천정에 늘어뜨려 손에 잡히는 대로 화장지로 사용했다. 황제가 사용하고 난 후 황후가 사용하고, 황후가 사용하고 나서 신하들이 사용했다. 게다가 일 년 동안 새것으로 바꾸지도 않고 그대로 썼다. 이 점에서 프랑스의 왕족은 중국의 농민보다 못했다. 중국의 농민들은 흙덩어리나 옥수수 잎을 썼지만, 한 번 사용하고 나면 버리고 다시 쓰지 않았다. 조금 촌스럽기는 해도 병균에 전염되지는 않았다.

노끈을 쓸 줄 알았다는 것은 문화가 있었다고 할 수 있다. 동물은 노끈조차 사용할 줄 모르고 화장실이라는 개념이 없으며, 용변을 볼 때 타인을 의식하지도 않는다. 즉 문화는 인류에게만 존재하는 것이다. 동물은 자연에서 살고, 인류는 문화 속에서 생활한다. 문화는 인간의 생존과 발전의 방식이며, 생활의 방법이다.

사람들마다 각자 살아가는 방법이 있듯이, 사람들마다 다른 문화가 있다. 중국인은 젓가락으로 음식을 집어먹고, 서양 사람들은 포크로 음식을 찍어먹는다. 이는 두 가지 다른 문화다. 중국인은 사람을 만나면 손을 모으고 고개를 숙여 인사를 한다. 서양 사람들은 만나면 악수를 하고 포옹을 한다. 이 역시 다른 문화의 표현이다. 사실 만났을 때의 예절은 고개를 숙여 인사를 하는 것이나 악수, 포옹만 있는 것은 아니다. 침을 뱉을 수도 있다. 동아프리카 니그로인 중 한 부족은 침 뱉는 것을 축복으로 생각한다. 그래서 누군가 병에 걸리거나 아이가 방금 태어나면 주술사를 찾아가 침을 뱉어달라고 한다.

문화는 이렇게 다양하다.

이러한 양상은 전혀 이상할 게 없다. 어떤 민족이든지 생존하고 발전하고 있으며 나름의 문화가 있다. 단지 어떻게 생존하고, 발전하느냐는 점에서 민족마다 차이가 있을 뿐이다. 이에 따라 문화는 서로 다르다.

예를 들어, 중국은 농업을 중시하고 서양은 상업을 중시한다. 이는 경제생활 방식의 차이다. 중국은 예의를 중시하고, 서양은 법을 중시한다. 이는 사회조직 방식의 차이다. 중국인은 한자를 쓰고 서양인은 병음문자를 쓴다. 이는 사유인지 방식의 차이다. 다른 방식과 다른 생활 방법은 다른 문화를 구성하며, 동양인, 서양인 혹은 중국인, 일본인, 인도인, 영국인, 프랑스인, 독일인 같은 다른 민족이나 무리를 형성한다.

이처럼 문화와 인간은 분리하기가 어렵다. 서로 다른 사람들이 서로 다른 문화를 창조하고, 다른 문화는 또 다른 사람을 만든다. 미국에는 이런 우스갯소리가 있다. 미국의 한 남녀가 천당에서 눈이 맞아 하느님에게 결혼을 하겠다고 했다. 그러자 하느님은 "좋다, 주례를 설 목사를 찾아주겠노라"라며 허락했다. 그 후 한 달이 지나자 이 부부는 이혼을 하려고 했고, 하느님께 또 부탁을 했다. 그러자 하느님은 이렇게 말했다. "변호사가 언제 천당에 올 지 알 수 없으니 이혼은 곤란하다." 애석하게도 미국인들은 변호사를 좋아하지 않음에도 불구하고, 일이 생기면 윗사람이 아니라 가장 먼저 변호사를 찾는다. 변호사를 혐오하면서도, 변호사 없이는 안 되는 이것이 바로 미국인의 생활방법이다. 그들은 법치문화가 지배하는 사회에서 생활하고, 이런 문화는 그들 스스로 만들어낸 것이다.

문화는 인간이 살아가는 방법이다. 그러므로 어떻게 이치가 없을 수 있겠는가. 사실, 어떤 문화현상도 임의로, 우연히, 아무 이유 없이 만들어지지 않는다. 문화학의 임무는 바로 이런 이유를 찾고 분명하게 설명하는 데 있다.

한 가지 분명한 사실은, 한 민족의 문화방식이나 생활방식이 항상 그 민족의 문화적 성격을 구현한다는 사실이다. 예를 들어, 중국인들이 만났을 때 허리를 굽혀 인사하는 것은 중국인의 성격이 '내향적'이기 때문이고, 서양 사람들이 만났을 때 악수하고 포옹하는 것은 서양인의 성격이 '외향적'이기 때문이다. 외향적이기 때문에 손을 내밀어 다른 사람의 손을 잡고, 내향적이기 때문에 손을 내밀어 자신의 손을 잡는다. 이는 중국인이 젓가락을 이용해 음식을 집을 때 안으로 힘을 쓰고, 서양 사람들이 포크로 찍어 음식을 집을 때 밖으로 힘을 쓰는 것과 같다. 하나는 밖으로, 하나는 안으로. 그래서 서양문화의 상징물은 '십자가'이며, 중국 문화의 상징물은 '태극도'다. 하나는 점에서 출발하여 사방으로 퍼져나가고, 다른 하나는 양극으로 구성된 원 안에서 상호작용한다.

이 현상은 아주 재미있다. 한 가지는 음식을 먹는 방식이고(젓가락과 포크), 다른 한 가지는 사람을 사귀는 방식(인사와 악수)으로, 단순히 표면적으로 볼 때는 아무 관계가 없다. 하지만 내재적인 심리와 관계가 있다. 이는 여러 가지 문화현상 혹은 여러 가지 구체적인 문화방식에서 볼 때 더 고차원적인 방식, 모든 것을 통솔하는 '총체적인 방식'이 존재함을 설명한다. 만약 문화가 인간의 생활방법이고, 인류 생존의 발전방식이라면, 이 총체적인 방식은 바로 '방법적 방법'이고 '방식적 방식'이다. 우리는 그것을 문화의 핵심 혹은 문화의 사상핵심이라고 한다.

문화의 핵심은 민족문화의 사상핵심으로, 민족의 생존과 발전의 총강령이다. 사물의 핵심만 파악하면 나머지는 자연히 알 수 있다. 문화의 사상핵심을 파악해야만 우리는 민족의 문화 정신, 특징, 개성, 기제, 행위와 심리에 대해 심오하고도 철저하게 이해할 수 있다. 다시 말해, 중국 문화의 사상핵심을 파악해야만 중국인을 이해할 수 있고, 꿰뚫어

볼 수 있다.

중국 문화의 수수께끼

중국 문화의 사상핵심을 파악하는 건 말처럼 쉽지 않다.

만약 중국인이 하나의 수수께끼라면, 중국 문화 역시 수수께끼이며, 중국 문화의 사상핵심은 수수께끼 중의 수수께끼다. 문화 그 자체는 구체적이면서 생동감 있고 신선하며, 문화핵심은 방식적 방식으로서 고도의 추상적인 철학의 개괄일 뿐 아니라, 이런 추상적 개괄은 반드시 생동감 있고 구체적이면서도 신선한 문화현상으로 확실히 증명해야 한다. 구체적인 것에서 추상적인 것을 얻어내기란 쉽지 않다. 또한 추상적인 것에서 구체적인 것으로 상승하는 건 더더욱 어렵다. 수수께끼를 푸는 것이 어려우니 수수께끼 중의 수수께끼를 푸는 것은 어렵고도 어려운 일이다.

그래서 나는 문화현상을 생각해냈다.

문화는 매우 다양한 문화현상으로 구성된다. 이런 현상은 마치 세포처럼, 문화에 살아 있는 생명을 불어넣는다. 세포가 가진 생명의 비밀이 모두 '살아 숨 쉬는 것' 처럼, 문화현상도 민족문화의 생명의 정보와 유전의 비밀번호를 은연중에 품고 있다. 따라서 그들에 대해 입체적으로 스캐닝하고 심층적으로 투시하면, 그것이 대표하는 문화의 핵심기밀을 밝혀내고 파악할 수 있다.

손님 접대에 대해 이야기해 보자.

모든 민족은 밥을 먹고, 손님을 초대하기도 한다. 하지만 초대하는 방법과 먹는 방법은 다르다. 재미있는 일화가 하나 있다. 어떤 사람이 몇몇 중국인과 두 명의 미국인을 식사에 초대했다. 순서에 따라 그리고 예의상 그는 손님에게 각자 음식을 한 가지씩 주문할 것을 청했다. 손님 중 미국인 한 명이 미국에서 중국 식당에 가본 경험이 있는지 먼저 나서서 '부용계편芙蓉鷄片(닭 가슴살을 다져, 우유, 계란 흰자, 옥수수 전분을 함께 반죽하여 만든 요리)'을 주문했다. 다른 미국인은 중국 음식에 대해 전혀 모르는지 다른 사람이 모두 주문을 한 후에도 어찌할 줄 몰랐다. 그는 주인이 권하는 대로 탕湯을 주문했다. 음식이 나오기 시작했는데, 처음 나온 음식이 '부용계편'이었다. 중국 음식에 대해 일가견이 있다고 생각한 그 미국인은 "이것이 내가 주문한 음식입니까?"라고 물었고, 그렇다고 하자 기뻐하며 "실례합니다! 먼저 먹겠습니다"라고 하며 냉큼 자기 앞으로 접시를 옮기더니 칼과 포크를 들고 큼직하게 썰어 입으로 가져갔다. 이러지도 저러지도 못하는 난처한 상황에서 중국인들은 그가 먹는 모습만 지켜보다가 미국식에 따라 각자 자기가 시킨 음식만 먹었다. 당연히 다른 한 미국인은 마지막에 나온 커다란 국 한 그릇을 혼자 다 먹어야 했다.

사실 이 이야기는 극히 일부분에 불과하다. 하지만 바로 이런 작은 일에서 우리는 문화정신을 찾아볼 수 있다. 즉 중국 문화의 사상핵심은 단체의식이며, 서양 문화의 사상핵심은 개인의식이다.

개인의식이란 간단히 말해서, 사람은 모두 단독으로 된 개체이며, 독립된 인격과 자유의지를 가진 개인이다. 자유의지가 있기 때문에 개인의 행복은 스스로 쟁취해야 하며, 개인의 행동 역시 스스로 책임져야 한다. 이를테면 한 접시의 음식도 자기가 주문하고 자신이 먹어야 한다. 설사 타인의 잘못된 권유로 탕을 주문하게 됐다 해도, 눈 딱 감고 자신이 먹어치워야 한다. 독립적인 인격이기 때문에, 공공의 이익을 해치지 않는다면 개인의 선택과 행동에 타인이 함부로 간섭할 수 없다. 크게는 대통령 선거에서, 작게는 직업 선택에 이르기까지 모두 마찬가지다. 밥을 먹고 옷을 입는 것은 더더욱 개인적인 행위에 속하며, 타인과는 전혀 관계가 없다. 다른 사람이 무엇을 좋아하든 무엇을 먹고 싶어 하든 나는 관여할 수 없고, 내가 좋아하거나 먹고 싶은 것 역시 다른 사람에게 강요하거나 먹게 할 필요가 없다. 이는 자신의 의지를 다른 사람에게 강요하거나 다른 사람의 자유의지를 간섭하거나 다른 사람의 독립된 인격을 침범하지 않게 하기 위해서다. 상황이 이러하니 마땅히 각자 자신이 주문한 음식을 먹고, 심지어 음식 값도 각자 계산하는 것이다.

단체의식이란 간단히 말해 모든 사람이 스스로를 단체의 일부분이라고 생각하는 것이다. 단체의 이익이 개인의 이익이며, 단체의 가치가 바로 개인의 가치다. 개인의 의지는 반드시 단체의 공동이익에 따라야 하고, 개인의 인격은 단순히 단체의 공동인격에 속해 있을 뿐이다. 밥을 먹고 옷을 입는 것조차 완전히 개인의 일이 아니다. 만약 여러 사람이 모여 밥을 먹는다면 전체적인 상황을 고려해야 한다. 예를 들어 음식을 주문할 때도 가능한 모두가 좋아하는 음식을 주문해야 한다. 자신의 입맛만 고집해서는 안 된다. 한 사람만 고립시키거나 자리를 같이한 모든 사람이 좋아하지 않는데도 불구하고 혼자만 즐겁게 먹는다면 어찌 체제를 잡을 수 있겠는가. 각자 제멋대로 한다면 더더욱 단체라는 의미나 이유가 없다. 각자 주문하고, 자기 것만 먹는다면 함께 자리할 이유가 있을까? 차라리 각자 집으로 가서 개인의 음식을 먹는 게 낫다. 모여서 함께 식사하는 것은 모두 함께하기 위한 것이며, 단체의식을 체험하기 위함이 아닐까?

각기 다른 사상의 핵심에 따라 각기 다른 문화의 성격이 만들어진다.

일반적으로 개인의식을 사상의 핵심으로 하는 민족은 대부분 성격이 외향적이며, 단체의식을 사상핵심으로 하는 민족은 대개 내향적이다. 개체는 사회의 가장 작은 단위이기 때문에 사실상 더는 내부로 향할 수가 없다. 밖을 향해 발전해야만 비로소 생존 공간을 얻을 수 있다. 단체는 의외로 자신의 내부 공간이 있다. 단체를 단위 삼아 생존 공간의 한계를 정한 다음, 내부 문제를 해결해야 하며, 안을 들여다보지 않으면 안 된다. 따라서 중국인의 성격은 내향적이며, 서양인의 성격은 외향적이다. 당연히 사람을 사귀는 방식도 다르다. 서양인들의 만남은 두 개의 독립된 개체의 일이다. 개체의 독립 인격은 간섭할 수 없고, 자유의지는 침범할 수 없다. 그래서 반드시 가슴을 열고 두 손을 내밀어야만 관계를 맺고 싶다는 표시를 할 수 있으며, 반드시 악수하고 포옹하고 서로 접촉해야만 관계가 이루어지고 비로소 이를 확인할 수 있다. 중국인이 만날 때 손을 모아 인사하는 것은 또 다른 의미가 있다. 두 손을 모으고 공손히 인사하는 것은 이미 확실하게 관계를 맺었으며 모두가 남이 아닌 자기 사람임을 표시하는 것이다. 이는 바로 왼손과 오른손이 모아진 것처럼 너와 나는 하나로 뭉쳐졌으며 더는 너와 나를 나눌 필요가 없다는 의미이다. 반대로, 만약 손을 뻗는다면 타인으로 본다는 뜻이다. 한편 고개를 숙이고 허리를 굽히는 것은 경의를 표시하는 것이다. 자기의 머리를 좀 더 숙이고, 허리를 더 굽힘으로써 상대방을 높이는 것이다. 이처럼 모두가 예의를 지키고 양보하면 '단체'가 될 수 있다.

문화현상은 문화의 핵심을 구체적으로 보여준다는 것을 알 수 있다. 이 책에서는 특별히 아홉 가지 문화현상에 대해 이야기하려 한다. 이 아홉 가지 문화현상에는 인지상정, 체면 같은 중국 고유의 것이 있고, 음식, 가정 같은 중국 특유의 것은 아니지만, '중국적 특색'이 드러나는 것도 있다. 이 현상들은 모두 결국 하나로 귀결되는데, 목적은 단 한

가지, 중국 문화의 가장 핵심적이면서도 심층적인 비밀을 밝히려는 것이다.

이런 현상에는 공통된 특징이 존재한다. 이 현상들 모두 우리 주변의 사람, 일과 관련된 것으로, 모든 중국인이 보고도 못 본 듯, 늘 봐서 습관처럼 익숙하고 봐도 이상할 것이 없는 것들이다. 가장 일상적인 것이 결국은 가장 정상적인 것이기 때문이다. 문화의 핵심은 가장 강령綱領적인 것으로, 가장 보편적인 현상에서 찾아볼 수 있다. 그러나 '지나치게 일상적인 것'이기 때문에 보이지 않을 수 있다. 이는 분석하고 해부해야 하며, 근원을 탐구하거나 간파해서 암호를 풀어야만 비로소 비밀을 풀 수 있다.

이것이 바로 이 책이 말하려는 바이다.

— 이중톈

굶주렸던 한신韓信은 빨래하던 아낙의 도움을 받았다. 그래서 훗날
금의환향해서 맨 처음 한 일이 이 아낙에게 보답하는 것이었다.
(「박고엽자博古葉子」에서 발췌 · 명대明代 진홍수陳洪綬 그림 · 황건중黃建中 새김 · 청순치淸順治 10년 판본)

제1장 음식

먹는 것이 하늘, 음식의 중요성

음식남녀

누군가 말하길, 중국 문화는 먹는 것에서 나왔고, 서양 문화는 사랑에서 나왔다고 한다.

말도 안 되는 소리라고 하는 이들도 있겠지만, 전혀 근거 없는 이야기도 아니다. 문화란 무엇인가? 문화는 인류의 생존과 발전의 방식이다. 생존하고 발전하려면, '음飮, 식食, 남男, 여女'라는 네 글자를 이야기하지 않을 수 없다. 동물조차도 먹이를 구하지 않을 수 없고, 짝을 구하지 않을 수 없다는 것을 안다. 이는 '본능'이다. 고상한 말로 '식욕과 색욕, 즉 성욕'이라고 하는 것이다. 보통 사람이든 사회적 지위가 높은 사람이든 모두 마찬가지다. 먹지 않으면 굶어 죽어 개인이 살아갈 수 없고, 사랑하지 않으면 대가 끊겨 종족을 보존할 수 없다. 생존할 수 없는데 무슨 발전을 논하고, 어디에 무슨 문화가 있겠는가? 이는 무엇보다 중요하며, 누구도 소홀히 할 수 없는 일이다.

따라서 중국에는 "백성에게는 먹는 것이 하늘이다"라는 말이 있다. 다시 말해, 먹는 일은 하늘처럼 중요한 일이고, 혹은 하늘이라는 것이다. 애석하게도 '하늘'은 하나밖에 없고 '먹는 것'에 비유됐으므로 '사랑'에 비유될 수 없다. 그래서 "백성에게는 사랑이 하늘이다"라는 말을 들어본 적이 없다. 백성들이 사랑을 하늘로 생각한다면 온 세상에 음탕한 남녀로만 가득찰 텐데, 그럴 수는 없는 일이 아닌가. 또한 배부르고 등이 따뜻해야 이성도 그리워지는 법, 일단 배가 불러야 다른 것도 이야기할 수 있다. 먹는 것도 해결되지 않았는데, 무슨 다른 생각을 할 수 있겠는가?

　대체적으로 '음식남녀'라는 말에서 볼 수 있듯이, 중국인들은 '음식'을 더 중시하고, 서양 사람들은 '남녀'를 더 중시하는 듯하다. 서양 사람들은 여자 때문에 전쟁을 일으킬 수 있지만, 중국인은 그렇지 않다. 고대 그리스인들은 헬레네라는 여인 때문에 트로이전쟁을 일으켰는데, 중국인들은 절대 그렇게 하지 않는다. 중국인은 전쟁에서 패한 후 책임을 여인들에게 떠맡기고, 달기妲己나 양귀비楊貴妃 같은 여인들을 희생양으로 삼는다. 중국인들은 전쟁을 하면 남의 여인을 빼앗기도 한다. 조조曹操가 업성鄴城을 함락하자, 그의 아들인 조비曹조는 이 기회를 틈타, 원희袁熙의 부인 견甄씨를 조조에게 헌납했다. 하지만 이것은 한 번에 두 마리 토끼를 잡는 식의 일거양득의 의미가 아니다. 주요 목적은 밥그릇 빼앗기, 즉 다른 사람들의 생활 기반을 공격하겠다는 생각이다. 고상한 표현으로 '문정問鼎'[1])이라고 한다.

　정鼎이란 어떤 물건인가? 음식을 만드는 솥이다.

　당연히 여기에서 '정鼎'은 단순히 음식을 조리하는 기구가 아니다. 정권과 권력의 상징인 신기神器, 즉 신성한 물건이다. 그러나 음식을 조리하는 솥을 신기와 권력으로 삼았다는 것은 상당히 흥미로우며, 적어도 먹는 것에 대한 관리가 다른 어떤 것보다 더 중요했음을 알 수 있다.

규圭 옥으로 만든 홀笏, 관복에 소지하여 메모하는 용도
로 쓰였으나 후에는 품계나 상서로움의 징표로 사용되
었다

남녀 간의 일 역시 당연히 중요했으므로, 성기를 이용해 신기와 권력으
로 이용하기도 했는데, '규圭' 2)가 그것이다. 규는 옥으로 만들어진 남
근 모양으로, 크기가 모두 달랐다. 천자의 '진규鎭圭'는 크기가 대략 36
센티미터였고, 공작의 '환규桓圭'는 25센티미터, 후작의 '신규信圭'는
21센티미터, 백작의 '궁규躬圭'는 15센티미터였다. 누구의 성기가 얼마
나 크고 건장하냐에 따라 권력과 지위가 높아졌다. 이처럼 상고시대[3]
사람들이 해결해야 할 것은 주로 '음식'과 '남녀' 두 가지였다. 하나는
'정'이고, 다른 하나는 '규'이다. '정'은 사당에 바쳤고, '규'는 제후
의 손에 있었다. 손에 있는 것을 빼앗으려 한다는 이야기는 들리지 않
았지만, 사당에 바쳐진 '정'에 대해서는 항상 누군가 물어왔다. '정'이
'규'보다 중요했으며, '음식'이 '남녀'보다 중요했던 것이다.

사실 신기는 말할 것도 없고, 신神만 해도 중국과 서양에서 직무상의
차이가 있었다. 서양의 신은 하느님으로, 창조신이다. 신이 세상과 인
간을 창조했으며, 처음으로 남녀를 만들었다. 이것이 문제였다. 생각해
보라. 외로운 남자와 외로운 여자를 함께 두었으니 당연히 문제가 생기
지 않겠는가. 과연 그들은 곤혹스런 일을 저질렀고, 하느님의 노여움을

산 그들은 천당에서 쫓겨나 인간 세상에 와서 자녀를 낳고 양육하는 벌을 받았다. 이렇게 해서 인류사회가 탄생했다. 인간 스스로 먹는 문제를 생각해야 했고, 하느님은 관여하지 않았다.

중국의 신은 이와 다르다. 인간을 만든 것은 여와女媧로, 남녀 한 쌍을 만든 게 아니라 한꺼번에 한 무리를 만들었다. 인간을 만든 후, 여신은 인간이 출산하여 번창하는 것을 흐뭇하게 지켜보았으며, 자신은 구름 속에 누워 편안하고 안락한 생활을 즐겼다. 그리고 먹는 문제는 인간과 신의 중간 격에 해당하는 '준신準神'에게 맡겼다. 이 준신이 바로 복희伏羲로, 복희가 인간인지 아니면 신인지는 분명하지 않은데, 대략 반신반인인 듯하다. 하지만 그가 요리사든 전에 요리사 경험이 있든 간에 먹는 일을 담당했음은 분명하다. 역사서에는 복희가 "백성들에게 고기 잡는 법과 사냥을 가르쳤다"라며 사람들의 먹는 문제를 해결했음을 설명하고 있다. 자연히 복희의 업적은 대단했고, 이 취사병이자 주방장은 지위가 날로 높아져서 결국 인간을 만든 여와까지 아내로 삼았다고 한다. 따라서 '음식'을 '남녀'보다 더 중요하게 생각했다고 볼 수밖에 없다.

신은 인간의 욕구를 만족시켜주지 않을 수 없었다. 어떠한 사람과 어떠한 문화가 있느냐에 따라 어떠한 신이 있었다. 고대 그리스 올림퍼스 산의 여러 신은 평소에 무엇을 했을까? 남녀가 서로 시시덕거리며 환락을 추구하고 질투하는 것이 일이었다. 반면 중국의 신, 신왕神王 혹은 성현들은 훨씬 고생스러웠다. 예를 들어, 복희만 해도 사냥할 때 쓰는 그물과 물고기를 잡을 때 쓰는 어망을 발명해야 했고, 신농神農은 농사짓는 가래나 쟁기를 발명해야 했다. 어떻게 해서든 백성들의 배를 부르게 해야 백성들이 그들을 신이나 성현으로 존경할 수 있었다. 이것이 바로

"백성은 먹는 것을 하늘처럼 생각한다"라는 것이다.

세상에 하늘보다 더 큰 것이 있을까? 세상에 하늘보다 큰 것은 없다. 중국인은 먹는 것을 하늘처럼 생각했고, 세상만사 중 가장 중요하다고 생각했으며, 심지어 "하늘 아래 먹는 일 빼고 무엇이 있을까"라고까지 했다. 중국인들이 무엇이든 먹는 것으로 보고, 먹는 것으로 말하는 것에는 이러한 이유가 있다.

범식주의

확실히 중국 문화에는 무엇이든 먹는 것과 연관시키는 '범식주의泛食主義' 경향이 있다.

우선 사람〔人〕은 곧 '입〔口〕'이며, '인구'라고 한다. 인구는 '인정人丁'이라고도 한다. 남자를 '정丁'이라고 하고, 여자를 '구口'라고 하기도 하며, 남자든 여자든 모두 인구라고 한다. 사람이 곧 '입'이었으므로 생계를 도모하는 것을 '입에 풀칠한다〔糊口〕'라고 하고, 직업이나 일을 '밥그릇'이라고 한다. 무슨 일을 한다고 할 때는 무슨 밥을 먹는다고 한다. 신발 수선이나 그릇 수선은 손재주로 먹고산다고 하고, 강사들은 입을 놀려 먹고산다고 하며, 교사는 분필 가루를 먹는다고 하고, 세를 놓는 것은 기와를 먹는다고 한다. 결국 산골 사람은 산을 먹고, 물가 사람은 물을 먹고 사는 것이다. 만약 하는 일 없이 저축에 의지해 살고 있으면 '밑천을 까먹는다'라고 하는데, 광동어로 '종자를 먹는다'라고도 한다. 밑천, 즉 본전이란 언젠가는 다 쓰고 바닥나는 날이 있기 마련이므로 "태산 같은 재산도 놀고먹으면 없어져 버린다"라고 한다. 본전을 다 까먹는다거나 까먹을 본전도 없는 것을 '서북풍을 마신다'라고 하는데, 광동어로는 '냄비를 걸어놓다'라고 한다. 냄비는 밥을 짓는 데 쓰는 것이므로 그것을 걸어놓았다는 것은 밥을 지을 쌀이 한 톨도 없다는 뜻이다. 이를 우아한 말로 '현경懸磬'이라고 한다.

가장 부러운 것은 당연히 '나라 밥'을 먹는 것이다. 나라 밥을 먹는 사람은 '철 밥그릇'을 들고 '큰 솥의 밥'을 먹는다. 철 밥그릇은 깨지지 않으며, 큰 솥은 양이 정해져 있지 않아 허리띠를 풀고 먹을 수 있고, '속이 빈 탕원湯圓4)'을 먹을까봐 두려워하지 않아도 된다. 가장 무시 받는 것은 '슬리퍼 밥'을 먹는 것이다. '슬리퍼 밥'이란 자기 여자의 얼굴을 팔아먹고 사는 것이다. 자고로 사내대장부란 가족을 부양하는 것이 마땅한데, '슬리퍼 밥'을 먹는 처지에 이르렀다면 어찌 굴욕스럽지 않겠는가?

슬리퍼 밥과 관련된 말이 '연근 팔기'와 '두부 먹기'다. '연근을 팔다'는 광주廣州말로, 여자가 자신의 희고 부드러운 몸을 연근 삼아 판다는 뜻이며, '두부를 먹다'는 상해말로, 남자가 여자의 부드러운 육체를 두부 삼아 먹는다는 뜻이다. 전자는 여자들이 추파를 던지거나 남자들의 궤도를 벗어난 마음을 가리킨다. 하지만 말투가 부녀자 희롱보다는 약하고 대체로 성희롱에 가깝기 때문에 '두부 먹기'라고 한다. 두부는 희고 부드러워서 여인의 육체를 연상케 하며, 또한 순수한 것으로써 진짜 성관계의 의미는 없다. 따라서 두부를 먹는다는 것은 많은 남자들이 볼 때 그리 대단한 일이 아니다. 하지만 특별히 세속에 물들지 않은 순진한 여인을 만났을 때는 '따귀를 한 방 먹는다'거나 심지어는 '소송을 당해 한 방 먹을' 수도 있다. 고소를 당하지 않는다 해도 문제가 생길 수 있으며, 이런 일로 '곤경에 빠져 쓴 잔을 맛보는 것'은 아주 부끄러운 일이다.

체면을 구기는 것으로는 또 '밥통'이 있다. 아무 데에도 쓸데없는 사

32

람을 ‘밥통’ 이라고 하는데, 광주와 홍콩에서는 ‘식충이’, 북방에서는 ‘무위도식’ 이라고 한다. 억울한 누명을 쓰는 것을 광주나 홍콩에서는 ‘죽은 고양이를 먹는다’ 라고 하고, 북방에는 ‘누명을 먹는다’ 라고 한다. 사장이나 윗사람에게 질책을 당했을 때, 광주와 홍콩에서는 ‘꾸지람을 먹다’ 고 하고, 상해에서는 ‘야단을 먹다’ 라고 한다. 차가 신호등에서 걸려 움직이지 못할 때는 ‘빨간불을 먹는다’ 라고 한다. 신호등의 빨간불까지 ‘먹어버린다’ 라고 하는데 무엇인들 못 먹을까?

사실 민간에서만 ‘먹다’ 라는 말을 많이 쓰는 게 아니다. 공식적인 자리에서도 ‘먹다’ 라는 말을 썼다. 공자가 ‘소악韶樂’ 의 아름다움에 대해 “삼 개월 동안 고기 맛을 알지 못했다”라고 했고, 맹자는 의義와 이利에 대한 변론에서 맛있는 “곰발바닥과 생선을 모두 먹을 수는 없다”라고 했으며, 마오쩌둥〔毛澤東〕은 실천의 중요성에 대해 “배의 맛을 알려면, 실제 맛을 봐야한다”라고 했다. 자오위루〔焦裕祿〕는 창조 정신의 소중함에 대해 “다른 사람이 씹던 찐빵은 맛이 없다”라고 했다. 서한西漢시대 초기, ‘탕무혁명湯武革命’ 5)이 합법적이냐에 대한 논쟁이 벌어졌다. 도가道家의 발언자인 황생黃生은 상탕商湯과 주무周武왕의 행위를 ‘시해’ 라고 했다. 유가儒家의 발언자 원고생轅固生은 ‘천명을 받은 것’ 이라고 했다. 토론을 주재했던 한漢나라 경제景帝 측근들은 입장을 표명하기가 아주 곤란했다. 황생을 인정하자니 고조高祖 황제가 진秦을 대신해서 천자의 지위에 오른 일이 합법적이지 못했고, 원고생을 인정하자니 지금의 황제 역시 타인에게 지위를 빼앗길 수 있음을 승인하는 것과 같았다. 결국 “말고기는 먹고 말의 간을 먹어보지 않았다고 해서 그 맛을 모른다고 할 수 없다”라고 선포할 수밖에 없었다. 즉 이 문제에 대한 토론은, 독이 있는 말의 간을 먹었다고 해도 아무 일없이 넘어갔다면 그만이라는 뜻이다.

이와 비슷한 표현은 아주 많다. 이를테면 사색하는 것을 '저작咀嚼'[6] 이라고 하거나, 체험하는 것을 '맛보다', 질투하는 것을 '식초를 먹다', 행복을 '도취', 흔히 있는 일을 '집에서 늘 먹는 음식', 아주 수월한 일을 '식은 죽 먹기', 경박한 학풍을 '수박 겉핥기', 널리 전해지는 것을 '인구에 회자되다', 환경의 변화를 '고진감래' 라고 하는 것 등이다. 좋은 일은 좋은 일대로, 나쁜 일도 좋게, 이로운 일도 좋게, 손해 보는 일도 좋게[7], 모두 먹을 수 있는 것이고, 먹을 수 있으며, 먹어야 하기에, 먹지 못하거나 먹는 것과 전혀 관계없는 일도 '먹는다' 라고 한다. 예를 들어, 손해 입는 것을 '말 못할 손해를 먹었다', 문전박대를 '문전에서 먹이는 국' 이라고 한다. 모두 '먹다' 라는 말을 사용했다.

과연 중국 문화는 '먹는 문화' 라고 해도 틀린 말이 아니다.

가장 중요한 먹고 사는 일

중국인의 이런 관념은, 내가 볼 때 상당 부분 배고픔에서 나온 것이다. 생각해 보면 선조들은 굶주림에 대해 상당히 뼈아픈 기억이 있는 듯하다. 그 옛날 먹고사는 일이 얼마나 힘들었던가. 막 숲을 벗어나 아무것도 가진 것 없던 인간(유인원 시절)은 정말 막다른 골목에 다다른 느낌이었을 것이다. 아무 걱정 없이 편안하던 시절은 더는 오지 않았다. 평원의 동물들과 경쟁할 능력도 없었다. 그들은 할 수 없이 자신에게 칼을 대기 시작했다. 첫 번째는 음식 구조의 개혁이었다. 단순한 채식에서 잡식으로 바뀌었고, 잡는 대로 먹었으며 이것저것 가리지 않았다. 두 번째는 음식 습관의 개혁으로, 아침부터 저녁까지 줄곧 먹어대던 것에서, 정해진 시간에 정해진 양만큼 1일 3찬으로 바뀌었다. 세 번째는 음식 방식의 개혁으로, 날 것 그대로 먹던 것에서 불을 이용해 익혀 먹기 시작했다. 더 중요한 것은 도구를 만들고 사용하게 된 것이다. 사실 인류 초기의 도구는 모두 먹는 문제를 해결하는 데 사용됐다. 음식물을 채취하는 데 사용한 도구는, 예를 들면 나물이나 뿌리를 캐는 데 쓰는 나무 막대기, 열매를 채집하는 바구니, 짐승을 추격할 때 쓰는 돌, 새나 물고기를 잡는 그물이 그것이다. 음식물을 가공하는 데 사용한 도구는 처음으로 가공에 사용한 돌칼과 취사도구 같은 것들이다. 또 다른 도구는 음식물을 저장하는 데 사용한 것으로 광주리, 도자기로 만든 단지와 간이 곡식창고 같은 것들이다. 이런 방망이나 작은 단지 같은 것을 무시해서는 안 된다. 자연계에는 없던 것, 즉 문화이다.

인류는 이렇게 자연적 생존 상태에서 문화적 생존 상태로 진입했다.

이는 중국과 다른 나라들 모두 일률적이다. 그런데 왜 우리의 선조들은 배고픔에 대해 유달리 기억이 생생했던 것인가? 아마도 다른 나라는 방목을 하고 우리는 농사를 지은 까닭인 듯하다. 유목민족은 굶지 않았다. 어쨌든 먹을 수 있는 우유가 있었다. 정말 배가 고프다 싶으면 양 한 마리라도 잡아먹으면 됐으니, 유목민족은 비교적 낙관적이고 대범하다. 목초를 심지 않아도 소나 양들이 알아서 먹었고, 걱정 없이 유유자적하게 말 등에 앉아 "높푸른 하늘에 흰 구름이 흘러가네"라며 노래를 부를 수 있었다.

반면 우리 농경민족은 어려움이 많았다. 농작물이 익어야만 먹을 것이 생겼다. 봄에 밭을 갈고, 여름에 김을 매며, 가을에 수확하기까지 얼마나 오랜 시간 기다려야 하는가. 이 과정에서 언제 굶어 죽을지 알 수 없었다. 하물며 흉년이 들기도 했다. 그렇다고 해마다 비가 알맞게 내리고, 바람이 적당히 부는 것도 아니었다. 홍수, 가뭄, 태풍 등 자연재해는 막으려 해도 막을 수가 없었다. 곡식이 익어 막 수확하려할 즈음, 우박이 한바탕 쏟아지면 한 해의 농사를 고스란히 망쳤다. 그래서 농경 민족에게는 일종의 우환 의식이 있었으며, 언제 밥을 굶을지 모른다는 걱정을 항상 하게 됐다. 이러하니 먹고사는 일을 중요하게 생각하지 않을 수 없었다.

중국에서 먹고사는 일은 줄곧 가장 중요한 일이다. 정부뿐 아니라 백성들에게도 가장 중요하다. 중국인들은 만나면 하는 첫 마디가 "밥 먹었냐?" 이다. 또한 중국인들이 매일 하는 첫 번째 일은, 먹는 일 혹은 먹기 위해 준비하는 것이다. 사람들이 말하는 '일곱 가지 생활필수품', 즉 '장작, 쌀, 기름, 소금, 간장, 식초, 차'에서 먹는 것과 관계없는 것이 하나라도 있는가? 백성들의 생활수준이 많이 나아진 오늘날에도 당과 정부에서는 "성장省長은 쌀값을 안정시켜야 하고, 시장市長은 장바구니 경제를 안정시켜야 한다"라며 거듭 강조한다. 연말연시의 식품 공급은 언제나 언론의 쟁점 뉴스이다.

사실 중국에서 먹는 문제는 중요한 일일뿐 아니라, 기본적인 권리이기도 하다. 중국 고대 전제주의 사회에서는 인권이랄 게 없었다. 재상도 나라에서 곤장을 맞을 수 있었고, 현령縣令들도 마음대로 백성들에게 곤장을 칠 수 있었다. 관리나 백성들 모두 사상권이나 언론권이 없었을 뿐만 아니라 프라이버시나 알 권리 같은 것도 없었다. 하지만 '먹을 권리'는 있었다. 사형수라도 형이 집행되어 저세상으로 가기 전에는 배불리 먹을 수 있었고, 가족이나 친구들이 형장에 술과 음식을 보낼 수도 있었다. 이를 일러 '배고픈 사람은 죽이지 않는다'라고 했다.

중국인의 관념에는 '배고픈 귀신'이 제일 비참했다. 죽음에 이른 사람에게 배불리 한 끼 먹이지 못하는 것은 그를 죽이는 것보다 더 비인

도적인 행위였다. 어떤 곳에서는 매년 '귀신절'을 지내는데, 염라대왕이 갈 곳 없이 떠돌아다니는 외로운 귀신들을 풀어주어 먹을 것을 찾아 다니게 한다고 하여, 집집마다 잔치를 하고 문 앞에 음식을 두어 '떠도는 귀신'들이 배불리 먹게 했다. 이는 중국인들의 눈에 '배고픈 귀신'이 아주 불쌍했기 때문이다. "백성에게 먹는 것이 하늘이다"라는 것이 이상할 것도 없다. 먹을 게 없다면 사람 노릇은 말할 것도 없고, 귀신도 안심하고 살 수 없기 때문이다.

먹는 일은 등한시할 수도, 무시할 수도 없는 일이다. 처리를 잘못하면 사고가 나고 문제가 생긴다. 중국 역사상, 이른바 '태평성대'라는 것이 어떤 상황인가? 바람이 적당히 불고 비가 알맞게 내려 풍년이 드니 온 백성이 편안한 때다. 그렇다면 세상이 어지럽고 정권 교체가 이루어진 시기는 어떤가? 천재와 인재가 겹치고, 연이은 굶주림으로 곳곳에 시체가 널리며, 자식을 팔아먹기도 한다. 이때 누군가 창고를 열어 곡식을 나누어준다면, 백성들은 조금도 망설임 없이 그를 따를 것이다. 그래서 이자성李自成이 봉기를 일으키며 내세운 구호는 "나에게는 곡식 (세금)을 낼 필요가 없다"였다. 명대 개국황제 주원장朱元璋이 중원을 노리고 쓴 책략 중 하나가 '광적량廣積粮'[8])이었다. 맹자는 심지어 '70세 이상의 노인이 고기를 먹을 수 있는 세상'을 이상적인 사회의 표준으로 생각했다. 어쨌든 중국에서 세상 사람들에게 밥을 먹여줄 수 있는 사람은 하늘을 대신해 천명을 받은 '진명천자眞命天子'였고, 하늘의 뜻을 따르고 민심을 얻는 좋은 황제였다. 따라서 중국의 정치 문제 중 가장 중요한 것은 먹는 문제라고 말할 수 있다. 어떤 정권이든 먹는 문제를 해결한 후에 백성들의 진심 어린 옹호를 얻을 수 있었고, 민심을 얻어 천하를 얻었으며, 다른 문제는 그 다음이었다.

그래서 먹는 것은 바로 정치 문제였다.

정치와 먹는 문제

정치는 결국 먹는 문제라는 것이 많은 정치가들의 의견이다.

중국 고대 정치가와 사상가들은 세상을 편안하게 하고 나라를 다스리는 것을 제사를 지내고 음식을 만드는 것과 같은 이치로 보았다. 노자老子는 "나라를 다스리는 것은 작은 해산물을 요리하는 것과 같다"라고 했다. 작은 생선이나 새우를 삶거나 지질 때는 뒤집개로 함부로 휘젓거나 뒤집어서는 안 된다. 나라를 다스릴 때도 무거운 것을 들지만 가벼운 것을 드는 듯 고요히 움직임을 통제해야 한다. 시도 때도 없이 무슨 '운동'이라는 이름을 붙여서 혼란스럽게 하고 인심을 흩트리면 백성들이 안심하고 생활할 수 없으며 엉망진창이 된다.

다른 예로, 중국에서 정치를 할 때는 종종 함께 밥을 먹거나 손님을 초대한다. 적어도 식탁에서 국가대사를 토론하는 일은 역사가 상당히 오래됐다. 예를 들어, 주례周禮의 '향음주례鄕飮周禮'는 술자리 형식의 정치협상회의 혹은 원로회의였다. 이 예법에 따르면, 국군, 경대부, 지방관 등은 정해진 시기(3년에 한 번)에 이른바 현자, 재주 있는 사람, 마을의 원로, 향대부鄕大夫 등 현인들을 불러 주연을 베푸는데, 술잔을 나누며 국가대사에 대해 자문을 구한다. 옛날에는 경험이 많은 노인을 존경하고 지혜가 풍부한 현자를 중시하여 이런 회의를 여는 게 이상한 일이 아니었다. 그리고 확실히 효과가 있었다. 이런 회의는 반드시 술자리에서 열렸고, '향음주례'라고 이름 지은 것은 확실히 중국적 특색이다.

정치가 먹는 것인 이상 '먹을 수 있는지 없는지, 먹어도 되는지 안 되는지, 음식 문제를 잘 처리하는지 못하는지'는 '처세를 잘하는지 못하는지, 관리를 잘하는지 못하는지, 전쟁을 할 수 있는지 할 수 없는지 심지어 천하를 얻을 수 있는지 없는지'와 관련이 있었다.

조趙나라의 장수 염파廉頗9)는 노익장을 과시하기 위해, 조나라 왕의 사신 앞에서 단숨에 술 한 말과 고기 열 근을 먹어버렸다. 애석하게도 조왕의 사자는 염파의 정적政敵으로부터 뇌물을 받아, "염 장군의 식사량은 상당히 좋으나 소화계통이 그다지 좋지 못한 것 같습니다. 밥 한 번 먹는 데 화장실을 세 번 갔습니다"라고 보고 했다. 그 이야기를 들은 조왕은 망설였다. 결국 염파가 먹은 많은 밥과 술은 허사가 되고 말았다.

번쾌樊噲는 운이 좋았다. 그는 항우項羽 앞에서 먹었기 때문이다. 홍문연鴻門宴에서 항우는 원래 유방劉邦을 죽이려고 했으나, 번쾌 때문에 엉망이 되고 말았다. 번쾌가 연회장에 뛰어들어 큰 사발에 술을 따라 마시고, 익지도 않은 돼지다리를 뜯어먹는 등의 호기 있는 모습을 보였다. 그 모습을 본 항우는 자기가 뭘 하려고 했는지조차 완전히 잊어버렸고, 유방은 이 기회를 틈타 달아나버렸다. 유방이 달아나기 전 번쾌에게 작별인사를 하러 갈 거냐고 묻자, 번쾌는 "지금 다른 사람은 칼과 도마이고, 나는 생선이며 고기입니다. 목숨이 그 사람에게 있는데 어떻게 가겠습니까?"라고 했다. 잘 먹고 잘 마시는 사내대장부 번쾌는 대단한 사람이었다.10)

만약 '명장(염파, 번쾌)'이 모두 특별히 잘 먹는 사람들이라고 한다면, '명재상'은 대부분 다른 사람의 문제를 잘 처리할 줄 알았다. 진평陳平이 그랬다. 진평은 어린 시절 고향에서 '재宰'라고 하는 제사음식의 고기 나누는 일을 했다. 이 고기는 당연히 신들이 먹을 리 없었고, 제사가 끝난후 모두에게 나누어 주어 신이 내린 복을 나누어 가졌다. 이 일은 쉽지 않았다. 분배가 공평하지 못하면 문제가 발생하여 좋은 일이 나쁜 일이 될 수도 있었다. 진평은 나이는 어렸지만, 이 일을 아주 잘 처리해서 제사 음식을 매우 공평하게 배분했고, 어른들이 일제히 칭찬했다. 진평 역시 "내가 천하를 관장하게 된다면, 이 나라도 이 고기처럼 공평하게 처리할 텐데!"라며 자신만만하게 말했다. 나중에 진평은 과연 천하를 주관하며, 서한의 개국 공신이자 뛰어난 재상이 됐다.《사기史記》를 지은 최초의 위대한 역사가인 사마천司馬遷도 그의 어린 시절로 거슬러 올라가 고기를 배분하며 세웠던 뜻과 행동이 후에 영향을 미쳤다고 말했다.

제사에서 '재宰'는 비록 고기를 나누는 일이었지만, 결국 '성직자(전문적으로 하는 일은 아니었지만)'라 할 수 있었다. 상商나라의 개국 재상 이윤伊尹은 요리사였던 것 같다. 묵자墨子는 이윤이 요리사라고 했는데, 확실하지는 않지만 출신이 비교적 비천했던 것은 분명하며, 평민이나 심지어는 노예였던 것으로 보인다.《묵자墨子》,《여람呂覽》과《사기》에서 모두 언급하길, 그는 주인이 결혼할 때 따라온 몸종이라고 한다. 이윤이 시집가는 주인을 따라가게 된 것은 아마도 그의 요리 솜씨 때문인 듯하다. 몸종으로 따라온 후 왕궁의 조리장이 됐는데, 평상시 음식뿐 아니라 제사와 제수용 도살까지 책임진 것 같다. 어쨌든 성탕成湯의 눈에 들어 그는 우상右相까지 됐다. 이것이 '이윤이 요리로 탕왕에게 벼슬을 얻었다', '솥과 도마를 짊어지고 맛있는 음식으로 탕왕에게 유세하여 왕도를 이루었다'라는 유명한 고사의 유래이다.

이런 사실에 관해 춘추전국시대부터 제가들의 학설이 각기 다르다. 하지만 맹자는 전면 부정했으므로, 이윤이 요리사였는지는 분명하지 않다. 그러나 상고시대에 재상이 요리사 출신이거나 요리사가 재상이 되는 일은 충분히 있을 수 있다. '재상'이란 무엇인가? '재宰'란 제사에 쓸 동물을 잡고 제사 고기를 배분하는 사람이다. '상相'이란 옛날 의식을 진행하고 접대하는 사람이다. 물론 그들이 잡은 것은 제사용 희생(신에게 바치는 산 짐승)이었고, 임금과 대신을 도왔기 때문에 지식이 뛰어나야 했다. 사실 제물을 잡고 군왕을 돕는 것은 아주 어려운 일이었다. 공자조차 행군과 전쟁에 대해서는 전혀 몰랐고, 주방에 관한 일은 조금 알고 있다고 한 점으로 미루어 보아, 재와 상 모두 고급직급임과 동시에 요리사임을 알 수 있다. 이런 사람이 주도한 정부를 '주방 내각'이라 할 수 있지 않을까? 그들이 어전회의를 시작하면 말끝마다 "맛이 어떠한가?"라고 하지 않았을까?[11)]

주방 내각

내각이 주방에 세워지고, 요리사를 재상으로 파견한 것은 매우 중국적 특색이 엿보인다.

이 역시 이상할 게 없다. 군주는 나라가 집인즉, 가사家事가 바로 국무國務였다. 백성들은 먹는 것을 하늘처럼 생각하니, 백성을 다스리는 것은 바로 음식을 다루는 것이었다. 게다가 정치 생활에서 연회는 또 얼마나 많은가. 하늘에 제사를 지내고 귀신이 된 선조들에게 대접하며 먹어야 하고, 외국 손님을 접대하는 경우 조약을 맺으며 먹어야 하고, 국가 기본 방침을 토론하는 신하들을 위로할 때도 먹어야 하고, 원로들을 소집하여 정치 협상을 할 때도 먹어야 했으니, '국무총리'로서 재상이 주방 일에 대해 아무것도 모를 수는 없었다.

사실 "백성은 먹는 것을 하늘처럼 생각한다"라고 하면 국가를 다스리는 것 역시 넓은 의미에서 음식을 분배하는 것이라고 봐도 무방하다. 진평이 고기를 매우 공평하게 배분했다는 것은 그가 확실히 천하의 재상이 될 능력이 있음을 증명한다. 음식을 배분한다는 것은 다음의 세 가지가 있다. 첫째는 수량적 배분이고, 두 번째는 질적인 배분이며, 세 번째는 먹는 순서의 배분이다. 전체적인 원칙은 지위가 높을수록 많이 먹고, 좋은 음식을 먹고, 빨리 먹었다. 반대로 지위가 낮을수록 적게 먹고, 질이 좋지 않은 음식을 먹고, 늦게 먹었다. 이를테면 상고시대에 '두豆'라는 제사 음식을 담는 제기의 숫자가 달랐다. 천자는 26개, 공작은 16개, 후작은 12개, 상대부는 8개, 하대부는 6개가 균등하다고 했다. 모두가 똑같이 나누는 것을 균등하다고 여긴다면, 이는 크게 잘못 생각하는 것이다.

음식을 배분하는 것은 결코 쉬운 일이 아니다. 바빠서 실수가 생기거나 정신없는 가운데 문제가 생기는 것을 방지하기 위해 반드시 술자리를 열기 전에 '좌석'부터 배치했다. 좌석은 사실 '지위'와 다름없었다. 좌석을 지위에 따라 배치했기 때문이다. 정중앙에는 수뇌인물, 중심인물, 명성 있는 인물이 앉았는데, 이를 '주석(주인이나 주빈의 자리)'이라고 했다. 나머지 참가자들은 '열석列席'이라고 해서, 일정한 등급 순서에 따라 양쪽에 쭉 늘어앉았다. 어떤 사람이 주석이고, 어떤 사람은 열석인가에는 모두 일정한 규칙이 있었다. 이런 규칙을 '예禮'라고 했다. 공자는 예학자禮學者로서 이런 것에 대해 자연히 잘 알았고, 그 자신이 제사 일에 관해서는 잘 안다고 했다. 이 규범이 원래는 먹는 것에서 나왔기 때문이다.

술잔 역시 신분 지위의 상징이었다. 술잔은 주로 '준尊'과 '작爵'으로, 준은 술 단지이고, 작은 술잔이다. 연회에서 술 단지는 지위가 가장 높은 사람 앞에 놓였다. 이 준에서 '존귀'의 의미가 나왔다. 물론 술잔은 한 사람 앞에 하나씩이었다. 단지 재질에 따라 귀천을 구분했다. 경

준尊 중국 은·주 시대殷周時代의 동기銅器로 술단지를 이른다

작爵 중국 은·주 시대의 동기로 술잔을 이른다

정鼎 음식물을 익히는 데 사용한 청동 솥이다. 은·주 시대의 제기祭器로 권위의 상징이기도 했다

경卿[12]은 옥작玉爵을, 대부는 요작瑤爵, 지식인과 기타 하급관리들은 산작散爵을 사용했다. 이렇게 '작(술잔)'과 '위(자리)'가 합해져 '작위爵位'가 됐고 귀족의 등급을 구분했다. 술잔 하나에도 이런 심오한 진리가 있었으니, 제사에 관한 일을 어떻게 얕볼 수 있겠는가.

성대한 연회에 당연히 술만 있고 고기가 없을 수 없다. 술은 술잔에 담고, 고기는 정鼎이라고 하는 솥에서 끓였다. 정은 청동 취사도구로 원형에 다리가 세 개, 귀가 두 개인데, 정방형의 다리가 네 개인 것도 있다. 부피가 큰 것은 소나 양머리 전체를 삶을 수 있었고, 작은 것도 닭이나 새를 삶을 수 있었다. 현재 출토된 가장 큰 정으로는 은허殷墟 무관촌武官村, 사모무司母戊의 정방형의 정으로, 높이는 133센티미터, 길이는 110센티미터, 넓이는 78센티미터, 무게는 875킬로그램이다. 정이 클수록 겉치레가 심한 것이었으며, 정이 많다는 것도 겉치레가 적지 않음을 의미한다. 주周의 제도에 제후의 식사에는 정이 다섯 개로, 소와 양, 돼지, 생선, 사냥한 짐승(노루 같은 것)을 나누어 끓였는데, 그것을 '열정이식列鼎而食(그릇이 많이 놓인 식탁)'이라고 한다. 종과 북이 일제히 울리는 가운데 연회의 주최자(재상 같은 사람)가 예에 따라 혹은 군주의 명령에 따라 국자로 각 부위의 고기를 정에서 꺼내 작위의 높고 낮음에 따라 각자의 자리 앞에 놓인 그릇에 배분했으며, 각자 칼을 가지고 잘라 먹었다. 이것을 '종명정식鐘鳴鼎食(종을 쳐서 식구를 모아, 솥을 걸어 놓고 식사하다)'이라고 했다.

솥을 장악한 사람이 음식의 분배권을 가졌다. 나라의 솥을 맡았다는 것은 정권의 장악을 의미했다. 따라서 우禹왕이 중국 각 부락연맹의 영수領袖를 맡았을 때 한 큰일이 바로 '구정九鼎(아홉 개의 솥)'을 주조하는 것이었다. 구정에 사용한 청동은 '구주九州(중국 고대 전국을 9개 주로 나누었음)의 지도자'에게서 온 것이라고 한다. 이렇게 '구정'은 '구주'를 상징했으며, 천하 음식의 분배권을 상징하게 됐다.

'정鼎'은 당연히 보물이었다. 그래서 하상주夏商周 삼대시대에는 대대로 전해지는 보배로 받들었다. 성탕이 정을 상읍商邑으로 옮기고, 무왕이 다시 낙읍洛邑으로 옮겼다. 솥(정)이 있는 곳이 바로 왕이 있고, 정권이 있는 곳이었다. 기원전 606년, 초나라 군사가 육혼陸渾의 군사를 쳐서 낙수雒手에 이르러, 기회를 틈타 주나라 왕실을 근거지로 삼아 군사 연습을 강행하며 무용을 떨쳤다. 주나라 왕실은 자연히 초나라 군사가 좋은 뜻을 품지 않았을 거라고는 알고 있었지만, 그때는 이미 '천자'의 위세를 떨칠 때가 아니었으므로, 왕손만王孫滿을 보내 위문할 수밖에 없었다. 그러자 초나라 장왕莊王이 일부러 왕손만에게 "구정의 무게가 얼마나 되는지 모르냐"라고 물었다. '문정問鼎'은 정권을 빼앗겠다는 의미가 분명했다.

정권을 넘보는 것을 '문정'이라 하고, 정권을 수립하는 것은 '정정定鼎'이라 했다. 어쨌든 밥 짓는 솥을 어디에 두느냐에 따라 그곳에 권력의 중심이 있었고, 조정 대신들 역시 그것을 둘러싸고 빙빙 돌았다. 그래서 재상의 지위를 '정내鼎鼐(큰 솥)'라고 했고, 국가의 중신을 '정신鼎臣'이라고 했다. 삼공三公[13]의 수석보좌를 '정보鼎輔'라고 했고, 국운國運, 국조國祚를 '정조鼎祚'라고 했다. 국운이 흥성하고 번창하는 것을 '정성鼎盛'이라고 했으며, 세 곳의 세력이 서로 막상막하로 대치하고 있을 때를 '정립鼎立'이라고 했다. 만약 중국 문화에서 정치와 음식의 관계를 잘 이해하지 못하면, 고기를 삶는 청동 솥이 이처럼 대단한 지위가 있다는 것을 알 수가 없다.

생명과 혈연

제단 위의 양

우왕이 만든 구정은 음식을 하는 솥이 아닌 권력이자 신기로, 종교와 정치라는 이중적 함의가 있으며, 대부분 제사 때 사용했다. 제사 때는 왜 정이 필요할까? '제사'라고 하는 것은 손님을 초대하는 것으로, 손님은 천신, 지신과 인간 귀신(돌아가신 선조)이었다. '祭'라고 하는 이 글자를 보면 아래쪽에 '시示'자가 있고, 위에는 '한 손으로 고기 한 점 쥐고 있는' 모습이다. 즉 제라는 것은 손으로 고기를 들고 신에게 보여주며, '저희가 음식을 준비했으니 드셨으면 표시를 좀 해주십시오' 하는 것이다.

제사가 손님을 초대하는 것이라면, 없어서는 안 될 두 가지가 술과 고기이다. 신에게 술을 올리는 것은 '남자는 취해야 팁을 주고, 여자는 취해야 기회를 준다'라는 식 또는 신들이 취해서 정신이 몽롱한 가운데 우리에게 커다란 복을 주기를 바라는 것이 아니다. 중요한 것은 술에는 향이 있기 때문이다. 신은 실체가 없고 자취가 없는 일종의 '기운' 같은 것이다. 같은 종류의 사물은 서로 감응한다. 그래서 똑같이

'기운' 이 있는 술을 귀신에게 바쳐 예의와 겸손함을 표시하면 비교적 뜻이 잘 통했다.

술이 공경이라면 고기는 실제적인 것으로, 술만 있고 고기가 없으면 죄송스런 일이었다. 따라서 고기 역시 빠질 수 없었다. 제사용 동물을 '희생' 이라고 했는데, 희犧는 빛이 고른 것이고, 생牲은 온전한 것이었다. 희생은 주로 말, 소, 양, 돼지, 개, 닭 모두 여섯 가지로 '육생六牲' 이라 하고, 이 육생에서 말을 빼면 '오생五牲' 이라고, 다시 개와 닭을 빼면 '삼생三牲' 또는 '태뢰太牢' 라고 한다. 그렇다고 소, 양, 돼지를 다 갖출 필요는 없었다. 오로지 소만 있어도 되는데, 이 또한 태뢰라고 하며 '특우特牛' 라고도 한다. 태뢰에서 소를 뺀 것은 '소뢰少牢' 라고 한다. 마찬가지로 돼지나 양 중에 양 하나만 쓰기도 했는데, 이를 '소뢰' 또는 '특양特羊' 이라고 한다. 이로서 육생 가운데 가장 중요한 것이 소와 양이었음을 알 수 있다. 소가 중요했기 때문에 희, 생, 뢰, 특의 글자에 모두 우牛 자가 들어 있다. 하지만 당시 소는 무척 큰 동물인데다 자주 볼 수 없었기 때문에 천자, 제후 혹은 성대한 제사가 아니면 마음대로 쓸 수 없었다. 가장 자주 볼 수 있는 것은 역시 양이었다.

양은 중요한 제물이었다. 《주례周禮》에 따르면 삭일(매월 음력 초하루), 제후들은 모두 반드시 살아 있는 양 한 마리를 잡아 조상의 신주를 모신 사당에 제사를 지내야 했는데, 이를 '고삭告朔' 이라고 한다. 그러고 나서 조정으로 돌아가 정사를 보는 것을 '시삭視朔' 이라고 한다. 공자의 시대에 와서 '예악禮樂' 이 붕괴되어, 제후들이 삭일에도 제사를 지내기는커녕 정사를 돌보지도 않고, 다만 전처럼 양만 한 마리 잡았으므로 '허응고사虛應故事(일을 형식적으로 대충한다)' 라는 말이 나왔다. 공자의 제자인 자공子貢은 내용은 이미 사라지고 형식도 겨우 남았을 뿐이니, 아예 양을 잡는 것까지 생략하는 것이 낫다고 주장했다. 하지만 공자는 동의하지 않았다. 공자가 볼 때 한 마리든 반 마리든 양을 잡으면 그나마 조금이라도 '예'를 따르는 것이지만, 만약 이것마저 없애버리면 '예'는 전혀 남지 않았다.

하지만 중국의 귀신만 양고기를 좋아한 것이 아니다. 외국의 신들도 좋아했다. 유대교, 기독교, 이슬람교에는 모두 '속죄양'이라는 말이 있다. 어느 날 하느님 여호와께서 독실한 신도 아브라함에게 어린 아들을 바치라고 했다. 그때 충직한 아브라함이 정말로 자기 아들을 산으로 데리고 가 아들을 향해 도끼를 내리치려고 하자, 하느님께서 새끼 양으로 그 무고한 아이를 대신했다. 불쌍한 양은 또 무슨 죄가 있어서 죽임을 당해야 했을까? 통통하고 연한 새끼 양이 매우 맛있어서가 아닐까?

신의 취향이라고는 하지만 사실 인간의 취향이다. 많은 사람들에게 양고기는 분명 맛있었다. 양과 생선을 함께 요리하면 더 맛있었다. 생선 없이 양고기만으로도 맛있었는데, 이 맛을 '수羞'라고 했다. '수'는 '양羊'자에 '축丑'자가 더해진 것으로, 축은 후한의 학자 허신許慎의 주장에 따르면 '손의 모양'이라고 하며, 20세기 중국의 주요 작가이자 학자인 궈모뤄[郭沫若]의 주장에 의하면 '손톱 모양'이라고 한다. '수'의 본래의 뜻은 진헌한다는 뜻이다. 하지만 손으로 양고기를 잡고 바친다고 해석해도 맞다. 이와 같은 의미의 '수조양육手抓羊肉(양고기를 푹 삶아 소금에 찍어 먹는 요리)'은 유명한 요리로써, 서북 소수민족지구에서는 여전히 이 요리를 귀빈에게 대접한다. 당시에도 조상들이 좋아하는 음식이었음을 미루어 짐작할 수 있다.

양고기를 조리하는 가장 편리하고 원시적인 방법은 대개 불에 굽는 것이다. 지금까지도 '양고기 통바비큐'는 유명하다. 한자로는 '고炙'

48

라고 쓰며, '맛있다〔美〕'라는 뜻과 '새끼 양〔羔〕'이라는 두 가지 뜻이 있다. 청淸 말엽의 문자학자인 서호徐灝가《설문設文》에 주석하길 '고羔'의 본뜻은 양을 불에 굽다〔羊炙〕라고 했다. '자炙'자는 불 위에 고기를 굽는 것이다. 서호는 "새끼 양은 맛이 좋아서 굽기에 더욱 적합하기 때문에 새끼 양을 '고羔'라고 한다"라고 했다.

새끼 양은 불에 굽는 것 외에 잘게 잘라서 '격鬲'이라는 솥에 넣고 천천히 오랫동안 끓였다. 이렇게 해서 만들어진 맛있고 훌륭한 요리를 '갱羹'이라고 한다. 소금 같은 간을 하지 않는 자연 그대로의 맛을 '태갱太羹'이라고 한다. '갱羹'자의 또 다른 글자는 '고羔'자에 '격鬲'자를 더한 것으로, 새끼 양을 격에 넣고 끓이는 것이다. 격은 일종의 취사도구로, 도자기와 금속으로 만든 두 가지가 있는데, 입구는 둥글고 발은 세 개이며, 발의 속은 비어 있고 바깥쪽으로 굽어서 벌어진 솥이다. 이런 발을 '주머니형 발'이라고 하는데, 안에는 음식을 담을 수 있고. 면적이 넓어서 열을 고루 받을 수 있으며, 맛있는 국을 만들 수 있다. 양고기뿐만 아니라 다른 고기(조류나 생선)로도 갱을 만들 수 있다. 심지어 과일이나 채소, 콩으로 만든 것도 국물만 진하면 갱이라고 하는데, 삼국시대 한나라 시인 조식曹植의《칠보시七步詩》에는 '콩이 가마솥에서 끓고 있다'라고 해서 '두갱'을 소개하고 했다. 원조를 따져보면 아마도 새끼 양으로 만든 것이 가장 정종正宗이라 해야 한다.

양고기는 이렇게 먹을 수 있고 맛이 있기 때문에 신과 조상들에게 바치는 제수물품이 됐으며, 신들이 연회에서 먹는 주요리가 될 이유와 자격이 충분했다.

신성神聖의 배후

양의 공덕은 여기에서 그치지 않는다. 고기는 먹을 수 있고, 가죽으로는 옷을 만들 수 있다. 착용의 '착着'은 바로 '羊양'과 '目〔눈〕'이 합해진 글자로, 보이는 양으로 바치는 것은 아마도 양가죽으로 만든 외투일 것이다. 양가죽은 외투를 만들기에 매우 적합하다. 입으면 따뜻할 뿐 아니라 바닥에 깔면 양탄자가 됐다. 따라서 지위가 높든 낮든 현명하든 어리석든 모두 입기에 무방했고, 가난한 사람들은 늙은 양의 가죽으로 만든 옷을 입었고, 부유한 사람은 유명한 신장〔新疆〕의 새끼 양가죽으로 만든 것을 입었다. 또한 양털을 깎아 스웨터를 만들었는데, 털이 없는 양가죽은 배를 만드는 데 이용됐다. 간쑤성〔甘肅省〕우웨이현〔武威縣〕에서는 '양피 가죽 뗏목을 군함으로 쓰네' 라는 민요가 있다. 이는 특별한 경우로, 대부분 양피로는 옷을 만들고, 고기로는 요리를 만들어 먹었다. 정말로 절묘하다. 한마디로 음식인 '수조양육〔羞〕'과 '양피 외투〔着〕'는 음식과 의복이라는 두 가지 중요한 일을 개괄하고 있다. 양은 우리에게 먹을 것과 입을 것을 제공했다. 하지만 우리 선조들은 우리를 먹이고 입힌 양에 대해 결코 예의를 다하지 않았으며, 틈만 나면 때릴 생각이나 하고 잡아 죽이려고 했다.

그 당시 우리는 너무 배가 고팠으며, 고기를 먹는 것이 무척 어려웠다. 그 당시는 누구의 천하였나? 온 세상의 야수와 맹수, 매머드나 검치호劍齒虎[14]들이 안하무인으로 날뛰었고, 짐승들에게 잡아먹히지 않으면 다행이었다. 어찌 감히 그것들을 잡을 생각이나 할 수 있었겠는가. 이외에도 덩치가 크고 고기가 많은 동물이 없던 것은 아니었지만, 야생소나 멧돼지, 곰이나 사슴을 우리 실력으로 잡을 수 있었을까? 기껏해야 토끼, 쥐, 새나 물고기 혹은 조개나 게 같은 것을 잡을 뿐이었다. 그

50

정도의 고기로는 배고픔을 면하기가 힘들었고, 다 같이 의식衣食이 풍족한 생활을 유지하는 건 두말할 필요도 없다.

하지만 다행히도 양이 있었다. 양은 뛰는 것도 빠르지 않고, 때려도 대들지 않으며, 덩치가 큰 만큼 고기가 많고 잡기도 편했다. 더구나 떼를 지어 다니기까지 하니 정말이지 하늘이 내려준 좋은 음식이었다. 독일의 사회주의 철학자인 엥겔스Engels도 육식은 원숭이에서 인간으로 넘어오는 중요한 단계로, 양고기는 우리 선조들의 주요 동물 단백질이라고 했다. 양은 자기 한 몸 희생해 인류가 유인원에서 인간으로 넘어오는 위대한 역사적 변화를 완성하는 데 도움을 주었다. 정말이지 그 공덕은 한이 없다. 바로 이런 은혜가 있었기 때문에 양은 행운의 상징이 됐으며, '양' 자는 좋은 말이 됐다. 양과 말〔言〕은 선善, 양과 사람은 미美, 양과 나〔我〕는 의義, 양과 시示는 상서로움〔祥〕이 됐다. 사실 '길상吉祥'이라는 말은 원래 '길양吉羊'이다. 동한의 학자 허신이 쓴 《설문해자》에서는 아예 양을 상祥이라고 했다.

양이 '상祥'이 된 까닭은, 우선 양이 먹을 수 있으면서 맛있다는 데 있다. 양만 있으면 먹을 게 있었고, 그렇게 되면 당연히 길한 것이고, 양이 없으면 배를 곯아야 했으니 당연히 길하지 못했다. 길하냐 길하지 못하느냐는 양을 잡느냐 잡지 못하느냐에 달려 있었다.

따라서 방법을 생각해야 했다. 방법은 매우 간단했는데, 잡지 못하면 속였다. 양은 머리가 그다지 좋지 않은 편인데, 무리를 따르고 무조건 따라한다. 양의 모습으로 분장해도 양은 진짜인지 가짜인지 구분하지 못하고 멍청하게 따라간다. 그래서 조상들은 양의 뿔과 가죽을 걸치고 양인 양, 양떼 속에 섞여 들어가서 한 번에 잡거나 다른 곳으로 유인했다. 그래서 지금도 위장하는 것을 '양장佯裝'이라고 하며, 거짓으로 공격하는 것을 '양공佯攻'이라 한다. 양장은 모르는 척하는 것으로, 그럴 듯하게 꾸미거나(장양裝佯), 허세를 부린다는(장양裝樣) 의미의 현대 중국어로 바뀌었다. 양으로 가장해 양떼 속으로 들어간 사냥꾼은 최초의 '양인羊人'이었다.

이로써 알 수 있듯이, '양인'은 본래 양으로 위장하는 것, 일종의 사냥 기술이다. 이런 기술이 성공하고 언제나 효과를 거두자, 원시시대의 선조들은 자신들도 곧 아리송해져서 양가죽과 양의 뿔이 진짜 양과 어떤 관계가 있다고 생각했다. 하지만 그렇게 많은 양고기를 먹을 수 있었던 것은, 우리가 양가죽을 쓰고 양의 뿔을 달았기 때문이다. 따라서 '양장'이나 '장양'의 행위를 고정화, 규범화, 양식화하고 새로운 내용을 부여해 '의식儀式'을 만들었다. 이렇게 해서 '수렵 기술'이 '수렵 샤머니즘'이 됐고, '양의 차림' 역시 전적으로 굿을 하고 제사를 지내는 직업의 사람으로 바뀌었다.

굿을 하고 제사를 지내는 사람들의 임무는 머리에 양의 뿔을 달고 양가죽을 걸치고, 무술巫術을 행하거나 신을 공경하거나, 하늘의 신에게 아첨하여 더 많은 양고기를 우리에게 내려달라고 기도하는 것이었다. '많은' 양을 위해 조상들은 '아름다운 양인'이 필요했다. 만약 양고기가 맛이 없었다면, 뭐 하러 양으로 분장했겠는가. 만약 양이 통통하지 않았다면, 뭐 하러 양 뿔을 썼겠는가. '양인'은 우리에게 양고기를 많이 먹게 해주었기 때문에 아름다워〔美〕 보였다. '양인' 자신이 양의 뿔을 쓰는 것은 '의식'이었다. '의儀'의 본래 글자는 '의義'로, 즉 '양羊'에 '아我'자를 합한 것이다. 양의 뿔을 쓰는 일은 다른 사람에게는 아름다운 것이었고, 자기 자신은 의식이었다. 또한 '의儀'는 일종의 의무이기 때문에 '의義'이기도 했다.

이 양의 뿔을 머리에 달고, 양가죽을 몸에 걸친 무당이나 제사장들은 인간과 신의 사이에서 여러 가지를 교류하는 중간자였다. 그의 임무 중 하나가 바로 신을 대신해 말하는 것이었다. 신의 말은 당연히 모두 길한 것이거나, 바람에 따라 길한 것이 됐다. 길언吉言 역시 양언羊言으로, 좋은 말〔善言〕이다. 선善이라는 자형은 원래 위는 羊(양)이고, 아래는 言(언)이 있는 것이다. 허신은 "선善은 길함으로, 언言과 양羊으로 이루어졌다. 의義, 미美는 이와 같은 뜻이다"라고 했다.

젖 주는 사람이 어머니

먼 옛날, 위대하고 신성한 것은 종종 먹을 수 있는 것과 먹히는 것들이었다. 먹히기 때문에 당연히 그 보답(제사)을 받았다. 마찬가지로 초대되어 와서 먹는 것은 신도 좋고 사람도 좋다. 이들도 종종 동시에 먹히거나 먹은 적이 있거나 혹은 먹을 준비를 했다. 이미 먹었기 때문에 지금 보답을 하고, 먹으려고 준비하기 때문에 미리 보답하는 것으로서, 어쨌든 여태까지 그냥 먹지 않았고, 그냥 먹을 수도 없었다. 만약 아주 곤란한 상황에서 먹히면 분명 생명으로 보답해야 했다.

한신韓信15)의 경우만 해도 그렇다.

한신은 배를 곯아본 사람이다. 한신은 어려서 집이 가난하여 항상 남창南昌 정장亭長(향촌의 장) 집에 가서 밥을 얻어먹었다. 정장의 부인이 그가 오는 것을 티가 나게 싫어했는데, 심지어 서둘러 이른 아침에 밥을 지어 침대에서 다 먹어버렸다. 한신이 가면 당연히 밥이 없었고, 그는 화가 나서 강가에 나가 낚시를 했다. 강가에서 빨래를 하던 아낙이 굶주린 그를 보고 자기의 밥을 그에게 나누어주었는데, 빨래를 다 마칠 때까지 며칠을 그렇게 했다. 그래서 나중에 한신이 초楚왕에 봉해져 금의

환향하자, 맨 처음 한 일이 바로 빨래하던 그 아낙에게 보답한 것이다.

같은 이유로, 한신은 초한楚漢과의 전쟁 마지막 고비에서 유방을 배신하려 하지 않았다. 늘 자기에게 옷을 벗어주고, 자기에게 먹을 것을 준 은혜를 잊어버리지 않았다. 한신은 "내가 들으니, 남의 수레를 탄 사람은 그의 걱정을 제 몸에 싣고, 남의 옷을 입는 사람은 그의 걱정을 제 마음에 품으며, 남의 밥을 먹은 사람은 그의 일을 위해 죽는다고 했는데, 내 어찌 이익을 바라고 의리를 저버릴 수 있겠는가"라고 했다. 밥을 얻어먹은 은혜가 이처럼 크다.

한신뿐 아니라 기아의 고통을 조금이라도 겪어본 사람이라면 같은 감정일 것이다. 확실히 굶어본 사람이 음식의 소중함을 알며, 죽음의 위험이 종종 가장 좋은 가르침이 된다. 따라서 중국 민족의 문화 심리 깊은 곳에는 먹는 것이 생명의 근원이며, 먹을 것을 제공하는 것이 바로 생명을 부여한다는 관념이 깔려 있다.

어머니란 존재가 바로 생명을 부여해 주는 사람이다.

대부분 사람이 태어나면 어머니가 먹을 것을 준다. 우선 젖을 주고 나중에는 밥을 준다. 이 과정은 상당히 오랫동안 계속되는데, 아이가 자라서 성인이 될 때까지 이어진다. 따라서 사람들의 마음속에 어머니는 가장 가까우면서도 위대하고, 가장 신성하며, 가장 숭배하고 감사할 가치가 있다. 실제로, "어머니! 어머니!"라고 하지만, 낳은 정보다는 기른 정이다. 응애응애 울며 방금 태어난 아기가 어떻게 자기를 낳은 사람이 누군지 알 수 있을까? '혈연' 같은 관념이 있을 리도 없다. 그렇다면 어떻게 엄마라는 것을 알까? 아마도 젖 먹을 때 알게 된 게 아닐까 한다. 만약 생모가 젖을 먹이지 않는다면 아마 유모와 더 가까울 것이다. 심지어 귀한 천자였던 명나라의 황제 주유교朱由校[16]도 마찬가지였다. 중국의 많은 민간 지역에서 어머니의 유방을 '엄마'라 부르고, 젖 먹는 것을 '엄마를 먹는다'라고 한다. 이는 엄마가 바로 젖이며, 양육자라는 것이다. 우리를 키워준 은혜가 있는 사람에게는 동시에 어머니의 성질이 존재하며, 유모나 양모養母 같은 사람을 당연히 어머니라고 간주했다.

젖 주면 엄마라는 말은, 듣기 좋지는 않지만 아주 실제적이다. 우리에게 먹을 것을 주었기 때문에 우리에게 생명을 준 것이다. 이는 신만이 할 수 있는 일이다. 그래서 어머니는 곧 하늘이며, 신이다. 사실 세계 각 민족의 최초의 신은 거의 모두 어머니신이다. 유럽도 그렇고 중국 역시 마찬가지다. 어머니신의 우상은 모두 배가 불룩 튀어나왔고(출산을 뜻함), 커다란 유방(양육을 뜻함)이 있다. 홍산紅山 문화유적지에서는 한 무더기의 유방이 출토됐다. 이렇게 크고 많은 유방들은 당연히 섹시함을 나타낸 것이 아니라 먹기 위함이다. 혹자는 생존을 위해서 생명을 얻고 유지하기 위함이라고 말한다. 이에 대해 깊이 감사하지 않을 수 없다. 감사하지 않는다면 양심이 없는 것이다. 비판받을 뿐만 아니라 벌을 받아도 마땅하다. 아마 더는 먹을 것이 없을 것이다.

유방과 커다란 유방을 가진 여인들은 이렇게 해서 신단에 오르게 됐다. 여기에 나타난 것은 먹히는 것 역시 감사받을 만하고 숭배돼야 하며, 먹을 수 있는 것 역시 위대하고 신성하다는 관념이다. 반대로, 위대하고 신성한 것도 분명 먹을 수 있다. 국가는 위대하고 신성한 것으로 '먹을 수 있는(나라의 녹을 먹음)' 것이며, 또한 먹는 데 조금도 미안해 할 필요가 없다. 하느님과 신 역시 위대한 신성함을 갖추고 있으므로 먹을 수 있었다. 고대 이집트인들은 오시리스Osiris 몸에서 자란 맥아를 먹었고, 기독교도들은 예수의 피와 살을 상징하는 포도주와 빵을 먹는다. 이런 성찬 의식이 표현하는 것은 대략 이런 관념이다. 우리에게 먹을 것을 줘야만 진정한 우리의 하느님이며, 우리의 주인이다. 또는 우리에게 먹을 것을 주는 사람을 우리는 비로소 하늘, 신, 하느님으로 간주한다.

그러나 이 또한 어머니가 가진 모든 문화적 함의는 아니다.

함께 먹음으로써 형성되는 혈연

어머니는 개체 생명의 부여자이며, 혈연관계의 창립자이기도 하다.

중국인은 혈연관계를 아주 중요하게 생각한다. 중국인이 볼 때, 혈연관계만이 가장 친밀하고, 안정적이며, 신뢰할 수 있다. 모두들 피가 조금이라도 섞이면 언제나 피는 물보다 진하고, 자기 식구는 다른 사람보다 믿을 수 있다고 알고 있다. 이렇게 중국인은 다른 사람과 교제할 때 항상 온갖 방법으로 비非혈연관계를 혈연관계로 바꾸려고 한다. 의형제를 맺거나 의리로 친척 관계를 맺듯이 분명 혈연관계가 아닌 것을 혈연관계라고 간주한다. 예를 들어, 부대에서 근무하는 자제병子弟兵이나 고향 어르신, 자매회사 같은 말들을 만들어내지 않고는 자신의 인간관계를 세우고 발전시킬 수 없는 듯하다.

혈연관계에서 가장 가까운 사이는 모자지간이다. 중국 전통예교는 아버지의 지위를 최고로 규정하지만, 중국인의 내심 깊은 곳에서 가장 사랑하는 사람은 어머니다. '자애로운 어머니의 손에는 실' [17]에서 '어머니의 뽀뽀[18]'에 이르기까지 가장 아름다운 찬가는 항상 어머니에게 바쳐졌다. '맹모삼천지교孟母三遷之敎'에서 '악모자자岳母刺字' [19]에 이르기까지 자녀의 성장에도 항상 어머니의 공이 있었다. 의리상 맺어진 친척인줄 알면서도, 중국인들은 '수양어머니' 라고 하지 '후견인' 이라고는 하지 않는다. 어찌됐든 "세상에서 엄마가 제일 좋아"라고 노래하지, "세상에서 아버지가 제일 좋아"라는 노래는 없다. 아버지를 노래한 작품은 현대 산문가이자 시인인 주쯔칭[朱自淸]의 《뒷모습[背影]》밖에는 없는 듯하며, 또한 그 아버지의 모습은 아무리 봐도 영락없는 어머니다.

중국 전통사회의 가정은 거의 대부분 어머니가 중심이었다. 친정을 '어머니 집[娘家]'이라 하고, 시댁을 '시어머니 집[婆家]'이라고 한다. 이것을 '아버지 집' 또는 '시아버지 집'이라고 하지 않으며, 아버지라는 말이 들어가는 일이 없다. 비록 잘못 키운 것은 아버지의 잘못이고, 엄하게 가르치지 못한 것은 선생님이 게으르기 때문이라고 하지만, 정말로 가정교육이 안 됐을 때는 "어미 없이 키워서 그래"라며 흉을 본다. 중국의 어머니는 확실히 대단하다. 어머니는 먹고, 입히고, 교육시킬 뿐 아니라 목숨까지 구해 준다. 중국 소설에는 자주 이런 상황이 등장한다. 어떤 사람이 화를 자초해서 목숨이 위태로울 때, 용서를 구하며 "집에 칠순노모가 계십니다"라고 어머니를 들먹이면 종종 효과를 보기도 한다. 중국 고전문학 중 최고의 장편 역사소설로 손꼽히는 《수호전水滸傳》에서 이규李逵는 이귀李鬼를 풀어준다. 어머니를 사랑하는 마음은 누구에게나 있기 때문에, 아버지 얼굴을 봐서가 아닌 어머니 얼굴을 봐서 노모가 상심하지 않게 한 번 봐준 것이다.

어머니 다음이 형제다. 형제도 매우 가깝다. 중국인의 표현에 따르면, 형제는 손과 발의 관계다. 물론 "형제지간에도 계산은 분명히 해야 한다"라는 말이 있듯이 형제지간의 분쟁은 항상 발생한다. 하지만 형제는 여전히 동년배 남자들 사이에서 가장 가까운 사람으로 여겨진다. 그래서 다른 사람과 관계를 맺으며 친한 척할 때 가장 좋은 방법은 '호형호제'하는 것이다. 중국 사회 각 계층의 호칭은 모두 다르다. 관리사회에서는 '대인', 재계에서는 '사장', 유림들 사이에서는 '선생', 강호에서는 '형님'이라고 하는데, 유독 형, 동생만은 어디에서나 통한다. 자기 친구나 본인, 심지어는 각자 소속된 단체를 호칭할 때도 사용한다. 이를테면 '형제회사(자매회사)'가 그것이다. 중국어를 처음 배우는 외국인조차도 처음 만났을 때, "헤이, 형님〔大哥〕!"이라고 한다.

그 다음은 고향 사람이다. 동향, 동향하는데, 역시 고향 사람이 가장 가깝다. 고향 사람을 만나면 눈물이 왈칵 쏟아진다. 고향을 떠나 외지에서 살며 의지할 수 있는 것은 고향 사람뿐이다. 구원의 손길을 펼치는 것도 고향 사람이다. 그래서 전국 각지에는 모두 '향우회' 같은 민간 조직이 있다. 어떤 경우, 어떤 곳에는 전문적인 '회관'이 있어서, 전적으로 동향 사람들을 위해 보호하고 지원한다. 중국의 어떤 직장에는 심지어 이런 불문율도 있다. 어떤 사람이 잘못을 저질렀을 때, 만약 고향 사람을 돕다가 뒷거래를 하는 정도의 가벼운 실수를 했다면 대부분 용서받을 수 있다. 누구나 고향 사람과는 서로 편의를 봐줘야 하기 때문이다. 그렇지 않으면 사람 구실을 할 수 없다. 동향은 비非혈연관계 속에서 가장 가까운 관계 중 하나라고 할 수 있다.

그렇다면 모자母子, 형제, 고향 사람은 또 어떤 관계일까? 솔직히 말해 이들은 '먹는 관계'다. 모자관계는 먹고 먹여주는 관계이며, 형제와 동향은 함께 먹는 관계다. 모母라는 이 글자는 《설문》에서 "젖의 모양"이라고 했다. 바로 '젖을 먹이는 사람'을 이른다. 《창힐倉頡》편에는 '가운데 두 점은 사람 젖의 모습이다', 즉 '젖이 있는 사람'이라고 했으며, 갑골문과 금문에도 커다란 유방이 있는 여인의 형상이 있었다. 과연 '젖 있는 사람'이 '어머니'였다.

사실 젖을 먹이는 일은 보기에는 별일 아닌 것 같지만, 그 의미는 매우 크다. 아기는 젖이 없으면 살 수 없고, 성장할 수 없으니 생명을 부여하는 것이라 할 수 있다. 또한 어머니가 자녀를 양육하는 것은, 직접 자신의 생명을 다음 세대에 부여하니 생명을 바치는 것이라 할 수 있다. 이는 매우 대단한 일로, 보답을 받아야 마땅하다. 노모를 봉양하는 것 또한 불변의 진리이다. 만일 그렇지 않으면 금수만도 못하다.

심지어 두 번째로 가장 기본적인 인간관계인 형제자매 역시 부모의 양육으로 만들어진 관계다. 형제란 무엇인가? 사실 그들은 한 어머니의 젖을 먹고 자랐다. 두 사람이 한 배에서 태어났든 그렇지 않든, 같은 어머니의 젖을 먹고 자랐으면 젖형제인 것이다. 범위를 좀 더 확대해서 같은 사람으로부터 음식이나 정신적 양식을 제공받는 것도 역시 형제다. 예를 들어, 같은 선생님이 가르친 학생 혹은 제자들을 사형제라고 하는 것이 그렇다. 분명 여기에는 문화학적인 원리가 숨어 있다. 같은 음식을 먹은 사람은 혈연관계에 놓여 있다고 볼 수 있다. 음식은 생명의 근원이며, 최초의 음식은 젖이다. 젖이 생명의 끈이라면, 다른 음식 역시 그렇다. 같은 어머니의 젖을 먹은 사람은 형제이며, 같은 음식을 먹은 사람도 당연히 그렇다.

먹는 것과 함께 먹는 것

고향 사람은 나와 같은 음식을 먹었기 때문에 가깝다. 고향 사람은 나와 같은 강의 물을 마셨거나 같은 우물물을 먹었다. 좋으니 싫으니 해도 고향의 물이요, 친하니 안 친하니 해도 고향 사람이다. 고향 사람이 왜 가까울까? 비밀은 바로 고향의 물에 있다. 그 물은 어머니의 강이고, 어머니의 젖이다. 우리는 장강長江과 황하黃河를 칭송하며, "달콤한 젖줄이 우리 민족의 자녀를 키웠다"라고 말하지 않는가.

물 역시 생명의 근원이다. 과학 연구가 증명하듯, 물은 음식보다 생명에 더욱 필요하다. 고고학에서도 원시 인류는 거의 대부분 물을 끼고 살았다고 증명하고 있다. "나는 장강 상류에 살고, 그대는 장강 하류에 사네. 날마다 그대를 생각하나 만날 길 없고, 같이 장강의 물만 마실 뿐이네"[20)처럼 물을 마시는 것은 생명의 근원이 같다는 것이다. 자연히 감정이 남다를 수밖에 없다. 그래서 동향지간에는 혈연관계가 아니어도 친연親緣이 있기 때문에 '같은 고향 사람'이라고 한다. 자기 고향을 떠나는 것을 '이향배정離鄕背井'이라고 한다. 우물은 생명의 원천이다. 고향은 바로 생명의 원천이 있는 곳이다.

'향鄕' 자의 본뜻은 함께 식사하고, 함께 먹는다는 뜻이다. 향의 갑골문자형은 가운데 음식을 가득 담은 그릇(밥통)이 있고, 무릎 꿇은 사람이 그릇을 가운데 두고 서로 마주하는 모습이다. 글자 전체로 보면 두 사람이 마주 앉아 한 그릇의 음식을 먹는 상황을 나타낸 것이다. 아주 먼 옛날 이렇게 함께 먹을 수 있는 사람은 십중팔구 친인척이었다. 가족이 아니면 동족이거나, 동족이 아니면 같은 씨족이었다. 나중에는 범위가 확대되어 함께 한 그릇의 음식을 먹는 사람은 바로 '동향'이 됐다. 당연히 고대에 함께 먹는다는 것은 일반적으로 가깝고 왕래하기가 매우 편한 것으로, 이웃이거나 서로 친하거나 서로 돕거나 서로 손님이 됐다. 그래서 중국의 역사학자인 양콴〔楊寬〕은《고사신탐古史新探》에서 '향읍鄕邑'의 '향鄕'은 서로 친하다는 것뿐 아니라 함께 먹는 것에서 뜻을 취했으며, 따라서 함께 식사하는 씨족 부락을 가리키는 데 썼다고 했다.

이렇게 되면 모자는 먹고 먹이는 관계이며, 형제와 고향 사람은 같은 것을 함께 먹는 관계임이 분명해진다. 혹은 형제는 같은 어머니의 젖을 먹고 자란 사람이고, 고향 사람은 같은 우물의 물을 먹고 자란 사람이다. 그래서 한솥밥을 먹은 사람, 이를테면 군부대의 전우나 직장의 동료는 많든 적든 간에 어느 정도 형제의 정이 있다. 이치는 매우 간단하다. 음식은 생명의 근원이며, 같은 음식을 먹었기 때문에 같은 생명의 근원을 갖는데, 형제도 친구도 아닐 수 있을까?

형제, 동향, 인간관계, 인간과 신의 관계 모두 '먹는 것과 함께 먹는 것'의 관계다. 같은 원리로 진짜 혈연관계든 가짜 혈연관계든, 준準혈연관계든, 유사 혈연관계든 모두 '같은 음식을 먹는다'라고 간단하게 이해할 수 있다. 즉 누구나 그들이 아는 관계든 아니든 혹은 진짜 혈연관계든 아니든, 일단 함께 같은 음식을 먹으면 동일한 생명의 근원을 갖는 것으로 볼 수 있으며, 결국 자기 사람이나 형제가 된다고 할 수 있다. 지금까지도 사막의 아랍 사람들은 누구든지 베두인Bedouin족과 함께 식사를 하면, 음식 한 입, 우유 한 모금을 먹었을지라도 적으로 오해받을 걱정을 할 필요가 없다고 한다.

반증할 수 있는 한 가지 사실은, 많은 민족에게 공통적으로 나타나는 풍습으로, 복수하는 사람은 절대 자기의 원수와 함께 식사를 하지 않는다. 반대로 두 적수 또는 두 적대 집단이 화해를 하는 데 함께 진탕 먹고 마시는 것 이상 좋은 게 없다. 상대방이 술잔을 들어올리기만 하면 십중팔구 싸움을 멈추고 화해할 가능성이 있다. 술잔을 들었다는 것은 바로 형제가 됐음을 의미한다. 형제지간에 이야기하지 못할 것이 어디 있으며, 풀지 못할 원한이 뭐가 있겠는가? 그래서 많은 민족들에게 이런 문화적 심리가 있다. 만약 고기를 나누어 먹으며 통쾌하게 한잔 마셨다면, 서로 마음을 나눈 친구로 볼 수 있으며, 뜨거운 환영과 친절한 접대를 받을 수 있다. 반대로 점잔을 떨면서 먹는 둥 마는 둥 하거나 심지어 인스턴트식품 같은 것을 가지고 있으면, 이는 매우 비우호적인 표시로 보이기 때문에 냉대를 받거나 심지어 적대를 낳기노 한다. 진한 것과 소원한 것, 적과 친구는 결국 전적으로 함께 먹느냐의 여부에 달려 있다.

진정한 형제라도 오랫동안 함께 식사하지 못했다면, 관계가 소원해질 수 있다. 그래서 중국에서는 분가한 아들이나 시집간 딸이 본가에 오면 항상 가족이 모여 함께 식사를 한다. 앞서 말했다시피 이 집을 '친정 또는 어머니 집'이라고 하고, '아버지 집'이라고 하지 않는 이유는 음식을 준비하는 사람이자 그 중심이 어머니이기 때문이다. 이때 어머니는 자식들을 위해 그들이 좋아하는 음식을 준비하고, 싱글벙글 미소 지으며 그들이 먹는 것을 바라본다. 거듭 설명하지만, 어머니는 음식 또는 생명을 제공한 근원이다. 마찬가지로 형제자매 역시 거듭 말하자면 같은 어머니의 젖을 먹고 자랐다. 따라서 대부분 어머니는 주방에서 친히 요리를 하고, 적어도 자신이 음식을 배치하고 주재하고 지휘한다. 만약 외부인을 이런 가족 모임에 초대한다면, 이는 최고의 대우로써 남처럼 생각하지 않는다는 표시다. 이 외부인은 가족이자 형제이자, 이 가족의 확실한 친구가 되는 것이다. 따라서 집안 잔치는 중국 역대 많은 연회에서 가장 중요하고 진실한 것 중 하나였다. 더욱이 섣달그믐날 저녁 잔치는 어느 집이든 가장 큰 행사다. 이때가 되면 각지에 흩어져 살던 가족이 어떻게 해서든 모두 돌아와 다함께 모여 식사를 한다.

이른바 '섣달 그믐날 밤'은 어느 저녁에 불과하다. 가족이 한자리에 모일 수만 있다면 굳이 어느 날이라고 못 박아 이야기할 필요가 있을까. 하지만 이 날의 가족 모임은 무척 중요하다. 옛것을 이어 미래를 여는 의미가 있기 때문이다. 즉 지나간 해에 이미 이어져온 혈연관계에

62

대한 긍정과 확인이며, 다가올 해에 장차 이어질 혈연관계에 대한 약속
이자 거듭된 천명이기 때문이다. 북풍한설이 몰아치는 제야의 밤, 가족
이 한 식탁에 둘러 앉아 함께 음식을 나누어 먹고, 술잔을 부딪치고, 다
정하게 먹는 밥이야 말로 절절한 정과 화기애애한 즐거움을 나누는 것
이다.

식사 초대의 비밀

일을 하려면 밥을 함께 먹어라

혈연관계가 '함께 먹는 것'의 관계이고, 형제가 '같은 음식을 먹은 사람'이라면, 비非혈연관계를 혈연관계로 바꾸고, 다른 사람과 형제가 되는 데 가장 간편한 방법은 바로 다른 사람과 한솥밥을 먹는 것이다. 만약 하느님께서 함께 일하고 회의하는 기회를 준다면 정말로 행운이 며, 만약 이런 기회가 없다고 해도 걱정할 필요는 없다. 손님을 초대하 여 함께 먹을 수 있으니 말이다.

중국인은 손님을 초대하는 걸 무척 좋아한다.

중국인이 손님을 초대하는 이유, 구실, 테마와 기회는 매우 많다. 회 사를 개업했다든지, 회의를 폐막했다든지, 외빈이 참관했다든지, 기자 가 취재를 하러 온다든지 이와 같은 일들에는 한 끼 식사가 빠지지 않 기 때문이다. 일반 가정에서도 명절이나 결혼, 호상, 어른의 생신, 아이 생일 등에 손님을 초대하여 함께 먹는다. 승진을 했거나, 월급이 올랐 거나, 새집으로 이사했거나, 외국에 간다고 하면 친구들이며 일가친척 모두 당당하게 밥을 사라고 한다. 사람이 오면 환영해야 하고, 사람이

가면 배웅해야 하며, 일이 있어도 모이고, 일이 없어도 모여야 한다. 조 씨가 한 번 초대했으면 왕 씨가 한 번 초대하고, 장 씨가 한 번 샀으면 이 씨가 한 번 산다. 중국인들은 아마도 세계에서 가장 손님 초대를 좋아하는 민족일 것이다. 하지만 여기에 어떤 문화적 원인이 있을 것이라고 생각하는 사람들은 거의 없는 듯하다.

일반인이 생각할 때, 손님을 초대하는 건 당연히 좋은 일이 있거나 부탁할 일이 있어서라고 생각한다. 좋은 일이 없을 뿐더러 일이 있으나 없으나 매일 손님을 초대한다면 사실 그건 미쳤거나 멍청한 것이다. 중국에서 벌어지는 일은 약간 이상한 데가 있다. 어떤 일은 사무실이나 회의실에서는 이야기가 잘 안 되고 말이 통하지 않다가 식사자리에서는 단박에 해결된다. 아무리 어려운 일도 술자리에서는 말하기 쉽고 상의하기 쉽다. 이른바 "젓가락은 뾰족하고, 접시는 둥글며, 함께 앉아서 술잔을 들면 정책이 느슨해진다"라는 말이 있다. 그래서 많을 일들이 식사를 통해 해결된다.

이 방법은 보통 사람들뿐만 아니라 어떤 경우에는 황제들도 썼다. 대표적인 인물이 바로 송나라 태조 조광윤趙匡胤이다. 그의 내력에는 조금 불투명한 구석이 있는데, 그 수하의 장교들이 7세의 어린 황제 주공제周恭帝가 의지할 데 없이 불안에 떨고 있는 틈을 타서 하룻밤에 황제의 자리를 빼앗았다. 구체적인 방법은 그가 진교陳橋에 주둔했을 때, 갑자기 역관이 뛰어 들어와 준비해 둔 황포를 황급히 그의 몸에 입히고 땅에 엎드려 만세를 외치며 그를 황제로 추대했다. 조광윤은 자신이 이렇게 황제가 되자, 다른 사람이 이 같은 수법을 또 쓸까봐 두려워하던 차에 병권을 잡고 있던 수하의 장수들을 초대했다. 술잔이 몇 차례 돌자, 조광윤은 술잔을 들고는 취한 목소리로 장수들에게 불쾌하게 말했다.

"자네들은 모두 내가 신임하는 사람들이지만, 문제는 자네들 수하의 사람들이 부귀를 도모하기 위해 자네들에게 황포를 입혀줄까봐 걱정이네." 장수들은 이 말을 듣고는 황급히 땅에 엎드려서 머리를 조아리며 병권을 넘기겠다고 말했다. 이것이 역사상 한 잔 술로 병권을 내놓게 했다는 '배주석병권杯酒釋兵權'이다. 술자리 한 번에 권신들의 병권을 해제하고, 자신의 정권을 공고히 했으니 할 만하지 않은가.

손님을 초대하는 일은 원래 아주 중요한 사교 수단이자 외교 수단이다. 중국의 고사 성어 가운데 '준조절충樽俎折衝'이라는 말이 있다. '절충'이란 상대방의 전차戰車를 물리치는 것이고, '준'은 술잔이며, '조'는 도마를 뜻한다. '준조절충'이란 결국 술자리에서 상대를 눌러 제압하는 것으로, 매우 뛰어난 방법이다. 기원 279년, 조趙나라와 진秦나라의 군주가 미엔츠(澠池, 지금 허난성[河南省] 미엔츠현 서쪽으로 13리)에서 만났다. 술이 어느 정도 취하자, 진왕은 술을 핑계로 술주정을 하며 조왕에게 노래를 하라고 했다. 조왕은 연회에서 얼굴 붉히는 것이 싫어서 마지못해 했다. 그 결과 이런 내용이 진나라의 사관에 의해 기록됐고, 조왕은 체면이 땅에 떨어졌다. 복수를 위해 조나라의 상대부 인상여藺相如가 진왕에게 강제로 악기 연주를 강요했고, 큰소리로 조나라 사관에게 모년 모월 모일에 진왕이 우리 대왕을 위해 와관瓦罐을 연주했다고 기록하라고 소리 질렀다. 이렇게 되자, 진나라는 본전도 못 찾았고, 조나라는 외교적인 승리를 거두었다. 귀국 후 인상여는 무장 염파보다 높은 자리로 승진했다.

술자리에서 전쟁이 벌어졌으며, 정변도 술자리에서 일어났다. 춘추시대 진晉나라의 여희驪姬가 자신의 아들인 해제奚齊를 태자로 앉히려고, 당시 태자의 자리에 있던 신생申生을 모해하고, 권신 이극里克의 힘

66

을 가늠해 보려한 방법도 술자리를 이용한 것이다. 바로 양을 잡아 이극을 초대한 '특양지향特羊之饗'이 그것이다. 오吳나라의 공자 광光도 이 방법을 사용했다. 광은 오왕 료僚를 살해하기 위해 그에게 태호太湖의 생선 꼬치를 먹으러 오라고 했다. 생선 꼬치는 당시 유명한 요리로, 전문적인 요리 기술이 필요했다. 광의 요리사로 위장한 자객 전제專諸는 3개월 동안 요리를 배웠다. 료는 생선 꼬치요리가 있다는 말에 흔쾌히 달려갔지만, 뜻밖에 전제는 단검 한 자루를 생선의 뱃속에 숨겨두었다. 결국 료는 생선 꼬치를 다 먹기기도 전에 스스로 생선 꼬치가 되고 말았다.

손님 초대는 이처럼 관계를 맺기도 하고, 음모를 꾸미는 등의 장점이 많았다. 또한 공공연하게 살인을 하거나 살인모의를 할 수 있었으며, 당연히 중국인의 사회생활과 정치생활을 하는 데 늘 효과적인 방법이었다. 심지어 서양 사람들과의 교섭에서도 종종 이 방법에 따라 처리했다. 애석하게도 서양 사람들은 그 꾀를 알아차리기 힘들었다. 모두 속으로 원망해도 시간을 끌었다. '양놈'들은 확실히 중국의 상황을 잘 몰랐다. 중국인이 하느님이나 신령들과 인사할 때도 밥을 먹는다는 것을 몰랐다. 이런 관점에서 손님 초대는 확실히 '업무상 필요'했다. 노래 가사에도 '회의하는 것이 일, 돈 받는 것이 관리, 술에 취하는 것이 협조'라고 하지 않던가. 그렇다, 우선 술자리에서 결탁하지 않고는 어떠한 협조관계도 맺을 수 없다.

제 몫 챙기기와 나누어 먹기

식사 초대가 먹고 마시고, 배나 채우고, 손을 잡고 뇌물이나 받아먹는 거라고 여긴다면, 절대 그렇지 않다. 일반적으로, 중국에서 남에게 부탁을 할 때는 돈 봉투도 보내야 하고, 밥도 먹어야 한다. 부탁하는 일이 별일 아니라면 식사만 해도 된다. 하지만 돈 봉투만 보내고 식사를 하지 않는 것은 안 된다. 만약 그렇게 한다면 대부분 한 차례의 거래일 뿐, 거래만 있고 우정은 없다. 식사 초대가 단지 밥이나 먹고, 선물이나 보내며, 친한 척이나 하는 것이 아닌 다른 뜻이 있다는 것을 알 수 있다.

앞에서도 말했지만 중국인에게 음식은 생명의 근원이다. 따라서 다른 사람에게 먹을 것을 준다는 것, 식사에 초대한다는 것은 정을 나눔과 같다. 또한 다른 사람의 음식을 받아먹는 것은 큰 은혜를 받는 것으로, 반드시 보답해야 한다. 일반적인 상황에서, 보답은 결코 어려운 일이 아니다. 상대가 한 번 초대했으면, 내가 한 번 초대하면 된다. 이렇게 왔다 갔다 하다 보면, 양쪽 모두 공평해진다.

초대를 받은 사람은 답례로 초대를 한다. 또한 초대받은 후에 상대방은 답례라는 이름으로 또다시 그를 초대한다. 혹은 얼마 시간이 지난 후, 반대로 지난번에 답례로 초대를 한 사람이 이번에는 자진해서 먼저 초대하기도 하는데, 지난번에는 먼저 초대한 것이고, 이번에는 답례로 초대한 것이다. 어쨌든 이렇게 왔다 갔다 끝이 없다. 그 결과 자연스럽게 서로 빚을 지지 않고 혹은 누가 누구에게 빚을 졌는지 알 수 없게 된다. 만약 목적이 답례를 하는 거라면 의도와는 달리 신세도 갚지 못하고 공연히 상대방에게 신세만 지는 것 아니겠는가. 그러나 모두들 즐거워하며 피곤한 줄도 모른다. 누가 누구를 초대했는가와 상관없이 모두 함께 식사를 했기 때문이다.

함께 식사한다는 건 또 어떤 것인가? 바로 관계를 맺는 일이다. 알다시피 중국인이 밥을 먹으면 가족 모임이든, 손님을 초대하든, 반드시 전체가 함께 먹는다. 모든 젓가락이 같은 반찬을 집고, 모든 수저가 같은 국을 뜬다. 무슨 요리가 올라오든 적어도 이론상으로는 다들 각자의 몫이 있고, 각자 씹을 수 있으며, 각자 먹어야 한다. 서양 사람들은 각자의 음식이 있어서 자기 것만 먹고 심지어 각자 계산한다. 이는 중국인이 볼 때 정말 이상한 일이다.

여기에서 분명 가장 중요한 것은 모두 각자의 몫이 있고, 모두 함께 먹는다는 것이다. 다시 말해, 중국인이 진정 중요하게 생각하는 것은 먹는 것 혹은 그저 먹는 것이 아닌 함께 먹는 것이다. 신을 초대하면 인간과 신이 함께 먹고, 다른 사람을 초대하면 주인과 손님이 함께 먹는다. 인간과 신이 함께 먹기 때문에 제사 음식은 다 먹어치워야 하고 버리면 안 된다. 주인과 손님이 함께 먹기 때문에 주인과 손님은 반드시 같은 음식을 먹고, 심지어는 같은 접시와 같은 국그릇과 같은 밥그릇을 사용한다. 함께 먹는 것이야말로 중국인이 그토록 손님 초대를 좋아하는 비밀의 이유이다.

사실 손님을 초대하여 함께 식사를 하는 의의는 여기에 있다. 이른바 형제란 함께 먹고 같은 음식을 먹는 게 아닌가. 그렇다면 함께 같은 음식을 먹는다면 어찌 형제가 아니겠는가. 그래서 나와 그 사람이 동족이냐 아니냐와 상관없이, 또한 나와 그 사람이 아는 사이냐 아니냐와는 전혀 상관없이 같이 밥을 먹으면 동일한 생명의 근원이 생기는 것이고, 형제가 되는 것이다. 형제가 아니라고 해도, 적어도 아는 사람은 될 수 있다. 이른바 '아는 사람'이란 바로 조리와 요리를 통해 함께 먹을 수 있는 사람이다. 만약 '낯선 사람'이라면 '입'을 열 수 없다. 반대로 관계가 매우 익숙하다면 조리하는 중에 식탁에서 도와달라고 할 수도 있다. 상대방도 거절하기 어렵다. 만약 거절한다면 이미 익은 관계가 다시 원래대로 돌아가 설익게 된다. 중국에서 처세는 절대로 설익어서는,

즉 어설퍼서는 안 된다. 차라리 날것은 걱정할 게 없다. 불에 익히면 생것은 결국 천천히 익는다. 하지만 설익은 것은 해결하기 어렵다. 다시 익히자니 아무리 끓여도 익지 않고, 익히지 않자니 먹을 수가 없다.

　마찬가지로 식사하는 자리에서 승낙한 일은 반드시 열심히 처리해야 한다. 절대 농담이어서는 안 된다. 그렇지 않으면 '식언食言'이 된다. 말은 입에서 나오는 것으로, 식언은 나온 것을 다시 입에 넣는 것을 의미한다. 다른 사람의 멸시는 차치하고라도 스스로 생각해도 혐오스럽다. 게다가 자신이 승낙한 데다 또 형제들의 일이 아닌가. 이미 내뱉은 말을 아니라고 하면 형제들이 어떻게 생각하겠는가? 정말로 책임진 일을 잘해내지 못할지도 모른다.

　따라서 중국인들은 일단 다른 사람에게 도움을 청할 때, 대부분 식사 초대를 한다. 물론 식사 초대가 꼭 부탁이 있어서라기보다는 대부분 더 친밀한 관계를 만들기 위한 것이다. 왜냐하면 식사 초대의 의의가 오로지 다른 사람에게 밥을 사는 것에만 있는 것이 아니라 함께 먹는다는 데 더 큰 의의가 있기 때문이다. 다시 말해, 오직 밥을 얻어먹어 심한 말을 하지 못하게 하는 데 있는 게 아니라 함께 밥을 먹는 우정에 큰 의미가 있다. 인간관계에 정이 넘치는 중국인들의 우정은 무슨 정책, 규칙, 도덕법칙, 국법 등을 모두 뛰어넘을 수도 있다.

　손님 초대는 먹는 것이 전부가 아니다. 한자리에 모여 식사하면 적어도 함께 먹는다는 의미가 있다. 그래서 각자 밥을 먹거나 뷔페를 먹더라도 함께 모여야 한다. 관계가 좋으면 자기 음식을 나눠줄 수도 있고, 다른 사람의 반찬을 집어먹을 수도 있다.

식탁에서의 학문

중국인은 음식을 따로따로 먹는 것을 좋아하지 않는다.

사람들은 음식을 따로 먹는 것이 과학적이고, 위생적이며, 낭비하지 않는다고 인정하지만, 동시에 너무 냉정하고 인간미가 없다고 생각한다. 인간미가 없는 것뿐 아니라, 손님에게 태만하고, 마치 다른 사람에게 전염병이라도 있다고 의심하는 듯하다. 과학과 위생에 대해 알면 알수록 따로 먹지 않으면 미안하다. 반대로 모두가 형제고, 한 식구이며, 친구라는 것을 표시하기 위해서는 반드시 모든 젓가락이 같은 요리를 향하도록 해야 한다. 이렇게 해야만 비로소 너와 나를 나누지 않고 진정 함께 먹는 것이며, 진정 같은 혈연을 의미하는 생명의 요소를 얻을 수 있다.

다른 사람의 병이 전염되는 것도 관계없다는 것은 적어도 전염을 두려워하지 않는다는 표시이다. 형제란 무엇인가? 한날한시에 태어나지 않았어도, 한날한시에 죽기를 바란다. 이렇게 하지 못한다면 적어도 한날한시에 아파야 하는 건 아닐까? 여기서 알아둬야 할 것은 남의 음식을 먹었으면 다른 사람의 일을 위해 끝까지 노력을 해야 한다는 것이다. 그렇다면 먼저 다른 사람의 병을 함께 앓는 것도 아무렇지 않아야 한다. 주인은 술과 음식 이외의 또 다른 '투자' 다. 손님은 우정을 받아들이는 일종의 '태도' 로 봐도 괜찮다. 어쨌든 함께 식사하는 목적은 정을 나누고, 마음을 소통하고, 혈연임을 인정하는 것이므로 위생을 따질 수도, 건강을 돌볼 필요도 없다. 정말이지 물불을 가리지 않고 희생을 마다하지 않는 정신이 있어야 한다. 그래서 식사하는 자리에서 이런 유행가를 부른다. "친하지 않으면 홀짝거리기만 하고, 친하면 링거 맞을 정도로 마시고, 정말 친하면 위에서 피가 나도록 마셔라." 의리가 있는 사람은 친구를 위해 어떤 위험도 무릅쓰며, 생명을 내놓고도 눈 하나 깜짝하지 않는다. 만약 술에 취하거나 먹다가 병이 생기는 것도 감당하지 않는다면, 친구를 위해 죽음도 불사한다는 것을 누가 믿겠는가.

같은 이치로, 먹는 방식과 예절도 매우 중요하다. 찔끔거리고 먹는 것은 예의를 표시하는 동시에 소원함〔生分〕을 표시하는 것이며(生은 '낯섦'이고, 分은 '함께 하지 않음'이다), 화통하게 마시는 것은 사양하지 않는다는 표시이자 친밀하다〔親熱〕는 표시다(親은 '혈연관계가 있음'이고, 熱은 '막 익숙해졌음'이다). 또한 소리를 내며 먹는 것은 교양은 없어 보이지만, 주인의 음식이 맛있다거나 손님이 아닌 가족이 집에 돌아왔음을 표시하기 위해서 반드시 맛있게 먹어야 한다. 맛있게 먹어야 환영받고, 환영을 받아야 입을 열기 쉬워진다. 물론 분위기를 조성하기 위해 주인도 손님을 접대하는 방법을 제대로 알고 행동해야 한다. 이를테면 음식을 권하거나, 술을 권하는 것이다. 술을 권하는 데는 주로 세 가지 주의사항이 있다. 첫째, 술을 권할 때 높은 사람이 먼저, 낮은 사람이 나중이다. 둘째, 술잔을 부딪칠 때는 자기 잔을 낮추어 겸손을 표시해야 한다. 셋째, 자기가 우선 마시고 난 후, 손님에게 권하는 것이 예의다. 이는 '형제여! 나는 친구를 위해 어떤 위협도 무릅쓰며, 위에서 피가 나오는 것도 두렵지 않다'라는 뜻이며, 어르신께는 편하게 드시라는 표시다. 동년배들 사이에서 이렇게 술을 권한다면, 상대는 종종 억지로라도 마신다. 이밖에 더 친근한 방식은 서로 잔을 바꿔 마시는 것으로, 같은 잔으로 술을 마시거나 상대의 술을 서로 섞는 것은 더더욱 너와 나를 나누지 않고 같은 한 어머니의 젖을 먹는 것과 같다. 식사하는 자리에서 너와 나가 없으면 생활 속에서 동고동락할 수 있다. 이는 서로 흉금을 터놓고 영예와 치욕을 나누고, 한마음 한뜻을 갖는다는 것을 의미한다. 어쨌든 술을 마시는 사람의 뜻은 술에 있지 않고 바로 인간관계에 있다.

식기食器도 주의해야 한다. 중국적 특색이 가장 잘 드러나는 식기는 젓가락이다. 젓가락으로 손님에게 음식을 집어주는 것은 연회에서는 중요한 예절이다. 이는 정중함의 표시이자 화기애애함의 표시이며, 동시에 상대방에게 바짝 다가가서 외톨이가 되지 않게 하겠다는 뜻이다. 사실 중국인은 제일 먼저 칼과 포크를 썼는데, 바로 중국인이 처음으로 나누어 먹는 것을 실행한 것이다. 간쑤성〔甘肅省〕우웨이시〔武威市〕황후皇后 대제가臺齊家 문화유적지에서 출토된 뼈로 만든 포크는 현재 서양 식사에서 쓰는 포크와 외형상 거의 차이가 없다. 결국 젓가락이 칼과 포크를 대신했고, 함께 먹는 것이 나누어 먹는 것을 대신했다. 어떤 사람은 이것이 식탁의 발명 때문이라고 한다. 식탁이 생기면서 둘러앉아 함께 밥을 먹을 수 있게 됐고, 전처럼 앞에 작은 탁자를 놓고 각자 먹을 필요가 없었다. 모두 같은 식탁에서 밥을 먹게 먹자, 젓가락을 쓰는 것이 칼과 포크를 쓰는 것보다 훨씬 편리했다.

문제는 탁자가 발명됐다고는 하지만 왜 반드시 함께 둘러앉아 식사를 해야 하는 것인가이다. 한 곳에 둘러앉아 먹더라도 서양 사람들처럼 각자 자기 것을 먹을 수 있지 않을까? 역시나 중국인은 함께 먹는 것을 좋아한다. 둘러앉아 함께 먹기에 편리한 탁자가 원래부터 그렇게 먹기 위해 발명된 것인지는 알 수 없다. 중국인은 단체생활이나 무리지어 다니는 것을 좋아하고, 가족이나 친구들과 함께 모이는 것을 좋아한다. 당연히 함께 둘러앉아 먹는 것도 좋아한다. 함께 둘러앉는 데다 함께 먹으려면 젓가락을 써야만 했다. 젓가락을 쓰면 자신이 집어먹기도 편하고, 손님에게 반찬을 집어주기도 편하며, 점잖고 고상하며 인간미가 있다. 서양 사람들은 식사를 할 때 도살하는 듯 칼로 자르고, 공격하듯 포크로 찌르며, 냉정하게 다른 사람에게 반찬을 집어주지도 않는다. 이런 점에서 인간미를 찾아볼 수가 없다. 중국인이 볼 때, 인간미가 없는 음식은 절대 맛있을 수 없고, 인간미가 없는 방식은 전혀 재미가 없다.

확실히 중국인에 대해 말하자면, 음식의 맛은 결코 그 자체의 맛뿐 아니라, 식탁에서의 특유한 '인간미'도 반드시 해당된다. 중국 요리는 단결, 화합, 교류라는 단체의식과 문화정신을 나타낸다. 중국 요리는 부치고, 볶고, 찌고, 삶고, 굽고, 찌고, 버무릴 때 거의 주재료와 양념을 한 솥에 섞는데, 서양 사람들처럼 고기는 고기대로, 생선은 생선대로, 소금은 소금대로, 후추는 후추대로 분명하게 독립적으로 나누어지지 않는다. 유명한 요리인 '전가복全家福'이나 '불도장佛跳墻', '패왕별희霸王別姬' 같은 경우, 더 많은 주재료들이 어우러져 그 맛이 이것인지 저것인지 분명하지 않다. 또한 중국의 조리학, 영양학, 섭생학에 따르면, 이런 '화합'은 음양 조화에 유리하며, 매우 과학적이다.

물론 가장 좋은 것은 음식 자체의 맛이 아주 좋고 인간미도 짙은 것으로, 이런 두 가지 목적을 가장 잘 나타내는 것이 중국식 샤브샤브인 훠궈〔火鍋〕인 듯하다.

훠궈의 문화적 의의

훠궈 그 자체가 바로 중국 문화다.

훠궈의 불은 '따뜻함'을 나타내고, 훠궈의 둥근 그릇은 '가족이 한자리에 둥그렇게 모인 것'을 나타낸다. 훠궈는 뜨거운 국물로 원재료를 다루는데, 이는 부드러움이 강함을 이기는 것이다. 훠궈는 고기, 생선, 야채를 가리지 않을 뿐더러 남북의 재료도 구분하지 않고, 동서의 맛도 가리지 않는다. 또한 산에서 나는 것, 바다에서 나는 것, 제철음식, 민물고기, 두부, 국수 등 모든 것을 재료로 쓸 수 있다. 이는 '천하를 두루 구제함〔兼濟天下〕'을 나타낸다. 훠궈는 고기와 야채를 한데 섞어여러 가지 맛이 모두 나고, 주재료와 양념이 잘 스며들며든 맛이 나는데, 일종의 중화된 맛이다. 더 중요한 것은 훠궈가 한솥밥이라는 심오한 의미를 가장 잘 형상화하고 직관적으로 나타낸다는 것이다. 따라서이는 분명 함께 먹는 것이라고 할 수 있다. 게다가 이렇게 함께 먹으면서도 절대로 어떠한 강제성도 띠지 않는다. 각자 모두 임의로 자기가좋아하는 재료를 선택해서 끓여 먹을 수 있다. 이른바 일치된 의지도있고, 개인의 편안한 기분도 고려하는 생동적이고 활발한 모습이라고할 수 있다. 그래서 북쪽으로는 둥베이〔東北〕, 남쪽으로는 광저우〔廣州〕, 서쪽으로는 촨뎬〔川滇〕, 동쪽으로는 장저〔江浙〕에 이르기까지, 훠궈를사랑하지 않는 지역이 없다.

또 한 가지 중요한 것은 훠궈가 불을 사용한다는 것이다.

불의 사용은 인류문화 사상 일대 사건이다. 중국 민족이 불을 사용한역사는 상당히 오래됐는데, 170만 년 전에 이미 쓰기 시작했고(윈난〔云南〕 원모인元謀人), 훠궈는 적어도 8000년의 역사가 있다(대략 츠산〔磁山〕, 배리강裴李崗 문화 시기). 사실 중국 문화는 줄곧 '불을 쓸 줄 아는가'와'익힌 음식인가, 생식인가'를 진보와 낙후 혹은 문명과 야만을 나누는경계로 보았다. 《예기禮記 · 왕제王制》에서 동쪽의 야만인을 '이夷'라고하고, 남쪽의 야만인을 '만蠻'이라고 했는데, 모두 음식을 익혀먹지 않는다고 했다. 또 《예운禮運》편에서는 우리 조상들이 처음에는 불을 쓸줄 모르고, 생과일이나 생고기를 먹었다고 했다. 나중에 '성왕聖王'이나타나 불의 편리함을 익혀 음식을 만들고, 술을 빚으며, 점차 옷과 건축이 생기고, 예절이 생겼으며, 문화가 생겼다. 이것이 바로 클로드 레비-스트로스Claude Levi-Strasuss의 유명한 공식인 "생것/익힌 것 = 자연/문화"이다. 지금까지도 날것[生]과 익힌 것[熟]은 여전히 좋고 나쁜 것을 평가하는 기준이 됐는데, '맹목적으로 답습한다' 와 '마음에 와 닿는다' 는 말, '억지로 끌어다 맞추다' 와 '익숙하다' 는 말을 예로 들 수 있다. 이밖에도 모두 생生 자가 들어가는 말들로, '어색하다', '생소하다', '서툴다', '제멋대로 만들다', '흔하지 않다' 가 있는데, 역시 부정적인 뜻이 명확하게 보인다. '미개인' 같은 단어로 말하면 직접적으로 불로 음식을 익히지 않는 야만인이라는 뜻이다. '설익다' 라는 말은 종종 욕으로 쓰는데, '인생이 미숙하다' 는 뜻으로 매우 불행한 일에 쓰기도 한다.[21]

상고시대에는 전문적으로 불과 음식을 관리하는 사람이 있었기 때문에 이러한 것들을 등한시할 수 없다. 그의 임무는 첫째가 불더미 관리, 둘째가 음식 조리, 셋째가 음식 배분이었다. 권력과 책임이 아주 막대했으며, 일의 성질 역시 매우 신성했다. 신성했기 때문에 좋은 것이었고, 익힌 음식을 '선식膳食' 이라고 했다. 그는 음식의 분배권을 장악했는데, 당연히 단체의 지휘권도 장악했다. 최초의 정부는 처음에는 '주방내각' 이었음을 알 수 있다. 단지 사회가 갈수록 세분화되고 정부 기능이 다양해지자, '선식과장膳食科長' 은 더는 내각총리를 겸임하지 않고, 다른 사람을 파견해서 전담하게 했다. 하지만 그 당시에도 그의 지위는 여전히 매우 높았다. 전설 속에서 고신씨高辛氏나 전욱씨顓頊氏처럼 불을 관장하는 '화정火正'의 직책을 맡았던 '여黎'는 아마도 이렇게 불을 관리하고 익은 음식을 맡아보던 사람일 것이다.

당시의 종족은 그 수가 많지 않았고, 그중에 젊고 힘이 센 사람은 밖에 나가 채집이나 사냥을 했으며, 나이가 많고 몸이 약하거나 경험이 많은 사람은 집에 남아 불을 관리하고 음식을 만들었다. 밖에서 일하던 사람이 해가 져서 돌아오고, 찬바람이 부는 어두운 밤에는 모두 불 주위에 모여앉아 익힌 음식을 먹었으며, 그 즐거움이란 정말 대단했다. '화식'이란 단지 익힌 음식이 아니라, 함께 먹기 때문에 중요했다. 그래서 '화식伙食'은, 즉 함께 불을 쬐며 먹는 것이었기 때문에 '伙(화)'자는 '人(인)'과 '火(화)'로 이루어졌다.

불을 함께 나누며 먹는 사람이 '화반伙伴', 즉 동료, 동반자이다. '伙伴'은 원래 '火伴'이라고 썼는데, 고대古代 병제兵制에서 유래됐다고 전해진다. 고대의 병제는 다섯 사람이 열列이었고, 두 열이 화火였다. 즉 열 명이 함께 불 하나로 밥을 해먹었으니, '火伴'이다. 〈목란시木蘭詩〉22)에 '문을 나가 화반들을 보니, 그들 모두 놀라 어찌할 줄 몰랐다'라는 부분이 있다. 여기에서 '화반火伴'은 같은 군영에 있는 사람으로, 지금의 '전우'에 해당한다. 사실 함께 불을 쬐며 먹는다는 것은 예전부터 이러한 모습이었지만, 보통 함께 불을 쬐며 식사를 하는 사람은 대부분 가족이었다. 군대에서는 친지도 친구도 아니지만 무리, 단체, 패[伙]를 이루었고, 나중에는 각기 다른 사람들이 같은 목적으로 결성한 단체를 '결화結伙'라고 하면서 동업하다〔合伙〕, 패거리에 들다〔入伙〕, 무리를 짓다〔打伙〕, 한패가 되다〔搭伙〕, 해산하다〔散伙〕, 범죄조직〔團伙〕이라는 개념들이 생겨났고, '火食(화식)'은 '伙食'으로 바뀌었다.

훠궈는 아마도 원시시대와 고대古代의 전쟁에서 함께 불을 사용하고 먹은 것에 대한 아주 오래된 기억일 것이다. 중국 요리는 부치고, 튀기고, 찌고, 볶는 것을 막론하고, 보통 주방에서 가공을 다 거친 후에 상위에 올라온다. 훠궈만이 조리 과정과 먹는 과정이 하나로 결합되어 솥이 상 위에 올라올 뿐 아니라, 시종일관 불이 함께한다. 이것이 바로 가장 오래되고, 가장 친근한 방식이 아닐까? 함께 둘러앉아 훠궈를 먹는 사람은 가족이 아니면 동료, 형제, 친구로 인간미가 철철 넘치지 않는가? 더욱이 북풍한설 몰아치는 한겨울, 삼삼오오 난로 주위에 둘러앉아, 함께 술잔을 기울이며 낮은 목소리로 노래할 때는 얼마나 즐거웠을까? 당나라 시인 백거이白居易는 "새로 담근 술이 익어가고, 작은 화로엔 숯불이 발갛고, 저녁 하늘에서 눈이 쏟아지려 하니, 어찌 술 한 잔 마시지 않을 수 있겠는가"라고 노래했다. 나는 이것이 친구에게 훠궈를 먹으러 오라고 청하는 편지였을 것이라고 생각한다.

이로써 훠궈는 요리 방식일 뿐만 아니라, 먹는 방식이기도 하다. 또한 먹는 방식뿐만 아니라 문화유형이기도 하다. 먹는 방식으로써 훠궈는 많은 사람이 함께 먹을 수도 있고, 혼자 먹을 수도 있다. 하지만 혼자 먹으면 얼마나 적막한가. 훠궈 가게에서 혼자서 훠궈를 먹는 사람은 거의 볼 수 없다. 돈을 아끼기 위해서가 아니라, 혼자 먹으면 재미가 없기 때문이다. 일반적으로 중국인은 혼자 먹는 것을 좋아하지 않는다. 혼자 먹으면 살로 가지도 않을 뿐더러 함께 먹어야 영양을 섭취할 수 있다고 생각한다. 혼자 먹으면 맛이 없다. 함께 먹어야 즐겁다. 부득이하게 혼자 술을 따라서 마셔야 한다면, 상상 속의 누군가와 함께 마셔야 했다. "술잔을 들고 밝은 달에 청하니, 그림자 비쳐 세 사람이 됐네."[23] 그렇지 않으면 홧김에 술을 마시는 경우인데, 그렇게 마시는 술은 재미도 없을 뿐 아니라, 몸을 상하게 한다. 만약 친구와 함께 마신다면, '마음 맞는 친구와는 천 잔도 모자란다'라고 하니 많이 마셔도 괜찮다.

이것이 손님을 식사에 초대하는 의미다. 손님 초대는 먹고 마시는 것일 뿐 아니라 함께 먹는 것이다. 함께 먹는다는 것은 모여서 먹는 것일 뿐 아니라 같이 먹는 것이다. 같이 먹는 것은 함께 한자리에서 먹거나 또는 똑같은 음식을 먹는 것으로, 더 깊은 관계를 만드는 것이고, 많이 먹을수록 혈연처럼 끈끈해진다. 인정과 혈연이 생기면, 또 하나의 단체를 만들어 공고해지며, 개인 역시 생존할 수 있다. 분명 중국인이 식사 초대를 좋아하는 이유는 먹는 것을 좋아해서가 아니라 중국 문화의 사상핵심과 단체의식이 만든 바이다.

담배, 술 그리고 차

담배에 대하여

영어로 타바코Tabacco라고 하는 담배는 중국의 토산품이 아니다. 전하는 말에 따르면 16세기에 포르투갈의 선원이 중국에 가지고 왔다고 한다. 하지만 이런 이력에 대해 기억하는 사람은 많지 않다. 16세기부터 지금까지, 어쨌든 수백 년의 역사 속에서 담배는 더는 외국 문물이 아니다. 이는 문화사에서 흔히 볼 수 있는 일이다. 이를테면 고추는 원산지가 남미 열대 지역으로, 17세기에 중국으로 들어왔다고 한다. 그러나 후난(湖南) 사람, 스촨(四川) 사람, 산시(陝西) 사람에게 물어보면 고추가 외국 양념이라고 할 사람이 몇 명이나 되겠는가?

중국은 애연가의 수 또한 적지 많은데, 담배가 처음 만들어진 나라보다 훨씬 많다. 또한 과학자들이 먼저 경고하고 정부에서도 뒤늦게 제한하고 있지만, 애연자의 수가 줄어드는 기미는 보이지 않고, 오히려 많은 사람들이 애연가의 대열에 들어서고 있다. 결국 세계적인 연초煙草 강대국을 형성하고 있다.

이는 아주 기이한 현상이다.

중국인들은 전통을 중시하지만, 흡연은 조상 대대로 전해 내려온 것이 아니다. 또한 중국인은 실리를 중시하지만, 흡연은 좋은 점이 하나도 없다. 중국인은 건강에 신경을 많이 쓰지만, 흡연은 건강에 백해무익하다. 중국인은 도덕을 숭상하지만, 흡연하는 모습은 아름답지 않다. 이렇게 중국 고유의 문화도 아니고, 실리도 없으며, 수명을 단축시키고, 좋지도 않은 기호가 이토록 중국인에게 흔쾌히 받아들여지고, 끊임없이 계속되는 데는 상당 부분 문화적인 원인이 있다.

원인은 여전히 '단체의식'에 있다.

담배와 단체의식은 무슨 관계일까?

담배와 술은 음악과 마찬가지로 사람을 모으며, 인간관계를 원활하게 한다. 두 사람이 만났을 때, 담배 한 대를 건네고 어깨를 툭 치며 이야기를 시작하면 훨씬 어울리기 쉽다. 설사 가벼운 충돌이 있다 해도 담배 한 대 건네기만 하면 분위기는 이내 부드러워진다. 또한 흡연자가 가족에게 질타를 받을 때면, 대부분 '접대하기 위해서'라며 자기변호를 한다. 비록 핑계나 궤변으로 간주되긴 하지만, 실제 상황이 그렇기도 하다. 못 믿겠다면 흡연자들에게 물어봐라, 언제 담배를 제일 많이 피우는지. 첫째는 정신을 차릴 필요가 있는, 글을 쓸 때와 같은 경우다. 두 번째는 기분 전환이 필요한 경우로, 여행을 갈 때다. 세 번째는 접대에 필요한 경우로, 술자리 같은 경우다. 이 밖에 내가 관찰한 바에 따르면, 북방이 남방보다 흡연자가 많다. 북방 사람들이 비교적 호탕하고, 의리를 중시하며, 감정을 중요하게 생각하고, 친구를 좋아하기 때문이다. 북방 사람들이 술을 마시면 당연히 남방 사람보다 심하게 마신다.

사실 담배의 중요한 문화적 기능은 사교다. 중국 전통 사교에 없어서는 안 되는 것이 술과 차다. "은사隱士는 차로 사귀고, 협객은 술로 사귄다"라고 하지만, 모두 담배만 못하다. 왜냐하면 아침부터 저녁까지 술병을 들고 있거나 차를 들고 있다가 사람을 만나면 따라줄 수 없기 때문이다. 하지만 담배는 휴대하기가 좋다. 누군가와 만나면 웃으면서 담배 한 대 건네면 얼마나 자연스럽고 편리한가. 뭔가 부탁할 때도 담배 한 대 건네면, 상대방이 흡연자라면 종종 받아들여진다. 누군가 담배를 주는 것은 적어도 우호의 표시이기 때문이다. 게다가 담배 한 대는 실제로 별것 아니기 때문에 받아도 뇌물로 칠 수 없고, 거절하는 것이 오버하는 것이다. 물건이 아무리 작아도, 역시 인정이다. 상대방이 받아들이기만 한다면 감사히 여기는 것이고, 일단 길은 튼 것이며, 다리를 놓은 것이나 다름없다. 그 다음은 이야기하기가 훨씬 쉽고, 적어도 창피를 당하지 않을 수 있다고 할 수 있다. 웃는 얼굴에 침 못 뱉는다는 말이 있다. 마주한 사람이 담배를 건넨다면, 일반적인 사람은 불쾌한 표정을 짓기가 쉽지 않다.

담배는 사교를 도와주고, 사람을 사귀는 데 도움이 된다. 예를 들어, 흡연자들은 대부분 너그럽고 호탕하다. 물론 덜렁대고 방탕할 수는 있다. 비흡연자는 대체로 신중하고 침착하다. 하지만 고지식하고 쩨쩨할 수 있다. 사람을 상대하는 일에 종사하는 사람은 모두 알 것이다. 흡연자가 비흡연자보다 인사하기가 쉽다는 것을 말이다. 이는 담배가 '출세의 수단'으로서 그 역할을 할 수 있기 때문이다. 또한 흡연자는 성격이 대체로 외향적이고, 비흡연자는 내성적인 사람이 비교적 많기 때문이다. 외향적인 사람은 사람 사귀는 것을 좋아하고, 그런 사람은 수다 떠는 것을 좋아하는 경우가 많다. 수다를 떨 때, 만약 모두 담배를 피우고, 서로 담배가 왔다 갔다 하면 분위기는 부드러워진다. 반대로 모두 담배를 안 피우고 오래 앉아 있다 보면, '괜히 앉아 있다'라는 느낌이

들게 마련이다. 전혀 흥이 나질 않는다. 여자들은 항상 할 이야기들이 있지만, 담배를 피우지 않는 남자들은 함께 있으면 대부분 업무에 대한 이야기만 한다. 그들은 속으로 답답한 게 있어도 친구를 찾아가 기분전환을 할 방법이 없다. 다만 술을 마시러 갈 뿐이다.

담배를 통해 인간관계의 깊이도 알 수 있다. 예의 바르게 담배를 건네면 관계가 아직 깊지 않은 것이고, 매우 '서먹한 것'이며, 우호적인 관계를 위해 아직 탐색하는 단계에 있거나 두 사람 사이에 상당한 거리가 있다는 것을 알 수 있다. 서로 앞 다퉈 담배를 건네는 것은, 서로 지위가 비슷하거나 같지만 관계는 아직은 좀 서먹하고 친한 사이는 아니며, 모두 우호적인 관계로 발전하길 원한다는 것을 알 수 있다. 편하게 담배를 건네고 '예의상' 하지 않는 것은 관계가 아주 깊고 이미 '어떻게 해도 상관없는' 정도에 이르렀음을 보여준다. 상대방의 주머니에 손을 뻗어 담배를 꺼내 다른 사람에게 주는 것은 정말 무척 친한 사이로, 너와 나를 가리지 않는 '정말 친한 친구들'이다.

물론 일반적으로 서로 담배를 건넬 때 대체로 그 횟수가 비슷한 것이 적당하다. 다른 사람의 것을 많이 피우거나, 다른 사람의 것만 피우는 것은 조금은 상대를 존중하지 않는 것이며, 자신이 쩨쩨하다는 것을 나타낸다. 식사에 초대를 할 때도 손님 중에 담배를 피우는 사람이 있으면, 담배를 반드시 준비해야 한다. 손님이 자기 담배를 꺼내게 하는 것은 아주 체면을 상하게 하는 일이다. 어쨌든 술이 담배보다 비싸다고 할 때, 작은 것으로 큰 것을 잃을 필요 있을까? 그래서 손님을 초대하는 자리에서 담배 또한 없어서는 안 될 물건이다. 그 중요성은 과자나 사탕 같은 간식거리보다 중요하며, 어떤 때는 차보다도 중요하다.

술에 대하여

담배가 새로운 국면을 열 수 있다면, 술은 어떤 한계를 깨뜨릴 수 있다. 중국 전통사회는 계급사회로, 안과 밖의 차이나 멀고 가까운 것의 차이, 장유유서, 빈부귀천의 차이를 중시한다. 만약 이를 뛰어넘을 경우, '실례'가 된다. 현대사회는 많이 평등해졌지만 나이, 경력, 지위 등의 차이는 항상 존재한다. 다시 말해 사람과 사람 사이에는 항상 한계가 있고 간격이 있다. 가장 효과적으로 그런 한계를 없애는 것이 바로 술이다.

진정한 술자리는 '지위가 평등'한 것으로, 그렇지 않으면 마음껏 즐길 수가 없다. 술이 한 잔 들어가면 온몸이 편안해지고, 술이 두 잔 들어가면 모든 것을 잊는다. 접대에 능한 사람이 '감언이설'로 자꾸 술을 권하면, 술을 마시는 사람은 갈수록 자신이 너무 정이 많다고 '호언장담'하고, 술자리는 전에 없이 뜨거워진다. 어떤 사람은 큰 목소리로 술을 더 따르라고 하고, 어떤 사람은 낮은 소리로 노래를 부르며, 어떤 사람은 술잔을 나누고, 어떤 사람은 자리를 바꿔 앉는 등 온통 '횡설수설'로 가득해진다. 이때부터 주인과 손님, 높고 낮음의 구분이 없는, 모두 '술고래'이자 '술꾼'이 된다. 진정 모두 평등해진다. 남녀노소, 가깝고 멀고, 귀하고 천한 여러 가지 차별이 모두 알코올에 의해 사라지는 것이다. 어떤 규칙, 경계, 금기, 예의 모두 깡그리 사라지고, 너 나 구분 없는 화목과 융화만이 남는다. 중국인이 술을 좋아하고, 술을 권하거나, 술 마시며 게임하기를 좋아하고, 소리 지르고 야단법석을 잘 떠는 것은 이런 평등과 융화, 친밀과 떠들썩함을 위해서다.

중국인은 아주 오래전부터 술 마실 자격이 있었다. 역사학자들은 중국의 곡물로 만든 술이 신석기시대에서 기원했다고 보는데, 그 기원이

양사오〔仰韶〕 문화[24] 시기인가 아니면 룽산〔龍山〕 문화[25] 시기인가 하는 데는 아직 논쟁이 있지만, 어쨌든 아주 오래됐음은 분명하다.

술의 종류는 하상주 삼대시기에 이미 적지 않았는데, '청주'라는 증류주는 오랫동안 양조하고 술지게미를 걸러낸 미주米酒이다. 감주甘酒는 막걸리라고도 하는데, 노인 또는 노동자들이 단기간 내에 양조하여 술지게미를 거르지 않은 찹쌀술이다. 향주香酒는 울창주라고 하는데, 울금 향초 또는 향모초(시트로넬라)를 미주에 담가 만든 술이다. 이런 술은 주로 첫째, 신에게 바칠 때 썼다. 신은 향기만 맡을 수 있고, 음식을 먹을 수 없기 때문에 향기가 코를 찌르는 술이 신에게 바치는 데는 가장 적합했다. 둘째, 음식을 만드는 데 썼다. '주대팔진周代八珍'[26]의 하나인, 일종의 맛술인 '지漬'로, 소고기를 얇게 저며 술에 재어 놓았다. 셋째는 병을 고치는 데 썼는데, 술에 약재를 담아서 약효를 더 좋게 했다. 네 번째는 접대용으로 썼는데, '수작酬酌'이라고 했다. '수酬'는 주인이 술을 권하는 것이고, '작酌'은 손님이 답례로 술을 따르는 것이다. 어쨌든 술은 원래 실용적인 가치가 있었으며, 절대 단순한 음료가 아니었다.

신에게 대접하던 것이 결국 사람에게 대접하는 것이 됐고, 실용적인 술 또한 인간이 즐기게 됐다. 당시 의적儀狄이라는 사람이 지주旨酒를 발명해서 우임금에게 바쳤다. 우임금이 마신 후 맛이 아주 좋다고 생각했고, "후대에 분명 술로 나라를 망하게 할 사람이 있을 것이다"라고 단언했는데, 불행히도 적중했다. 그의 손자 태강太康[27]은 술로 나라를 망국의 길로 이끌었다. 마지막 자손 하걸夏桀[28]은 심지어 술로 제정신을 잃고 요리가 익지 않았다고 해서 '요리사를 죽이고', 그 결과 나라를 망하게 만들었다. 은殷나라의 주왕紂王은 고기를 달아 숲을 만들고,

술로 연못을 만들어 배를 타고 연못을 노 저어 다니며 취할 때까지 퍼마셨으며, 남녀 3천 명이 나체로 춤을 추다가 결국 망하고 말았다. 이후 주공周公[29]은 바로 금주령을 내렸고, 만약 모여서 술을 먹으면 법에 따라 머리를 벤다고 했다. 나중에 《한률漢律》에도 '세 사람 이상 이유 없이 모여 술을 마시면 벌금 넉 냥에 처한다'라고 규정했다. 이후 금주에 관한 일은 더 많다. 예를 들어, 조조가 금주령을 내리고, 금주령에 반대한 공융孔融을 살해했다.

조조도 술을 마셨다. 그렇지 않았으면 어찌하여 "무엇으로 근심을 달랠까나, 오직 두강주杜康酒뿐이다"라는 시구를 읊었을까. 사실 관방에서 금하려고 한 것은 술이 아닌, 술주정과 여럿이 모여서 마시는 것이었다. 이런 일들이 그치지 않자 하는 수 없이 술까지 한꺼번에 금해 버렸다. 술주정을 금한 것은 이해할 수 있다. 술을 너무 많이 마시면 정신이 혼미해지기 때문이다. 군왕이 정신이 맑지 않으면 반드시 정치가 어지러워졌고, 백성이 정신이 맑지 못하면 반드시 예가 어지러워졌다. 두 가지 모두 나라를 망칠 수 있으므로 금하지 않을 수 없었다. 여럿이 모여서 술을 마시는 것을 금한 것도 일리가 있다. 모두 '함께 식사를 하면' 겸손하게 사양하고, 죽 한 그릇, 밥 한 그릇 손에 넣기 쉽지 않다는 것을 생각하면 임금에게 감사하는 마음을 가질 것이며, 더욱 나라에 충성을 다할 것이다. 하지만 '여럿이 모여 술을 마시면' 술 때문에 용기가 나서 대담해지고, 불충불효不忠不孝하는 말을 하게 되며, 잘못하면 '모반'의 마음을 품거나 적어도 질서를 크게 어지럽힐 수 있었다. 그래서 함께 밥을 먹든, 여럿이 모여 술을 마시든 모두 함께하는 것이지만, 함께 식사를 하는 것은 장려하고 함께 술을 마시는 것은 금지해야 했다.

하지만 사람들이 모여서 술을 마시는 일을 금하려고 해도 잘되지 않았다. 나라의 잔치나 집안잔치, 윗사람에게 식사 대접을 하거나 친구를 위해 송별연을 베풀 때 함께 모여 술을 마시지 않을 수 있겠는가. 그래서 하는 수 없이 '이유 없이' 모여 술을 마셔서는 안 된다고 규정할 수밖에 없었다. 모여서 마시는 데는 반드시 정당한 사유가 있어야 했다.

따라서 함께 술을 마시더라도 예의를 지켜야 한다고 규정할 수밖에 없었다. 이 규정은 어떻게 해도 통하지 않았다. 음주의 즐거움은 바로 아무 구속 없이 마시는 데 있기 때문이다. 제齊나라 위왕威王이 순우곤淳于髡에게 "선생은 얼마나 마셔야 취하시오?"라고 물으니 순우곤은 "저는 한 말을 마셔도 취하고, 열 말을 마셔도 취합니다"라고 대답했다. 왕이 알아듣지 못하자, 순우곤은 이렇게 말했다. "만약 대왕께서 술을 하사하시면, 주정酒政을 감시하는 집행관이 제 옆에 서 있을 것이고, 실의失儀를 규찰하는 어사관이 제 뒤에 서 있을 것입니다. 저는 황공하여 땅에 엎드려 머리를 박고 술을 마실 것이니, 한 말도 마시기 전에 취할 것입니다. 만약 고향 사람들과 함께 마신다면, 귀천, 남녀 구분 없이 자리를 잡고 앉아 한 시간이고 두 시간이고 권하면서 자유롭게 치고 박으며, 이성의 손을 잡아도 벌 받지 않고, 사람을 기분 나쁘게 째려봐도 제지받지 않고, 여인의 장신구가 엉망으로 흐트러지고, 신발이며 양말이 어지럽게 섞이는 이런 분위기에서는 여덟 말을 마셔도 조금 취할까 말까 합니다. 음주의 즐거움은 이렇게 오로지 심신의 해방에 있는데, 어떻게 형식대로 예를 취할 수 있겠습니까?"

심신의 해방이 필요한 사람은 아주 많았는데, 제왕과 장수와 재상, 그리고 백성들 역시 그랬다. 술에 의지해 친구를 사귀고 관계를 맺어야 하는 사람도 아주 많았다. 경제계와 정계가 그랬고, 시정과 촌락도 그랬다. 또 문인도 있다. 문인들은 술이 없으면 영감이 사라져서 역사상

금주령은 종종 유명무실했다.

하지만 술이 오명을 얻은 것도 사실이다. 이를테면 주색을 밝히는 사람을 뜻하는 '주색지도酒色之徒'나 삼가야 할 네 가지인 술, 여자, 돈, 화를 뜻하는 '주색재기酒色財氣' 같은 말들은 썩 좋은 말이 아니다.

물론 명성에 가장 오점을 남긴 것은 '주색酒色'이라는 말이다.

술은 중매쟁이로, 술이 몇 잔 들어가면 색욕이 하늘을 찌른다. 당시 서문경西門慶[30]이 반금련潘金蓮을 유혹할 때가 바로 반금련이 술 한 잔 들어가 이성에 대한 감정이 동하던 때였다. 옛날에 소오노蘇五奴라는 사람이 있었는데, 그는 공공연하게 자기 부인 장사낭張四娘에게 '접대부' 노릇을 하게 했다. 장사낭에게 술을 따르게 한 사람은 사실 술에 뜻이 있었던 게 아니라 오직 소오노를 빨리 취하게 하여 그녀를 어떻게 해볼 요량이었다. 그 사람의 속내를 눈치 챈 소오노는 이렇게 말했다고 한다. "돈만 많이 준다면 만두를 먹고라도 취할 테니 그렇게 술을 많이 마실 필요가 없소이다." 술은 음란의 원흉이었다. 정통 도학자들은 자연히 금주를 주장하거나 술을 제사나 관방의 접대에만 쓰게 해야 한다고 주장했다.

그래서 술은 그 지위를 점차 차에게 양보했다.

차에 대하여

중국인이 차를 마시는 습관은 분명 술을 마시는 것보다는 뒤의 일이다. 어떤 사람은 중국 민족이 차를 마신 역사가 이미 1만 년이 넘었다고 하지만, 학계에서는 아직 논쟁 중이다. 비교적 믿을 만한 기록은 서한西漢 말년에 처음 보이는데, 당시는 '가檟(개오동나무로 차의 일종)'라고 했으며, 《이아爾雅》에는 '씀바귀'라고 했다. 하지만 씀바귀는 국화과 초

목식물이고, '차'는 산다과山茶科 목본식물로 아무 관계가 없다. 아마
차의 쓴 맛이 씀바귀에 가까워서 차를 씀바귀라고 한 것 같다. 중국 서
진西晉 말에서 동진東晉 초의 학자이자 시인인 곽박郭璞은 "개오동나무
는 치자나무처럼 겨울에 입이 나며, 끓여서 국으로 먹을 수 있다"라고
주해했다. 또한 잎을 일찍 딴 것을 '도茶'라 하고 늦게 딴 것을 '명茗'
이나 '천荈'이라 했는데, 늦게 딴 것은 오래되어 맛이 없었다. 당나라의
육우陸羽가 《다경茶經》을 쓰면서, '도茶'에서 가로 한 획이 빠지면서
'차茶'가 됐다. '도茶'자는 오히려 아는 사람이 드문데, 항상 차茶 자로
잘못 읽히기 때문이다.

　차가 정식으로 이름을 갖게 된 것은 이처럼 한참 후의 일이므로, 차
를 마시는 것도 그렇게 이르지는 않았을 것이다. 상주商周 청동기에는
차 도구가 없었다. 한나라 때의 무덤에서 출토된 식품 중에도 찻잎이
보이지 않은 것으로 보아, 적어도 당시에는 아직 차 마시는 풍조가 일
지 않았거나 생활의 필수품이 아니었던 듯하다. 과거 차의 원산지는 인
도로, 그곳에서 들어왔다는 주장이 있었다. 이는 불자들이 차를 많이
마시는 것으로 증명할 수 있는데, 어떤 사람은 확실히 선종禪宗의 창시
자인 보리달마가 가지고 왔다고 주장한다. 달마가 천축국(인도)에서 올
때, 양梁 무제武帝에게 불교에 대해 이야기했으나, 말이 통하지 않아 하
는 수 없이 갈대를 꺾어 배를 만들고, 장강을 건너 북쪽 숭산崇山으로
들어왔다고 한다. 그는 소림사의 한 동굴에 피해 있다가 '벽을 보고 앉
아 침묵했는데', 9년 동안 한 번도 움직이지 않았다. 심지어 새가 어깨
에 둥지를 틀어도 알아차리지 못했는데, 마침내 두 눈썹이 땅에 떨어져
차 잎이 자랐다고 한다. 그래서 상품의 찻잎을 '진미珍眉'라고도 한다.
후베이〔湖北〕 어산〔鄂山〕 산에 '오봉진미五峰珍眉'가 있는데, 품질이 아주

좋다. 그러나 달마의 눈썹과 일맥상통하는 것인지는 알 수 없다. 사실 《삼국지三國志》와 《세설신어世說新語》에 모두 차를 마신 기록이 있다. 《삼국지》에서는 위요韋曜가 손호孫晧의 연회에 참석했는데, 술 마시는 것을 좋아하지 않아 대신 '도천茶荈'[31]으로 대신했다고 했으며, 《세설신어》에서는 임육장任育長이 진晉나라의 재상인 왕도王導의 집에 손님으로 갔는데, 좋고 나쁜 것을 구별하지 못해서 '도茶'냐 아니면 '명茗'이냐고 물어 웃음거리가 됐다고 한다. 삼국 양진兩晉시대에는 차 마시는 것이 이미 상류사회의 고상한 습관이 됐음을 알 수 있다. 그때는 달마대사가 아직 세상에 나오기도 전이다.

실제로 차나무의 원산지가 어디인지, 중국에서 나고 자란 것인지 아니면 인도에서 수입된 것인지, 아니면 중국과 외국과의 합작인지는 모두 중요하지 않다. 중요한 것은 차를 마시는 것이 분명 중국 문화라는 사실이다.

중국인들이 차 마시는 것을 좋아하는 것은 서양 사람들이 술 마시는 것을 좋아하는 것과는 전혀 다르다. 서양 사람들은 술에서 그 즙을 마시지만, 중국인은 차에서 기氣를 마신다. 서양의 인체과학이 주목하는 것은 체액이다. 그들은 일찍이 혈액, 점액, 담즙 등이 인체에서 차지하는 비례에 근거해 인간을 다혈질, 점액질, 담즙질과 우울질의 네 가지 유형으로 분류했으며, 템퍼먼트Temperament(기질)라고 했다. 이 말의 근원을 따져보면 실제로는 '액질'이라고 번역할 수 있는데, 중국인은 '기질'이라고 번역한다. 중국인은 '기氣'를 '질質'이라고 하기 때문이다. 중국인은 한 사람의 자질과 성품은 그 사람의 흉중의 기에 달려 있으며, 바른 기가 차 있으면 군자이고, 사악한 기가 차 있으면 소인이며, 맑은 기가 차 있으면 고상한 선비이고, 탁한 기가 차 있으면 속물이라고 생각했다. 그래서 어떤 기질을 표현할 때 어떤 사람은 '기개〔氣度〕가 범상치 않다'라거나, '오만한 기세〔盛氣〕로 남을 무시한다', '대단히 화목하다〔一團和氣〕', '멋지다〔帥氣〕', '천박하다〔俗氣〕', '대범하다〔大氣〕', '소심〔少氣〕하다', '요염하다〔妖里妖氣〕', '괴상하다〔怪里怪氣〕'는 식으로 '기'라는 말을 많이 쓴다.

기가 천지에 가득할 때에는 맑을 수도, 탁할 수도 있다. 또한 고상할 수도, 저속할 수도 있다. 향기로 말하자면, 향기로우면서 요염하고, 향기로우면서 화려하며, 향기로우면서 진하고, 향기로우면서 매혹적인 것은 모두 저속한 기운이다. 졸부의 애첩이 화장을 진하게 하고, 온몸을 보석으로 치장하고, 향수를 많이 뿌릴수록 천박함은 더해진다. 농부가 갓 베어낸 보리 짚단은 가을볕을 따뜻하게 쐬고 난 후에 그 향기가 가장 신선하다. 꽃향기가 약의 향기만 못하고 술의 향이 차의 향기만 못하다고도 하는데, 약과 차야말로 가장 청아한 것들이다.

차를 마시면 장점이 많다. 차는 암을 예방할 수 있다. 담배처럼 건강에 해롭지 않다. 차는 머리를 맑게 하여 술처럼 과하게 마신 후에도 어지럽지 않다. 그래서 옛날부터 금주, 금연은 있어도, 차를 금한 적은 없었다. 차는 중국인, 특히 중국의 문인과 선비들의 애용품이다.

중국인은 집에서도 차를 마시고, 밖에서도 차를 마신다. 출근해서는 맨 처음 뜨거운 물에 차부터 우린다. 회의할 때는 손마다 차를 한 잔씩 들고 있다. 중국인은 손님을 대접할 때 여자 손님이면 사탕을 준비하고, 남자 손님이면 담배를 권한다. 하지만 차는 모두에게 대접한다. 손님이 왔을 때 주인이 맑은 차 한 잔을 내오면 무척 예의를 갖추는 것으로, 전혀 아첨하는 게 아니다. 이렇게 교제하는 것을 '군자의 사귐은 물처럼 담백하다'고 한다. 만약 차를 내오지 않는다면 주인이 뭘 모르거나 환영받지 못하는 손님이다. '차 한 잔도 주지 않는 것'은 손님을 내쫓는 것과 같다.

차도 접대의 기능이 있음을 알 수 있다. 그래서 중국인들은 식사 초대하는 것을 좋아할 뿐 아니라, 어떤 때는 손님을 초대해 차를 마시기도 한다. '화해의 차〔吃講茶〕'나 '아침의 차〔吃早茶〕'가 그것이다. 화해의 차는 옛 강호사회에서 분규를 해결하기 위한 수단이었으며, 아침의 차는 지금처럼 장사의 방법으로 식당에서 쓰는 방법 중 하나이다. 아침의 차는 술자리처럼 그렇게 거하지도, 그렇다고 달랑 차 한 잔처럼 초라하거나 궁상맞지도 않다. 지나치게 거창하면 일을 이야기하기 어렵고, 지나치게 궁상맞으면 또 겸연쩍다. 간단한 식사와 함께 곁들이는 아침의 차가 가장 적당하다. 아침의 차는 마음이 가라앉아 진지하게 이야기를 나눌 수 있으며, 또 회사에서처럼 딱딱하게 가격 협상하는 것보다는 훨씬 인간미가 있으며, 훨씬 가깝게 행동하며 뒷거래하기도 편리하고, 이 참에 아침 식사까지 해결할 수 있으니 얼마나 기가 막힌 방법인가! 음모를 꾸미든 장사를 하든 확실히 차를 빌어 피비린내 나는 경쟁이나 돈 냄새를 조금이나 희석시킬 수 있다.

청조 정계에는 유행이 하나 있었다. 접대용 차는 놓기만 할 뿐 진짜 마시지는 않았다. 장관이 대화가 성가시게 느껴져서 손님을 내쫓으려 할 때, 차 한 잔을 내오며 "차 드십시오"라고 한다. 이때 스스로 알아서 인사하고 나오는 게 가장 좋다. 만약 눈치 못 채고 있으면, 장관 주변의 하인들이 "손님이 가신다" 하고 말꼬리를 길게 늘이며 소리쳤다.

이 방법을 누가 처음에 시작했는지 모르겠지만, 아주 절묘한 방법이다. 차를 마시는 것이나 술 마시는 것, 담배 피우는 것이나 식사하는 것, 중국에서는 모두 분명 하나의 문화현상이다.

이번 장에서 너무 많은 이야기를 해서 독자들이 질렸을지 모른다.

"차 들여와라, 손님 가신다."

1) 능리를 차시하나는 뜻으로, 왕권을 상징하는 솥의 크기와 무게를 묻는다는 정 권 탈취의 욕심을 뜻함.

2) 홀笏, 벼슬아치가 임금을 만날 때 쥐던 물건.

3) 상商, 주周, 진秦, 한漢까지를 말함.

4) 삶아서 국물과 함께 먹는 속에 깨나 단팥이 들어 있는 작은 참쌀떡.

5) 은을 세운 탕왕이 하나라의 폭군 걸왕을 몰아낸 사건과 무왕이 은의 마지막 폭군 주왕을 몰아낸 사건.

6) 음식을 입에 넣어 씹는 것.

7) '吃小竈(특혜를 받다), 吃官司(소송을 당하다), 吃回釦(수수료를 받다), 吃功夫(힘 이 들다)'에 모두 먹는다는 뜻의 "吃"이라는 말이 들어간다.

8) 널리 양식을 모으고 성벽을 높이 쌓으며 천천히 왕이 되겠다는 의미.

9) 조나라의 대장. 처음에는 용맹만을 믿고 거들먹거리지만 인상여의 인물이 위 대함을 알고 개과천선하여 문경지교를 나누고 위기에 빠진 조나라를 몇 번이 나 구한다. 그러나 끝내 곽개郭開의 모함으로 다른 나라로 망명하여 불우한 일 생을 보낸다.

10) 두주불사斗酒不辭라는 사자성어가 유래된 이야기이다. 유방劉邦이 진秦나라 수도 함양을 함락시키고 진나라 왕 자영으로부터 항복을 받았다는 사실을 알게 된 항우項羽는 분노가 머리끝까지 치솟아 유방을 칠 각오를 다졌다. 유 방 또한 항우가 이를 갈고 있다는 걸 알고 항우의 진중에 나아가 해명했다. 이를 역사책에서는 '홍문의 만남[鴻門之會]'이라고 한다. 유방의 변명에 항 우는 고개를 끄덕였으나, 항우의 모신謀臣 범증范增은 이를 기회 삼아 항우의 사촌동생으로 하여금 칼춤을 추게 하여 유방의 목숨을 노렸다.

11) 저자주 ── 상고삼대上古三代의 후대 재상직무에 해당하는 이른바 '천관총재 天官冢宰'는 음식을 주로 다루는 총책임자였다. 그 부하직원은 60퍼센트 이 상이 음식과 관련된 직종에 속했다. 그 가운데 왕궁 음식을 주관하는 사람이 162명, 왕과 왕후, 세자 집안의 음식 128명, 제사와 연회, 외빈초대 128명, 주 방의 사무 70명, 육류 요리 62명, 사냥 음식 335명, 어류 334명, 기타 술이나 음료, 각종 장, 식초, 소금, 얼음 행주를 관리하는 사람 등 많은 사람이 있었

다. 총재가 이 많은 선식과 간부를 통솔했다면, 그를 '총책임자' 나 심지어 '주방장' 이라고 해도 타당할 듯하다.

12) 옛날의 고급관리로, 대부 위의 서열이며, 오늘날의 장관에 해당함.

13) 태사太師, 태부太傅, 태보太保를 말함.

14) 고양잇과의 화석 동물. 크기가 사자만 하고, 사벨형의 견치犬齒가 특징이다. 강한 목의 힘과 어깨와 동체의 무게를 이용하여서 견치로 먹이를 물어 죽인 것으로 생각된다. 북아메리카의 남부에 살았는데 제삼기 말에서 경신세更新 世에 번창했다.

15) 중국 전한의 무장武將(?~B.C.196). 한漢 고조를 도와 조趙, 위魏, 연燕, 제齊나 라를 멸망시키고 항우를 공격하여 큰 공을 세웠다. 한나라가 통일된 후 초왕 에 봉해졌으나, 여후에게 살해됐다.

16) 중국 명明나라의 제15대 황제(1605~1627). 묘호는 희종熹宗, 시호는 철제哲 帝. 천계天啓는 그의 연호이다. 15세의 나이에 제위에 오른 그는 국정을 게을 리 하고 목공일에 더 열중했다. 그는 전에 황태후를 모시던 환관의 우두머리 이며 자신의 유모와 친분관계가 있던 위충현魏忠賢(1568~1627)에게 조정의 권력을 넘겨주었다. 위충현은 중국 역사상 가장 권세 있는 환관이 되어 조정 을 장악했다. 이 시기에 이민족의 침입이 여러 번 있었으며, 남쪽과 남서쪽 지방 각지에서 반란이 일어났다. 재위 말년에 그는 국가에 대한 통제력을 완 전히 잃었고, 명나라는 점차 쇠락해갔다.

17) 당唐대의 걸출한 시인 맹교孟郊가 쓴 〈유자음游子吟〉의 한 구절이다. 오랜 과 거 응시에도 불구하고 낙방만 거듭하는 맹교에게는 늘 힘이 되어 주는 어머 니가 있었다. 어머니는 아들에게 잔소리 한마디 없었고, 먹고사는 일이 걱정 될 정도로 가난했지만 아들을 위해 힘든 일을 마다하지 않았다. 46세에 과거 에 급제한 그는 벼슬자리 때문에 오래 헤어져 있던 어머니를 임지인 지금의 장쑤〔江蘇〕성에서 맞았을 때 이 시를 썼다.

18) 옛날 어머니의 사랑이 담긴 뽀뽀를 그리워하는 노래.

19) 악비岳조의 어머니가 아들이 부귀를 위해 절개를 버리지 않기를 바라는 마음 에서 진충보국盡忠保國이라는 글자를 몸에 새겼다는 고사.

20) 북송의 시인 이지의李之儀가 쓴 시〈복산자卜算子〉의 한 구절로, 시의 전문은

다음과 같다.

나는 장강 상류에 살고〔我住長江頭〕/그대는 장강 하류에 사네〔君住長江尾〕/날마다 그대를 생각하나 만날 길 없고〔日日思君不見君〕/같이 장강 물만 마실 뿐이네〔共飮長江水〕/이 강물이 언제 멎으려나〔此水幾時休〕/이 한은 언제 그치려나 오직 그대와 내가 한 마음같이〔此恨何時已〕/서로 그리워하는 마음〔只願君心似我心〕/진정 변치 말기를〔定不負相思意〕.

21) 이 말은 맹목적으로 답습한다는 말과 억지로 끌어다 맞춘다는 말에 生 자가 들어가고, 마음에 와 닿는다는 말과 익숙하다는 말에 熟 자가 들어가기 때문에 生과 熟에 비유했다. 生은 대체로 부정적인 의미에, 熟은 비교적 긍정적인 의미의 단어에 사용된다. 본문에 예를 든 단어들은 각기 '生澀, 生疎, 生硬, 生造, 生僻'라고 쓴다. 미개인은 '生番'이라고 쓰며 설익다는 '夾生'라고 쓴다.

22) 중국 북조 때의 민간 장편 서사시. 나이 많은 아버지를 대신하여 남장을 하고 출정한 목란의 행장을 그렸으며, 5언五言으로 되어 있다.

23) 당나라의 유명한 시인 이백李白의 시〈월하독작月下獨酌〉중 1편의 한 구절로, 시 전문은 다음과 같다.

꽃 사이에 한 병 술 차려 놓고〔花間一壺酒〕/짝할 이 없이 홀로 잔 기울이네〔獨酌無相親〕/잔을 들어 밝은 달을 맞이하고〔擧杯邀明月〕/그림자까지 상대하니 세 사람이 됐구나〔對影成三人〕//저 달은 마시는 즐거움을 모르고〔月旣不解飮〕/그림자는 나만 따르네〔影徒隨我身〕/잠시나마 달과 그림자 함께 하는데〔暫伴月將影〕/모름지기 행락은 이런 봄에 해야지〔行樂須及春〕//내가 노래하면 저 달도 노닐고〔我歌月徘徊〕/내가 춤추면 그림자도 뒤흔드네〔我舞影零亂〕/깨어 있을 때는 함께 즐기다가〔醒時同交歡〕/취하면 서로 흩어지네〔醉後各分散〕/길이 무정한 교유를 맺어〔永結無情遊〕/서로 저 은하에서 만나세〔相期邈雲漢〕.

24) 중국 신석기시대 말기, 황허〔黃河〕강 상, 중류 유역의 신석기 문화. 화베이〔華北〕에서 일어난 최초의 농경문화로서 룽산〔龍山〕문화의 모체가 됐다. 홍도紅陶가 특색이며, 시안〔西安〕의 반포半坡, 허난성〔河南省〕먀오디거우〔廟底溝〕가 대표적인 유적이다.

25) 신석기 시대 후기에 중국 황허〔黃河〕강의 중, 하류 지역에서 번성한 문화. 흑도黑陶가 특색이며, 보리와 조를 심는 농업과 목축, 채집, 수렵 생활을 했다.

대표 유적으로 산둥성〔山東省〕 리청현〔歷城縣〕 룽산전〔龍山鎭〕의 청쯔야〔城子崖〕가 있다.

26) 여기서 팔진八珍이라는 것은 원래 여덟 가지 진귀한 요리를 뜻했지만, 후에 여덟 가지 희귀하면서도 진귀한 요리 재료를 말한다. 주대팔진은 크게 두 가지로 볼 수 있는데 첫째, 《예기·내측內側》에 따르면 순오淳熬(다진 고기와 밥에 기름을 뿌리는 것), 순모(다진 고기를 익히다가 기장밥을 더한 것에 기름을 뿌리는 것), 포돈炮豚(잿불에 구운 새끼 돼지를 솥에 넣고 오랫동안 삶는 것), 포(잿불에 구운 새끼 양을 솥에 넣고 오랫동안 삶는 것), 도진搗珍(소, 양, 노루의 뼈 부위 살을 여러 차례 두드린 후 볶는 것), 지漬(술에 소나 양고기를 재웠다가 된장이나 식초, 매실 잼에 찍어 먹는 것), 오熬(육포 같은 것), 화간和肝(개의 간에 기름을 발라 굽는 것)의 여덟 가지 음식 또는 조리법을 말한다. 둘째, 고급 요리에 사용되는 여덟 가지 재료를 말하는 것으로, 소와 양, 순록, 사슴, 노루, 돼지, 개, 이리이다.

27) 나라 잃은 군주라 하여 태강망국으로 부른다. 그는 동이東夷의 우두머리인 후예后羿(활을 잘 쏘는 사람)의 공격을 받아 죽임을 당했다. 이후 후예가 일으킨 하夏나라가 들어선다.

28) 하나라의 마지막 왕 걸桀로, 포악한 정치를 한 폭군으로 유명하다. 은殷의 주왕紂王과 나란히 중국 상고시대上古時代의 폭군으로 대표된다. 이 둘을 일컬어 걸주지군桀紂之君 또는 하걸은주夏桀殷紂이라고 하여 폭군을 뜻한다. 걸왕이 폭정을 일삼는 동안, 여러 제후를 승복시켜 세력을 키우고 있던 탕왕湯王이 병사를 일으켜 걸을 물리치고 새로이 은(초기 국명은 상商)을 세웠다.

29) 주나라를 세운 무왕武王의 동생으로, 무왕의 권력 강화를 도왔다. 무왕이 죽자 직접 왕권을 장악하라는 주변의 유혹을 뿌리치고 대신 무왕의 어린 아들 성왕成王을 보좌하는 길을 택했다. 그는 은이 통치하던 지역에 대한 은의 지배를 완전히 뿌리 뽑고, 정복한 지역에 새로운 행정단위를 설치하여 믿을 만한 주의 관리들이 이 지역을 다스리게 했다. 7년 동안 섭정한 후 스스로 자신의 지위에서 물러날 때쯤에는 주의 정치·사회 제도가 중국 북부 전역에 걸쳐 확고히 수립됐다. 그가 확립한 행정조직은 후대 중국 왕조들의 모범이 됐다. 공자는 그를 후세의 중국 황제들과 대신들이 모범으로 삼아야 할 인물로 격찬했다.

30) 서문경은 중국의 사대기서四大奇書 중 하나로 고대 소설 가운데 가장 뛰어난 작품으로 거론되는 《금병매金甁梅》의 주인공이다. 이 소설은 서문경과 그의 여섯 명의 부인에 대해 쓴 대담한 일대기로 외설성 때문에 명대 사회에 대단한 센세이션을 일으키며 등장했다. 당시 부패한 정치인의 적나라하고 변태적인 성생활을 풍자했기 때문에 중국의 역대 황제들은 이 책을 민간의 풍속을 해치는 음서로 낙인찍어 세 차례에 걸쳐 출판과 유포를 금하는 명령을 전국에 내리기도 했다. 하지만 중국고전 서사학의 발전이라는 측면에서 금병매는 여느 작품을 능가하는 획기적인 변화를 가져온 기념비적인 작품이며 청대에 등장한 중국 고전소설의 결정판이라는 《홍루몽紅樓夢》의 모태가 됐다.

31) 삼국시대 오나라의 임금인 손호는 본래 괴팍하고 술을 좋아하여 연회 때마다 신하들과 술을 마셨는데, 신하들은 일곱 되(升)의 술을 마시는 것이 관례화되어 있어 곤욕을 치렀다. 하지만 손호가 총애하는 학문이 높은 신하인 위요가 술을 마시지 못하자 임금이 몰래 차를 주어 술 대신 차를 마시게 했다.

제2장 의복

문명과 야만

인명과 의복

먹는 것이 중요한 일이긴 하지만, 옷을 입는 것도 작은 일이 아니다. "세상 사는 데 먹는 것, 입는 것이 제일이다"라는 말이 있다. 옛말이 반드시 옳은 것은 아니다. 세상을 사는데 어떻게 '먹는 것, 입는 것'이 제일 중요하단 말인가. 하지만 사람이 살아가면서 먹지 않고, 입지 않고는 살 수 없는 노릇이니 맞는 말이기도 하다. 그래서 음식과 의복은 모두 중요할 뿐 아니라, 서로 얽히고설켰다.

입는 것과 먹는 것이 도대체 무슨 관계가 있다는 것일까? 뜻밖에도 관계가 있다. 예를 들어 중국어에서 옷을 뜻하는 '복服'은 '약을 먹다', '독약을 먹다'처럼 먹는다는 뜻이 있다. 그러나 오로지 약(독약을 포함하여)을 먹는 데만 쓰고 다른 먹는 것에는 쓰지 않는다. 또한 '꾸미다'라는 뜻이 있는데, 단순히 옷을 입고 치장을 하거나 보기 좋게 하는 것이 아닌, 밥을 먹는 것과 관계가 있다.

상고上古시대에는 '수修'자가 없고 '수脩'자만 있었다. 두 글자는 서로 뜻이 통했으므로, 脩가 곧 修였다. 수脩의 원래 의미는 '말린 고기'

또는 '향료를 넣어 만든 말린 고기'이다. 자형은 한 사람이 망치를 들고 큰 고기 덩어리를 바라보는 것으로, '두드리고 생강과 계피를 뿌리다'라는 의미를 나타낸 것이다. 어떤 고기든지 우선 깨끗이 씻은 후에 잘 말려야 하므로, 수脩는 '깨끗이 씻는다'는 뜻도 있다.

고기 열 조각을 하나로 묶은 것을 속수束脩 또는 속수束修라고 했는데, 고대 제후나 대부들이 서로 주고받는 또는 학생들이 선생님께 드리는 수업료였다. 그래서 공자도 "속수 이상의 예를 행한 사람에게 가르침을 주었다"라고 했다.

修(脩)는 말린 고기를 만드는 것이고, 식飾은 밥그릇을 닦는 것이다. '식飾'이라는 글자는 원래 '식拭'으로, '닦다'또는 '청결하게 하다'라는 뜻이다. 자형으로 볼 때 한 손에 행주를 들고 식품이나 식기의 먼지와 때를 닦는 것이다.

《주례周禮·지관地官·봉인封人》에서 말하길 "제사를 지낼 때는 제물을 닦는다"라고 했는데, 여기에서 닦는다는 뜻으로 쓰인 '식飾'은 청결의 뜻으로, 장식이나 치장이 아니다. 그래서 씻다(修)와 닦다(飾)를 붙여서 '수식'이라고 했다.

수식은 있어도 그만, 없어도 그만이 아니다. 건성으로 하면 안 된다. 옛날 어떤 사람이 명성이 좋지 못할 때 수명불립修名不立이라고 했고, 한 대신이 부패하여 횡령죄를 범했을 때는 '청렴하지 못하다'라고 하지 않고 보궤불식簠簋不飾이라 했다. 보와 궤는 모두 고대 청동으로 만든 식기로 곡식을 담았다. 불식不飾은 '자주 닦지 않아 더러운 것'을 말한다. 밥그릇을 깨끗이 닦지 않았으니, 당연히 '밥그릇을 내려놓고'일을 그만둬야 했다.

심한 경우 일을 그만두는 데 그치지 않고 자칫 목숨을 잃을 수도 있었다. 춘추시대, 제사성자諸師聲子라는 사람이 이런 일로 목이 잘릴 뻔했다. 그는 군왕의 연회에 참석하여 양말을 신고 자리에 앉았는데, 그의 군왕 위출공衛出公이 불같이 화를 내며 "오문午門으로 끌고 가 그의 머리를 베라"고 명령했다. 제사성자는 다리에 종기가 나서 군왕이 보고 구토를 할까봐 양말을 벗지 못했다고 여러 번 자초지종을 설명했지만 아무 소용이 없었다. 그는 황급히 도망을 가 다행히 죽음을 면할 수 있었다.

이상한 일이다. 양말을 벗지 않은 게 그렇게 나쁜 일일까? 불쾌해하면 그만이지 죄를 물어야만 했을까? 옛날에는 바닥에 앉았기 때문에 실내에 들어오면 반드시 신발을 벗어야 했다. 신을 벗을 후, 양말을 벗는 것은 상대의 신분에 달려 있었다. 신분이 비슷하면 벗지 않아도 됐다. 단, 신분이 낮은 사람이 높은 사람을 면담할 경우, 즉 신하가 군주를 만나거나 며느리가 시부모를 모실 때는 반드시 맨발이어야 했는데, 이를 '선족跣足'이라고 했다.

맨발은 경의를 표하는 방식이었다. 당시 진도공晋悼公이 시치우〔豀丘〕에서 제후들을 만났는데, 법을 엄격히 집행하는 중군사中軍司 마위강馬魏絳에게 경의를 표시하기 위해 맨발로 나갔다. 군주가 신하에게 경의를 표할 때도 맨발이어야 했으므로 제사성자가 양말을 신고 자리에 오른 것은 당연히 '커다란 불경不敬'이다. 사지에서 살아나온 것만도 천만다행이다.

양말을 벗지 않으면 안 되듯 모자를 함부로 써도 안 됐다. 자장子臧이라는 사람은 모자 때문에 목이 잘렸다. 그는 취휼관聚鷸冠으로 자신을 치장하길 좋아했다. 이것은 도요새의 털로 만든 모자로, 황색, 갈색, 회색으로 빽빽하게 얼룩무늬가 있었다. 이 털로 모자를 만들어 쓰면 멋을

낼 수는 있지만 예의에 맞지 않거나 특이한 차림에 속했다. 그의 아버지 정문공鄭文公은 그 이야기를 듣고 무척 분노하여 사람을 사서 자기의 친아들을 죽이도록 했다.

이 또한 이상하다. 모자 하나 때문에 친아들을 살해한다? 하지만 중국 고대에는 모자를 함부로 쓸 수 없었다. 예를 들어, 춘추시대 진陳나라 군주 진영공陳靈公이 초楚나라의 모자를 쓰고 정부情婦를 만나러 가자, 동주東周의 사신 단양공單襄公은 그가 큰일을 당해 나라를 잃게 될 것이라 단정했다. 후에 진영공은 정부의 아들에 의해 마구간에서 활에 맞아 죽었고, 진나라 역시 초나라 군대의 공격을 받았다. 그래서 지금도 "모자를 함부로 쓰지 말라"라고들 한다.

사람의 목숨이 달려 있으니 당연히 소홀히 할 수 없다. 옷을 입고 모자를 쓰는 것을 어떻게 작은 일이라 할 수 있겠는가.

사실 중국인들은 음식을 중요하게 생각하고, 의복은 중요하게 생각하지 않았다. 하지만 생활의 기본요소인 '의, 식, 주, 교통', '주인님[衣食父母]'[1]이란 말을 보면, '의衣'가 '식食'의 앞에 온다. 옷으로 몸을 가리지 않으면, 배불리 먹지 못하는 것과 똑같이 비참하지 않을까?

먹는 것이 정치문제였던 것처럼, 옷을 입는 것 또한 정치와 관계가 있었다. '내각총리' 신분의 '천관총재'[2]는 많은 요리사들을 거느렸을 뿐 아니라, 많은 재봉사들도 거느렸다. 그의 수하 관리와 직원들 중에는 편제상으로 복식부服飾部[3]에 속하는 사람이 적지 않았다. 인원수는 선식과膳食科(조리 담당 부서)보다는 적지만 꽤 많은 편이었다.

문명과 야만

치국治國의 도가 종종 요리기술로 비유된 것처럼, 방직紡織으로 묘사

104

되기도 한다. 중국 고대의 이른바 '성왕'은 '천하를 조직적으로 잘 다스리는(經天緯地)' 훌륭한 인물로 묘사된다. '경經'은 베를 짜는 기계나 방직품의 세로선이고, '위緯'는 가로선이다. 경천위지經天緯地란 방직포처럼 가로 세로 조리 있게 천하를 다스리는 것이다.

사실 '다스린다(治理)'라는 말은 원래 방직업상의 술어述語로, 엉킨 마麻나 엉킨 실에서 두서를 정리하는 것이다. '치治'는 원래 '난亂'으로, 난亂의 본뜻 역시 치治이다. 자형을 보면 위에는 '손톱(爪)'이 있고, 아래에는 '우又'가 있으며 중간에는 '실(絲)'이 있다. 실은 쉽게 '헝클어지므로(亂)' 반드시 한 손으로 위를 잡고, 다른 한 손으로 아래에서 받쳐야 정리할 수 있다. 정리되는 것을 '치治', 정리되지 않은 것이 '난亂'이다.

천하는 어지러워진 후 다스려지며, 다스려진 후에는 또다시 어지러워진다. '끊으려야 끊을 수 없고, 정리해도 여전히 어지러운' 시대에 '경천위지'의 인물이 나와야 이런 상황을 수습할 수 있다. 나중에 모두들 치治와 난亂을 같은 글자로 써서 구별이 잘 안됐으므로, 치수治水의 '치治'로 실을 정리한다는 '난亂'을 대신했다.

나라를 다스리는 것은 '엉클어진 실을 정리'하듯 또는 '작은 생선을 조심스럽게 요리'하듯 했으므로, 천하의 왕은 재봉사 아니면 요리사였다. 이를테면 복희伏羲는 훌륭한 요리사였고, 황제黃帝[4]는 훌륭한 재봉사였다. 듣자하니, 황제는 중국 민족 최고의 복식 발명가였으며, 최초로 복식 체재의 초안을 세운 대예학자였다.

황제의 주요 발명품은 기旗와 면류관 그리고 유旒이다. 기는 일종의 군기軍旗이며, 면류관은 일종의 예모禮帽이고, 유는 깃발 아래서 날리거나 면류관 앞에 늘어뜨리는 술이다. 황제가 주로 장식에 공헌했음을 알 수 있다. 또한 양잠업과 제봉업을 발명하고 이끈 사람은 각각 그의 아내 누조嫘祖와 그의 신하인 호조胡曹이다.

물론 그들의 공로 역시 관례에 따라 황제에게 돌릴 수 있었다. 전해지기로는 황제 때 복식의 예의가 제정된 후 어지럽고 무질서한 천하가 질서정연해졌다고 한다. 이후 요, 순 두 임금도 이에 따라 처리했다. 우왕 때에 와서는 비록 자기의 복장은 신경 쓰지 않았지만, 제례 복장은 대충 넘기지 않았다. 이를 일러 "황제, 요, 순이 의상을 드리우고 천하를 다스렸다"라고 한다.

복희는 삼황三皇의 우두머리고, 황제는 오제五帝의 선조며, 요와 순모두 신화 속의 부족 연맹장이다. 이들을 필두로, 이후의 성왕 또는 성왕보다 좀 못한 명군明君, 명군보다 조금 못한 후보명군候補明君 및 그들을 보좌하여 천하를 다스렸던 유신들 모두 의복을 상당히 중시했다. 또한 의복은 정치적 원칙의 관점에서 검토하고 비판됐는데, 국가의 흥망과 민족 존망의 정도에까지 이르렀다.

예를 들어, 옷깃을 오른쪽으로 여미는지 아니면 왼쪽을 여미는지 하는 문제는 소홀히 할 만한 작은 일이 아니었다. 한번은 공자가 자신의 학생과 관중管仲[5]에 대해 토론했는데, 그의 학생인 자로子路와 자공子貢모두 관중이 어질지 못하다고 생각했다. 왜냐하면 관중이 원래 공자公子 규糾[6]의 사부였기 때문이다. 환공(소백공자)이 공자 규와 왕위를 두고 다투다 그를 살해했는데, 규의 다른 사부인 소홀召忽은 이후 절개를 지키다 죽었다. 하지만 관중은 자살하지 않았을 뿐 아니라 오리어 환공에게 몸을 맡기어 그를 보좌하게 됐으니 배신자가 아닌가. 그러니 어찌 '어질다'라고 할 수 있는가.

하지만 공자는 오히려 "관중이 없다면 우리 같은 사람들은 벌써 머리를 풀어헤치고 옷깃을 왼쪽으로 여미었을 것이다!"라고 답했다. 여기에서 옷깃을 어느 방향으로 여미느냐가 적어도 누가 왕이 되느냐보다 더 중요하고, 무슨 일이 있어도 끝까지 배신하지 않는 것보다 중요하다는 것을 알 수 있다.

여기에서 자본주의냐 사회주의냐, 흰 고양이냐 검은 고양이냐를 분명히 해야 할 필요가 있다. 사실 흰 고양이든 검은 고양이든 쥐만 잘 잡으면 좋은 고양이다. 마찬가지로 옷깃을 왼쪽으로 여미느냐 오른쪽으로 여미느냐는 상관없고, 설사 가운데 여밈이 있다 해도 편안하고 예쁘기만 하면 좋은 옷이다. 하지만 공자는 그렇게 보지 않았다. 공자와 그들이 볼 때, 옷깃을 뒤집어 여미면 문명에서 야만으로 바뀌었다. 유가는 이러한 구별을 매우 중시했다. 그들의 말로 표현하면, '오랑캐와 하夏나라[7]와의 구별'이다. 오랑캐〔夷〕는 만이蠻夷로, 야만인을 뜻한다. 이에 반해 하나라는 문명인을 뜻한다.

문명인과 야만인은 무슨 차이가 있을까?

우선 먹는 것이 달랐다. 야만인은 생고기를 먹고, 문명인은 익혀서 먹었다. 옷 입는 것도 달랐다. 《예기·왕제》에서 동쪽의 오랑캐를 '이夷〔동이東夷〕'라고 했는데, 머리를 풀어헤쳐 산발하고 몸에 문신을 했다. 남쪽의 야만인을 '만蠻〔남만南蠻〕'이라 했는데, 역시 발가벗고 얼굴에 문신을 했다. 서쪽의 야만인을 '융戎〔서융西戎〕'이라 했는데, 머리를 풀어헤쳐 산발을 하고 짐승의 가죽으로 몸을 감쌌으며, 북쪽의 오랑캐를 '적狄〔북적北狄〕'이라 했는데, 새털로 옷을 만들어 입고 동굴에서 살았다. 이들 모두 미개한 민족으로 모두 야만인으로 볼 수밖에 없고, 중화민족과 함께 이야기할 수 없었다.

사실 중화민족도 처음에는 날 것을 먹었으며, 벌거벗고 다녔다. 가죽과 털로 몸을 가릴 수 있는 것만으로도 충분했다. 어떤 민족이든 모두 개화의 과정이 있다. 개화 전에는 누군들 그렇지 않겠는가. 그러나 지금은 다르다. 지금은 이미 '선왕의 교화'로 옷차림이 깔끔해졌으며, 자연히 산발한 머리와 문신은 야만적이고 수치스러운 것이 됐다. 심지어 옷깃을 왼쪽으로 여미는 것조차 대단히 부끄러운 일이고, 받아들일 수 없는 것이다.

원래 의복은 문화의 상징이자 표지標志로, 문화의 유무, 문명과 야만, 진보와 낙후의 분수령이기 때문에 당연히 가볍게 말할 수 없다. 따라서 중국인이 '오랑캐' 복장을 하면 멸시를 받았다. 이를테면 《아Q정전》에서 전錢 나리의 큰 아들이 일본에서 유학을 하고 돌아왔는데, 그는 걸음걸이도 변하고 변발도 없어졌으며, 양복을 입고, 구두를 신고, 손에는 '쓰디커〔司的克, 'stick'의 음역〕' 지팡이를 들고 스스로 아주 세련됐다고 생각했다. 하지만 전혀 그렇게 생각하지 않는 그의 부모님과 어른들은 그의 뒤통수에 대고 "가짜 양귀신"이라고 욕을 해댔다. 귀신은 사람도 아닌데, 게다가 가짜라니. 당연히 인격비하였을 뿐 아니라 귀신 자격조차 없었다. 그 일로 그의 아내는 세 번이나 우물에 뛰어들었고, 지지리 가난하고 머리숱도 거의 없어서 가느다란 변발을 늘어뜨린 아Q의 멸시도 받았다. 아내는 결국 이렇게 생각했다. '변발이 없는 남자와 잠을 자다니, 세상에 제정신이 아냐!' 그래서 아Q가 사당에 숨어들어 '혁명과 여인의 단꿈'을 꿀 때에도 '가짜 양귀신의 아내'는 후보자 명단에서 단박에 빼버렸다.

몸과 얼굴

옷깃을 반대로 여미는 것도 안 되는데, 옷을 안 입는 것은 더더욱 안 되는 일이다. 옷을 안 입는 것은 금수나 야만인만 하는 짓인데, 누가 금수나 야만인이 되려하겠는가. 물론 그런 사람은 없다.

전통예법에 따르면, 나체는 말할 것도 없고, 다리를 노출하는 것 역시 법규에 어긋났다. 아주 특별한 상황에서나 상체 또는 어깨를 노출할 수 있었는데, 이를 '육단肉袒'이라고 했다. 이를테면 서한의 태위太尉 주발周勃이 여태후呂太后의 잔당을 제거하기 위해 군권을 빼앗고 장수들에게 "여씨를 도울 사람은 오른쪽 어깨를 보이고[右袒], 유劉씨를 돕고자 하면 왼쪽 어깨를 보여라[左袒]"라고 했다. 그 결과 삼군이 모두 왼쪽 어깨를 보였고, 주발은 순조롭게 병권을 접수하고 여씨를 없앨수 있었다.

또 조趙나라의 장군 염파는 인상여에게 경의와 유감을 표시하기 위해 옷을 벗고 가시나무를 지는 육단부형肉袒負荊[8] 하고 인상여의 집에 와서 사죄했다. 형荊이란 가시나물 줄기로, 채찍으로 쓸 수 있었다. 옛날에 형을 받을 때는 오른쪽 어깨를 드러내야 했다. 어깨를 드러낸다는 것은 모두 자신의 잘못을 뉘우치고 벌을 줄 것을 요청하거나 누군가에게 때려달라고 하는 것이다.

이 외에 어깨를 드러내는 것은 모두 실례되는 행위였다.

그렇게 생각하지 않은 사람은 두 부류뿐이었다. 하나는 강호의 호걸이고, 다른 하나는 위진魏晉의 명사名士이다.

《수호전》의 주요 인물인 이규는 항상 어깨를 드러내고 다녔고, 혜강嵆康[9]은 명사 중의 명사로, 이른바 위진시대의 히피였다. 매우 전위적이었고 호탕했으며, 다른 사람의 시선에 아랑곳하지 않았으며, 예법에 얽매이지도 않았다. 약을 먹기도 했는데 약을 먹고 나서는 열을 발산하고, 술을 먹고 나서는 땀을 내야 했으므로, 항상 모자도 쓰지 않고 옷도

입지 않았다. 죽림칠현 중 유영劉伶[10]이라는 사람은 공공연히 실오라기 하나 걸치지 않고 집에서 손님을 맞았다. 손님이 보고 얼굴이 하얗게 되면 도리어 기세당당하게 "천지가 내 집이고, 집은 내 옷인데, 당신은 왜 내 바지 속에 들어온 것이오?" 라고 했다. 모두들 그를 미쳤다고 생각하지 않을 수 없었다. 그런 정신 나간 소리를 할 수 있는 사람이 바로 유영이었다.

자신이 나체가 되는 것이 '무례'를 범하는 거라면, 다른 사람에게 나체를 보이는 것은 더욱 '실례'였다. 춘추시대 조나라 군주인 조공공曹共公이 이런 짓을 한 적이 있다. 그는 건달 공자 중이重耳의 늑골이 모두 붙어 있다는 소리를 듣고, 중이가 목욕하는 틈을 타서 몰래 훔쳐봤다. 그런 엄청난 실례 행위는 벌을 받아야 마땅했다. 그래서 중이는 귀국해서 제齊나라의 군왕(진문공晋文公)이 되어 첫 번째로 조나라에게 보복했고, 식은 죽 먹기로 그를 없애버렸다.

이런 문화적인 원인으로 나체 예술과 보디빌딩은 근대 중국에서 여러 번 좌절과 풍파를 겪었다. 이는 자신이 옷을 벗을 뿐 아니라, 타인에게 나체를 보여주는 이중의 '실례'로, 용인될 수 없었던 것이다. 일본의 '남녀혼욕'이나 서양의 '천체운동'은 당연히 중국의 정서에 맞지 않았고, 그것을 주장하는 사람이 있어도 절대로 호응하거나 희생을 무릅쓰고 실행할 사람이 없었다.

《시경詩經》에 "저 쥐들을 보라! 쥐에게도 가죽이 있다. 인간이 예의가 없다면 쥐만도 못한 것이다"라는 말이 있다. 피와 살의 육체만으로는 안 되고, 옷을 입어야 한다. '육체'만 있고 '면목'이 없다면, '체면'이 없는 것이며, 심지어 '인간도 아니다.'

이러할진대 중국인이 의복을 상당히 중시하는 것이 이상할 게 뭐가 있겠는가. 사람은 얼굴로 살고, 체면 빼면 시체가 아닌가! 실제로 중국인이 볼 때 옷이 (낡아서) 몸을 가리지 못하고, 음식을 배불리 먹지 못하는 것은 똑같이 비참한 것으로, 옷을 벗어주고 음식을 양보하는 것은 태산 같은 큰 은혜를 입는 것이다.

중국의 백성은 정말 형편이 어렵지 않으면 보통 한두 벌의 '체면이 좀 서는' 옷을 준비해 두고 중요한 날 차려입는다. 하지만 체면을 위해서 반드시 화려하거나 예쁜 새 옷을 입는 것은 아니다. 공자는 자로에게 "낡고 허름한 옷을 입고 비싸고 좋은 옷을 입은 사람과 나란히 서 있으면서도 조금도 부끄러워하지 않을 사람은 너뿐이다!"라고 칭찬한 적이 있다. 중국인이 복장을 중시한 것은 멋을 부리거나 편안하려는 것이 아닌, '예의에 부합' 하기 위해서다.

옛날 사람들은 의복에 대한 예의를 중시했기 때문에, 일단 실례를 범하면 큰 화를 부를 수 있었다.

기원전 559년 어느 날, 위衛나라의 헌공獻公은 고급관리인 대부 손문자孫文子, 영혜자寧惠子와 함께 식사를 하기로 약속을 했다. 손과 영 두 사람은 예정대로 정해진 시간, 정해진 장소에서 조복朝服을 입고 의관을 단정히 하고 기다렸지만, 해가 질 때까지 헌공의 그림자도 보이지 않았다. 알아보니 그가 정원에서 사냥을 하고 있다고 하여 두 사람은 하는 수 없이 단정한 차림으로 정원으로 달려갔다. 헌공은 그들을 보자 피관皮冠도 갈아입지 않고 그들과 이야기를 나누기 시작했다. 그러자 대부 두 사람은 그에게 버럭 화를 냈다. 피관은 사냥이나 전쟁 때 입는 옷으로 짐승이나 적을 상대할 때만 입는 것이었다. 따라서 군왕이 신하를 만날 때는 우선 피관을 벗은 후에야 말을 할 수 있었고, 그렇지 않으면 신하에 대한 모욕이었다. 위헌공이 손님을 초대해 놓고 제시간에 식사를 하지 않은 것도 이미 실례를 범한 것인데, 더욱이 피관을 입고 손님과 이야기를 나누는 것은 모욕하려는 뜻이 있다고 볼 수 있었다. 군왕이 신하를 짐승으로 본즉, 신하는 군왕을 원수 보듯 대하는 것이다. 손문자는 바로 정변을 일으켜 헌공을 국경 밖으로 쫓아냈으며, 이후 12년이 지난 뒤에야 돌아올 수 있었다.

이러한데 옷을 입고 모자를 쓰는 일을 어찌 소홀히 할 수 있을까.

도덕과 예의

금어대와 석류처럼 붉은 치마

예의는 사실 아주 번거롭다. 옷을 입을 때 어떻게 해야 예의에 어긋나지 않을까? 그 방법은 두 가지뿐이다. 하나는 신분에 맞게 입는 것이고, 또 하나는 장소에 맞게 입는 것이다. 장소에 맞게 입는다는 것은 장소에 따라 다른 옷을 입는 것이다. 이를테면, 정식회의에 참석할 때 너무 편하게 입으면 예에 맞지 않다. 집에서 쉬면서 양복에 구두를 신는 것은 우습다. 신분이 좀 있는 사람들은, 더욱이 고대의 신분이 높고 예의를 중시하는 사람들은 늘 옷을 갈아입었다. 예를 행할 때는 예복을 입었고, 제사를 지낼 때는 제복을 입었으며, 상을 치를 때는 상복을 입었고, 조정에서는 관복을 입었고, 쉴 때는 평상복인 연복燕服을 입었다. 또한 입은 옷에 맞춰 신을 신었다. 제복을 입을 때는 바닥을 여러 번 붙인 석舃을 신었고, 관복을 입을 때는 이履(보통 신발)를 신었고, 연복을 입을 때는 바닥이 홑겹인 구屨를 신었으며, 외출할 때는 극屐이라고 하는 나막신을 신었다. 신발만 해도 이렇게 종류가 많으니, 다른 것은 두

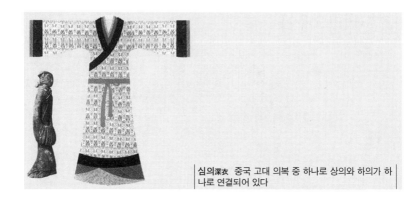

심의深衣 중국 고대 의복 중 하나로 상의와 하의가 하나로 연결되어 있다

말할 필요도 없다.

이런 규칙들은 모두 반드시 엄격하게 준수해야 했고, 그렇지 않으면 실례였다. 그러나 신분에 맞게 입는 것이 더욱 중요했다.

중국 고대의 복식에는 제도가 있었다. 어떤 사람이 어떤 옷을 입는지는 양식, 재료, 색채, 무늬와 장식을 포함해 모두 엄격한 규정에 따라야 했다.

주대周代의 경우 천자와 제후, 대부, 사 같은 지위의 남자만이 상의, 하의로 구분된 옷을 입을 수 있었다. 부인이나 평민들은 상의와 하의가 하나로 된 심의深衣를 입어야 했다.

한대漢代의 평민들은 삼베로 만든 옷만 입을 수 있었는데, 염색도 할 수 없었다. 당唐 이후, 황색은 황제 전용으로 규정되었다. 조광윤[11]이 황포를 걸친 것은 황제가 됐음을 의미한다.

명대明代에는 관리나 백성들 모두 이무기와 용, 하늘을 나는 어류, 북두칠성의 도안을 사용한 옷은 입을 수 없었으며, 일정 등급 이상의 관리들만 이무기를 사용할 수 있고, 용은 사용할 수 없었다. 이무기가 그려진 망포와 용이 그려진 용포는 다른 것으로, 망포는 대신들이 입었고, 용포는 황제가 입었다. 누구나 마음대로 '용이 날고 봉황이 춤추는' 도안을 사용할 수는 없었다.

자기 신분보다 높은 옷을 입는 것은 참월僭越이라고 하는데, 대단히 불경한 죄를 범하는 것이었다. 반면 특별히 사용 허가를 받는 것은 커다란 은혜이고, 특별한 자랑이자, 성명을 내리는 것이었다. 예를 들어, 송대宋代에 자색, 적색 공복公服을 입을 자격이 있는 관리들은 모두 금과 은으로 된 어대魚袋(물고기 모양의 주머니)를 달았다. 자색의 옷에는 금어대를 달았고, 적색의 옷에는 은어대를 달았다. 자색은 3품이나 4품 이상이었고, 적색은 6품 이상이었다.

직위 등급이 너무 낮을 때는 외국에 사신으로 가는 특별한 때에만 어대를 찰 수 있었는데, 우선 자색 또는 적색의 옷을 빌려 입어야 했기 때문에 차자借紫, 차비借緋라고 했다. 만약 자색 옷을 입고 어대를 찼다면 황제가 하사한 것으로, 상당한 영예였으며, 자기 직함을 쓸 때에는 반드시 그 사실을 밝혔다.

송대 초기에 태조에게 《삼례도三禮圖》를 올려 복식제도예의를 다시 제정할 것을 주청한 박사 섭숭의聶崇義는 자색 관복을 하사받고 금어대를 찼다. 따라서 그의 정식 직함은 '통의대부국자사업 겸 태상박사주국사자금어대通儀大夫國子司業兼太常博士柱國賜紫金魚袋'이다. 자색 관복을 입고 허리에 금어대를 다는 것은 일종의 직함으로, 반드시 '간부 이력표'에 넣거나 '명함'에 새겨야 했다. 특히 정부에서 반포한 것이지 빌려온 것이 아니라는 것을 설명한 것으로, 지금 보면 우스웠지만 옛사람들이 볼 때는 아주 당연한 것이었다.

분명 중국 고대에 복식의 차이는 빈부(돈의 유무)에 있지 않고 귀천(직함의 유무)에 따라 결정됐다. 지위가 없으면 돈이 아무리 많아도 소용없었다. 이것이 바로 '돈이 있어도, 복장이 독특해서는 안 된다' 라는 것이다. 한漢나라의 제도에는 평민 중 장사를 하는 사람과 그 가족은 비단, 자수 같은 견직물로 만든 옷을 입을 수 없었으며, 모직물품, 갈포와 백세저마포로도 옷을 해 입을 수 없다는 규정이 있었다. 그래서 매관매직賣官賣職의 시대가 되자, 장사꾼들은 엄청난 돈을 들여서 앞날에 대한 투자로 관직을 샀다. 청淸나라 말엽 상인 호설암胡雪巖[12]은 군인이자 정치가인 좌종당左宗棠을 도와주고 '황마고자' 를 입었다. 어쨌든 옷을 입지 않는 것도 실례였지만, 제대로 잘 입지 않는 것도 실례였다.

일정한 신분이 있어야만 일정한 의복을 입을 수 있었으며, 일정한 의복은 또 일정한 신분을 대표하여 사람들의 '신분 증명' 또는 신분, 지위, 직업의 대명사가 됐다. 예를 들어, 관개冠蓋는 높은 벼슬아치, 포의布衣는 평민, 가사袈裟는 불교의 승려를 가리키는 것 등이다.

또한 진신縉紳이란, 원래 '비단 혁대를 차고 홀을 차는 것' 을 가리켰다. 홀笏은 옛 대신들이 조정에 들어갈 때, 몸에 휴대하여 발언 요지를 적거나 회의기록을 하던 좁은 목판으로, 지금으로 치면 PDA와 비슷했다. 이 판자는 쓰지 않을 때는 허리의 혁대에 꽂았고, 이 진신 역시 대신을 가리켰다. 나중에는 허리에 홀을 차는 자격이 있고, 좀 더 지나서는 일정한 사회적 지위가 있는 사람 모두 진신 또는 신사紳士라고 했는데, 요즘식으로 표현으로 하자면 '혁대족' 이다. 지금의 혁대족은 모두 신사는 아니며, 심지어 화이트칼라도 아니다. 현대 신사들은 핸드폰이나 삐삐, PDA를 전부 혁대에 꽂지는 않는다.

이 밖에 사모紗帽, '석류처럼 붉은 치마' 역시 특정한 신분의 사람을 가리켰다. 사모는 명대의 공복公服이고, 석류처럼 붉은 치마는 당대의 유행 패션이었다. 사모를 쓴 사람은 7품 현령이었고, 석류처럼 붉은 치

116

마를 입은 사람은 대부분 도성의 멋쟁이였다.

또한 환고紈絝는 원래 가늘고 흰 명주로 만든 엉덩이 부분이 트인 바지의 일종이었다. 이 복장은 귀족 자제들만 입을 수 있었다. 귀족 자제들은 이런 가볍고 얇은 엉덩이가 트인 바지를 입고 도처에서 먹고 마시며 놀았고, 기생집을 찾아다녔기 때문에 자연히 매우 경박했다. 그래서 환고는 옛날 '고관자제'와 '경박한 소년'을 가리켰다. 장삼長衫은 유생들의 복장이었다. 공을기孔乙己[13]의 장삼은 더럽고 헤졌지만 절대 벗으려고 하지 않았는데, 지식인의 신분을 잃을까 두려워했기 때문이다.

관혼예식

한 사람의 의복이 신분을 결정했기 때문에, 신분 획득 역시 의복으로 드러났다. 예를 들어, 학위를 수여할 때는 박사모를 쓰고, 군직을 수여할 때는 견장을 바꾸는 것 등이다. 사람은 평생을 살면서 신분이 여러 차례 바뀐다. 성인이 되고, 결혼을 하며, 자식을 낳는다. 어떤 사람은 직무를 맡고, 승진하며, 명예를 얻기도 한다. 이에 따른 복장의 변화는 한 사람의 일생을 통해 그 사람의 인생 예법이 된다.

일생 거치는 예식에서 가장 중요한 것은 남자의 '관례冠禮(남자의 성인식)'와 여자의 '계례笄禮(여자의 성년식)'였다. 관례와 계례는 간단히 말하면 머리 모양을 바꾸는 것이다. 청대 이전의 사람들은 모두 머리를 길렀다. 아기가 태어나면 3개월 후 길일을 골라 한두 움큼만 남기고 머리카락을 잘랐다.

남자 아이는 좌우 양쪽에 남기기 때문에 소뿔과 같아서 각角이라고 했고, 여자 아이는 앞과 뒤에 하나씩 남겨 말 머리 같았기 때문에 기羈라고 했다. 또한 남자는 왼쪽, 여자는 오른쪽에 하나씩 남기기도 했다.

바로 이날, 어머니는 아이를 아버지에게 안고 가 직접 보여주는데, 아버지는 아이의 오른손을 잡거나 그의 머리를 쓰다듬으며 그에게 이름을 지어주었다. 이 의식을 명명례命名禮라고 해도 될 것이다. 아이가 이제 정식으로 세상에 왔으며, 가족이 됐음을 승인한다는 표시다.

잘라낸 머리가 다시 자라면 더는 자르지 않고 양쪽으로 빗어 넘겨 길렀는데, 이를 양모兩髦라 하였고, 아이들은 동모童髦라고 불렀다. 때로는 양모를 한데 모아 머리 위쪽으로 묶었는데, 한쪽 하나씩 묶었다. 이 두 갈래의 머리가 남자 아이는 짐승의 뿔 같다고 하여 총각總角이라 했고, 여자 아이는 나뭇가지의 갈라진 부분 같다고 해서 아두丫頭라고 했다.

남자 아이가 스무 살(또는 스무 살 전후), 여자 아이가 열다섯 살이 되면 관례와 계례를 거행했다. 이른바 '관'이란 상투를 트는 것이고, '계'는 비녀를 꽂는 것이다. 관계례를 하기 전에 우선 날짜와 이날 올 손님을 정했는데, 각각 서일筮日과 서빈筮賓이라 불렀다. 이날은 서양의 선물 받는 날과 비슷하다. 손님은 서양의 사제와 비슷한데, 때가 되면 정해진 순서에 따라 정해진 복장을 성인이 되는 청년에게 주고, 그에게 자字를 지어주었다. 손님이 지어준 자와 아버지가 부르는 이름은 일반적으로 깊은 관련이 있는데, 의미가 같거나 혹은 반대이기도 했고, 다른 의미로든 상관을 가졌다.

공자의 제자 안회顔回의 자는 자연子淵이다. 연은 '돌아가는 물〔回水〕'의 뜻이다(이름과 자의 의미가 같음). 또 다른 제자 증점曾点은 자가 석晳으로, 이름의 점은 소흑小黑을 나타내지만, 석은 흰색의 뜻에서 왔다(이름과 자의 의미가 반대). 또 송宋나라 때의 문장가 소식蘇軾의 자는 자첨自瞻인데, 식軾은 수레의 앞턱의 횡목이며, 첨瞻은 식에 기대 바라보는 것이다(이름과 자가 연관되어 있음).

118

자가 있으면 존칭도 있었다. 중화민국 시기에 와서 중국인들은 존경 또는 겸손을 표시하기 위해 모두 상대방의 자를 불렀는데, 러시아 사람들이 아버지의 이름을 부르는 것[14]과 같았다. 신분이 천한 사람은 신분이 귀한 사람과 이야기할 때는 자만 부를 수 있었다. 신분이 귀한 사람은 낮은 사람의 이름을 불렀다. 다만, 신분이 귀하든 천하든 스스로 자를 호칭할 수는 없었다. 공자의 제자인 자로는 그런 까닭에 "유由(자로의 이름)가 했습니다"라고만 말할 수 있었고, 아울러 공자 또한 "구丘(공자의 이름)가 들었다"라고만 할 수 있었다. 만약 자기가 자를 부르면 실례였고, 웃음거리였다.

미성년의 아이는 당연히 존칭할 필요가 없었으므로, 자가 없었다. 관례와 계례 이후 자가 생겼는데, 이는 곧 성년이 되었음을 뜻했으며, 관례와 계례는 바로 성년식이었다. 성년이 되면 혼례를 치를 수 있었다. 그래서 옛날 사람들은 관례와 계례를 거행하는 동시에 자녀를 위해 정혼을 맺곤 했다. 그래서 관례冠禮를 혼관례婚冠禮라고도 했다.

여자 아이가 열다섯 살이 됐지만, 아직 적당한 혼처를 찾지 못하면 계례를 거행하지 못했고 자를 짓지도 않았다. 결혼하지 않은 여자는 절대로 사람들 앞에 얼굴을 드러내며 나설 수 없고 규방에 숨어 있어야 했으므로 존칭할 필요가 없었다. 그래서 결혼하지 않은 여자를 "대자규중待字閨中"이라고 불렀는데, 여자 아이가 아직 어려서 자가 없으며, 시집을 못 간 것이 아니라는 뜻이다. 대부분 아버지와 어머니가 아직 훌륭한 사위를 물색하지 못했거나 혼수 준비를 다 마치지 못한 것이다.

남자는 상투를 틀고 관을 쓴 후에 아내를 얻었으며, 여자는 정혼하고 나서야 쪽을 지어 비녀를 꽂을 수 있었다. 그래서 '상투를 튼다'라는 것은 결혼한다는 것과 동의어나 다름없었다.

하지만 재혼은 치지 않았다. 원칙적으로 막 성년이 되어 결혼한 경우에만 이렇게 불렀다. 그러나 분명히 해둬야 할 것은 상투를 튼다는 것은 관례와 계례를 행하는 것으로, 부부의 인연을 맺는다는 뜻은 아니다.

"남자가 어른이 되면 아내를 얻고, 여자가 어른이 되면 시집을 가야 한다"라는 말이 있다. 계례는 성년식으로, 당연히 인생 예법에서 가장 중요한 일이다. 하지만 주대에 이르러 귀족 자제만 성년이 된 후에 관례를 할 수 있었고, 서민의 자제는 책幘이라는 머릿수건으로 머리를 감쌀 수 있을 뿐 관은 쓸 수 없었다.

'높은 모자' 또한 누구나 마음대로 쓸 수 있는 건 아니었다. 그래서 타인을 공경하는 것을 "높은 모자를 씌운다"라고 하며, 다른 사람을 치켜세우기를 좋아하는 것을 "높은 모자 씌우기를 좋아 한다"라고 한다.

의무와 수양

'모자'는 분명 함부로 쓸 수 없었다. 특별한 권리와 의무를 의미했기 때문이다.

모자를 뜻하는 '관'에 대해 이야기해 보자.

주례에 따르면, 귀족 자제들은 스무 살이 되면 관을 쓰는 의식을 행했는데, 세 가지 관을 썼다. 처음에는 치관緇冠을 썼는데, 각종 정치활동에 참가할 때에 썼다. 다음은 고깔인 피변皮弁으로 사냥과 전투용이었다. 그래서 동시에 검을 지니기도 했다. 세 번째는 작변爵弁 또는 종묘용 관(宗廟之冠)이었다. 지위는 면冕(예모) 다음이었으며, 보기에 아주 으리으리했다. 관만 있고 면이 없는 것만으로도 상당히 체면이 서는 일인데, 게다가 검까지 찰 수 있다면? 그래서 귀족 자제들은 모두 하루 빨

피변皮弁, 작변爵弁 중국
고대의 관모

리 관을 쓰기를 학수고대했다.

치관을 쓰면 통치권을 가졌고, 피변을 쓰면 병권을 지녔으며, 작변을 쓰면 제사권이 있었다. '국가의 대사는 오로지 제사와 군사'였기 때문에 귀족들의 '관'은 예사 것이 아니었다. 당연히 생명의 일부분으로 여겨졌고, 죽음에 이르러서도 '관을 벗을 수가' 없었다.

기원전 480년, 위나라에서 내란이 일어났다. 전투 중에 공자의 충실한 제자 자로가 적의 창에 갓의 줄이 잘렸다. 자로는 "군자는 죽어도 관을 벗지 않는다"고 하여 두 손으로 갓끈을 잡고 있다가 칼에 맞아 죽었는데, 죽은 후에도 살이 뭉개지는 형벌을 받았다.[15] 공자가 이를 듣고 매우 슬퍼한 나머지 주방에서 고기로 만든 젓갈을 버리라고 분부했다.

세 차례 관을 쓴 후에 처음 관을 쓴 청년은 군왕과 원로를 알현하고, 그들의 가르침을 경청해야 했다. 이는 아주 중요했다. 복식은 권리와 의무를 의미할 뿐 아니라 도덕 수양을 의미했기 때문이다.

성년이 된 사람의 머리 모양으로 말하면, 귀족 남자의 관이나 서민 남자의 책(두건), 여자의 비녀는 모두 머리를 묶어야 할 수 있었다. 물론 머리를 묶는 것은 실용적이기도 했다. 옛날 사람들은 머리를 모두 늘어뜨린 데다 정수리에 묶지 않았기 때문에 바람이 불면 머리카락이 날려 모두 엉망이 됐고 상당히 불편했다.

그러나 중국 문화에서 머리를 묶는 것은 보다 심층적인 의미가 있었는데, 바로 '약속' 이다. 즉 한 사람이 성년이 되어 사회도덕 법령의 규범과 구속을 받아야 한다는 표식이 바로 '머리를 묶는 것' 이었으며, 유태인이 신과 계약을 체결한 후에 하는 할례Circumcision[16)와 같다. 그래서 머리를 묶을 때 의식을 주재하는 손님은 머리를 묶는 사람에게 훈화를 해야 했으며, 바로 이 기회를 틈타 도덕적 교육을 실시한 것이다.

지식인은 왜 특히 몸을 단정히 해야 할까?

지식인은 '문인' 이자 '군자' 이며, '선비' 이기 때문이다. 한번은 위나라의 대부 극자성棘子成이 공자의 제자인 자공子貢에게 "군자는 바탕이 되는 우수한 소질과 인품만 있으면 되지 왜 또 꾸며야 합니까?" 하고 물었다. 자공은 "만약 꾸미는 것이 소질이고, 소질이 꾸미는 것이라고 한다면, 범 가죽과 개와 양가죽이 같단 말인가!" 군자와 소인은 범과 개고양이 같은 것이다. 호랑이 가죽이 개와 양의 가죽과 다른 것은 무늬가 있기 때문이다. 만약 이런 아름다운 털을 없앤다면 호랑이 가죽이 개와 양의 가죽과 무엇이 다르겠는가? 마찬가지로 군자가 꾸미지 않는다면 소인과 무엇이 다른가 하고 대답한 것이다. 그래서 중국 문화에서 스스로를 꾸미는 것은 우선 도덕적 필요에 따른 것으로, 예쁘고 보기 좋으라고 하는 게 아니다.

실제로 고대 중국인의 복식 가운데 도덕적 의미가 없는 것은 하나도 없다. 관冠은 곧 관貫으로 '하나의 이치로 모든 일을 꿰뚫다', '시종일관' 의 뜻이다. 변弁은 곧 변辯으로 '신분을 분명히 밝히고 시비판단을 분명히 한다' 는 뜻이다. 면冕은 면免(冕의 본자)이자, 면勉(勉은 원래 免으로 썼다)으로 국사에 근면히 임하여 덕德으로써 노력한다는 뜻이다. 또한 의衣는 의依로 의지를 뜻하고, 임袵은 임任으로 책임을 뜻하며, 금襟은 금禁으로 금지를 뜻한다. 이履는 직책을 이행하고 예법의 실천을 뜻하며, 착실하게 일하고 바르게 행동하고 곧게 서는 것을 뜻한다.

가장 재미있는 것은 장식이다. 이를테면 관면을 쓴 사람은 양쪽에 각각 주옥을 늘어뜨려야 했는데, 그것을 충이充耳(귀를 막고 듣지 않다)라고 한다. 충이는 진짜 귀를 막으려는 것이 아니라 귀 옆에 달아 관을 쓴 사람이 참언을 곧이듣지 않도록 주의시키기 위해서였다.

관면의 앞뒤에 단 옥천玉串은 관을 쓴 사람이 보지 말아야 할 것을 보지 못하게 하기 위한 것으로, "보고도 못 본 척한다"라고 했다. 보고도 못 본 척, 귀를 막고 안 들은 척하는 것은 "예가 아니면 보지 말고, 예가 아니면 듣지 않는다"라는 뜻이다. 애석하게도 나중에 세상인심이 옛날 같지 않아서 이 말들의 뜻은 완전히 변해 버렸다. 그리고 이 말이 복식과 어떤 관계가 있는지 아는 사람도 많지 않다.

비범한 의미

함께 먹는 것과 함께 입는 것

의복은 가장 몸에 가깝다. 몸 가까이에 있다는 것이 뭐가 어떻다는 것일까? 가장 몸에 가까운 것은 종종 가장 친밀하고, 가장 믿을 만하며, 가장 안심이 되고, 가장 감정이 깊다. 중국인의 눈에 몸과 마음은 일체를 이루는 것이기 때문에, 몸에 가까운 것이 마음에도 가깝고 가장 친밀한 것이다. 그렇다면 몸에 가장 가까운 것은 무엇인가? 사람들 중에서는 모자간이다. 그래서 "세상에 엄마만 있으면 된다"라고 한다. 그 다음은 부부다. 그래서 "하룻밤에 만리장성을 쌓는다"라고 한다. 물건 중에서 가장 몸에 가까운 것은 옷인데, 그 중에서도 속옷이다. 속옷을 옛날 사람들은 충衷이라고 했다. 속옷은 몸에 가장 가까울 뿐 아니라 옷을 입는 사람과 그 속마음을 대표했다. 따라서 고충苦衷, 충정衷情, 우국충정憂國衷情 같은 말들은 속옷으로 마음을 대신하고, 몸에 가까운 것으로 마음의 친밀함을 대신했다.

옷은 사람의 몸에 가장 가까이 닿는 것으로, 자연히 감정 부여의 의미가 있었으며, 감정을 표현하고 전달하는 데 사용됐다. 이를테면 "인자하신 우리 어머니 손에는 실, 떠나는 아들이 입을 옷을 떠남에 앞서 촘촘히 꿰매주시는 것은 더디 올까 걱정해서네", "장안에 조각달 뜨니, 만호에 옷 다듬이질하는 소리 들리네. 가을바람 그치지 않으니 언제나 옥관 생각뿐이라", "편지 한 줄에 눈물 천 줄기, 임이 계신 곳 이미 춥겠지만 보낸 옷은 받았는지", "변방부대에 있는 당신에게 편지 한 통 쓰고 싶으나 종이와 연필 대신 바늘을 들었네" 같은 시구처럼 중국 고대의 나그네와 군인들은 모두 어머니와 아내가 만든 옷과 누빈 신발을 좋아했다. 이런 옷을 입어야만 몸이 따뜻해지고, 이런 신을 신어야만 발바닥이 든든했다.

이런 옷과 신발, 모자는 당연히 다른 사람에게 쉽게 줄 수 없었다. 그 옷이 사온 것이라 해도, 이미 입은 것은 남에게 벗어주지 않았다. 더욱이 속옷의 경우, 아무렇게나 벗어서 남에게 준다면 함부로 '몸을 서로 허락' 하는 게 아닌가? 그래서 중국인은 함께 밥을 먹는 것은 좋아해도, 다른 사람과 옷을 바꿔 입는 것은 좋아하지 않았다. 혹 전우나 사랑하는 사람이라면 모를까.

전우끼리 옷을 함께 나누어 입는 정은 같은 불로 함께 밥을 지어먹는 것과 마찬가지로 아주 깊다. 병영에서 함께 밥을 먹고 출정하여 함께 옷을 나누어 입으며, 싸움터에 나가 생사고락을 같이하고, 같은 목표를 향해 노력하며, 극도의 원한으로 함께 적과 싸우게 된다. 따라서 한신韓信이 한왕漢王에게 말한 "옷을 벗어 나에게 주고, 밥을 물려 나에게 주었을" 때[17] 어떤 심정이었을지 충분히 알 수 있다.

《홍루몽》[18] 제77회에서는 사랑하는 사람끼리 옷을 함께 입는 것에 대해 이야기하고 있다. 보옥寶玉이 몰래 병이 위중한 시녀 청문晴雯을 찾아갔다. 청문은 먼저 손톱을 깨물어 보옥의 손에 쥐어주고는 '이불 속에서 입고 있던 오래된 붉은 저고리를 벗어서 보옥에게 주었다.' 이누 농작은 분명하게 몸을 서로 허락한다는 뜻이다. '보옥은 청문이 이렇게 하는 것을 보고 깨달았다. 서둘러 겉옷을 벗고, 자신의 저고리를 벗어 그녀에게 입혀주고는 바꿔 입었다.' 라는 구절이 있는데, 이 뜻은 아주 분명하다. 그러자 청문은 입을 열었다. "이제 내가 죽더라도 억울하지 않을 거예요." 사실 청문과 보옥은 '정을 통한다' 라는 고발이 있었는데, 사이가 좋기는 했어도 실제로 몸을 가까이 한 적은 없었다. 그러나 이미 속옷으로 서로 몸을 가까이 했으니, 더는 억울하지 않을 것이며 죽어도 여한이 없을 것이다.

만약 '함께 먹는' 사람이 형제라면, '함께 입는' 사람의 정은 부부의 그것에 가까웠다. 분명 입고 있던 내의는 체온이 남아 있고 냄새도 난다. 무엇보다 그 옷을 입은 사람을 상징한다. 아주 가깝지 않다면 어떻게 이를 서로 주고받을 수 있을까. 중국인은 내성적이어서 보통 친구를 만나면 고개를 숙여 인사할 뿐 악수나 포옹은 잘 하지 않는다. 이러하니 어디 몸을 가까이 할 수 있겠는가? 몸을 가까이 할 수 있는 사람은 부부나 애인밖에 없다. 설사 부부라고 해도 '손님처럼 서로 깍듯이 존경하는' 상황에서 어떻게 마구 속옷을 바꿔 입을 수 있을까? 속옷을 바꿔 입는 것은 사랑하는 사람뿐인 듯하다.

사실 겉옷이라도 경우에 따라서는 그 옷을 입은 사람을 대표한다. 많은 민족들에게 이런 풍습이 있다. 죽은 사람의 옷을 순장하지 않을 경우 기념으로 친지에게 나누어준다. 이는 제사 음식을 나중에 다 먹어치워야 하는 것처럼 물건을 낭비하지 않으려는 게 아니다. 그 옷에는 세상을 떠난 사람의 흔적이 남아 있기 때문이다. 그 물건을 보는 것은 그 사람을 보는 것 같고, 그 옷을 입으면 그 사람 가까이에 있는 듯하기 때문이다. 원진元稹[19]은 죽은 아내를 애도하여 쓴 시에서 "옷들은 이미 보이는 대로 남에게 다 주었으나 그대가 바느질한 옷은 아직 있으니 차마 열어보지 못했고"라며 바로 이런 감정을 표현했다.

의복은 단순한 옷가지가 아니었다. 거기에는 물질적 의미뿐 아니라 정신적 의미도 포함됐다.

몸과 마음

옷은 몸을 대표한다. 몸은 한 사람의 육체와 마음 전부를 대표한다.

몸의 함의는 많다. 우선 신체를 가리킨다. 그러나 이 신체는 어떤 경우 머리를 포함하고, 어떤 경우에는 포함하지 않는다(예를 들어, 목이 잘리는 참형을 가리키는 신수이처身首異處가 있다). 심지어 신체의 중간 부분을 따로 일컫기도 하는데, 구軀라고 하며, 본뜻은 '임신하다'이다. 자형은 갑골문, 금문金文[20], 전문篆文[21] 모두 아이를 가진 모습이다.

임신은 생명을 잉태하는 것이므로, 몸은 생명이란 의미로 원래의 의미가 확대됐다. 이를테면 생명을 바칠 때 '헌신'한다고 하고, 지금 사용하는 뜻과는 좀 다르지만, 생명을 잃는 것을 망신亡身이라 하며, 생명의 전 과정은 종신終身이라고 한다. 육체적 생명이 신身이라고 한다면, 사회적 생명과 정치적 생명, 도덕적 생명도 '신身'이다. 신분身分, 출신出身, 인신공격人身攻擊 같은 말은 이런 의미로 쓰인 것들이다. 실제로 육체적 생명과 사회적, 정치적, 도덕적 생명은 아무리 떼려고 해도 떼기 어려울 때가 있다.

생명은 당연히 자기 자신의 것일 수밖에 없다. 따라서 몸은 자기 자신을 가리키기도 하고(예를 들어 '자기 몸조차 보전하기 어렵다'는 자신난보自身難保), '몸소', '친히'라는 뜻으로 파생되어 '직접 목격하다[身臨其

境’, ‘몸소 체험하고 힘써 실천하다[身體力行]’ 는 말로도 쓰인다. 또 ‘맡다’, ‘감당하다’ 는 뜻으로 파생되어 ‘스스로 모범이 되다[以身作則]’ 는 말도 있다. 몸이라는 글자는 하나지만, 정말 대단하다.

여기에서 특히 주의할 것이 두 가지 있다.

첫째는 자기를 가리킨다는 것이다. ‘자신’ 이라고도 하는데, 다른 사람을 가리킬 때는 ‘인人’ 을 써서 ‘타인他人’ 이라고 한다. 예를 들어, ‘집이 매우 가난하다[身無分文]’ 라는 말은 자기가 돈이 없다는 뜻이고, ‘여론의 힘은 무섭다[人言可畏]’ 는 타인의 말이 매우 무섭다는 뜻이다. 자신과 동의어로는 ‘궁躬’ 과 ‘짐朕’ 이 있다. 궁은 신체를 가리켜 국궁鞠躬(허리 굽혀 절하다)이라는 말이 있고, 짐은 원래 옛날 사람들이 자신을 겸손하게 칭하는 말이었다. 진시황 이후, 황제만이 ‘짐’ 이라고 할 수 있도록 규정했고, 겸손의 뜻이 거만으로 바뀌었다. ‘자신’ 은 이미 황제만이 유일하게 썼고, 신하들은 당연하게도 자신의 몸을 마음대로 할 수 없었으며, 옷도 마음대로 입을 수 없었다.

두 번째는 생명은 신체와 동일한 것으로, 영혼 역시 육체와 혼동하여 육체로 정신을 대표했다. 의지가 자기 뜻대로 되지 않는 심불유기心不由己를 신불유기身不由己라고 하거나, 다른 사람의 감동을 마음으로 느낀다는 감동심수感動心受를 감동신수感動身受라고도 한다. 중국인의 지각知覺, 감수感受, 체험, 깨달음은 모두 몸이 먼저이고 그 다음이 마음이라는 사실은 체험이나 깨달음까지 모두 몸과 관계가 있다는 것을 알 수 있다. 중국인들은 신체 감각 기관을 통해 판단할 수 없는 것은 믿지 않고, 자신의 온몸을 통한 체험만 믿었다. 그래서 교육에서 말로 하는 교육보다는 몸으로 하는 교육을 중시했다. 인지적으로도 귀로 듣는 것보다는 눈으로 보는 것을 중시했다. 학습에서는 말과 머리로 아는 것보다는 노력해서 실천하는 것을 중시했다. 일에서는 천명을 따르려면(입명立命) 우선 몸을 편안히 해야 했다(안심安心). 몸이 편안하지 않으면, 마음이 안정되지 않았다. 그래서 한 사람의 도덕수양을 '마음을 닦는 것(수심修心)'이라고 하지 않고, '몸을 닦는 것(수신修身)'이라고 한다. '수신修身'은 건강을 위한 미용체조가 아니며, 몸과는 아무 관계가 없지만 딱 잘라 전혀 관계가 없다고 하는 것도 정확하지는 않다. 《예기》를 보면 예의禮義의 시작은 용모와 태도를 단정히 하고, 안색을 가지런히 하고, 말을 순하게 하는 데 있다. 이것이 '수신'이다. 이런 공부는 태어날 때부터 시작해야 한다.

　몸과 마음은 하나이며, 마음은 몸에 의해 결정된다는 것을 알 수 있다. 한 사람의 마음이 그의 몸에 의해 결정된다면, 그의 마음을 얻기 위해선 반드시 그의 몸에서 방법을 찾고, 심지어 그의 의복에 관심을 쏟아야 한다. 만주족은 산하이관〔山海關〕[22]으로 들어온 후 한족에게 변발을 하고 옷을 바꿔 입게 했다. 이렇게 남하한 정복자들은 중원 한족이 의복에서 자신들과 하나가 되면 피정복자들이 자신들과 '하나를 생각하고, 한 곳에 힘을 쏟아'더는 만주족을 오랑캐로 보지 않고, 대청제국의 흥망성쇠에 대해 '함께 느끼고 고맙게 생각하게 될 것'이라고 믿었다. 과연, 청의 왕조가 멸망하자 많은 한족이 부모를 잃은 것처럼 슬퍼하고 변발을 자르려 하지 않았다. 오히려 '황제 폐하(부의溥儀)'자신이 앞장서서 변발령을 바꾸고 궁 안팎의 유신들을 해치자 모두 넋을 잃은 사람들 같았다.

　일상생활에서도 한 사람에 대한 관심은 종종 상대방의 몸에서 더 구체화된다. 밥을 먹을 때 다른 사람에게 반찬을 집어주거나 날씨가 추울 때 옷을 더 챙겨 입으라며 신경을 쓴다. 따라서 관심은 배려, 보살핌이

라고도 할 수 있으며, 이는 몸 가까이에서 이루어진다. 몸을 가까이 하
면 서로 체온을 느끼게 되고, 서로 '체온을 나눈다' 라고 한다. 옷은 입
으면 그만이지만, 그 사이에 체온은 남아 있다. 작은 동물들도 날씨가
추워지고 땅이 얼면 서로 함께 다정히 기대려고 한다. 그렇기 때문에
옷을 함께 입는 것은 보살핌이며, 보살핌은 바로 몸을 맡기는 것이다.
몸을 맡기는 것은 마음을 나누는 것이다. 실제로 어떤 사람이 자기 옷
을 벗어서 다른 사람에게 입혀주었을 때, 그들의 마음은 분명 '단단히
한데 엮이게 된다.'

　다른 사람과 옷을 함께 입는 데 정이 깊지 않을 수 있을까. 다른 사람
의 옷을 입는 데 다른 사람의 근심을 함께 걱정하지 않을 수 있을까.

옷과 의지

　사실 의복의 의衣와 복服에는 문화적인 함의가 있다. 우선 옷[衣]에 대
해 알아보자. 옷은 몸에서 가장 가까운 물건이며, 가까이 있다는 것은
의지하는 것이다. 의依의 갑골문자 형태는 한 사람이 태막(태아를 감싸
고 있는 막) 속에 있는 모습이다. 사람의 형태를 제거하면 갑골문의 의衣
이다. 그래서 의衣는 최초에는 태아의 태막으로, 즉 사람의 옷이었다.
동시에 의衣는 의依(의지하다)였는데, 우선 태아가 의지하는 것이었고,
나중에는 사람이 의지하는 것이었다. 사람들이 옷 안에 싸여 있는 것은
태아가 태막 속에 싸여 있는 것과 같으니, 어찌 의복을 가볍게 볼 수 있
겠는가.

　이렇게 해서 옷을 함께 입는다는 것[共衣]은 함께 의지하는 것[共依, 동
일한 대상에 함께 의지하거나 서로 의지하는 것]이다. 동포同袍는 동포同胞(마치
한 어머니에게서 난 사람처럼 혈연관계가 있는 관계)이다. 두 사람이 함께

밥을 먹고, 같은 옷을 함께 입는다면, 그것은 동일한 생명의 근원일 뿐아니라, 동일한 생명의 의지가 있다. 분명 형제처럼 친하고 '바지 하나를 같이 입는' 절친한 사이다.

사실, 의衣 자는 원래 '의지한다'라는 뜻이 있다. 의衣 자의 자형은 갑골문, 금문, 전문에서도 상하 두 부분으로 구성된다. 갑골금문에 "둥근 목에 두 소매의 가운데는 비어 있고, 좌우의 옷깃이 여며진 형상"으로 저고리의 형태와 비슷하다. 전문에서는 위에 인人자가 있고, 아래에도 인人자가 있는데, 허신은 두 사람이 뒤집혀 있는 형상이라고 했다. 이 두 사람이 뒤집혀서 엎치락뒤치락 무엇을 하는 것일까? 당연히 '보살피고 있다'. 나중에 서로 보살피고 있는 두 사람 사이에 또 작은 사람이 생겨 (아마 아이를 낳은 듯) 갑골금문의 의依자가 됐다. 아이가 자라 두 사람 옆에 서 있어 전문의 의依가 됐다. 아이는 항상 어른에게 의지하고 의존하고 기댄다. 의衣 역시 의依임을 알 수 있는데, 서로 의지하고 서로 굳게 믿고 살아가는 것이다.

이 사실은 무척 중요하다. 따라서 의依의 사용 빈도는 아주 높다. 의가依家, 의거依據, 의구依舊, 의귀依歸, 의례依例 등등. 이상할 게 없는 것이 의依는 우선 두 사람의 관계 또는 인간관계, 사람과 사람의 관계이다. 이런 관계는 단체의식을 사상핵심으로 하는 중국 문화에서 당연히 가장 중요한 관계이다.

이제 복服에 대해 이야기해 보자. 의복을 의착衣着(복장 또는 옷차림)이라고 한다. 착着은 부착附着이나 '더한다'라는 뜻으로, 착색着色, 착묵着墨이라는 말이 있다. 그래서 의복은 또한 '의지하는 것'이다.

의지하는 사람은 의지대상에서 떨어질 수 없다. 의지대상이 없다면 '의지할 곳'이 없는 것이다. 가죽이 없으면 털은 어디에 의지할까? 몸이 없으면 옷은 어디에 의존할까? 그래서 의지자依支者와 피의지자被依支者의 관계는 일종의 종속관계이며, '복종(의복이 몸에 종속되는 것처럼)'이라고 한다. 복종을 잘할 때, '고분고분하다(옷이 몸에 붙어 있는 것처럼)'이라고 하며, 고분고분해야 '보살핌(몸에 붙는다는 의미)'을 받을 수 있고, '관심(가슴에 품어)'을 받을 수 있다. 또한 '지위가 상승'할 수 있었다. 중국 전통사회에서 요구하는 것은 사실 이런 '의존관계'이다. 누구나 다른 사람에게 의존하거나 단체에 의존하는데, 의복이 몸에 의존하는 것과 같다. 자녀는 부모에게 의지하고, 아내는 남편에게 의지하며, 아랫사람은 윗사람에게 의지한다.

의지하는 사람은 의지대상에서 떨어질 수 없으며, 의지대상 역시 의지하는 사람에게서 떨어질 수 없다. 따라서 의지자도, 의지 대상자도 이런 관계를 유지할 의무가 있다. 단지 각자 의무가 다를 뿐이다. 자녀, 아내, 신하와 백성의 의무는 '복종'이다. 도덕적 요구로 표현되는 것이 자식의 효도, 아내의 순종, 신하의 충성이다. 부모, 남편, 군왕의 의무는 '보살핌'이다. 도덕적 요구로 표현되는 것이 임금은 인자하고, 아버지는 자상하며, 남편은 사랑하는 것이다. 그러나 복종이 먼저다. 자녀, 아내, 신하와 백성들이 복종하지 않는 것은 많은 사람들 앞에서 부모, 남편, 군왕의 의복을 벗기는 것과 같다. 극히 체면이 깎이는 행위로, 반드시 엄한 처벌을 받았다. 반대로 후자가 전자를 도저히 복종할 방법이 없다면 의복조차 입을 수 없으며, 똑같이 부끄러운 일이다. 그래서 '공처가'는 우습게 보여도, '남편을 무서워하는 것'은 지극히 당연한 일로 웃음거리가 되지 않았다.

의지대상은 어떤 사람(부모, 남편, 상사, 황제 등)이든지 제한이 없다. 또한 어떤 단체(가정, 가족, 직장, 조직, 정부)도 될 수 있다. 지금까지 중국인들은 어떤 문제가 있을 경우, 직장으로 찾아가 해결하는 데 익숙하다. 또 어떤 생각이 있을 때도 습관적으로 조직을 찾아가 흉금을 터놓고 이야기 한다. 중국인들은 좀처럼 자신의 능력으로 어떤 일을 성취하려고 하지 않는다. 사실상 진지하게 실천하기에는 많은 문제가 있기 때문에, 윗사람에게 의지하여 처리하는 것이 편하다. 설사 실수를 하더라도 누군가 나를 대신해서 책임을 지고, 적어도 약점을 잡히거나 잘못을 덮어쓰거나 따끔한 맛을 볼지도 모른다는 걱정을 할 필요가 없다. 물론 성취를 이뤄냈다면 우선적으로 지도자나 단체에 공이 돌아간다. 자신은 미미한 일을 했을 뿐이다. 그 결과 어떤 나라의 정부와 각 부문이든지 중국처럼 책임이 중대하고 임무가 무거운 곳이 없다. 하지만 먹고 싸고 잠자고, 늙고, 병드는 모든 책임은 남에게 전가하지 않고 스스로 책임져야 한다(관리가 소홀할 경우 '부모가 욕을 먹는다'). 또한 개혁을 위해 '젖을 떼고' 모두 어떻게 '스스로 살 길을 모색해야 할지' 가르쳐줘야 한다.

의지대상은 심지어 옛사람이나 서양 사람이 될 수도, 어떤 사상이나 학파가 될 수도 있다. 중국인들이 말을 하고 글을 쓸 때 과거에는 입만 열었다 하면 시詩를 운운했고, 나중에는 반드시 마르크스, 엥겔스를 인용했으며, 지금은 프로이트나 하이데거 같은 사람을 언급한다. 이렇게 말하고 쓰는 것은 주로 심리적인 요구에 따른다. 이렇게 하지 않으면, 다른 사람의 눈에 거슬리고(마치 의복을 잘못 입은 것처럼), 자기 자신도 마음이 편하지 않다(발에 아무것도 신지 않은 것처럼). 어쨌든 다른 사람에게 의지하든, 조직에 의지하든, 옛사람에 의지하든, 서양 사람에게 의지하든 모두 좋다. 결국은 무언가에 의지해야 하는데, '집에서는 부모에게 의지하고 밖에서는 친구에게 의지하며', '바다에서 항해할 때는 조타수에게 의지하고', 자신과 개인은 의지할 수 없다. 심지어 윗사람도 어떤 때는 아랫사람에게 의지해야 한다. 중국에서 지도자를 하려면 항상 군중 속에서 '믿을 만한 사람'을 찾아내 의지대상을 삼아야 한다. 그렇지 않으면 '군중 속의 고독한 사람'이 되어 아무 일도 할 수 없다.

일단 의지대상에게 문제가 발생하면, '어느 것을 버리고 어느 것을 따를 것인지〔何去何從〕' 알 수 없었다. 여기서 어느 것을 버린다는 것은 '어느 방향으로 갈 것인가'이며, 어느 것을 따를 것인가는 '누구를 따를 것인가'이다. 누구를 따른다는 것은 그의 방향으로 따라가는 것이다. 따라서 '어느 것을 버릴 것인가'는 결국 '누구를 따르느냐'에 달려 있다. 종從이라는 글자는 한 사람이 다른 사람을 따라가는 모습이다. 설사 '느낌에 따라간다'고 해도 어쨌든 따라가는 것이다. 누군가 "자신의 길을 가겠다"라고 선포한다면 아마도 미쳤다고 할지 모를 일이다.

의복은 의지이다. 의복은 몸에 의지하고 자신은 타인에게 의지하며, 이로써 방대하고 복잡한 사회관계라는 네트워크를 구성하게 된다. 이러한 네트워크 속에서 사람들은 모두 다리미로 다려진 것처럼 고분고분했다. 아마도 '성왕'들이 '의상을 늘어뜨리고 천하를 다스린' 비밀이 여기에 있지 않을까?

유행의 문제

동쪽에는 해, 서쪽에는 비

의복 문제는 대수롭지 않게 여길 일이 아니다. 크게는 '치국治國의 강령綱領', 다시 말해 '치국의 방법'이다. 작게는 한 사람의 미적 취향이자 도덕 수양의 표현이며, 타인에 대한 존중과 예의다. 다시 말해서 의복, 예의, 도덕은 삼위일체다. 예의를 잃으면 실례를 범하고, 실례하면 덕을 잃으며, 덕을 잃으면 나라를 잃는다. 이렇게 한 사람, 특히 신분과 지위와 도덕적 수양이 있는 사람은 더욱이 편하게 입고 싶은 대로, 꾸미고 싶은 대로 꾸밀 수 없었다.

중국 문화는 전통적으로 '독특하고 튀는 차림'에 대해 반대하고 혐오했다. 눈에 튀는 차림은 나쁜 사람, 깡패, 호색한, 성품이 나쁜 사람의 대명사였다. 개혁 개방 이전에는 제대로 된 사람과 양가집 규수는 특이한 차림을 한 사람을 보기만 해도 나병환자 보듯 피하며 가까이 올까 두려워했다. 이런 혐오와 반감은 살인 사건을 일으키기도 했다. 앞서 정문공이 자장23)을 죽인 사건이 그것이다. 사건이 일어난 후 어떤 사람은 "옷이 알맞지 않으면 재난이 된다"라고 평했다. 독특한 차림새가 목숨을 잃을 정도의 재앙을 불러오는 것에 대해 여론도 당연하게 생각했다. 이로써 외관이라는 것이 자신의 기호만 따를 수는 없었음을 알 수 있다.

독특한 차림은 사람들에게 비난, 혐오, 심지어는 질투의 대상이 됐다. 유행이 지난 복장을 하거나, 유행에 맞지 않게 자신을 꾸미면 웃음거리가 됐다. 백거이는 시에서 "신은 끝이 뾰족하고, 소매는 좁고, 푸른 먹으로 그린 눈썹은 가늘고 기니, 밖의 사람들 보면 필시 웃으리, 그것이 천보말년의 차림새였으니"24)라고 했다. 예전 당나라 현종憲宗 개원開元, 천보天寶 연간에는 호복胡服(오랑캐의 옷)이 유행해서 여자들은 대부분 소매가 좁은 옷을 입었다. 헌종 원화元和 연간에 이르르는 상투에 폭이 넓은 옷이 유행했는데, 소매의 넓이가 4척(1.2미터 이상)이 넘기도 했다. 눈썹을 그리는 것도 때에 따라서 가늘고 길게 그리는 아미蛾眉(누에나방 눈썹)에서 넓고 짧은 광미廣眉로 유행이 바뀌었다. 사실 아미는 매우 아름다운 눈썹이었다. 두보는 시에서 "괵국虢國 부인이 성은을 입어 이른 아침 궁궐에 들어가는데 화장이 미모를 가릴까 두려워 누에나방 눈썹만 그리고 황상을 만났다"라고 했다. 양귀비의 언니 괵국 부인이 타고난 아름다움으로 황상을 만나면서도 화장을 하지 않고 '누에나방 눈썹만 그린 것'으로 보아 아미가 아름다웠던 것을 알 수 있다. 시간이 흐르면서 '푸른 먹으로 그린 가늘고 긴 눈썹 화장'은 '사람들이 보면 웃을' 흘러간 유행이 됐다. 이로써 유행이 아주 중요했다는 것을 알 수 있다. 주경여朱慶餘는 시에서 "어제 저녁 신혼 초야의 등불이 꺼지고, 이른 새벽 대청 앞에서 시부모께 문안 인사를 올리려 기다리네. 화장 마치고 낮은 소리로 남편에게 묻나니, 눈썹 화장의 옅고 짙음이 잘 되었나요?"25)라고 했는데, 바로 이런 이야기를 하고 있는 것이다.

독특한 옷차림을 싫어하면서도 유행에 뒤쳐지는 차림을 두려워했던 것은 정말이지 '동쪽에는 해가 나고, 서쪽에는 비가 오는' 다소 종잡을 수 없는 것으로, 음식에 대한 표현과는 현저한 차이가 있다.

재미있는 것은 음식과 복식 모두 중국 문화에서 중시하는 것만큼 실제 상황은 상당히 다르다는 점이다. 음식은 비교적 보수적인 반면, 복식은 비교적 유행에 민감하다. 음식의 변화는 가장 적고 더디다고 할 수 있다. 예로부터 사용한 젓가락은 지금도 이용된다. 옛날 사람들은 밥과 만두를 먹었으며, 지금도 밥과 만두를 먹는다. 식품의 원료, 조리 방법, 먹는 방법, 익숙한 맛 모두 기본적으로 '중국 특색'을 유지할 뿐만 아니라 쉽게 변하지도 않는다.

의복의 상황은 그렇지 않다. 음식이 구습을 답습하는 연로한 선생이라면, 복식은 새롭고 신기한 것을 좇는 아가씨 같다. 중국의 복식은 여러 차례 변화를 겪어왔다. 멀리로는 조趙나라 무령왕武靈王의 호복기사胡服騎射(오랑캐의 복장을 하고 말을 타고 활을 쏘는 것)에서 가깝게는 신해혁명 이래 '해마다 서양화되는 것'에서 볼 수 있다. 오늘날의 복장은 수천 수백 년 전은 말할 것도 없고, 십 수 년 전과도 상당히 다르다. 어떤 유행이든 세계와 궤를 맞추지, 전통과 궤를 맞추지는 않는다. 전통 복식은 아마도 박물관적인 의미만 남아 있을 듯하다. 도시에서는 이미 중산복中山服26)은 보기 어려우며, 농촌 젊은이들의 머릿수건과 아가씨들의 땋아 내린 갈래머리도 보기 어렵다.

사실 색다른 차림을 혐오하는 중국은 가장 유행을 좇는 나라이기도 하다. 많은 외국 브랜드 제품이 중국에서 잘 팔리는 것에 대해 외국인들도 이상하게 생각할 정도다. 그들은 중국인이 몇 달치의 월급을 아름다운 가방과 바꾸고, 열여섯 살 난 꽃다운 처자들 역시 대범하게 명품

브랜드 매장에 들어가 부모님의 피 같은 돈을 유행하는 패션으로 바꾸는 것에 대해 고개를 갸웃거린다. 이러하니 우리는 확실히 복식과 관련된 유행 문제에 대해 토론해 볼 필요가 있다.

유행의 수수께끼

일반적으로 유행은 항상 새롭고 신기하다. 유행을 좇으면서 특이한 옷차림에 반대할 리 없고, 색다른 차림을 혐오하면서 유행을 좇을 리 없다. 중국인은 특이한 차림에 반대하면서도 유행에 민감하니 참으로 이상한 일이다.

그 원인은 중국 문화의 사상핵심에 담긴 단체의식에 있다. 단체의식에 따르면, 모든 사람은 단체의 일원이며, 개인의 생존은 모두 단체의 존재를 근거로 하고, 각자의 가치 역시 단체의 판단을 표준으로 삼아야 한다. 바꾸어 말하면, 모든 사람의 존비, 귀천, 우열, 시비, 선악, 미추美醜 모두 단체와 타인의 말에 달려 있다. 게다가 의복이란 원래가 다른 사람에게 보여주기 위해 입는 것이다. 보는 사람이 없다면, 아무리 예쁘게 입어도 아무 의미가 없다. 육유陸游는 시에서 "역사 밖 끊어진 다리 옆에 외롭고 적막하게 핀 매화가지 주인이 없네"27)라고 했다. 꽃도 감상하는 사람이 있어야 하는데, 하물며 잘 차려입은 미모의 여인은 말해 무엇하겠는가. 그래서 꾸미기를 좋아하는 여자들은 일단 감상하는 사람이 없으면, 화장할 기분이 나지 않는다. 이것이 "선비는 자기를 알아주는 사람을 위해 쓰이고, 여자는 자기를 좋아하는 사람을 위해 꾸민다[士爲知己者用 女爲說己者容]"28)라는 것이다.

옷을 입고 꾸미는 것이 원래 다른 사람에게 보이기 위한 것이기 때문에 모든 이의 복장은 바로 대상에 따라 정해진다. 그래서 자기가 하고

138

싶은 대로 하거나 새로운 것을 생각하기 어려운 것이다. 전혀 꾸미지 않는다면 저속하고 천박해서 다른 사람에게 무시당하는 반면, 꾸밈이 지나치면 허위나 가식으로 보여 다른 사람에게 믿을 수 없다는 인상을 면하기 어렵다. 그래서 공자는 "본질이 문체보다 두드러지면 질박하고, 문체가 본질을 누르면 야하다. 문체와 본질이 서로 잘 어울려야(문질빈빈文質彬彬; 외관과 내용이 잘 조화를 이룬다) 비로소 군자답다"라고 했다. '문체와 본질이 잘 어울리는 것'이야말로 고상하면서도 질박하고, 수양이 있으면서 본색을 잃지 않는 진정한 군자의 모습이었다.

품행이 단정한 군자는 반드시 '문질빈빈' 해야 했고, 기이한 차림을 해서는 안 됐다. 기이하다는 것은 '바르지 않고', '정상적이지 않은' 것으로, 비정상적이라는 것 또한 '올바르지 못한 것'이다. 올바르지 못하다는 것은 '굽은 것'이 아니라 '사악한 것'이다. 결국 기이한 차림은 '나쁜 것'으로, 올바른 군자라면 당연히 입을 수 없다. 기이하다는 것은 무엇인가? 기奇는 '흔히 볼 수 없는' 것이고, 이異란 '다른' 것이다. 흔히 볼 수 없으니 더욱 괴상하고, 다르므로 평범하지 않다. 외국인은 당연히 거의 볼 수 없고, 황제는 자연히 보통 사람과는 다르다. 그래서 외국인과 황제의 복장은 보통 사람과는 다르지만 기이하다고 하지 않는다. 따라서 중국의 백성들은 기이한 차림을 할 수 없었다. 무슨 자격으로 그렇게 하며, 다른 사람과 다르게 할 수 있단 말인가. 그럴 자격이 없었다. 자격이 없을 뿐만 아니라 규칙에 맞게 행동해야 했다.

기이한 차림이 물의를 일으키는 까닭은, 표면적으로 볼 때 예의에 맞지 않기 때문이고, 실제로는 사람들과 조화를 이루지 못하기 때문이다. 생각해 보라. 모두 이런 옷을 입는데, 혼자서 저런 옷을 입는다면, 다른 사람들과 어울리고 싶지 않겠다는 게 아닌가? 일부러 다른 사람들의 마음에 들지 않겠다는 것이 아닌가? 공연히 다른 사람들을 눈엣가시처럼 생각하는 게 아닌가? 너무 오만방자하고, 잘난 척하고, 안하무인이며, 독선적인 게 아닌가? 설마 다른 사람들은 아름다운 것을 모르고, 자기만 이해한다고 여기는 건 아닌가? 기이한 차림에 대한 혐오, 반대, 증오는 대부분 이런 심리다.

이런 심리에도 분명 이유는 있다. 의복이 다른 사람에 대한 존중이라면, 기이한 복장은 타인에 대한 멸시이기 때문이다. 또한 어떤 한 사람에 대한 멸시뿐만 아니라, 대중과 단체에 대한 멸시로 보여 '대중의 분노'를 살 수도 있다. 표면적으로는 이 또한 '사람들과 안 어울린다'는 뜻이지만, 이런 부조화는 결코 고의로 사람들에게 맞서려는 것이 아니다. 사람들을 무시하려는 것은 더욱 아니다.

유행을 좇는 상황은 약간 복잡하다. 중국인은 유행에 민감할까? 그렇다. 중국인 스스로 유행에 민감하다고 생각할까? 그렇지 않다. 이른바 유행이란, '당시 널리 행해지는 것'이다. 일정한 인원수가 되지 않으면 유행이라 할 수 없다. 그래서 유행은 일종의 단체 행위로, 기이한 복장과는 다르다. 기이한 복장이란 '신기한 행동으로 이목을 끄는 것'으로, 일부러 '사람들과 다른 것'이다. 유행을 좇는다는 것은 '물결 따라 흘러가는 것'으로 무리에서 낙오될까봐 두려워하는 것이다. 이 두 가지 상황 사이에는 본질적인 차이가 있다. 사실 중국인은 기이한 복장에는 반대해도 유행을 좇는 것에는 반대하지 않는다. '혼자 튀는 것'에만 반대한다. '혼자 튄다'라는 것은 한 사람이 모두와 차이가 나서 뭇사람들의 비난의 대상이 되는 것이다. 유행을 따른다는 것은 모두가 벌집 쑤셔놓은 듯 소란스럽게 같이하는 것으로, 당연히 대중의 분노를 일으키지 않는다.

140

유행을 좇는 사람들은 일종의 '사람들과 잘 어울리려는 성질'이 있다. 그들은 분명 사람들이 앞으로 나아갈 때 못 좇아갈까봐 따라가는 것이다. 따라서 사람들과 못 어울린다기보다는 오히려 절실한 군중심리를 갖고 있다. 유행을 좇는 것은 설령 뭔가 아니다 싶은 것이 있지만, 그 잘못 또한 유행에 있지 않고, '좇는 데' 있음을 알 수 있다. 단체의식에 따라 유행을 좇고, 모두 함께 유행을 좇아야지, 혼자서만 정신없이 좇으면 무엇 하겠는가.

그러나 유행은 좇지 않으면 안 된다. 유행을 따르지 않으면 뒤처질 수 있다. 뒤처졌다가 다시 좇으려면 뭔가 유리한 것을 얻을 수 없을 뿐 아니라 오히려 더 우스워진다. 마찬가지로, 지나치게 좇아서도 안 된다. 유행이란 '옛날 그대로'가 아닌, 항상 새로운 것이라서 약간의 위험이 있기 때문이다. 만약 유행인지 아닌지도 모르고 황급히 따라가기만 한다면, 그 결과는 아무도 반응하지 않는, 기이한 옷차림을 한 이상한 사람이 된다. 그래서 빠져나갈 길을 남겨둬야 한다. 방법은 자기는 유행을 좇지 않는다고 선포하거나 유행을 좇는 것을 저속하다고 보는 것이다. 그 결과, 유행을 좇는 것이 좋지 않은 뜻이 되어 신기한 것을 따르고, 유행의 물결을 좇느라 분주하게 이랬다저랬다 하는 사람을 뜻하는 말이 됐다. 사실 중국인이 언제 유행을 좇지 않았는가? 문화대혁명 때만 생각해 봐도 하룻밤 사이에 전국 도처에 황색 군장 또는 붉은 완장을 안 하고 다닌 사람이 없을 정도로, 중국 역사상 최대의 유행이었다.

앞서가는 것은 위험하고 낙오는 멸시를 받았기 때문에, 중국인에게는 유행에 대해 두 가지 원칙이 있었다. 하나는 '임기응변'이고, 다른 하나는 '앞장서지 않는 것'이다.

'임기응변'과 '앞장서지 않기'

먼저 '임기응변'에 대해 말해 보겠다.

중국인은 변화를 좋아할까? 말하기 어렵다. 한편으로는 중국인은 변화를 가장 좋아하지 않는다. 가장 좋아하는 것은 "하늘은 변하지 않고, 도 역시 변하지 않는[天不變, 道亦不變]"[29] 것으로 낡은 관례를 고수하며 그대로 처리하면 세상은 태평했다. 따라서 '모든 변화에 불변不變으로 상대하거나', 심지어는 '아무리 변해도 그 본질은 달라지지 않는다'고 주장했다. 하지만 동시에 다른 한편으로 중국인은 가장 변화에 능하다. 어떤 경우 변화의 속도와 정도는 스스로도 놀랄 정도다. 조금 전까지 혁명당을 욕하던 사람이 순식간에 변발을 잘라버리고, 얼마 전까지 자신이 '무식쟁이'이며, 이로써 영광이라고 하던 사람이 갑자기 대졸 이상의 학력과 고위 직급을 갖기도 한다. 진정 변하기로 작정하면 변할 수 있고, 변한다고 하면 변했다.

이것을 '임기응변'이라고 한다. 다시 말해, 시대가 바뀌면 의복이나 기타 것들도 따라서 바뀌어야 한다. 그렇지 않으면 '시의에 맞지 않는 것이다'. 시의에 맞지 않으면 낙오될 수 있다. 좀 더 엄격하게 말해서, 일가족의 목숨을 잃을 수도 있다. 시대의 변화는 항상 정변政變에서 비롯됐는데, 의복이 바뀌는 것은 종종 '주인이 바뀌는 것'을 의미했기 때문이다. 새 황제를 알현하여 새로운 국가의 국민이 되는데, 혼자 옛날 관복을 입고 있으면 '적대분자敵對分子'로 간주되는 것을 면할 수 없었다. 그렇지 않고서야 어른아이 할 것 없이 옷을 바꿔 입고 머리 모양을 바꾸는 데 이를 왜 따라하지 않겠는가. 설사 맞서 싸우지 않더라도 속으로는 동의하지 않고 배후에서 불평하는 것이다.

남들이 좋아하게 만들지 못하면, 역시 환영받지 못한다. 그래서 중국에는 "시대적 요구를 잘 아는 사람이 영웅"이라는 말이 있다. 즉 시대의 추세가 변하면 동향도 변하고 모두들 따라서 변하기 때문에 자신도 가능한 빨리 과거를 바꿔야 한다. 그렇지 않으면 시대에 뒤떨어지고, 시대에 뒤떨어지면 운이 따르지 않았다. 시대에 부응해야만 묘미가 있었다. 관건은 어떤 것이 유행하는지를 파악하는 것이다. 당시 유행을 따라야 통용될 수 있다. 통용될 일은 하지 않고, 통용되지 않는 일만 하는 것은 멍청한 일이다. 그러니 변하지 않으면 안 된다. 특히 의복은 더욱더 유행에 따라서 변해야 한다.

하물며 변하는 것도 어렵지 않다. 어쨌든 우선적으로 변해야 하는 것은 모두 패션 같은 표면적인 것뿐이다. 골수에 박힌 것은 여전히 이전의 자기 자신이어도 상관없다. '몸에는 양장을 입지만, 내 마음은 여전히 중국인의 마음'이란 게 바로 이런 뜻이다. 다시 말해 형식만 바뀌고 내용은 그대로인 것은 환골탈태가 아니며, 몰라보게 확 바뀌는 것은 결코 '여전히 그대로인 내 마음'에 문제가 되지 않는다.

하지만 표면적인 태도 표명은 하지 않을 수 없다. 왜냐하면 따르는 것은 '태도'의 문제이며, 따라잡는 것은 '수준'의 문제이기 때문이다. 수준이 낮은 것은 지적할 수 없으나, 태도가 옳지 못하면 정돈이 필요하다. 그래서 시대가 바뀌면, 사람들은 따라 변할 수 있으며, 입으로든 표면적으로든 그렇게 해야 한다. 말이 바뀌고 표면적으로 변했다고 해서 추궁할 사람은 없다. 누군가 추궁하려고 해도, 딱히 추궁할 것이 없다. 따라서 대변혁의 시기에 버티려 해도 버틸 수 없었을 때 중국인들은 대충대충 했다. 청나라 기를 걸라면 청나라 기를 걸었고, 오색기를 걸라면 오색기를 걸었으며, 중화민국의 기를 걸라면 중화민국의 기를 걸었고, 심지어 일장기를 걸라면 일장기를 걸었다. 이 또한 중국인의 생존 방법이다. 임기응변으로 몸을 굽혀서라도 나라를 구하고, 우선적으로 살아남는 것이 먼저다.

물론 진정한 변화도 있었다. 최근 100년간 중국의 변화는 매우 컸으며, 특히 20년 동안의 변화가 가장 컸다. 분명 중국인은 '변화'에 무조건 반대하지 않고, '시류를 좇는 것'에는 더욱 반대하지 않으며, 오로지 어떤 개인의 '초월'과 '두각'만을 반대했음을 알 수 있다. '모난 돌이 정 맞고', '먼저 나는 새가 총을 맞는다'는 말처럼, 역사상 앞장서서 개혁을 추진했던 사람들은 거의 대부분 말로末路가 좋지 않았다. 상앙商鞅30)은 두 팔, 다리, 머리를 각기 다른 수레에 매달아 그 수레를 반대 방향으로 끌어서 찢어 죽이는 거열형車裂刑을 당했고, 왕안석王安石은 거열형은 면했지만, 줄곧 명성이 좋지 못했다. 역시 앞장서는 것은 별로 좋을 게 없다.

천하제일이 되서도 안 된다. '천하제일이 되지 않는다'라는 것은 주동자가 되지 않고, 화근이 되지 않을 뿐 아니라 '맨 처음이 되지 않는 것'이다. 어떤 일이든 맨 앞에 가지 않는 것이다. 나쁜 일은 물론 앞장서지 않고, 좋은 것도 앞서서 얻어서는 안 된다. 다른 사람이 질투할 수 있기 때문이다. 한두 사람의 질투라면 큰 문제가 되지 않지만, 많은 사람들의 질투를 받는다면 문제가 커진다. 가장 좋은 것은 대세를 따르는 것이다. 위험을 감수하지 않아도 되고, 골머리를 썩을 필요가 없다. 계산을 잘못해도 상관없다. 어쨌든 주모자는 처벌받지만, 협박에 못 이겨 가담한 사람에게는 죄를 묻지 않기 때문이다. 맨 앞에 나섰던 사람이 희생된 후에는 바로 뒤쫓아 오던 사람들이 승리의 열매를 얻는다.

이것이 단체의식의 구현이다. '단체가 최고'인 문화에서 개인은 항상 아주 미미하며, 단체야말로 위대하다. 단체는 강하고 개인은 약하며,

단체의 힘은 크고 개인의 능력은 작다. 단체는 정확하고 개인은 잘못하기 쉽다. 그래서 사람은 단체에 녹아들어야 환영을 받았으며, '분자'라고 불리는 사람은 환영받지 못했다. 예를 들면 '지주분자', '우파분자', '반혁명분자' 같은 것이 그것이다. 변하거나 변하지 않거나, 빠르거나 빠르지 않거나 모두 관건이 아니다. 관건은 '임기응변' 해야 하고 '물결 따라 흘러가야' 한다는 것이다. 어쨌든 '무리에 잘 어울려야만' 아무 문제가 없다. 감히 앞장선다거나 눈에 띄면 문제가 커진다.

윗사람을 따르는 것과 대중을 따르는 것

확실히 '무리와 잘 어울리는 것'이 가장 중요하다. '무리'란 무엇인가? "짐승 셋은 군群이며, 사람 셋은 중衆이다"라고 했다. 짐승은 '떼'이고 사람은 '무리'인데, 이를 합쳐서 '군중'이라 했다. 또한 양처럼 양치기를 따르고, 다른 사람들을 따라 함께 가는 '사람의 무리(인중人衆)' 같은 것이다. 중국인의 임기응변에는 두 가지 원칙이 있다. 하나는 윗사람을 따르는 것이며, 다른 하나는 무리를 따르는 것이다.

사실 유행은 줄곧 윗사람을 따르는 것이었다. "윗사람이 좋아하면, 아랫사람은 반드시 따른다"라고 했는데 실제로 그래왔다. 초왕楚王이 가는 허리를 좋아하자, 궁중에서 많은 사람들이 굶어죽었으며, 오왕吳王이 검술을 좋아하니 백성들에게 상처가 많았다고 한다. 심미적인 유행이 종종 상류사회의 기호嗜好와 선도先導를 이끌었다. 당대에는 궁중에서 유행하는 머리 모양이나 화장 방식을 민간에서 따라했는데, 궁정과 호족, 도시가 줄곧 유행을 만들고 선도하는 '선두'였다.

이러한 일례가 있다. 이를테면 장관長冠(재관齋官이라고도 함)은 일종의 죽피관(대나무 껍질로 짠 관)이다. 유방劉邦이 출세하기 전에 발명한

장관長冠 한고조漢高祖가 착용한 관모

것으로 '유씨관' 이라고도 했다. 유방은 뜻을 이루기 전에 한량에 불과했다. 사수정장泗水亭長(하급관리)의 출장 업무를 보기는 했지만, 요즘 말로 하면 인턴에 불과했다. 그는 어떻게 죽피관을 쓰게 됐을까? 오로지 한나라의 고조高祖가 된 자신이 일찍이 만들어 썼기 때문이다. 이는 관원의 제복으로 정해졌고, 또한 작위가 8급 이상이 아니면 쓸 자격이 없었다. 또 액황額黃이라고도 하는 화세花細는 미간 사이의 장식이다. 그 유래는 남북조 시기 남조 송무제宋武帝의 딸 수양壽陽 공주가 하루는 처마 밑에 누워 있었는데, 매화꽃이 이마의 양미간 사이에 떨어졌고 물이 들어 지워지지 않았다. 궁녀들이 그것을 보고 무척 아름답다고 생각해서 경쟁적으로 모방하여 유행이 됐다. 이상은은 〈나비〉라는 시에서 "수양 공주 시집갈 때 단장한 모습을 보니, 팔자 눈썹이 누런 이마를 받치고 있네"라고 한 것이 그것이다. 가장 웃긴 것은 점지点痣이다. 원래는 천자의 후궁비빈들이 생리 때가 되어 황제를 모시기 불편하고 또 말하기도 그래서 붉은 점을 얼굴에 찍어 표시한 것이 궁 밖으로 전해져 결국 하나의 장식이 됐다.

분명 윗사람을 따르는 것은 곧 윗사람을 존경하는 것이다. 윗사람을 존경하는 것은 또한 '숭상崇尙하는 것'이다. 한 사회가 무엇을 숭상하고 숭상하지 않고는 누구의 말에 달려 있을까? 설마 백성들일까? 당연히 '윗사람'이다. 하물며 '윗사람을 따르는 것'을 모두들 기꺼워했다. 하층사회는 상류사회에 대해 항상 맹목적으로 숭배했는데, 이것이 '안전하기' 때문이었다. 처벌은 항상 '위에서부터 내려오고', 다른 한편으로는 '윗사람은 벌을 받지 않기' 때문이었다. 이렇다 보니 윗사람을 따르면 나쁜 전례를 세우는 사람이 되지 않아도 됐고, 잘못했다 해도 색다른 것으로 간주되어 추궁당하지 않았다. 더욱이 중국 고대사회에는 일상생활이나 옷 입고 치장하는 것을 막론하고 궁정은 민간과, 도시는 농촌과, 상층은 하층과 비교해 항상 더욱 호화롭고 사치스러웠으며 정교하고 선진적이었다. 윗사람을 쫓는 것은 안전했을 뿐만 아니라 유행을 선도할 수 있었으니 마다할 리 없었다.

대중을 따르는 심리도 이와 같다. 중국인은 일을 할 때 잘못에 대해 먼저 따지지 않았다. 오로지 '모두' 이렇게 했으면 30퍼센트의 '합리적 요소'와 '성공 가능성'이 있다고 말한다. 설사 정말 잘못했다 해도 처벌받을까봐 걱정할 필요가 없다. 법은 대중을 다스리지 않고, 처벌은 항상 소수를 대상으로 하기 때문이다. 공격해야 하고 공격할 수 있는 것은 '극소수'의 '지극히 특별한' 대담하게 나선 '분자分子'뿐이다. 군중에 대해서는 교육문제일 뿐이고, 기껏해야 맹목적으로 따른 죄를 물을 뿐이다. 그러나 이 죄도 사실은 무죄이다. 왜냐하면 맹목은 '똑똑히 볼 수 없는 것'이기 때문이다. 똑똑히 볼 수 없으니 알 수 없고, 모르는 것은 죄가 아니다. 게다가 똑똑히 보지 못한 것이 한두 사람에 그치지 않는다면, 분명 보기 어렵다는 것을 알 수 있다. 옳고 그름은 원래 쉽게 알 수 없다. 또한 우리는 조금은 맹목적인 경향이 있어서 잘못을 범하지 않을 수 없다. 여기까지 말했으니 추궁하고 싶어도 추궁할 수 없을 것이다.

중국인이 '대중을 따르는 것'을 좋아하는 것은 단체의식을 따르기 때문이며, 각 개인의 가치가 모두 단체에 의해 확증되기 때문이다. 이렇게 해서 단체와 개인은 곧 자신의 언행, 시비, 잘못을 가늠하는 표준이 됐다. 단체와 남이 그렇게 할 수 있다면 나도 그렇게 할 수 있고, 단체와 남이 모두 하지 않으면 나 자신도 할 수 없다.[31] 따라서 말이나 행동이 모두 다른 사람을 따라가고, 다른 사람의 눈으로 사물을 보고, 다른 사람의 머리로 문제를 생각하고, 다른 사람에 따라 일을 처리한다면 잘못을 범해도 별다른 고민 없이 책임을 모두 다른 사람에게 미루거나 전가하며 분풀이할 수 있다.

단지 애석한 것은 어떤 진보가 있을 수 없다는 것이다. 왜냐하면 책임을 모두 다른 사람에게 미루고, 자기는 아무 일도 없다고 한다면, 자연히 반성할 필요도 없고 고칠 필요도 없기 때문이다. 반성할 줄 모르는 사람은 다른 사람에 대해서도 진정으로 깊이 이해할 수 없다. 스스로 책임지지 못하는 사람이 어떻게 국가와 민족에 대해 책임을 입에 올릴 수 있겠는가. 한두 사람만 이렇게 한다면 그러려니 할 수 있다. 하지만 온 민족 모두가 그렇게 한다면 앞날이 심히 걱정된다.

벌떼 근성과 획일성

문제는 여기에 그치지 않는다.

중국인은 비교하는 것을 좋아한다. 네가 유명상표를 입었으니 나도 유명상표를 입어야지, 네가 액세서리를 달았으니 나도 액세서리를 달아야지. 네가 집을 샀으니 나도 집을 사야지, 네가 어떤 자리에 올랐으니 나도 그런 자리에 올라야지. 어쨌든 모두 똑같이 각자 자기 몫이 있어야 한다. 이는 언뜻 보기에 무척 합리적이다. 단체의식에 따르면, 우리는 원래 무리를 따르고, 윗사람을 따르고, 다른 사람을 따라가기 때문이다. 다른 사람에게 없으면 우리도 있어서는 안 되고, 다른 사람이 하지 않는 것은 우리도 할 수 없다. 그러면 다른 사람은 했는데, 우리는 왜 해서는 안 되는가? 다른 사람에게는 있는데, 우리는 왜 있으면 안 되는가?

따라서 '벌떼 근성'과 '획일성'이 생겼다.

루쉰〔魯迅〕은 일찍이 중국인의 벌떼 근성에 대해 묘사한 적이 있다. 한 사람이 길에서 침을 뱉은 후 쪼그려 앉아서 그것을 보고 있으면, 곧 사람들이 그를 둘러싼다. 이때 구경꾼들 가운데 누가 소리를 지르며 달아난다면, 모두들 똑같이 소리 지르며 뿔뿔이 흩어진다. 도대체 무엇을 듣고 왔다가 무엇을 보고 가는지 알 도리가 없다.

중국인들의 이런 벌떼 근성은 도처에서 수시로 볼 수 있다. 누가 무슨 침을 맞아서 병이 나았다고 하면 모두 그 침을 맞고, 누가 무슨 체조를 해서 건강을 유지하고 있다고 하면 모두 그 체조를 따라한다. 최근에 누가 또 '소변을 마시는 방법'을 밀고 있다고 하는데, 그게 언제 유행이 될지 모를 일이다. 몸은 결국 자기 것이다. 자기 몸으로 벌떼 근성 실험을 하겠다는데, 기껏 해봤자 자업자득이다. 그러나 만약 온 나라가 이와 같이 벌떼처럼 철강을 사들이거나 문화대혁명 시기처럼 자본주의자 색출을 한다고 하면 나라가 평안할 날이 없다.

중국인의 벌떼 근성은 다름 아닌 단체의식에서 비롯된 것이다. 단체의식을 따르면, 단체에 속하기만 하면 확실한데 누군들 잘못을 범하러 들겠는가? 단체에 속하기만 하면 안정적인데 누군들 위험을 감수하려 하겠는가? 설령 잘못됐다 해도 그 잘못이 내 개인의 잘못도 아니고, 손해를 보는 것도 나 혼자만은 아니니 전혀 두렵지 않다. 반대로 모두 진보하고, 모두 덕을 보고, 모두 편의를 얻는데, 나 혼자만 손해를 본다면 그야말로 비참하다. 게다가 중국인들은 일찍이 머리와 선택하는 사고 思考의 권리와 그에 상응하는 책임을 모두 단체와 타인에게 넘겼다. 따라서 생각조차 하지 않고 오로지 도망갈 걱정만 한다. 벌떼 근성이 나타나는 것도 당연하다.

벌떼 근성과 쌍벽을 이루는 것이 획일성이다. 이른바 획일성은 모든 문제를 비롯한 각양각색의 사람들에게 크거나 작거나 뚱뚱하거나 마르거나 청, 홍, 황, 백을 가리지 않고 일률적으로 동일한 표준을 제시하여 해결하는 것이다. 이를테면 60세가 되면 건강 여부, 능력 여부, 일의 필요성을 가리지 않고 모두 퇴직시키거나, 아직 은퇴할 때가 되지 않은 자원 퇴직자들의 퇴직을 일률적으로 허락하지 않는 것 등은 분명 벌떼 근성과 판박이다. 하지만 벌떼 근성은 군중의 일이고, 획일성은 지도부의 일이다. 군중은 기층에 깔려 있기 때문에 옳고 그름을 분명하게 가릴 수 없다. 지도부는 고층건물의 높은 곳에 있는 것과 같은데 어찌 사리를 분명하게 밝히지 못하겠는가. 이는 불분명해서가 아니라 너무 분명해서다. 일괄적이지 않으면 공평할 수 없기 때문이다. 누구는 퇴직하고 누구는 퇴직하지 못한다면 불만을 품지 않을까? 누구는 승진하고 누구는 승진되지 않는다면 기분이 상하지 않을까? 이러한 문제들 때문에 하는 수 없이 획일적으로 처리하는 것이다. 때문에 획일성이 합리적이지 않다는 것을 누구나 잘 알지만, 누가 지도자가 되더라도 중국에서는 모두 이와 같이 처리할 수밖에 없다.

획일성이 어떤 경우에는 잘 맞아떨어지지 않을 수 있다. 비교는 높고 낮음, 우열, 승부, 일의 결과를 견주는 것이다. 그래서 다른 사람이 별 세 개짜리 호텔을 지었다면 나는 별 다섯 개짜리 호텔을 짓고, 다른 사람이 방 세 개짜리 집을 샀다면 나는 방 네 개짜리 집을 사야 하는 것이다. 비교는 '모두 똑같은 각자의 몫'이 아닌, 속으로는 역시 '남보다 나아야 하는 것'임을 알 수 있다. 이렇게 무리를 따르는 것은 또 두 가지 방면으로 나타난다. 한편으로는 다른 사람을 따라가면서, 다른 한편으로는 다른 사람과 비교하는 것이다. '따라가지 못하는 것'은 체면이 서지 않을 뿐 아니라, '이기지 못하는 것'역시 창피하기 때문이다. 그래서 비교하지 않으면 안 된다.

이렇게 되면 체면도 중국인과 관계가 있다. 사실 복식 예절도 그렇고, 비교심리도 그렇고, 모두 체면과 관계있다. 체면 역시 중국인들에게 없어서는 안 되는 것이다.

그렇다면 과연 체면이란 무엇일까?

주註) ─────

1) 옷과 밥을 짓을 세공해주는 사람이란 뜻으로, 옛날 머슴이 주인을 일컫던 말이다.

2) 제1장 각주 11번 참조.

3) 저자주 ─ 통계에 의하면, 복식부에는 군막류를 담당하는 막인幕人 45명, 장신구와 깃발을 담당하는 옥부玉府 78명, 갖옷을 담당하는 사구司裘 52명, 피혁을 담당하는 장피掌皮 50명, 견직품을 담당하는 전사典絲 22명, 마직품을 담당하는 전얼典枲' 26명이 있었다.

4) 고대 중국의 전설상의 제왕. 이름은 헌원軒轅. 문명을 발전시켰으며 도교의 시조로 추앙받고 있다. 기원전 2704년경에 태어나 기원전 2697년 제왕이 되었다고 한다. 통치기간 중 목조건물, 수레, 배, 활, 화살, 문자를 만들어냈고, 자신이 직접 지금의 산시 지방에 있는 어떤 곳에서 야만족을 물리친 것으로 전해진다. 이 승리로 황허 강 평원 전역에 걸쳐 그의 지도력을 확립할 수 있었다. 또한 몇몇 전설에 따르면, 그는 통치기구와 동전의 사용법을 도입했다고 한다. 그의 아내는 비단을 발명해서 여인들에게 누에를 치고 비단실을 뽑는 방법을 가르쳐준 것으로 유명하다. 몇몇 고대 사료에 따르면, 황제는 그의 통치기간이 황금시대로 불릴 만큼 지혜의 화신으로 알려져 있다. 그는 꿈에서 백성들이 자연의 법칙에 따라 조화롭고 미덕을 갖춘 생활을 하는 이상적인 왕국을 봤는데, 이것은 도교의 믿음과 일치한다. 잠에서 깨어난 황제는 백성들 사이에 질서와 번영을 유지하기 위해 자신의 왕국에 이러한 덕을 심으려고 했다. 그는 죽어서 신이 되었다고 한다.

5) 중국 춘추시대 초기의 정치가이자 사상가. 제齊나라 환공桓公 때에 경卿의 벼슬에 오른 그는 환공의 개혁 추진을 도왔고, 토지 등급에 따라 세금을 걷고 농업을 발전시켰다. 동시에 염전과 제철업을 일으켜 제나라를 춘추시대 가장 막강한 맹주盟主로 만들었다.

6) 춘추시대 패자霸者인 제나라 환공의 형이다. 당시 포숙鮑叔은 은齊나라 공자인 소백小白을 섬겼고, 관중은 제나라의 공자인 규를 섬겼다. 규는 제나라 국내 사정으로 위魏나라, 조趙나라로 도망 다녔는데, 그때 그에게 소백을 죽이라고 한 사람이 관중이라고 한다. 규가 쏘는 화살에 맞았지만 살아남은 소백은 규

가 자신이 죽었다고 방심하는 사이 제나라로 먼저 돌아와 패권을 잡았다. 패권을 잡은 소백이 규를 죽였을 때, 소홀召忽이라는 신하는 규를 따라 죽었지만, 관중은 죽지 않았으며 옥에 갇히는 신세가 됐다. 포숙은 관중이 친구일 뿐만 아니라 모든 것이 자신보다 뛰어나다는 것을 알고 자기의 주군인 소백, 즉 환공에게 천거한다. 포숙의 천거로 관중이 기용되어 제나라 정무政務를 담당하게 됐고 환공이 패권을 잡고 제후를 규합하여 무력을 쓰지 않고도 천하를 바로잡게 된 것은 관중의 지략 때문이었다고 한다.

7) 중국 최초의 국가로 중국 민족을 뜻한다.

8) 여기서 육단肉袒은 윗옷을 벗어 상채를 드러낸다는 뜻으로, 복종과 항복, 사죄의 뜻을 표시한다.

9) 중국의 도가, 연금술사이자 시인. 인습에서 벗어난 사고와 행동으로 중국 사회에서 주목을 받던 죽림칠현竹林七賢 중 한 사람이다.

10) 중국 서진西晉의 사상가. 죽림칠현의 한 사람으로 장자의 사상을 실천했으며, 신체를 토목土木으로 간주하여 의욕의 자유를 추구하고 술을 즐겼다. 작품에 〈주덕송酒德頌〉 등이 있다.

11) 제1장 65쪽 참조.

12) 19세기 말, 청나라의 상계商界를 주름잡던 거상 호설암胡雪岩(1823~1885)은 중국의 최고이자 최후의 상인이다. 빼어난 경영자의 자질과 시대의 흐름을 읽는 긴 호흡으로 부와 명예를 모두 거머쥔 상성商聖이다. 가난한 집안에서 태어나 맨주먹으로 천하를 평정한 그는 자신감과 인내심, 성실과 신뢰로 자신의 목적을 이루기 위해 최선을 다했다. 세력을 얻고 인심을 사며, 의리를 구축하고, 인재를 선발하면서 귀천을 가리지 않았다. 그는 상인으로서의 공을 인정받아 청대 상인으로서는 전무후무한 1품 관직을 받아 홍정상인이라 불렸다. 《아Q정전》을 쓴 루쉰은 그를 두고 "호설암이야말로 봉건사회의 마지막 위대한 상인"이라고 했다.

13) 루쉰의 소설에 나오는 주인공. 공을기는 본시 학문을 한 사람이지만, 아무리 해도 과거에 합격하지 못했고, 생계를 꾸려갈 주변머리도 없었다. 결국 낡은 장삼만 남았고, 다행히 글씨를 잘 써서 남의 부탁으로 책을 필사하여 주고 근근이 밥벌이를 했다. 하지만 그는 술주정뱅이에 게으름뱅이였다. 한마디로

공을기는 봉건제도의 희생물로 비참한 삶을 살면서 경각하지 못하는 하층지식인을 뜻한다.

14) 러시아 사람들의 이름은 세 부분으로 나뉜다. 처음에는 개인의 이름, 두 번째에는 부칭이 오고, 마지막 부분이 그 사람이 속한 가족의 성이 온다. 부칭은 바로 아버지에게 물려받은 이름이다. 보통 러시아 사람의 이름을 부르는 경우 성보다는 부칭이 중요하다. 일반적으로 상대방을 호칭하는 경우, 이름과 부칭을 함께 부르는 것이 정중함을 갖춘 것이다.

15) 자로의 유해는 발효되어 젓갈로 담가지는 수모를 당했다.

16) 할례란 음경의 표피 전부 또는 일부를 자르는 행위로, 이 의식이 언제부터 어떻게 시작됐는지 확실하게 알 수는 없다. 할례가 하나의 의식으로 여러 민족에 분포된 점과 금속 칼보다는 돌칼을 널리 사용한 점은 이것이 매우 오래 전부터 있었음을 암시한다. 할례를 전통의식으로 행하는 곳에서는 사춘기 전이나 사춘기 때 행하며, 이슬람교도들 중 어떤 이들은 결혼 직전에 행하고, 어떤 이들은 종교 교육을 받을 수 있는 나이가 됐을 때나 출생 뒤 즉시 행한다. 유대인들이 남자 아이를 낳은 지 8일 만에 할례를 행하는 것은 하나님이 아브라함과 맺은 계약의 일부 내용에 따른 것이다. 이처럼 유대교로 개종하는 모든 남자는 의무적으로 할례를 받도록 되어 있다. 초기 그리스도교 교회는 교회에 들어온 자에게 이러한 '모세의 법'을 의무조항으로 하지 말 것을 정하기도 했다. 이는 나이에 상관없이 행해졌으며, 일반적인 경우 할례를 받는 사람이 그가 속한 단체에 정식으로 가입함을 뜻하거나 그가 어떤 지위를 얻었음을 가리켰다. 따라서 할례를 통해 사회적 지위·권리·신분 등이 확정됐다. 세계 도처에 있는 여러 전통 사회에서뿐만 아니라 유대인, 이슬람교도, 일부 그리스도교도들 중에서도 이 행위는 심오한 종교적 의미를 담고 있는 의식으로 받아들여지고 있다.

17) 한신韓信(?~기원전 196)은 진나라 말 한나라 초기의 뛰어난 장수이자 유방劉邦을 도와 한漢 나라를 건설하는 데 혁혁한 공훈을 세운 한초삼걸漢初三杰(소하, 장량, 한신 세 사람을 일컬음) 중 한 사람이다. 또한 토사구팽兎死狗烹 고사의 주인공이기도 한다. 한신은 유씨가 아닌 왕들을 사전에 제거하여 유씨 천하의 기틀을 확고히 다지려고 한 유방의 계책에 의해 죽을 수밖에 없는 운명에

처해 있었으며, 한신은 그러한 유방의 각본에 맞추어 역사의 뒤안길로 사라져야만 했다. 아마도 그의 이 말은 죽음에 직면했을 때, 지난날 유방과 함께 하던 시절을 떠올리며 한 것으로 짐작된다.

18) 이 소설은 등장인물이 500여 명에 달하는 장편 대하소설로 우리나라의 장편 가문소설과 비견된다. 주인공은 옥을 입에 물고 태어나 "여성은 맑고 깨끗한 물로 되어 있고 남자는 더러운 진흙으로 되었다"라고 말할 정도로 여성주의 자인 가보옥賈寶玉과 총명하지만 병약한 그의 사촌 누이동생 임대옥林黛玉 그리고 가정적이며 건강한 설보채薛寶釵이다.

19) 원진(779~831)은 당대 문학가로, 백거이와 함께 평이한 표현을 제창하여 소위 원화체元和體(원화元和는 헌종憲宗 때의 연호)의 시풍詩風을 세웠다. 당시 원진과 백거이의 우정을 부러워하여 사람들은 '원백의 사귐〔元白之交〕'이라고 칭했다고 한다. 이 시는 〈슬픔과 회한을 남기다〔遣悲怀〕〉 3수首 중 두 번째의 일부 구절이다. 이 시에서 나타내는 죽은 아내는 경조 위씨로, 자는 혜총이며 원진이 결혼에서 첫 부인으로 맞은 사람이다. 하지만 그때는 원진의 관직이 변변치 못해서 부인이 몹시 고생을 했다. 불행히도 부인이 일찍 죽자 원진은 슬픔을 이기지 못하고 애절한 시를 지어 그녀를 애도했다고 한다. 시 전문은 다음과 같다.
지난 어느 날 죽은 뒤 세상을 농담으로 했더니〔昔日戲言身后事〕/오늘 아침 모두가 눈앞의 현실이 되었구료〔今朝都到眼前來〕/옷들은 이미 남에게 주고 보이는 대로 다 주었으나〔衣裳已施行看盡〕/그대가 바느질한 옷 아직 있느니 차마 열지도 못했소〔針線猶存未忍開〕/옛 정을 생각하여 그때 종들을 불쌍히 여기고〔尙想舊情憐婢仆〕/또한 그대를 꿈에 본 일로 돈을 불살라 보냅니다〔也曾因夢送錢財〕/진실로 이런 한은 사람마다 다 있는 줄 알지만〔誠知此恨人人有〕/가난하고 천한 부부에게는 온갖 일이 다 서러운 일이라오〔貧賤夫妻百事哀〕.

20) 중국 한대에 일반적으로 쓰던 문자. 진秦 나라의 시황제가 정한 예서隸書를 이른다.

21) 한자 글씨체의 하나. 대전大篆과 소전小篆 두 가지가 있다. 전서篆書라고도 한다.

22) 중국 허베이 성 동쪽 보하이 만〔渤海灣〕에 면해 있는 촌락. 지금은 중요한 광산지대이지만 17세기까지는 북동쪽의 유목민족으로부터 베이징을 방어하기

위한 중요한 전략적 요충지였다. 산하이관은 해안을 따라 전개되는 좁은 협곡을 지니 베이징에서 만주滿洲로 가는 통로인 동시에 만리장성이 끝나는 곳이다. 6세기부터 임유관臨渝關이란 이름으로 알려졌고, 10세기 초 거란족이 허베이 북동지방을 점령한 후에는 현으로 되어 천민현遷民縣이라 불렸다. 이 이름은 13세기까지 남아 있었다. 산하이관이란 이름은 명대明代에 처음 붙여졌다. 명말 만주족이 침략했을 때 산하이관은 만주족 군대가 베이징 지역으로 쳐들어오는 것을 막아주었다. 그러나 1644년 산하이관이 함락되자, 명나라도 붕괴되기 시작했다. 1932년 1월 남만주에 주둔해 있던 일본군이 산하이관을 점령하자 이 지역 전체가 일본군의 수중에 들어갔다. 일본이 괴뢰정권인 만주국을 세울 때 전략적 무대를 제공하기도 했다.

23) 103쪽 참조.

24) 《신악부新樂府 50수》 중 하나이다. 《신악부》는 본래 육조六朝에서 행해지던 전통적인 오언五言의 '악부'에 대비하여, 현실을 대상으로 하는 창작이라는 주장 아래 '신'이라는 글자가 쓰였다. 명명자는 백거이로, 이 시의 50편은 모두 모두 정치나 사회의 사상事象을 제재題材로 한 것이었으며, 그 퇴락과 실정을 날카롭게 풍자하고, 특히 강권에 억눌린 민중의 입장에 서서 한탄과 분노를 노래한 것이어서 선명하고 강렬한 사회비판 문학으로 부각됐다. 이 때문에 발표되자마자 문제작으로서 큰 반향을 불러일으켰으며, 일단 평가가 정해지자 하나의 시체詩體로써 오랫동안 사용됐다.

25) 〈근시상장부수近試上張水部〉라는 시로써, 작자 주경여가 예비 과거시험을 치르고 시험관인 장적張籍(당시 수부원외랑水部員外郎)에게 "시험을 치르긴 했으나 합격했겠느냐?" 하고 물어본 글이라고 한다. 시의 원문은 다음과 같다.
洞房昨夜停紅燭/待曉堂前拜舅姑/妝罷低聲問夫婿/畫眉深淺入時無

26) 손문이 일상생활에 편리하도록 고안한 인민 복장으로, 손문의 호 중산中山에서 유래됐다.

27) 〈복산자卜算子·영매詠梅〉, 시의 전문은 다음과 같다.
역참 밖 끊어진 다리 옆에[驛外斷橋邊]/ 외롭고 적막하게 핀 매화가지 주인이 없네[寂寞開無主]/이미 날 저물어 홀로 시름 하던 차에[已是黃昏獨自愁]/다시 모진 비바람이 치네[更著風和雨]/굳이 춘심을 다툴 뜻 없어[無意苦爭春]/뭇 꽃

156

들 시샘도 아랑곳없네〔一任群芳妒〕/시들어 진흙이 되고 짓밟혀 티끌이 되어
도〔零落成泥碾作塵〕/다만 옛 향기 변함이 없구나〔只有香如故〕.

28) 사마천의 《사기》의 한 부분인 〈자객열전〉에서 다섯 자객 중의 한 명인 예양
豫讓이 자결할 때 남긴 말이다. 전국시대 진晉나라 말년, 국운이 쇠약해져서
지백智伯, 조양자趙襄子, 위환자魏桓子, 한강자韓康子 등 4가家가 정권을
좌우하고 있었다. 결국 조양자가 예양이 섬기던 지백을 죽이자 예양은 자나
깨나 원수를 갚으려 했지만 실패하고 만다(예양은 복수를 위해 얼굴과 몸에 옻을
발라서 문둥이처럼 됐고, 또 숯가루를 먹어 목소리를 상하게 했다). 조양자는 붙잡
힌 예양에게 "당신은 다른 사람의 밑에 있을 때에 주인을 바꿨으면서 이제
지백의 원수를 갚기 위해 이렇게까지 하는 거요?" 라고 했다. 그러자 예양은
그때 다른 이는 몰라도 지백만은 나를 인정해 줬다고 하면서 이 말을 했다고
한다. 결국 예양은 조양자의 옷을 찌르게 해달라고 하고는 자살했으며, 조양
자 역시 "대단히 정의롭다" 라고 하며 그의 요구를 들어주었다.

29) 한대漢代의 유명한 사상가인 동중서董仲舒(기원전 179~104)의 《천인삼책天人
三策》에 나오는 말이다.

30) 중국 전국시대 진秦나라의 정치가. 위衛나라 공족公族 출신으로, 일찍부터 형
명학刑名學을 좋아하여 조예가 깊었다. 위魏나라에서 벼슬살이를 하려 했으
나 받아주지 않아, 진나라로 가서 효공孝公에게 채용됐다. 부국강병의 계책
을 세워 보수파保守派(유가儒家)와 투쟁하면서 형법刑法·가족법·토지법 등
여러 방면에 걸친 대개혁을 단행함으로써 후일 진제국秦帝國 성립의 기반을
세웠다. 그 공적으로 열후列侯에 봉해지고 상商을 봉토로 받으면서 상앙이라
불렸다. 십 년간 진나라의 재상으로 있으면서 엄격한 법치주의 정치를 폈기
때문에 많은 사람들의 원한을 샀으며, 효공이 죽자 반대파들에 의해 거열형
에 처해졌다.

31) 저자주 — 루쉰의 《아Q정전》을 예로 들면, 주인공 아Q는 비구니를 욕보였
다. 이는 분명 실례를 범한 것이다. 하지만 아Q는 억지를 부리며 "스님은 만
지는데 나는 왜 못 만져?" 라고 했다. 사실 스님이 언제 만졌나? 또 누가 스님
은 만져도 된다고 했나? 그런 적 없다. 헛소리다. 그렇지만 아Q는 스님이 만
졌으니 나도 만지지 않으면 안 된다고 가정했다. 왜냐하면 이렇게 가정해야

만, 그의 실례는 비로소 '무리를 따르고', 또한 이치에 맞고 법에 맞고, 스스로 만족힐 수 있기 때문이다. 여기에는 또 다른 논리가 숨어있는데, 이른바 비교심리다. 루쉰의 글에서 과부라면 모두 남자를 탐내는 법이고, 비구니들은 스님들과 모두 그렇고 그런 관계다. 이와 같이 모든 비구니들은 스님들의 손을 탄다. 이것이 바로 아Q를 분개하게 한다. "스님들도 만지는데, 나 아Q만 안 만지면, 손해 보는 거잖아? 그러니까 꼭 한 번 만져야 해!" '다른 사람에게 있는 것은 나도 가져야겠다' 라는 것이다.

제3장 체면

생명의 끈

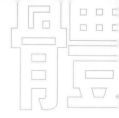

체면과 중국인

체면은 중국인에게 큰 의미를 갖는다. 이는 중국인의 많은 것을 좌지우지한다. 인간관계는 체면에 따라 처리되고 유지되며, 사회생활도 체면에 따라 결정되고 만들어진다. 식사 초대만 해도 그렇다. 어떤 사람은 초대하고, 어떤 사람을 초대하지 않을지, 어떤 사람은 여러 번 청하고, 어떤 사람은 지나가는 말로 하고 그만둘지, 모두 체면에 따라 결정된다. 손님이 왔을 때도, 어떤 사람은 먼저 자리에 앉히고 어떤 사람은 나중에 앉히며, 어떤 사람은 상석에 앉히고 어떤 사람은 '말석'에 앉히며, 심지어 옆에 서 있게 할지 모두 체면에 따라 결정된다. 일명 '잘 나간다' 하는 사람에게 식사 초대를 받거나 초대를 하는 것 모두 체면이 서는 일이다. 손님을 초대한 사람은 손님의 체면을 위해서 술과 산해진미를 가득 차려놓고도 "차린 것이 없다"라고 해야 한다. 초대받은 사람은 음식이 입에 맞지 않고, 맛이 없어도 주인의 체면을 위해 계속 맛있다고 칭찬하며 많이 먹어야 한다. 여기에서는 '정도'를 파악하는 것이 아주 중요하다. 너무 조금 먹으면, 주인의 접대가 소홀하다는 것을 책망하듯 주인의 체면을 깎는 것이고, 너무 많이 게걸스럽게 먹으면 교양이 없어 보이거나 뭘 모르는 사람처럼 보일 수 있다. 결국 모든 행동은 체면의 득실로 취사선택해야 하며, 체면에 따라 조절하고 지휘해야 한다.

밥을 먹는 것도 체면과 관계가 있다. 가령 공금으로 식사하거나 다른 사람이 먹지 못하는 것을 먹는 것도 체면을 세우는 일이다. 어떤 곳에서는 외빈을 접대할 때 항상 특별히 금지령이 떨어진 산해진미(큰 도롱뇽 같은)를 접대하며, 이것은 "국가 몇 급 보호동물"이라고 하여 외국인들을 의아하게 한다. 왜 그들이 자신들을 위법 행위에 끌어들이는지 영문을 알 수 없다. 내빈을 초대했다면 대부분 감사히 받아들일 것이며, 어떤 사람은 이것을 자랑거리로 삼을 것이다. 반대로 초대받은 사람이 중요한 사람인데 제대로 대우를 받지 못했다면(예를 들어, 상석에 앉지 못했다거나, 그를 기다리지 않고 시작했다거나, 그에게 가장 맛있는 것을 권하지 않았다거나, 그에게 먼저 젓가락을 들게 하지 않았다거나 했다면) 문제는 커진다. 그 자리에서 얼굴을 붉히지는 않더라도, 속으로 서운한 감정을 품고 있다가 그냥 넘어가지 않을 수 있다.

옷을 입는 것도 마찬가지다. 옷은 겉에 입는 것으로, 당연히 얼굴이고 체면이다. 상황에 맞게 옷을 입지 않았다면, 부끄럽고 체면을 깎는 것이다. 중국에서는 약간 격식을 차려야 하는 장소에는 모두 "복장이 단정하지 않으면, 접대하지 못하니 양해바랍니다"라고 써 있다. 그러나 정말로 그렇게 생각하고 감히 들어가지 못하는 사람은 그날 복장이 단정하지 못한 게 아니라, 종종 초라하게 입기 때문이다. 심지어 어떤 사람은 체면 때문에, 사치스러운 친구에게 유명상표의 옷을 빌려 입고는 어색한 모양으로 거리를 활보하기도 한다.

중국인이 옷을 입는 원칙에 대해서는 세 마디로 정리할 수 있다. 다

른 사람 앞에서만 중요하고 뒤는 중요하지 않으며, 겉옷이 중요하고 내
의는 중요하지 않으며, 예복은 중요하고 편한 복장은 아무거나 입어도
된다. 상해 사람들은 "갑자기 불이 나는 것은 안 무서워도, 넘어지는 것
은 무섭다"라고 한다. 집에는 아무것도 없어서 불이 나서 다 타버려도
아까울 것이 없지만, 모든 가산과 체면이 입고 있는 바지 한 벌에 달려
있기 때문이다. 만약 넘어져서 더러워지거나 구멍이 나면 체면을 구기
고, 사람들 볼 낯이 없어지기 때문이다.

그러면 어떻게 될까? 가볍게는 환영받지 못하고, 심하게는 '목이 달
아난다'. 이를테면 항우項羽는 줄곧 백전백승이었다가 마지막 전쟁에
서 참패하여 체면을 구기고 집에 돌아가지도 못했다. 그는 "내가 강동
의 자제 8천 명과 함께 강을 건너 서쪽으로 왔다가 지금 한 사람도 돌아
가지 못하니, 강동의 부형들이 불쌍히 여겨 나를 왕으로 삼더라도, 내
가 무슨 면목으로 그들을 만나겠는가!"라고 했는데, 이는 '무슨 낯으로
그들을 보러 가겠는가' 하는 것이다. 옛 사람들의 체면은 아주 실제적
이며, 지금처럼 얼굴이 두껍지도 못했으며, 슬그머니 '볼 낯이 없다'라
고 하는 것이 전부였다. 결국 항우는 자살했다. 비록 죽음의 길 밖에 없
었지만, 죽음의 길도 길이다. 항우가 자살하자, 많은 사람들이 그를 영
웅이라 칭송하며 그의 편을 들어주었다. 그는 또한 '면목이 없다'라는
성어를 남겼으니, 역사 문화에 공헌했고, 영원히 이름을 남길 수 있었
다고 할 수 있다. 어쨌든 죽은 후였지만, 항우는 결국 체면을 살릴 수
있었다.

이와 비해 샹린[祥林][1]은 훨씬 비참했다. 샹린 아주머니는 여자로 태
어나서 두 남자를 섬겼는데, 그녀가 모시고 있는 루쓰[魯四] 나리 같은
사람이 볼 때 아주 부끄러운 일이었다. 그녀는 수치심에 죽으려고 했지

만 결국 죽지 못했다. 하지만 순종했고, 두 번째 남자에게서 아들을 낳았다. 결국 그녀는 체면을 만회하지 못했을 뿐만 아니라, '정숙한 척했다'라는 혐의만 받았다. 이런 이유로 루쓰 나리는 그녀에게 돌잔치에 오지 못하게 했다. 이는 이름을 호적에서 파내는 것과 같았다. 샹린 아주머니는 마음이 허탈하여 피땀 흘려 번 돈을 문지방 만드는 데 기부했고, 많은 사람들이 밟고 다니게 했다. 그래도 그녀의 체면은 여전히 '기사회생' 할 수 없었다. 체면을 잃은 다른 사람에게는 '죽음의 길'이 있었지만, 그녀는 그 길도 갈 수 없었다. 저세상에 가면 염라대왕이 그녀를 도끼로 두 토막을 내어 두 남자에게 나누어줄 것이기 때문이다. 살려고 해도 살 수 없고, 죽으려고 해도 죽을 수 없는, 그야말로 막다른 골목이었다. 체면을 잃는 것은 어떤 경우 생명을 잃는 것보다 더 무서웠다.

죽어도 체면

중국인은 '죽어도 체면이다'. '죽어도 체면' 이란 말은 체면을 위해서 죽거나, 다른 사람을 죽게 하거나, 죽은 후에도 체면을 차리는 것이다. 체면을 위해 죽은 사람으로는 항우, 죽은 후에도 체면을 차리려 한 사람으로는 초성왕楚成王이 있다. 초성왕은 사실 그저 그런 인물이었다. 그래서 다른 사람의 손이 아닌 자기 아들 손에 죽었다. 기원전 626년 노문공魯文公 원년, 그의 아들 상신商臣(후의 목왕穆王)이 군사를 이끌고 궁을 압박하며 전혀 사정을 봐주지 않았다. 초성왕은 하는 수 없이 스스로 목을 맸다. 그러나 목을 맨 후에도 눈을 감지 못했다. 불초한 자손들이 자기에게 어떤 시호를 붙여줄지 알 수 없었기 때문이다. 시호란 고대 제왕, 제후, 경, 대부들이 죽은 후, 그 사람의 공적에 따라 죽은 후에 붙여지는 칭호다. 그것은 죽은 사람에 대한 전체적인 평가이자, 죽은 사람의 마지막 체면으로 따지지 않을 수 없었다. 처음 논의된 시호는 '영靈'이었다. 영은 좋지 않은 시호로, 어지러웠지만 손해는 없었을 때 영이라 했다. 초성왕은 그 말을 듣고는 눈을 감을 수 없었다. 자손들은 그가 죽어서도 눈을 감지 못하는 것을 보고 하는 수 없이 '성成'으로 바꾸었다. 이것은 좋은 시호로, 민생을 안정시키고 정치를 세웠다는 뜻이다. 그제야 성왕은 만족스럽게 눈을 감았다고 한다.

중국인은 왜 죽어도 체면을 지키려할까? 중국 문화의 사상 속에 담긴 단체의식 때문이다. 단체의식에 따르면, 모든 사람은 단독의 개인이 아니라 일정한 사회관계 속에서 생활하는 사람이다. 예를 들면, 군신관계에서의 임금이나 신하, 부자관계에서의 아버지나 아들처럼 말이다. 단독의 개인이 아니기 때문에 독립적인 가치가 없었다. 임금은 신하 앞에서만 임금이며, 아버지는 아들의 앞에서만 아버지인 것이다. 어떤 사람이 정말로 '고독한 사람〔고가과인孤家寡人〕'이 되면 그는 아무것도 아니었다(이로써 고독한 사람은 제왕의 겸양어가 됐다). 이렇게 임금도 그렇고, 신하도 그렇고, 아버지도 그렇고, 아들도 그렇고, 어떤 사람이든지 반드시 자기와 '상대'적인 대상이 있어야 했다. 그러면 항상 타인을 마주할 수 있었다. 마주하지 못하는 것은, 관계의 상실로, '사람이 아니다'.

이렇게 되자 체면이 있어야 했다. 실제로 체면을 차리려는 것은 타인과 마주하기 위해서다. 만약 스스로 체면을 잃거나 다른 사람의 체면을 상하게 했다면 마주할 수 없고, '스쳐지나갈〔착과錯過〕'뿐이다. '착錯'은 '충돌하지 않는 것'이고, '과過'는 '지나치는 것'으로, '모두 마주할 수 없다〔불능면대不能面對〕'는 뜻이며, 줄여서 '마주하지 않다〔부대不對〕'라고 한다. 하지만 중국인의 사회관계는 군신, 부자, 부부, 형제처럼 쌍을 이룬다. 마주해야 하지만 마주하지 못하는 경우, 당연히 스쳐 지나갈 뿐 아니라 '잘못하는 것〔과착過錯〕' 이다. 그래서 중국인은 '잘못〔過錯〕' 으로 과실과 오류를 나타냈고, '마주하지 못하는 것〔不對〕' 을 이용해 '옳지 않음, 부정확' 을 나타냈다. 과실은 '지나쳐서 잃은 것' 이고, 착오는 '어긋나서 놓치는 것' 이다. 무엇을 놓친 것인가? 무엇을 잃은 것인가? 다름 아닌 '대면' 이다. 단체의식의 원칙에 따라 사람과 사람 사이에는 '마주할〔對〕' 수 있을 뿐, '마주하지 않으면〔不對〕' 옳지 않았다. 그 결과 '마주하지 않는 것' 은 '부정확' 과 동의어가 됐다.

따라서 중국인이 다른 사람의 의견과 관점에 동의할 때, 그는 "옳다!〔對〕"라고 말한다. 다시 말해, 마음이 서로 통하면 마주할 수 있다는 뜻이다. 이는 자연히 모두에게 체면이 서는 일이다. 다른 의견을 표시하려면, 곧바로 "아니!〔不對〕"라고 쉽게 말할 수 없다. 우선 "맞아〔對〕, 맞아〔對〕"라고 한 후, 다시 "그렇지만〔不過〕"하고 의견을 말해야 한다. 의견이 다르다는 것은 바로 '마주할 수 없는, 옳지 않은' 것이기 때문이다. 맞으면 맞고 아니면 아닌 거지 '그렇지만' 은 또 무엇인가? 이는 너와 나는 형제이며 동지로, 줄곧 잘 '마주했으며', 너와 '불쾌한 사이' 가 되고 싶지 않음을 나타낸다. 비록 지금 조금 의견이 다르지만, 감정과 심정, 입장, 관계는 여전하다. 오해를 불러일으키지 않기 위해 우선 주의를 주고, 자신의 본심은 '그렇지만' 이지 결코 '아니다' 가 아님을 말하는 것이다. 만약 주의를 주지 않고 곧바로 '아니다' 라고 하는 것은, 상대방과 '마주할' 생각이 없거나 상대방이 자기와 '마주할' 자격이 없다고 생각하는 것으로, 이는 외면과 다름없다. 따라서 상대방에게 결국 그와는 다른 자신의 관점과 의견을 말해야 하지만, 우선 '옳다' 라고 한 후 이어서 '그렇지만' 이라고 하는 것과 바로 '아니다' 하는 것이 일으키는 심리반응은 전혀 다르다.

마주할 수 없는 것과 봐줄 수 없는 것

물론 상황이 늘 그렇게 낙관적이지는 않다. 단체의식은 이론상으로 사람들 간에는 마주해야 한다고 규정했지만, 사실상 마주할 수 없는 일이 수시로 발생한다. 이때 그 중 한 쪽이 확실히 '잘못' 하거나 자신이 '옳지 않다' 라고 생각하거나, 비록 '옳지 않은 건' 없지만 감히 상대방의 미움을 살 수 없을 때, "미안하다〔대불기對不起〕"라고 해야 한다. '미안하다' 는 내가 마주할 생각이 없는 것이 아니라, 당신의 체면은 너무 대단하고 나의 체면은 너무 하찮아서 마주하려니 마주할 수 없어서 미안하다는 것이다.

마찬가지로 상대방이 사과를 받아들인다면, "괜찮다, 아무 관계가 없다〔몰관계沒關係〕"라고 한다. 이는 '서로 원래 아무 관계가 없으니 전혀 마주한 적이 없는데, 볼 낯을 따질 게 뭐가 있느냐?' 라는 뜻이다. 이는 완곡하게 상대방의 '잘못' 을 부정하는 것이다. 상대방에게 '잘못' 이 없을 뿐 아니라, 서로 이미 대화를 하므로 두 사람은 또다시 마주하게 되니 괜찮다. 두 사람이 얼굴을 마주하면 관계가 되는 것이므로, 상대방의 체면을 고려해야 한다. 상대방〔對方〕이란 얼굴을 마주하는 상대인데 어떻게 체면을 따지지 않을 수 있겠는가? 그래서 중국인의 '집안 싸움' 은 대부분 배후背後(한자 그대로 뜻을 풀면 '등 뒤' 라는 뜻이다)에서 이루어진다. 정치운동과 계급투쟁을 할 때, 지도자들도 종종 '서로 등 지는' 방식을 차용해 진행한다. 등지는 것이야말로 진정 '관계가 없는 것〔沒關係〕' 이고, 안심하고 타인을 폭로하고 비판할 수 있으며, 미안함을 느낄 필요가 없다.

분명 '마주할 수 없다'의 전제는 '마주할 수 있다'로, 적어도 정말 '마주하고' 싶은데, 실수로 상대방의 체면을 상하게 하여 '마주할 수 없게' 됐다면 재빨리 자신의 체면을 조금 깎아내려 다시 '마주할 수 있어야' 한다. 만약 두 사람의 체면의 차이가 원래 크다면 "미안하다"라고 말할 자격은커녕 눈을 내리 깔고 감히 쳐다보지 못할 뿐이다. 신하가 황제를, 백성이 관료를, 노비가 주인을 대하는 것이 모두 이와 같다. 만약 전자가 대담하게 후자를 대면하면, '커다란 불경'으로, 누구나 그를 '옳지 못하다'라고 생각한다. 신하가 황제를 "폐하陛下"라고 부르는 것은, 붉은 계단 아래만 바라볼 뿐, 감히 마주할 수 없다는 뜻이다. 즉 체면의 차이가 현저하게 커서 근본적으로 '미안한 것'이다. 비록 신하가 황제를 알현한다고는 하지만 실제로는 전혀 마주할 수 없다. 군신 간에 누가 옳고 누가 그르든 간에 황제가 신하의 의견에 동의하지 않으면, 황제는 마음대로 신하의 죄를 다스릴 수 있었다. 신하는 입을 열기 전에 이미 '마주할 수 없는' 관계이기 때문이다.

"머리 숙여 신하로서 굴복한다"라는 말이 있다. 머리를 숙인다는 것은 바로 감히 마주하지 못하는 것이다. 마찬가지로 왕자와 공주를 '전하'라고 하고, 대신을 '각하'라고 하며, 친구를 '족하足下'라고 하는 것도 이와 같다. 상대방의 궁전 아래나 누각 아래를 멀리 바라보거나 상대방의 발밑을 바라볼 뿐 눈을 내리깔고 감히 똑바로 바라보지 못한다는 뜻이다. 그러나 각하, 족하 운운하던 것이 나중에 겸양어 또는 경어가 됐으며, 결코 진짜 '미안한 것'은 아니다. 이와 같이 자기 자신을 낮추어 '소인小人', '견자犬子(자기 자식을 낮추어 부름)'라고 하는 것은 당연히 모두 진짜가 아니다. 중국인은 말을 할 때나 체면을 언급할 때 실사구시實事求是를 따져서는 안 된다. 다른 사람이 자신의 아들을 '견자'

라고 할 때, 절대 '개의 새끼'로 생각해서는 안 된다. 《삼국연의三國演義》에서 손권孫權이 관우關羽에게 양가의 혼인을 제안했는데, 관우가 전혀 체면을 봐주지 않고 단박에 거절하며 '처녀'가 어떻게 '견자'에게 시집갈 수 있냐고 했다. 관우의 말투는 아주 강경했는데, 안타깝게도 후에 손권에게 패하고 말았다.

체면의 중요성은 여기에도 있다. 체면이 없으면 마주할 수 없다. 누군가 다른 사람의 체면을 세워주지 않으면, 다른 사람은 '마주할 수 없게〔對不起, 미안하다〕'된다. 자신이 체면이 없으면 다른 사람이 '봐주지 않는다〔간불기看不起, 무시하다〕'. '마주할 수 없음'과 '봐줄 수 없음'은 비록 한 글자 차이이지만 천양지차다. '마주할 수 없다(미안하다)'는 겸양어로, 본질적으로는 '마주할 수 있음'이며, 적어도 마주할 수 있기를 바란다는 뜻이다. '봐주지 않는다'는 오히려 조금의 희망도 없는, 전연 '안중에도 없는 것'으로 '마주하고 마주하지 않고'를 논할 수 없다.

따라서 어떤 사람, 특히 전에 다른 사람들에게 '무시당했던〔看不起〕' 사람이 일단 체면이 서게 되면, 지체하지 않고 다른 사람에게 '보게' 했다. 과거 항우가 진나라를 멸망시키고, 천하가 아직 평정되지 않아 적을 앞에 두고도 조급하게 고향으로 돌아가려고 했을 때 그는 이렇게 말했다. "부귀해져서 고향에 돌아가지 않으면 좋은 옷을 입고 밤길을 걷는 것이 아니겠느냐?〔금의환향錦衣還鄕〕" 이 또한 인지상정이다. 아Q조차도 도시에 가서 도둑질로 약간 '부'를 축적하자, 역시 미장未庄의 주점에서 돈 자랑을 하며 수중의 돈을 꺼내 보였주었는데, 손에 동전이며, 은전이 가득했다. 조조가 옹주雍州 사람 장개張旣를 옹주 제사制史로 파견하려 하고, 당고조唐高祖 이연李淵 역시 진주秦州 사람 강모姜謨를 진주 자사刺史로 임명하려고 한 것은 당연한 일이다. 그들의 말을 이용하면, 금의환향은 옛 사람들이 숭상하던 것으로, 고향에 보내 관리로 임명한 것은 좋은 옷을 입고 훤한 대낮에 길을 걷게 하려는 거라고 할 수 있다.

하지만 이렇게 체면을 차리는 방법이 반드시 고상하고 현명한 것은 아니다. 꼭 분위기 파악을 못하고 "이거 우리 마을의 빨간 머리 아싼〔阿三〕아냐? 여덟 살까지 오줌을 싸더니" 하고 찬물을 끼얹은 고향 사람들이 있을 수 있다. 게다가 진짜 지혜로운 사람은 좀 멍청해 보이고, 진짜 재주가 좋은 사람은 좀 서툴게 보이며, 진짜 큰 소리는 잘 안 들리고, 큰 그릇은 나중에 만들어진다고 진짜 체면 있는 사람은 결코 과시할 필요가 없다. 반대로 오직 무시당할까봐 두려워하는 사람이 허세를 부리고 여기저기에서 거들먹거린다. 그래서 항우의 군대에서는 누군가 초패왕(항우)의 이야기를 듣고는 "원숭이가 모자를 쓰고 사람인 체한다"[2]라고 비웃었다. 그렇다! 요즘 그 혈기 넘치는 젊은이들을 보면, 혈기에 넘쳐 지나치게 으스대는 느낌이 든다.

격에 맞지 않게 으스대는 것도 그렇고 좋은 옷을 입고 밤에 다니는 것도 그렇고, 모두 방법의 문제이자 수준의 문제일 뿐 '누구나 체면은 있다'. 신분이 귀한 천자든, 신분이 천한 백성이든 모두 마찬가지다.

체면을 잃은 후

체면 보상 방법

'죽어도 체면' 이란 말은 절대 그냥 하는 소리가 아니다. 체면은 최소한 몸보다 중요하다. 사실 중국인은 체면을 위해, 줄곧 '몸에 해가 되는 것'에는 상관하지 않았다. 예를 들어, 무턱대고 다른 사람의 집에 갔을 때, 마침 그 집 식구들이 밥을 먹고 있다면 주인이 여러 차례 함께 편하게 먹자고 해도, 체면 때문에 배에서 꼬르륵 소리가 나더라도 완곡하게 거절하며 계속 안 먹었다고 한다. 얼굴이 몸보다 중요하다는 분명한 증거다. 몸에 손실을 좀 입는 것은 육체적인 고통에 불과하지만, 체면이 깎이는 일은 바로 마음의 상처이기 때문이다.

물론 체면을 깎이는 것이 꼭 생명을 잃는 것은 아니다. 하지만 적어도 팔이 부러지거나 다리가 부러지는 것보다 못하지는 않다. 일단 체면 깎이는 사건이 발생하면, 그 심각성은 절대 신체적 상해에 뒤지지 않는다. 이때 상해를 당한 쪽은 반드시 보상을 받으려고 하여 보상받을 방법을 생각하거나 가해자가 자진해서 배상을 하려 한다. 어쨌든 사람을 죽이면 목숨으로 보상하고, 빚을 지면 돈으로 갚고, 체면을 상하게 했으면 당연히 체면으로 배상해야 한다.

　상대방이 자진해서 보상하는 것은 보통 이런 상황이다. 상해가 고의가 아니고, 상해의 정도도 크지 않을 경우다. 이때 상대방이 즉각 보상을 인정하면, 대부분 갈등을 해소할 수 있고 큰 화가 되지는 않는다. 통상적인 방법은 스스로 격을 낮추는 방법으로 사의를 표하고, 자신의 면목이 너무 없어서 상대방을 '마주할' 자격이 없다고 말하면서 "미안하다"라고 한다. 이렇게 '한 번씩 손해를 입으면' 서로 공평해진다. 상대방의 체면이 원래 자신보다 커서 '대등하지 않은' 경우에는 자신의 따귀를 때리면서 스스로 "인간도 아니다", "감히 업신여겼다", "눈이 있으나 사람을 알아보지 못했다" 같은 말을 하는 수밖에 없다. 어쨌든 자신을 폄하하고 깎아내리거나 직접적으로 상대방을 높임으로써 보상하는 것이다. 이런 방법이 효과가 있는 이유는 한 사람의 체면이 바로 그 사람 자체이고, 결코 체면 혼자 독립적으로 존재할 수 없으며, 일정한 인간관계 속에서만 존재할 수 있기 때문이다. 두 사람이 '마주했을' 때 한쪽의 체면이 깎이면, 다른 쪽의 체면이 산다. 이쪽의 체면이 많이 손상될수록, 다른 쪽의 체면은 빨리 회복된다. 스스로 자신을 깎아내리는 것이 상대방에게 보상하는 길이다.

　이런 보상 방법은 일반적으로 같은 연배의 사이 또는 아랫사람이 윗사람에게 사용할 수 있다. 윗사람이 아래 사람에게 말할 때는, 어떤 경우 고의로 자신을 평가 절하할 수 있다. 이를테면 형이 동생에게 우형愚兄(어리석다는 의미)이라고 하거나, 장관이 아랫사람에게 학생學生이라고 하거나, 국왕이 대신에게 덕이 부족하다는 뜻의 과인寡人이라고 자칭하는 등이다. 이는 겸손을 표시하며, 사람의 마음을 구슬리는 것으로, 결코 사죄는 아니다.

체면이 대단한 사람은 정말로 자신을 깎아내릴 수 없다. 그의 보상 방법은, 상대방에게 더 큰 체면을 세워줄 방법을 찾는 것이다. 예를 들어《홍루몽》제46회에서 가사賈赦가 강제로 원앙鴛鴦(가모의 시녀)을 첩으로 맞으려 하자, 가모賈母(대부인)가 화가 나서 온몸을 떠는 장면이 나오는데, 그 울화를 마침 옆에 있던 왕부인에게 퍼부었다. 왕부인은 이 일과 전혀 무관했는데, 가모가 이유 없이 그녀 탓을 하며 많은 사람들 앞에서 심한 말을 했다. 그 중 지위가 가장 높았던 그녀는 자연히 체면이 아주 말이 아니었다. 탐춘探春(주인공 가보옥의 배다른 동생)이 "이 일이 아씨와 무슨 관계가 있느냐?" 라며 주의를 환기시키자 가모는 그제야 엉뚱한 사람에게 화풀이를 했다는 것을 알았다. 하지만 이미 왕부인의 체면은 상했고, 항상 총명함을 자부했던 자신의 체면도 서질 않았다. 그래서 우선 설薛 이모(왕부인의 여동생)에게 "내가 노망이 났다"라고 했는데, 이는 일단 잘못을 인정한 것이다. 또한 보옥(왕부인의 아들)에게 핀잔을 주며 "내가 너희 어머니 탓을 했다. 너는 왜 네 어머니가 억울할 꼴을 당하는 것을 보고만 있었니?" 라고 말했는데, 이는 이미 사죄한 것으로, 결국 보옥에게 "빨리 너희 어머니에게 무릎을 꿇고 말해라, '어머니, 노여워하지 마세요, 노마님께서 나이가 드셔서 그러니 보옥을 보시고 그만 하세요' 하라"는 뜻인데, 이는 이미 속죄한 것이다. 이로써 왕부인은 자연히 체면을 살렸고, 웃으면서 보옥을 일으키며 이렇게 말했다. "그만해라, 쓸데없이. 네가 대신해 이렇게 사죄했으니까 됐잖니?"

분명 여기에서의 문제점은 가모가 왕부인에게 사죄하는 것은 적절하지 않으며(가모는 자신의 신분을 포기할 수 없으며, 왕부인 역시 감당할 수 없다), 또한 왕부인이 잃어버린 체면은 가모에 의해서만 되찾을 수 있다는 것이다. 따라서 이렇게 우여곡절을 겪어야 했다. 설 이모는 혈연으로, 왕부인의 동생이고 신분상 친척이었기 때문에 우선 그녀를 전환의 계기로 삼아 그럭저럭 체면을 세울 수 있었다. 보옥은 왕부인의 아들이고 가모의 손자이다. 그는 서열이 가장 낮으면서도 혈연으로 보아 가장 가까웠으므로 그를 속죄양으로 삼은 것은 체면을 구기지도 감정을 상하지도 않으면서 왕부인에게 보상한 것이다. 자신 또한 결코 손해를 보지 않았다. 가모의 이런 계산은 아주 정확했다. 모두 잘못이 있다는 것은 모두 체면이 선다는 것이다. 만약 이렇게 체면에 밝은 사람이 아니었다면, 원만하게 끝낼 수 없었을 것이다.

물론 이런 '체면 놀이'를 하려면, 모두들 안목도 있고, '유희의 규칙'을 알아야만 가능하다. 가모가 보옥에게 무릎을 꿇고 자기를 대신하여 사죄하라고 했을 때, 왕부인은 그다지 진지하게 생각하지 않았다. 정말로 진지하게 생각했다면 문제가 커졌을 것이다. 당신이 잘못한 것을 왜 우리 아들에게 인정하란 말인가? 마찬가지로 어떤 사람이 우리에게 "미안하다"라고 할 때, 우리도 그것을 진짜라고 생각해서 그의 체면이 도대체 얼마나 되는지, 우리의 체면과 '대등한지' 아니면 '못한지'를 생각하고 살필 수는 없다. 실제로 어떤 사람이 다른 사람에게 "미안하다"라고 말할 때, 그는 결코 자신의 체면이 상대방보다 작다고 생각하지 않는다. 정말로 상대방보다 못하다면, "미안하다"라고 말하는 것은 의미가 없다. 따라서 "미안하다"라고 하는 것은 결코 손해 보는 것이 아니며, 적어도 자신의 체면이 절대 작지 않음을 확실하게 증명하는 것이다. 반대로 "미안하다"라고 했는데, 상대방이 용서하지 않고 트집을 잡는다면 충돌은 커진다. 이는 상대방이 두 사람의 체면이 똑같다는 것을 인정하지 않음을 의미하기 때문이다. 당신이 '어질지 못하니〔不

己)', 나의 불의不義를 탓하지 말아야 함이다. 내가 이미 "미안하다"라고 한 것은 겸허와 겸손이며, 자기비하이고, 당신의 체면을 세워준 것이다. 그런데도 인정하지 않는다면 당신은 나와 동급이 아니며, 당신에게 피해를 입힌 것이 당연한 것임을 증명할 수밖에 없다.

보상의 방법

보상은 다른 사람의 일이다. 다른 사람이 우리를 해쳤다면, 당연히 다른 사람이 보상해야 한다. 이 또한 상대방에게 피해를 입힌 것이 고의가 아니며, 피해 정도 역시 크지 않아야 한다. 만약 상대방이 고의로 피해를 입히고도 보상할 리 없다거나, 너무 심하게 다쳤는데 보상을 할 수 없다면, 그 체면은 자신이 잃은 것으로 당연히 아무도 관리해 줄 사람이 없다. 체면을 잃은 사람이 스스로 보상받을 방법을 찾아야 한다.

보상에도 두 가지 종류가 있다. '자기 보상' 과 '타인 보상' 이다.

'자기 보상' 은 말 그대로 자기가 노력하여 스스로 체면을 세우는 것으로, 그 원칙은 구체적으로 다음과 같다. 신중하지 못해서 또는 실수로 체면을 잃은 사람은 다른 일을 통해 보상할 수 있다. 일반적으로 체면을 잃은 일과 체면을 세울 일 사이에는 반드시 관계가 있어야 하며, 나중의 일로 얻은 것이 이전의 일로 잃은 것보다 크거나 같아야 한다. 이를테면 한 전사가 포로가 됐다면 부끄러운 일이다. 만약 감옥을 탈출하고, 탈옥하는 도중에 적의 군관을 포로로 잡았다면 영웅이 될 수 있다. 여기에서 반드시 준수해야 할 두 가지 원칙이 있다. 하나는 '상관원칙' 이며, 다른 한 가지는 '등가원칙' 이다. 이를테면 한 남자의 여자 친구가 다른 사람과 도망갔다면 체면이 서지 않는 일이다. 이때 그가 마침 상을 받고, 승진을 하고 또는 큰돈을 벌었다 해도 그 일에 어떠한 영향도 주지 못한다. 그가 새로운 여자 친구를 만나야만 체면을 세울 수 있다. 또한 새 여자 친구가 이전 여자 친구보다 훨씬 예뻐서 사람들이 부러워해야 한다.

모든 일에 대해 스스로 방법을 찾을 수 있는 건 아니다. 만약 다른 사람 때문에 체면이 손상됐다면, 스스로 보상할 수가 없다. 그래서 '타인 보상'이 필요하다. 이른바 '타인 보상'이란, 타인으로 하여금 체면을 회복시키는 것이다. '타인 보상'의 원칙은 다음과 같다. 무릇 타인이 피해를 입혀 체면을 상실했을 때는 타인에게 피해를 입혀 그의 체면을 잃게 하면 보상을 얻을 수 있다. 모든 사람의 체면은 모두 상대적인 것으로(서로 마주하기 때문이다), 나도 너의 체면을 상하게 할 수 있으니, 네가 떨어뜨린 내 체면을 찾아오라고 하는 것이다. 물론 '등가원칙'에 따라, 후자에게 입히는 피해는 일반적으로 앞서 받은 것보다 크거나 적어도 같아야 한다.

이것을 '눈에는 눈, 이에는 이'라고 한다. 이는 중국인이 인간관계를 처리하는 하나의 준칙으로, 은혜든 원수든 모두 반드시 갚아야 한다. 갚는 정도는 준 사람보다 커야 한다. '다른 사람이 나를 이만큼 존경하면, 나는 그 이상 존경한다'. 물론 보복은 반드시 그 즉시에서 해야 하는 것은 아니며, 훗날을 기약할 수도 있다. 시간을 끌수록 '이자'는 높아진다. 중국 역사와 생활 속에서 원한이 원한을 갚는 것은 이로써 점점 치열해지고 있다.

이 밖에 '체면의 전쟁'에서 상대방이 직접 또는 의식적으로 자신의 체면을 손상시킨 것이 아니고 면이 크다 보니 본의 아니게 간접적으로 체면을 상하게 했다면, 통상적으로는 방법을 생각해서 그보다 더 큰 체면을 찾아 간접적으로 손상시키는 '체면 경쟁'에 돌입하는 것이다. 이는 상당히 '중국특색'이 있는 '경쟁 활동'으로, 그 스릴과 기분은 절대 서양 사람들의 구기 스포츠와 경마에 뒤지지 않으며, '문화적 맛' 까지 느낄 수 있고 그 기세 또한 충분하다. 명明나라 모某 연간年間, 유劉와 항 項 두 집안 사이에 체면 싸움이 벌어졌다. 두 집안 모두 명문으로, 부를 과시하는 건 이미 도움이 되지 않았다. 크게 싸운 것 또한 체면만 상하 게 할 뿐, 오로지 선조를 드높이는 방법밖에 없었다. 어느 날 유가에서 대련對聯3)을 한 쌍 붙여서는 "두 조대에 천자〔兩朝天子〕, 일대에 명신〔一 代名臣〕"이라고 했다. '두 조대에 천자'라는 것은 유방이 세운 한나라와 유유劉裕가 세운 송나라 황제의 성이 모두 유 씨임을 말한다. '일대의 명신'이란 것은 명나라 개국공신으로 성의백誠意伯에 봉해진 유기劉基 백온伯溫을 말하며, 그도 성은 유 씨이다. 항가에서는 황제가 나온 적이 없고, 명신이 나온 적도 없었으므로 이런 대련을 보고 노려볼 수밖에 없었다. 하지만 나중에 길 가던 수재가 항가를 대신하여 대련을 썼는데 "천자의 아버지를 요리했고, 성인의 스승이다"라고 했다. '천자의 아 버지를 요리했다'라는 것은 초나라와 한나라가 서로 다툴 때, 항우가 일찍이 유방의 아버지를 포로로 잡았는데, 군대 앞에서 큰소리치며 노 인을 기름 솥에 넣으려고 했다. 그러자 유방이 시치미를 떼며 "너와 나 는 일찍이 의형제를 맺었으니 내 아버지는 바로 네 아버지이기도 하 다"라고 하며, 만약 '우리 아버지'를 요리하려 한다면 형제인 나에게 국 한 그릇 주는 것을 잊지 말라고 조롱했다. 결국 항우는 유방의 아버 지를 요리하지 못했지만, 여전히 '천자의 아버지를 요리한 것'으로 쳤 다. '성인의 스승을 했다'라는 것은 춘추시대 항탁項橐을 말하는데, 《사 기》에서는 그가 일곱 살에 성인(공자)의 스승이 됐다고 했다. 유백온은 일대 명신이었지만, 공자보다는 한참 떨어졌으며, 공자의 스승에 비할 수 없었다. 그러자 유가를 확실하게 눌러 내릴 수 있었다. 항가는 체면을 충분히 세웠고, 그 수재는 돈을 많이 벌 수 있었다.

원만히 수습하는 방법

체면 싸움에는 이길 수 없을 때가 있다. 방망이를 휘둘러도 이기지 못할 때가 있다. 모두 보상과 문제를 해결하는 유일한 방법이 아니다. 게다가 '글을 통한 투쟁'도, '무력투쟁'도 모두 재산을 날리고 마음을 상하게 된다. 또한 상당히 신경이 쓰이는 일이다. 잘못하면 사회 치안을 해치고, 각 사회계층의 세력 균형에 영향을 끼칠 수 있다. 일단 균형이 깨지면 질서는 유지되지 않으며, 모든 사람이 다 체면을 잃을 수 있다.

중국인은 또 한 가지 체면 분쟁을 해결할 방법을 발명했는데, 바로 '강화講和'이다.

강화는 원만한 수습이라고도 하는데, 그 요지는 '원만함'이다. 원만함이란, 모두 체면이 모두 서는 것이다. 이 또한 전혀 못할 일도 아니다. 충돌하는 쌍방은 모두 '얼굴 대 얼굴'로 마주하기 때문이다. 지금 체면이 없는 것은 '얼굴을 돌렸기' 때문이다. 다시 돌릴 수 있다면, 다시금 마주할 수 있다. 문제는 그들 스스로 고개를 돌릴 수 없다는 것이다. 설사 돌리고 싶어도 불쾌한 얼굴을 할 수가 없다. 그래서 누군가 나서서 원만하게 마무리를 지어야 한다.

강화의 관건은 반드시 한 사람(혹은 몇 사람)의 '중재자'가 있어야 한다. 중재자는 반드시 두 가지 조건을 갖춰야 하는데, 첫 번째는 스스로 반드시 아주 체면이 있는 사람이어야 하며, 두 번째는 반드시 양쪽 모두에게 체면을 세우게 할 방법이 있어야 한다. 양쪽 모두의 체면을 세우지 않으면 안 된다. 한쪽 체면만 세울 수 있다면 그것은 원만한 마무리가 아닌 한쪽 편만 드는 것이다. 자기 자신이 체면이 없으면 더더욱 안 된다. 자기의 체면도 문제가 되는데, 어떻게 모두의 체면을 세운다고 보장할 수 있단 말인가. 이것은 스포츠 경기에서의 심판과는 좀 다르다. 중재자와 재판은 모두 똑같이 공정해야 하며, 적어도 공정해 보여야 한다. 심판은 무승부를 선언할 수 있고, 승리 또는 패배를 선언할 수 있다. 또한 심판 자신의 경기 수준이 꼭 운동선수보다 뛰어나야 할 필요도 없다. 반면, 중재자는 무승부만 재판할 수 있으며, 승리나 패배는 선언할 수 없다. 또한 자신의 체면은 반드시 충돌이 일어난 쪽보다는 커야 한다. 속담에 "종이로 불을 쌀 수 없다"라는 말이 있다. 중재자가 충돌이 일어난 쪽의 '불'을 모두 싸려고 하려면, 그의 체면은 종이로 만든 것이어서는 안 된다.

어떤 경우, 중재자의 체면이 특별히 대단하다면 뭐라고 할 필요도 없이 강화할 수 있다. 이를테면 《수호전》에서 호걸들은 모두 싸움 끝에 정이 들었다. 항상 조그마한 일로 체면이 상해서, 말로는 안 되고 대판 싸웠다. 해결할 수 없을 때, 세간에 상당히 '얼굴'이 알려진 조개晁盖, 송강宋江 또는 그 아래 오용吳用, 대종戴宗 같은 사람이 나서서 모두 다 형제이므로 화목을 해쳐서는 안 된다고 했다. 그래서 모두 군사를 거두고, 악수하며, 다정하게 말을 주고받았다. 또한 과거의 나쁜 감정을 완전히 씻고 형제가 되어 함께 술을 마시러 가거나 '하늘의 뜻을 받들어 도를 행하러' 갔다.

중재자가 중재를 할 수 있고 관건적인 역할을 할 수 있는 까닭은 역시 체면에 있다. '체면 있는' 중재자가 강화하는 것, 그 자체가 바로 '체면을 보상하는' 일이므로 '체면을 세워주었는데 나 몰라라' 할 수 없기 때문이다. 이때 속으로는 받아들일 수 없고, 화가 나고, 아무리 분해도 더는 따질 수 없다.

이런 상황에서 만약 어느 한 쪽이 여전히 일을 잘 수습하려 하지 않는다면, 그것은 스스로 '체면에도 불구' 하는 것이며, 중재자인 '거물'의 체면을 세워주지 않는 것이다. 이때 그는 반드시 체면이 대단한 중재인과 '사이가 틀어지는' 위험을 부담해야 한다. 또한 상대방이 하나에서 두 개로 변하는 위험을 감당해야 한다. 일단 이런 상황이 되면, 중재자가 자신의 체면을 만회하기 위해 '복종' 하지 않으려는 사람에게 가하는 보복이 원래의 적보다 몇 배가 될 수 있기 때문이다. 일반적으로는 이런 위험을 무릅쓰지 않는다. 반대로 중재자의 체면이 아주 크다면, 그의 '출현' 자체가 지극히 큰 체면이다. "누구도 나타나서 나를 위해 공정한 심판을 봐주었다!", "누구까지 놀라게 했다!"라는 사실만으로도 영광스러운 일이다. 충분히 본전을 찾을 수 있을 뿐 아니라 오히려 '이익'도 볼 수 있다.

싸움도, 비교도, 강화도 모두 강자의 일이다. 만약 약자라면 샹린 아주머니처럼 사람들에게 모욕을 당하거나 또는 그녀보다 더한 약자들에게 '타인 보상'을 기대할 수밖에 없다. 아Q가 그렇다. 아Q는 끔찍이 체면을 따지는 인물로, 체면을 얻을 어떤 조건이나 능력도 없는 사람이다. 그는 자신과 타인의 체면에 대한 비례에 대해 줄곧 잘못 계산해 왔다. 아Q는 자기가 수염이 없기 때문에 왕호를 무시할 자격이 있다고 생각했다. 그 결과는 그는 왕호에게 얻어맞았다. 또 자신에게는 아직 변발이 있어서 가짜 양귀신을 무시할 자격이 있다고 생각했다. 그 결과 또한 가짜 양귀신에게도 얻어터져서 체면과 그 안에 든 것을 잃었다. 마지막에는 비구니를 모욕할 수밖에 없었다. 비구니를 모욕하는 것은 원래 무척 수치스러운 일이나 아Q는 오히려 체면이 서는 것이라고 생각했다.

술집에서 노는 사람들의 큰 갈채를 받을 수 있기 때문이다. 술집에서 노는 사람들은 원래 이렇다 할 체면이 없는 사람들로, 자기보다 더 체면이 없는 사람이 타인을 모욕하는 것을 감상함이, 그 자신의 체면도 서는 일이라고 생각해서 '아주 득의만면하게 웃었다'. 그들의 감상과 갈채는 아Q에게 '체면 보상'이었고, 즉 '체면을 세워주는 것'이었다. 그래서 아Q는 '아주 득의만면하게 웃었다'.

아Q는 한때 체면을 차릴 수는 있었지만 또 보복을 받았다. 비구니에게 '대도 못 이을 놈'이라는 욕을 먹은 것이다. 이는 아주 심한 욕이다. "불효에 세 가지가 있으니, 대가 없는 것이 가장 크다"라고 하지 않았던가! 하물며 이 말이 비구니 입에서 나왔으니, 그 잔인함과 신통력은 더욱 각별했다. 출가한 사람은 세상 모든 일에 공허하고 사심이 없으며, 그 자신이 대를 잇지 않는데, 어디 다른 사람 일에 관여하겠는가. 그래서 '대도 못 이을 놈'이라고 한 것은 욕이자 저주였다. 만약 그 비구니가 조금이라도 법력이 있다면 또는 불자들이 모두 그에게 와서 원수처럼 대항한다면, 아Q의 문제는 더 커질 것이다. 결국 아Q가 비구니를 모욕한 것은, 실제로는 본전도 못 건진 장사였다.

체면의 위력

체면과 본전

체면을 차리는 것은 장사하는 것과 같아서 약간의 본전(밑천)이 필요하다. 본전으로 쓸 수 있는 것과 일과 조건은 아주 많다. 일반적으로 다른 사람에게는 없고 자기에게만 있거나, 다른 사람도 있지만 자기만큼 많지 않거나 자기보다 먼저 가지고 있지 않았다면, 모두 본전[4]으로 볼 수 있다.

역사적으로 체면 삼을 만한 본전은 주로 작위, 나이와 덕행이다. 이 세 가지 조건은 상고시대에는 보통 사람이 가질 수 있는 것이 아니었다. 맹자 역시 "천하에서 존경받는 것이 세 가지가 있는데, 작위(벼슬과 지위)와 나이, 덕행이다"라고 했다. 다시 말해, 작위가 높고, 나이가 많고, 덕행이 있는 사람이 천하에서 가장 체면이 서는 사람이었다. 하지만 나이가 많고 덕행이 있다고 반드시 체면이 서는 것은 아니었다. 60, 70세의 농민이 20, 30세의 관를 보고 무릎을 꿇으며 나리라고 불러야 했다. 인품이 고상한 학자가 탐관오리보다 더 환영받지는 못했다. 결국 '체면의 본전'은 한 가지만 남았는데, 바로 사회적 지위(작위)였다.

사회적 지위는 일반적으로 '부귀' 여부를 표지로 한다. '부귀' 두 글 자는 항상 같이 쓰지만, 사실은 전혀 뜻이 다르다. 부富는 돈이 많은 것을 가리키고, 귀貴는 지위가 있는 것이다. 귀한 사람은 부유한 경우가 많지만 다 그런 것은 아니며, 부유한 사람이 다 귀한 것은 아니다. 백성들 중에서도 상인이 부유했겠지만 사농공상士農工商의 순서로 볼 때, 상인의 지위는 농공의 다음에 있었다. 옛날 상인들은 아무리 돈이 있어도 좋은 옷을 입을 수 없었다. 돈을 주고 관직을 산후에야 과시할 수 있었다. 부가 귀보다 못하다는 증거다.

'귀하다'는 것은 다음의 두 가지 뜻이 있다. 하나는 직위가 높거나 관직으로 바꿀 수 있는 직함을 가지고 있는 것으로, '어떠어떠한 급에 해당하는' 직함이다. 직함은 체면으로써 '사람 위의 사람' 노릇을 할 수 있었다. '사람 위의 사람'은 남보다 한 수 위이며, 상대는 '눈을 내리깔고' 감히 대면하지 못했다. 자연히 무척 체면이 섰다. 그래서 직원이 겨우 네댓 명밖에 안 되는 회사라도 그 책임자는 스스로를 '총지배인'이라고 하거나, 정직대우를 받는 부직副職이라도 명함에는 반드시 '처장' 혹은 '국장'이라고 써서 무시당하지 않으려 했다.

혈통의 고귀함에 대해 말하자면, 명문귀족 출신이거나 대대로 환관이었거나 또는 황실의 친척이나 나라의 친척 또는 애신각라愛新覺羅 같은 고귀한 성姓이면 가능했다. 상고시대에는 제후와 대부는 모두 귀족이었으며, 이로써 관위와 혈통 모두 '작위'로 통일됐다. 후대의 제왕은 공신들의 노고에 보답할 때 관직을 주며 성을 하사했다. 성씨나 혈통은 또하나의 체면임을 알 수 있다. 굴원屈原은 자신이 황제 고양高揚의 후손이라고 했으며, 유비劉備는 자신이 중산中山 정왕靖王의 후손이라 했다. 두보는 자신이 대장군 두예杜預의 후손이라고 했는데, 한번은 신을 조상이라고 했고, 또 한번은 왕을 조상이라고 했다. 언젠가는 장상將相을 조상이라고 했는데, 갈수록 점점 못하기는 하지만 혈통을 체면으로 삼는 정신은 일맥상통했다. 어쨌든 성이 공孔인 사람은 모두 공자의 후손이었고, 성이 악岳인 사람은 모두 악무목岳武穆(악비岳飛)의 후손이었다. 성이 진秦인 사람은 감히 허풍을 떨지 않았다. 진시황[5]이 성이 진이 아니라, 나라를 팔아먹은 진회秦檜[6]의 진짜 성이 진이었기 때문이다. 그러나 성이 정鄭인 사람은 감히 큰소리치며 부끄러움도 모르고 자기가 정화鄭和의 후손이라고 한다. 사실 정화는 환관인데, 어디서 나온 후손이란 말인가? 하지만 성이 체면인 이상 이것저것 따질 겨를이 없었다. 조조의 할아버지 조등曹騰은 환관이 아니던가? 조조는 그대로 자신의 성을 조라고 하지 않았는가? 진수陳壽가 《삼국지三國志》를 쓸 때에도 여전히 조조가 서한西漢 상국相國 조참曹參의 후대라고 고증하지 않았던가?[7]

　본전은 또한 고정불변은 아니다. "군자의 은택은 5대면 끊어진다"라고 한 집안의 체면은 5대일 뿐이다. 결국 "옛 시절 세도가의 큰 집에 살던 제비가 이제는 백성들의 집에 예사로 날아드니"[8], 요만큼의 체면도 남아 있지 않은 듯하다. 마찬가지로 원래 체면이 전혀 없다가 벼락출세를 해서 왕후에 봉해지고 신분이 상승할 수도 있었는데, "왕후장상에 특별한 종자는 없었다."[9] 따라서 체면의 크고 작고, 있고 없음은 변할 수 있다. 이런 변화는 어떤 때는 아주 빠르고 심지어 아주 희극적이기까지 하다. 아Q만 해도 혁명당을 한번 대면했다는 이유로 '준혁명당'이 됐고, 미장 사람들이 무엇이 혁명인지 몰라 아직 얼떨떨하게 경외하던 때에 순식간에 '노Q'[10]로 승격했으며, 천하에서 존경받는 세 가지 가운데 '나이'라고 하는 이 조건을 얻을 수 있었다. 나중에 전부 '유

184

신' 하게 되자, 조 씨 집안 역시 자유당 배지를 달았는데, 아Q는 배지가 없었다. 그래서 다시 '나이' 없는 무리로 전락하고 말았고, 결국 머리를 잘리고 말았다.

체면과 실력

아Q는 체면을 얻었다. 또 깨끗이 잃었다. 솔직히 실력이 부족했기 때문이다. 체면의 득실은 전적으로 자기 마음대로 되지 않았다. 체면에는 '몸〔体体〕'이 항상 먼저 나오고, 그러고 나서 '얼굴〔면面〕'이 나온다. 가죽이 없으면 털이 어디에 날까? 몸이 없다면 얼굴은 어디에 있을까? 몸 없이 얼굴만 따지면, 반드시 몸에 상처를 입게 되고 얼굴은 망신을 당하게 된다. 아Q는 조 씨 자격이 없었는데, 공공연히 조 씨라고 떠들고 다니다가 어떤 성씨도 얻지 못했다.

체면의 배후는 실력임을 알 수 있다. 조 나리가 아Q에게 성을 조 씨라고 하지 못하게 한 것은[11] 조 나리의 지위가 높았기 때문이다. 왕호가 감히 아Q를 이가 빠지도록 때린 것은 왕호가 힘이 셌기 때문이다. 아Q는 뭐가 있었나? 아무것도 없었다. 그렇게 그는 아무것도 원하는 게 없으면서도 '곧 죽어도 체면'이었으므로, 필연적으로 모두 깨끗이 잃고 말았다. "옷소매가 길어야 춤도 멋있고, 자본이 많아야 장사를 잘한다"는 옛말이 있다. 체면은 사실 실력에 의해 지탱돼야 한다. 실력 있는 체면이 진짜 체면이며, 실력이 없는 체면은 거짓 체면이다. 만약 자기 체면의 유래가 불분명하다면, 어떻게 다른 사람을 관리할 수 있겠는가.

애석하게도 아Q 같은 사람이 있었다. 기원전 1873년 젊은 동치同治 황제가 직접 나라의 큰 의식을 거행하려 했다. 때가 되자 국제관례에 따라 서방 각국의 사절들이 황제 폐하를 알현하러 왔다. 그러자 조정은 골치가 아팠다. 알현할 때 서양 사람들에게 무릎을 꿇고 머리가 땅에 닿도록 세 번 절을 하게 해야 하나 말아야 하나, 시키자니 힘이 센 서방 열강에게 그렇게 할 수도 없고, 안 시키자니 대청 황제와 제국의 '얼굴'이 말이 아니었다. 그렇다고 서양 각국 사절에게 알현하러 오지 말라고 할 수도 없었다. 문제를 일으킬 수도, 해결할 능력도, 피할 수도 없는 정말이지 막다른 골목이었다.

다행히 이때 오가독吳可讀이라는 보배가 등장했다. 그에게는 정신승리법(맹목적인 망상이나 자기 비하를 통해 자신이 당한 치욕과 실패를 억지로 잊으려는 자기 합리화)의 아Q정신이 있었다. 그는 황제에게 상소문을 올렸다. "양인은 금수와 다름이 없습니다. 그들에게 무릎을 꿇고 절을 하게 하는 것은, 짐승에게 강제로 삼강오륜을 따르게 하는 것과 같습니다. 그 행동을 영광스럽지 않게 할 수는 있지만, 그 행동을 수치스럽게 해서는 안 됩니다. 또한 신이 생각할 때, 만약 양인들이 우리처럼 예를 행한다면, 우리 중국의 커다란 치욕입니다!" 다시 말해, '너희 양놈들이 예를 행하지 않겠다고? 너희에겐 그런 자격조차 없다'는 말이다. 조 나리가 아Q에게 "조 씨라고 할 자격이 없다"라고 혼낸 것과 비슷하다. 오 어사의 이 상소문은 그 자리에 있던 많은 사람들의 갈채를 얻었다. 그래서 중국인은 무릎을 꿇고 머리를 조아리는 '문명'의 예를 행했고, 양인들은 관을 벗어 인사하는 '야만'의 예를 행했다. 하마터면 커다란 분쟁을 불러올 뻔 했던 외교 분쟁이 이렇게 순조롭게 해결됐다. 어쨌든 강대한 대국으로서의 체면은 보전할 수 있었다.

유감스러운 것은 그와 조정 대신들 모두 생각지 못한 것, 역대 조상들은 모두 '금수'들에게 예를 행하게 했다는 것이다. 통계에 따르면, 청나라 성조聖祖 강희康熙에서 고종高宗 건륭乾隆에 이르는 140여 년 동안 유럽 각국의 사절이 17차례 황제를 알현했다. 그 중 16차례나 무릎을 꿇고 머리를 조아리는 예를 행했다. 그렇다면 역대 조상들의 치욕이 아닌가? 또한 아Q는 원래 조 씨라고 할 생각이었는데, 조 나리가 자격이 없다고 했던 것이고, 그래서 조 나리는 자연스럽게 체면을 세웠다. 하지만 그 '금수와 같은' 양인들이 언제 '조 씨'라고 할 생각을 했던가? 그런 적이 없으니 이는 어디에서 나온 체면인가.

다행히 이렇게 솔직하게 말한 사람은 없다. 누군가 생각했더라도 감히 말하지 못했을 것이다. 물론 오가독의 이론 역시 공개적으로 발표하거나 양인들에게 알리기에는 적당치 않다. 머리가 아무리 나빠도 자기가 '짐승'이라는 것을 인정할리 만무하다. 이런 말을 한다면, 전쟁이 벌어질 게 분명하다. 하물며 그럴 필요도 없다. 오가독의 주장은 대청 조정의 굴욕을 막기 위해 한 가지 방법을 찾아내어 스스로 정신적인 위로를 하려 한 것이 분명하다. 당연히 우리만 알면 그만이다.

모든 체면이 단 한 가지 방법, 한 가지 위안만 있는 것은 아니다. 어떤 것들은 '예쁘고', '맛있으며', '체면도 서고 실리적'이기도 하다. 예를 들어, 공부하는 사람들은 열일곱 살이든, 열여덟 살이든, 일흔 살이든, 여든 살이든 '공명功名(칭호 또는 관직)'을 얻기 전에는 모두 '동생童生'[12]이라 부르고, 신분 대우는 일반 백성과 같았다. 과거시험에 합격하여 '생원生員(속칭 수재)'이 된 후에는 전과 지위가 달랐다. 푸른 적삼을 입고 고향 사람들의 혼례나 장례의 주연에서 먹고 마실 수 있었다. 푸른 적삼을 입은 수재를 잔치에 초대하는 것은 시골 사람들이 볼 때 체면 서는 일이기 때문이다. 거인擧人에 급제하면, '나리'였다. 학관學官이 될 수도 있고, 후보현候補縣을 할 수도 있었다. 또한 집에서 향신鄕紳 신분으로 관리들과 교분을 갖고 소송을 도맡아 처리하고, 마을에서 행세하며 백성을 마음대로 유린할 수 있었다. 진사進士에 급제하면 바로 천자문생天子門生(임금의 제자)이었다. 황제를 접견하고, 예부에서 수연을 베풀며, 합격자 명단이 공표되고(황금 비단을 이용해 만든 명단), 비를 세워 이름을 전하며(명단은 예부에서 출자해서 돌에 새겨 태학에 둠), 조상과 가문을 빛내는 것이다(예부에서 돈을 내 사당에 공적을 기리는 건축물을 세운다). 중앙관청의 관리가 되어 '천자의 발아래'에서, 각 성에 관리 후보로 파견됐다. 신분이 높을수록 체면이 섰으며, 실리도 많았다는 것을 알 수 있다. 첩은 '본처'가 되려 하고, 임시공은 '정직원'이 되려 하며, 지식분자는 '승진'하려는 이유가 모두 여기에 있다.

물론 다 그런 것은 아니다. 별 실리가 없는 것도 있다. 속으로는 손해를 보는 것도 있다. 이를테면 혼례나 장례를 크게 치러야 하는데, 혼례나 장례를 크게 치르는 것이 무슨 의미가 있을까? 혼례를 치루지 않았다고 합법적인 부부가 아니고, 장례를 치루지 않았다고 염라대왕이 죽은 사람을 돌려보낼까? 이런 이치는 모두 다 알겠지만, 크게 치르지 않으면 체면이 서지 않기 때문이다. 그렇다면 이상한 일이다. 실리가 조금도 없는데도 불구하고 왜 다투는 것일까?

원래 체면 자체가 실리이기 때문이다.

체면과 실리

체면의 가장 큰 실리는 체면이 있으면 환영받는다는 것이다. 체면은 중국인의 사교에서 '통행증'과 같다. 그것이 있어야 산을 만나면 길을 뚫고, 물을 만나면 다리를 놓으며, 어려운 것도 쉽게 바꿀 수 있고, 모든 일이 순조롭다. 심지어는 적도 친구로 만들 수 있다. 이를테면 임충林沖은 고태위高太尉에게 미움을 사 이유 없이 창주滄州로 귀양을 갔다.

처음 감옥에 들어갔을 때는 옥리에게 심한 욕을 먹기도 했다. 시진柴進(대부호이자 권력가, 호걸을 좋아하여 극진히 대접했다)의 서한이 드러나자, 옥리는 곧 '형제'가 됐고, "시 대관의 서찰이 있으니 걱정할 필요 없다. 이 서신은 금괴 한 덩어리의 값이다"라고 했다. 체면 역시 정찰 가격이 있었다. 시 대관의 서찰 하나가 금괴 한 덩어리의 가치라니, 만약 친히 얼굴을 내밀었다면 얼마나 됐을까?

사실 정계, 재계는 물론 사람의 울타리가 있는 곳 어디서나 체면은 중요한 소통의 법전이다. 체면만 있다면 다른 사람이 볼 수 없는 것도 볼 수 있고, 다른 사람이 처리할 수 없는 일도 처리할 수 있으며, 심지어 나라 법도 융통된다. 종종 엄청나게 큰 사건이 조사될 때 명예와 위신이 있는 인물이 얼굴을 보이면 큰일은 축소되고 작은 일은 완결되며, 큰일이 작은 일이 되고, 모든 것을 한 번에 다 날려 보내기도 한다. 완전히 통용될 수 없다 해도, 어느 정도의 변통을 주기도 한다. 이를테면 곤장을 맞을 때 약하게 때린다든지, 감옥에 넣을 때도 좀 좋은 곳에 넣는다든지 하는 것이다. 반대로 체면이 없는 사람이라면, 관아에 가더라도 대부분 사무적인 '냉담한 얼굴'만 보게 되며, 일 역시 질질 끌게 될 수 있다. 그래서 사람들은 "도장 열 개보다 편지 하나가 낫다"라고 한다. 또한 중국인들은 일단 일처리나, 구직이나, 소송을 하게 될 때는 항상 체면이 있는 사람에게 소개서를 써달라고 해서 가지고 있다가 곤경에서 벗어난다. 체면은 이처럼 신통방통하다. 어찌 실리적이지 않다고 하겠는가.

게다가 체면은 또 체면을 낳는다. 이런 일은 역사적으로 아주 많았다. 이를테면 어떤 사람이 대관이 되면, 그의 어머니와 부인은 봉호封號를 받을 수 있었다. 이를 고명誥命(중국의 황제가 제후나 오품 이상의 벼슬아치에게 주던 임명장)이라고 한다. 그의 자식들은 임자任子가 되거나, '작위를 물려받을' 수 있다. 임자는 책임지고 자식을 관리로 추천하는 것이며, 습작襲爵은 자식과 처자에게 관직을 물려주는 것이다. 임자나 습작을 할 수 없다 해도 덕은 볼 수도 있었다. 이것을 봉처음자封妻蔭子라고 한다. 과거에 아무리 초라했다 해도 이미 돌아가신 조상들도 상당히 체면을 차릴 수 있었다. 제사의 규격은 자연 승격되고, 가족의 사당도 다시 지을 수 있었다.이것을 요조광종耀祖光宗이라고 했다. 심지어는 수재만 되도 가문을 빛낼 수 있었다. 부모, 형제, 아내, 자식뿐 아니라 본가, 이웃, 고향 사람들까지도 덩달아 체면을 세울 수 있었다.

이 또한 이상하지 않았다. 체면은 체면이기 때문에 당연히 영향 받는 범위가 있었다. 한 사람의 체면이 클수록 그 범위 역시 컸다. 가깝게는 수많은 친척과 친구가 모두 덕을 봤다. 멀게는 일족이나 고향 사람들, 후대의 자손들도 비호庇護를 받았다. 한마디로 한 사람에게 체면이 있으면 그와 관계있는 사람들도 따라서 체면이 섰다. 물론 반대도 마찬가지다. 한 사람이 체면을 잃으면, 그와 관계있는 다른 사람 모두 따라서 체면을 구기는 것을 피할 수 없었다. 일단 체면 깎이는 일이 발생하면 열심히 노력해서 본인에게 이르지 않게 해야 했다.

체면의 성질 또는 작용은 '전 인류를 행복하게 하는 것' 이다. 체면이 없는 사람도 관계만 있다면 또는 관계를 엮을 수만 있다면, 체면을 빌어 중요한 부분을 해결하거나 자신을 내세우는 자본으로 쓸 수 있다. 누군들 친구 한 명 없겠는가. 아무도 땅에서 솟아난 사람은 없으며, 체면이 없는 조상은 없다. 한유韓愈, 한신韓信 같은 문무 양대 인물이 있기 때문에 세상에 성이 한韓인 사람은 모두 영광스럽게 생각한다. 조고趙高에 대한 평판이 나쁘자, 같은 성씨인 후대의 조광윤이 욕을 먹는다. 이연영李蓮英

190

도 명성이 좋지 않은데, 같은 성씨인 이세민에서 비롯된 것이다. 심지어 외국인도 끌어들여, 성이 고高인 사람은 '고르키'를 찾는다. 체면 서는 조상을 찾을 수 없을 때는 선생님이나 친구를 이야기하기도 하는데, 자칭 "후스〔胡適〕13)의 친구"라고 하거나 "치바이스〔齊白石〕14)의 학생"이라고 한다. 이럴 경우 사숙제자私淑弟子라고 할 수 있다. 사숙私淑은 속으로 우러러보기만 해도 가능하다. 이를테면 맹자는 결코 공자에게서 배운 적이 없어도 공자의 제자로 치는데 '사숙'이기 때문이다. 이렇게 되면 족보가 없어지고, 모든 사람들이 다 덕을 볼 수 있다. 그 결과 성실한 학생들은 특별히 자기가 '직접 가르침을 받은 제자'라고 말할 수밖에 없다.

체면은 얼굴만을 이야기 할 뿐 '속〔里〕'은 말하지 않는다. 관계가 엮이기만 하면 체면이 섰다. 루쉰이 한 가지 예를 든 적이 있다. 어떤 사람이 갑자가 어느 날 흥분해서 사람들에게 말했다. "어떤 거물이 나에게 말을 했어." 사람들이 모두 부러워하며 "너에게 무슨 말을 했는데?"라고 물었다. 그는 이렇게 말했다. "그 사람이 나한테 '꺼져!'라고 했어."

아주 우스운 이야기다. 하지만 그 이치는 상당히 심오하다. 바로 어떤 체면이든지 일정한 관계 속에 있어야 한다. 체면이 있는 사람과 관계가 있어야 자기의 체면도 있으며, 체면 없는 사람과 관계가 있으면 자기의 체면도 없다. 즉 한 사람의 체면의 크기와 있고 없음은 다른 사람에 의해, 그와 타인과의 관계에 의해 결정된다. 그 중 급이 높은 쪽이 항상 낮은 한쪽을 결정한다. 그래서 한 사람이 체면이 크다면 그는 다른 사람의 체면의 크기를 결정할 자격이 있으며, 심지어는 체면이 있는지 없는지를 결정할 자격이 있다. 이를테면 아Q의 성이 조인지 아닌지, 가짜 양귀신이 아Q가 혁명을 할 수 있는지 없는지를 결정하는 것이 그것이다. 다시 말해, 체면은 어떤 때는 일종의 권력이 된다. 적어도 체면을 결정하거나 체면을 수여하고 박탈하는 권력으로는 매우 실리적이다.

체면의 법칙

체면은 환영받을 뿐 아니라 좌지우지할 수 있다. 사실 체면이 큰 사람의 가장 부러운 점은 바로 '좌지우지 할 수 있다' 라는 것이다. 그는 다른 사람의 체면의 유무와 크기를 결정할 수 있기 때문이다. 그리고 체면이 크다는 것은 다른 사람의 사회적 또는 정치적 생명을 장악할 수 있는 생사부여권과 같다. 그런데 보통 사람들이 어떻게 감히 태만할 수 있으며, 어떻게 복종하지 않을 수 있겠는가. 자연스럽게 상하가 형통하고, 좌우가 순조로우며, 원하는 대로 주어지고, 좋아하는 사람을 좋아한다. 이렇게 좋은 일은 누구든 원한다.

그래서 중국인들은 체면이 있어야 했다.

체면은 원한다고 다 얻어지는 것은 아니다. 실력이 없으면, 규칙을 알아야 한다. 체면 법칙 조항은 아주 많은데, 첫 번째가 바로 '다른 사람이 끌어 올린다' 이다. 체면은 모두 상대적으로, 일정한 관계 속에 있을 뿐이라는 점이다. 두 사람이 진정 얼굴을 마주할 때 또는 일정한 관계가 있을 때, 체면의 크기는 그다지 차이가 나지 않는다. 차이가 있다 해도 체면이 큰 쪽이 다른 쪽을 함께 끌어올린다. 이를테면 황제의 가마가 어떤 농가에 왔다면, 농가의 체면은 관아보다 작지 않다. 이것이 바로 체면의 '평가절상원칙' 이다.

따라서 체면을 얻는 방법으로, 아부로 승진하거나 부를 구하는 것 외에 상대방의 체면을 높이는 것도 효과적이다. '상관원칙' 과 '등가원칙' 에 따라 체면의 크기가 서로 비슷한 사람들이 얼굴을 마주할 수 있다. 즉 상대방을 높이는 것은 자기를 높이는 것이다(마찬가지로 만약 상대방이 자신을 평가절하했다면 분명 상대방을 평가절하해야 한다). 이를테면 책이나 그림을 줄 때 상대방을 대가라는 의미의 방가方家, 법가法家라고 하는 것이 그것이다. 상대방이 대가이고 전문가이므로, 자신 역시 당연히 아마추어가 아니다. 또한 상대방을 전문가의 대열에 넣었으니, 자기의 서화 역시 우수한 작품임은 의심할 나위가 없다.

존중, 칭찬, 치켜세움을 받은 상대방은 일반적으로 싫어할 사람이 없다. 그 역시 규칙을 아는 사람이라면 반드시 보답을 한다. '다른 사람이 나를 이만큼 띄워주면, 나도 그 사람을 그 이상 띄워준다'라는 원칙에 따라 그 보답은 종종 매우 풍성하다. 이를테면 그가 나를 가리켜 '대가', '뛰어난 안목'이라고 하면, 나도 그를 '천재', '대가'라고 하는 것이다. 이것이 바로 체면의 '보답원칙'이다. 어쨌든 예의상 서로 주고받는 행위는 대부분 수지맞는 장사다. 꽃가마는 사람이 드는 것이다. 만약 그것을 얻으려면 먼저 줘야 한다. 이렇게 할 줄 아는 사람이 그 도리를 아는 사람이다.

이렇게 하지 못한다면 적어도 상대방의 체면을 고려할 줄은 알아야 한다. 모든 사람이 체면을 원한다는 것, 모두 체면이 있으며 단지 그 크기의 차이가 다를 뿐이라는 것을 알아야 한다. 체면은 아무리 작아도 없지는 않다. 스스로 지위가 높고 경력이 많다고 믿고 체면이 비교가 안 된다고 해서 남을 함부로 부리거나, 의기양양해 하거나, 다른 사람을 안중에 두지 않거나, 마침 죽어도 체면을 차리는 사람을 만났는데 '예전처럼 그렇게 하지 않거나' 심지어는 '큰 창피'에 정면으로 대항하면 일을 망치게 되며, 자신도 궁지에 몰릴 수 있다.

따라서 중국인들은 어떤 문제에 대해 담판, 발언, 토론을 할 때, 각자

의견이 있어도 입 밖으로 내기 전에는 항상 "방금 누구의 발언이 아주 이치가 있다", "각하께서 과연 안목이 대단하다"라고 말한 후에 다시 "그렇지만", "그러나"라고 말 하고 나서 이야기를 한다. 외국인들은 처음 중국에 오면 종종 갈피를 잡지 못하고, 중국인은 거짓말을 좋아하고 진심에서 우러나오는 말은 하지 않는다거나, 일부러 교활하게 사람을 현혹시킨다고 생각한다. 그렇게 빙빙 돌려서 한 말은 거짓이 아니며, 쓸데없는 말도 아니다. 다만, 부드러운 분위기를 조성하기 위한 것이다. 만약 시작부터 "나는 동의하지 않는다"라고 하면 상대방은 분명 체면이 깎였다고 생각하고 얼굴에 몹시 부끄러운 기색이 떠오를 것이다 (체면은 '떨어질 수 있다'). 그리고 속으로 크게 반감을 느껴 더는 대화를 진행할 수 없다. 이런 대화 방식은 전적으로 좋은 뜻에서 나온 것이며, 절대 교묘한 속임수가 아니다. 이런 원칙을 알면 체면 구길까봐 걱정할 필요가 없다.

체면이 있으면, 쓸 줄도 알아야 한다. 체면이 있는데 쓰지 않으면 바보다. 남용하는 것도 현명하지 못하다. 체면은 인정과 같아서 쓰지 않을 수 없고, 또한 남용해서도 안 된다. 인정을 많이 베풀수록 손해를 보며, 체면을 많이 쓰면 닳아 없어진다. 어느 때 쓰거나 쓰지 않거나, 많이 쓰거나 적게 쓰거나 적절하게 분수를 지켜야 한다. 체면이 원래 많지도, 크지도 않은데 함부로 마구 써버린다면, 그것은 자원을 낭비하는 것이다. 만약 빌려온 체면을 쓰지 않아야 할 때와 장소에 쓴다면, 예를 들어, 마음대로 다른 사람에게 쓴다면, 꼭 써야할 좋은 용도 또는 자신이 써야 할 때 다시 빌려올 수가 없다. 체면은 반드시 알맞은 때와 장소와 분위기에 써야 한다. 이것이 체면의 '적시원칙適時原則'이다.

빌려 쓸 수 있다는 것은 체면의 큰 특징이다. 체면은 영향력이 미치는 범위가 있기 때문이다. 이것은 마치 발광체와 같아서 항상 밖으로 이어진다. 그래서 그 빛이 빛나는 가운데 자원을 함께 나누고, 이익을 함께 누린다. 관계가 있는 사람은 '덕'을 볼 수도 있고, '빛을 빌릴 수도' 있다. 그래서 체면이 부족할 때는 빌릴 수 있다. 상사와 사진 촬영을 하거나 자기가 전에 누구와 함께 밥을 먹었다고 자랑할 때가 그렇다. 체면이 있는 사람에게 직접 부탁해서 말을 해달라거나 편지를 쓰거나 전화를 걸 수도 있다. 이렇게 하는 대가는 비교적 크다. 가장 좋은 것은 빌려 쓴 후에, '물주'는 절대 내막을 모르게 하거나 손해를 보지 않게 하는 것이다. 많이 빌렸을 때는 탄로가 날 수 있는데, 가장 좋은 것은 가능한 한 적게 쓰고, 적당한 정도에서 그만두는 것이다. 이것이 체면의 '적량원칙適量原則'이다.

체면은 빌려 왔든 아니면 자기의 것이든, 사용할 때 항상 적당한 정도를 파악해야 한다. 작은 체면으로 큰일을 하면 일은 이루지 못하고 다른 사람에게 무시당할 수 있으며, 부끄러운 일이다. 큰 체면을 작은 일에 쓰거나 다른 사람이 '크게 과장했다'라고 생각하게 하거나 '힘만 믿고 사람을 기만했다'라고 보이면 마찬가지로 부끄러운 일이다. 속담에 반찬을 봐가며 밥을 먹고, 몸에 맞춰 옷을 만들라고 했다. 체면의 사용도 마찬가지다. 작은 일을 크게 과장해 말해서는 안 되며, '소 잡는 칼로 닭을 잡아도' 안 된다. 이것이 체면의 '적당원칙〔適度原則〕'이다. 모든 사람은 평소에 적당하게 비축해 둬야 한다. 그래야 적당한 것을 선택해서 쓸 수 있다. 저축이 부족하면 보람이 없다.

가면, 배역, 연극

체면과 가면

체면은 중요하기도 하고 쓸모도 있다. 중요하니 없어선 안 되고, 쓸모가 있으니 다다익선이다. 그래서 우리는 이 보물이 어떤 것인지 알아야 한다. 우선 체면에는 어떤 특징이 있는지 알아보자.

첫 번째는 '볼 수 있다'라는 것이다. 체면은 크든 작든 모두 다른 사람에게 보이기 위한 것이다. 이른바 '스님이 아니라 부처님을 봐서'라는 것은 그 체면이 누구의 것인지는 상관없이, 설령 여래불의 것이라 해도 어쨌든 봐야 한다. 보지 않는다면 혹은 아무도 보는 사람이 없다면 이는 없는 것과 같다. 실제로 '얼굴'이라는 글자는 원래 만난다는 뜻이 있어서 '일면식一面識', '처음 만났으나 오랜 친구 같다〔一面如故〕', '서로 얼굴만 쳐다볼 뿐 어찌할 바를 모르다〔面面相覷〕'라는 말이 있다. 또한 종종 눈과 관련되는데, '옛 모습을 찾아볼 수 없다〔面目全非〕', '면모가 아주 새로워졌다〔面目一新〕'라는 말이 있다. 그래서 면面 자는 눈〔目〕을 따르며, 갑골문에서는 아예 한쪽 눈가를 그린 모양이다. 이효정李孝定의 《갑골문자집석甲骨文字集釋》에서도 "면부는 오관 가운데 가장

196

사람의 주의를 끄는 눈이며, 때문에 면面 자는 목目 자를 따른다"라고 했다.

얼굴과 눈은 모두 눈과 관계가 있지만, 의미는 달랐다. 눈은 다른 사람을 보는 데 쓰고, 얼굴은 다른 사람에게 보이는 것이다. 만약 보는 사람이 없으면 얼굴이 있든 없든, 얼굴이 귀엽든 끔찍하든 중요하지 않다. 만약 보는 사람이 있으면 조금도 소홀히 할 수 없다. 옷을 한 벌 만들어도 속감은 낡은 천으로 만들어도 되지만, 겉감은 반드시 새것을 써야 한다. 기차역의 외빈 휴게실은 항상 일반 대합실보다 깨끗하고 폼이 나고, 회사에 누군가 참관하러 올 때에는 평소보다 훨씬 깨끗하게 청소한다. 다른 사람에게 보여줘야 하기 때문이다.

그렇다면 무엇을 보려는 것인가? 얼굴이다. 인간의 몸에서 다른 사람에게 보이는 것은 주로 얼굴이다. 기타 부위는 보여서는 안 되거나, 볼만하지 않거나, 보통 볼 수 없다. 유독 얼굴만 볼만 하고, 볼 수 있으며, 보지 않으면 안 된다. 속담에 "밖에 나가면 하늘을 보고, 집에 들어오면 사람의 안색을 보라"라고 했는데, 만약 남의 안색을 잘 살피지 못하면 무시당하거나 일을 잘 처리하지 못할 수도 있다.

이런 면에서 체면과 똑같다. 실제로 체면은 어떤 경우 얼굴이라고도 하는데, 똑같이 얼굴을 뜻하는 검臉과 면面은 원래 다르다. 검臉은 양 뺨으로, 눈을 포함하지 않는다. 면面은 그야말로 머리의 앞부분이다. 나중에 검과 면이 합쳐져서 얼굴이라는 뜻으로 쓰였고, 면은 자子와 함께 어울려 얼굴〔面子〕이 됐다. 체면이 있을 때는 '얼굴이 있고', 체면이 없을 때는 '얼굴이 없으며', 체면을 얻고자 할 때는 '얼굴을 봐주십시오' 라고 하고, 체면이 설 때는 '얼굴을 드러내며', 체면을 잃었을 때는 '얼굴을 잃음' 이고, 조금도 체면을 신경 쓰지 않을 때는 '뻔뻔스럽다, 파렴

치하다' 라고 한다.

체면과 얼굴은 일종의 생리적인 관계가 있다. 체면을 구길 때 '부끄러워 얼굴이 붉어진다' 또는 '귀까지 빨개진다' 라고 하고, 체면을 세웠을 때, 즉 다른 사람이 '체면을 봐달라고 하거나' 또는 스스로 '위신을 세웠을' 때는 '얼굴에 빛이 남' 을 알 수 있다. 즉 체면의 득실은 얼굴을 보면 알 수 있다.

반면 체면을 그냥 얼굴이라고 할 수 없는 차이점이 있는데, 첫째, 얼굴은 타고나 기본적으로 바뀌지 않고 그저 늙는 것뿐이다. 체면은 오히려 후천적으로 얻어지는 것이며, 변할 수 있다. 커지기도 하고, 작아지기도 하고, 심지어는 '전혀 다른 모습' 이 될 수도 있다. 둘째, 얼굴은 아름다움과 추함[美醜]이 있지만, 체면은 아름다움만 있고 추함은 없다. 이른바 '체면이 좋아 보이지 않는 것' 을 '못생겼다, 밉살스럽다' 라고 하지 않고, '체면이 없다' 또는 '체면을 구겼다' 라고만 한다. 셋째, 얼굴은 꾸밀 수가 있어서 깨끗이 수염을 깎고 분칠을 할 수 있지만, 체면은 꾸밀 수 없고 대체할 수 있을 뿐이다. 넷째, 얼굴은 쓸모가 있든 없든 상관이 없지만, 체면은 쓸모가 있다. 다섯 번째, 얼굴은 태어나면서부터 있었고, 영원히 각자 추구하는 것이지만, 체면은 쟁취할 수 있을 뿐 아니라, 선물이나 월급 또는 상으로 주거나 혹은 빌릴 수 있다. 여섯 번째, 얼굴은 개인에 속하지만, 체면은 각자에게 속할 뿐 아니라 단체에도 속하고 모든 관련된 사람에게도 속한다.

체면은 명예와도 유사하다. 명예가 있는 사람은 체면이 있지만, 체면이 깎인다고 반드시 명예를 잃는 것은 아니다. 명예는 사람마다 모두 있는 게 아니다. 게다가 잃을 수도 없다. 체면은 사람마다 있어야 하며, 또한 약간 부주의하면 잃을 수 있지만 명예를 빌리지는 않는다. 그래서 체면은 또 명예가 아니다.

체면은 보는 사람이 있을 때는 얼굴에 걸어두지만, 보는 사람이 없을 때는 묶어서 높은 곳에 올려둔다. 이렇게 수시로 내리거나, 수시로 걸어두고 볼 수 있는 것은 또 무엇이 있을까? 바로 가면이다.

가면은 원시사회에 만들어졌는데, 주술사가 부락생활을 주재하던 시대에 추장과 사제, 샤머니즘과 신령이 접촉하는 도구였다. 가면을 씀과 동시에 신령과 대화할 수 있었고, 이렇게 신과 통합으로써 부락의 중대한 결정을 위해 혹시라도 잘못된 것이 있다면 바로 잡아달라고 부탁하기까지 했다. 신까지 오게 할 수 있었으니 크게 체면이 섰다. 그래서 체면이 있는 사람은 가면이 있었다. 또는 가면이 있기 때문에 체면이 있었다. 가면이 있으면 '신과 통할 수 있을' 뿐 아니라 당연히 '사람과도 통할 수 있었다'. 또한 사람들 사이에서 '환영받았다'. 지금까지도 우리는 그들을 신통력이 대단하고, 수완이 좋으며, 심지어 '자연을 지배하는 힘을 가졌다' 라고 하는데, 체면은 원래 가면이자, 신과 통하고 신통력이 있는 도구이기 때문이다.

가면을 쓰고 신령과 대화할 수 있는 신통력이 대단한 사람은 당연히 일반적인 사람은 아니었다. 높은 지위에 있는 사람이라 할 것이었다. 따라서 체면은 신분, 지위를 의미했다. 한 사람의 신분 또는 지위가 높을수록 체면 역시 컸다. 그들을 종종 '거물' 이라고 불렀는데, 단체의 '우두머리' 또는 '얼굴' 이라는 뜻이다. 옛날 황제의 얼굴이 '사면四面' 이었다고 하는데, 이에 대한 학자들 간의 논쟁은 그치지 않고 있다. 내가 볼 때 그는 체면이 크고 넓었으며, 한 사람의 '얼굴' 이 사방을 향하고 있다는 것은, 위, 아래, 좌, 우를 모두 '구석구석 샅샅이 살핀 것' 이다.

가면과 배역

사실 추장과 사제와 샤머니즘만 가면(체면)이 있어야 했던 게 아니다. 다른 사람들도 필요했다.

가면은 한 사람의 지위뿐 아니라 개인의 귀속, 즉 그가 어느 단체, 어느 계층에 속하는지를 나타내는 지금의 '신분증'처럼 모든 사람에게 없어서는 안 되는 것이기 때문이다. 원시시대에 다른 씨족과 부락은 다른 토템을 숭배했고, 다른 가면이 있었다. 가면만 봐도 그가 어느 토템 계통인지 알 수 있었고, 따라서 적인지 아니면 우리 편인지 아니면 친구인지를 판단할 수 있었다. 그래서 가면은 적어도 원시시대에는 생사가 걸린 극히 중요한 일이었다. 가면이 없으면 정체불명의 사람이 됐다. 요즘말로 하면, '정치적인 입장이 불분명하다'라고 한다. 분명하지 않으니 가까이 하지 않고 경계했다. 심지어는 정치적 입장이 불분명하다는 것은 공개적인 적보다 훨씬 무서웠는데, 그가 스파이나 첩자일 수 있기 때문이다. 따라서 원시시대에는 자신의 가면을 제시하지 못하면, 경계의 눈초리가 번득이는 부락을 안전하게 통과하기란 어려웠다.

어쨌든 원시시대부터 사람들은 '죽어도 체면'이었다. 체면이 없으면 생명을 보장할 수 없을 뿐더러 죽어도 땅에 묻히지 못하기 때문이다. 죽은 사람의 매장과 영혼의 평안까지 반드시 토템 체계를 따랐다. 만약 신분을 표시하는 '체면'이 없으면 죽은 후에도 의지할 데 없이 외롭게 떠도는 넋이 될 수밖에 없었다.

체면을 잃는 것이 얼마나 두려운 일인지 알 수 있다. 사실 원시시대에 멸시 받을 만한 죄를 저지른 사람에게 처벌하는 방법 중 하나가 바로 가면을 박탈하는 것이었다. 이 '얼굴(체면)'을 잃는 것은 자기편과 왕래할 도구를 잃는 것이었고, 당연히 '사람을 볼 낯이 없게 되며', 홀

검보臉譜 경극 무대에서 사용한 가면

로 도망쳐 사람이 없는 곳에서 홀로 지낼 수밖에 없었다. 이런 처벌은 때로는 극형에 처해지는 것보다 더 무서웠다. 한참 후 이런 공포감은 치욕으로 바뀌었으며, 체면을 잃는 것은 수치스러운 일이 되고, 나아가 모든 부끄러운 일을 '체면을 잃는 것'으로 보았다.

체면은 원래 '가면'이며, 동시에 '배역'이거나 배역의 표시였다. 배역에는 주된 것과 부차적인 것이 있는데, 체면도 큰 것, 작은 것이 있다. 그러나 말단이라 해도 배역은 배역이며, 체면이 있어야 했다. 체면은 바로 경극의 검보臉譜[15]처럼 각자 사회생활이라는 무대에서 책임지고 연기하는 배역을 표시한다. 사실 검보의 얼굴은 모두 가면에서 왔다. 무대에서 사용한 것을 검보라고 하고, 생활 속에서는 얼굴이라고 했다. 검보와 얼굴의 역할은 모두 같은데, 이 두 가지를 함께 일러 검면臉面이라고 한다. 그래서 어떤 사람이 스스로 상당히 체면이 있다고 생각하면 자신의 체면이 크고도 빛이 난다고 느끼는데, 다른 사람이 '보지 못할까봐' 또는 '무시할까봐' 심히 두려워 대부분 일부러 '허세'를 부렸다.

사실 자기가 어떤 얼굴인지를 알고, 어떤 배역을 연기하는지, 어떻게 관중과 기타 인물을 대해야 하는지를 아는 것이 중요하다. 만약 잘 모르거나 연기를 잘 못하면, '제자리를 벗어나게' 되므로 당연히 '미안하게' 된다. 이를테면 임금은 하나의 배역이고, 신하도 하나의 배역이며, 아버지도 하나의 배역이고, 자식도 하나의 배역이다. 바람직한 사회 정치 질서는 공자의 주장에 따르면 "임금은 임금답고, 신하는 신하답고, 아버지는 아버지답고, 아들은 아들다운 것〔君君臣臣 父父子子〕" 16)으로, 각자 맡은 바 배역에 최선을 다하는 것이다. 만약 "임금이 임금답지 않고, 신하가 신하답지 않고, 아버지가 아버지답지 않고, 아들이 아들답지 않다"면 부끄러운 일이 아닐 수 없다. 심한 경우에는 송영공과 초성왕처럼 생명을 잃을 수 있고17), 생명은 잃지 않더라도 최소한 '품행이 좋지 못하다'라고 간주된다.

따라서 중국인이 여유 있어 보이고 체면을 차리고 살고 싶다면, '품행이 방정 해야' 한다. 품행이 방정 하려면, '규칙을 잘 지켜야' 한다. 중국의 처세 규칙은 아주 많은데, 원칙은 아주 간단하다. 첫째, 눈치껏 행동해야 하며, 둘째, 사리분별을 해야 한다. 눈치껏 행동한다는 것은 상대의 안색을 살펴서 그의 얼굴이 어떤지를 아는 것이다. 사리분별이란, 예의를 알고, 자신이 어떻게 표현해야 하는지를 아는 것이다. 회의에서 체면이 나보다 큰 사람이 아직 말을 하지 않았는데, 먼저 나서서 발언을 했다고 치자. 다른 사람의 얼굴에 이미 성가신 표정이 나타났는데도 여전히 계속 말을 하고 있다면, 눈치가 없는 것이며, 눈치껏 행동하지 못하는 것이다. 경력이 오래되고 서열이 높은 사람이 전화를 걸어 방문하겠다고 하면, 즉시 "그럴 수는 없지요, 제가 찾아뵙겠습니다"라고 해야 한다. 그렇지 않으면 역시 규칙을 모르고, 사리분별을 못하는 것이다.

규칙이란 우선 '규격'이다. 규격은 배역의 크기에 따라 결정된다. 배역이 다르면 가면, 검보, 얼굴의 '격식(크기, 색, 무늬, 양식)'도 다른데, 이것이 규격(규정된 격식)이다. 격식에는 모두 일정한 규칙이 있으며, 쉽게 바꿀 수 없고, 남용해서도 안 된다. 배역은 작은데 사용하는 규격이 크다면, 격에 어긋나는 것(이를테면 특별히 사용을 허가하는 것을 '파격'이라고 한다)이다. 만약 배역은 큰데 사용하는 규격이 작다면 격을 낮추는 것(격을 떨어뜨리고, 위신을 떨어뜨리고, 신분을 잃는 것이다)이며, 일부러 자신의 신분을 과시하는 것은 '거드름'이며, 신분과 격식이 잘 맞는 것을 '합격'이라고 한다. 합격, 불합격은 아주 중요하다. 불합격이면 누군가 "너는 네가 누구라고 생각해?", "네까짓 게 뭐야?"라고 물을 수 있기 때문이다.

어떻게 해야 합격할까? 우선 자기의 위치를 바로 잡고, 자신의 가치를 알며, 자기의 배역을 잘 연기해야 다른 사람이 나의 '얼굴을 봐준다'. 그러면 스스로 체면이 설 뿐 아니라, 부모와 가족, 친구와 상사까지도 체면이 서게 된다. 이를테면 한 아이가 손님들 앞에서 예의 바르고 점잖고, 단정하고, 말을 잘 들으며, 착한 모습을 보임으로써 손님의 칭찬을 받게 되면, 이는 부모에게 무척 체면이 서는 일이다. 만약 손님 앞에서 '말을 안 들으면' 아주 '체면이 깎이는' 일로, 아이가 부모의 체면을 세워주지 않았기 때문에 부모가 가장과 교육자로서 그 배역을 제대로 맡지 못한 결과가 되는 것이다. 이때 부끄럽고 화가 난 부모는 대부분 표정이 굳어지고 큰소리로 엄하게 꾸짖거나 때리기도 한다. 그 결과 손님까지 무안해질 수밖에 없다. 따라서 착한 아이는 설령 평소에 는 실수하는 일이 있더라도 손님이 왔을 때는 반드시 말 잘 듣고 예의 바른 모습을 보이려고 노력한다.

연기와 배역의 양보

이처럼 체면을 세우는 일은 연극적인 요소가 풍부하다. 중국은 연극 적인 요소가 있는 일이 아주 많다. 선물을 보내는 것만 해도 그렇다. 갑 의 입장에서 보내지 않을 수가 없는데, 보내지 않는 것은 '눈치 없이 행 동하는 것'이다. 을의 입장에서 받지 않을 수 없는데, 받지 않는 것은 '체면을 봐주지 않는 것'이다. 선물을 거절하는 것은 손해를 보고, 미 움을 사며, 타산에 맞지 않다. 무턱대고 마음 편하게 받는 것도 안 된 다. 뇌물 수수 혐의에 대해서는 차치하더라도, 적어도 자신의 욕심을 드러내거나 세상 물정 모르고 자신의 '얼굴'을 부끄럽게 할 수 있다. 또한 상대방이 선물을 보내는 것을 당연하다고 생각하는 건 마치 '받 고도 부끄러워하지 않은 것'으로, 이는 분명 상대방을 무시하고 상대 방의 체면을 상하게 할 수 있다. 결국은 받는다 해도 받기 전에 반드시 일단 사양하는 듯한 연극을 해야 한다. 그 과정은 이렇다. 선물을 보낸 사람이 먼저 "체면 좀 꼭 봐주십시오"라고 한다. 이는 체면을 무기로 하는 것으로, 받지 않는 것은 바로 내 체면을 세워주지 않는다는 뜻이 다. 선물을 받는 사람은 "너무 예의를 차린다"라고 답한다. 이는 인정 을 이용해 방패삼는 것으로, 진정한 '형제'는 예의를 차릴 필요가 없기 때문이다. 선물을 보낸 사람도 인정을 내세워 남처럼 대하지 말라고 공 세를 펴는데, '낯선 사람'의 예의가 아니고서는 받아야 한다는 것이다. 결국 선물을 받은 사람은 어쩔 수 없이 도울 수밖에 없다. "그렇다면 공경보다는 명령에 따라야지요" 하며, 처음에 거절한 것은 당신의 체면을 봐주지 않은 것이 아니라 당신에 대한 '공경'의 뜻이며, 지금 받는 것은 내가 '염치가 없어서'가 아니라 당신의 "명령을 따르기" 위해서라는 뜻이다. '공경'과 '명령을 따르는 것' 모두 체면이다. 그러나 '명령을 따르는' 체면이 훨씬 크다. 당신의 체면을 더 크게 세워주기 위해 자신의 체면은 돌보지 않고 당신의 선물을 받을 수밖에 없다는 것이다. 이는 정말로 인정을 얻으면서 잘난 척 하는 것으로, 자신에게는 궁지를 벗어날 기회를 주고 상대방은 비행기를 태우는 것이다. 그래서 양쪽 모두 속으로 '연극하고 있다'라는 것을 알면서도 체면 때문에 연기를 하지 않을 수 없다.

중국에서는 처세든 일이든 모두 연출적인 성격이 있다. 알고 보면 '연기하는 것'이다. 왜냐하면 중국인에게 모든 사람은 타고나는 것이 아니라, '만들어지고', '만들어져서' 다른 사람들에게 보이기 때문이다. '만드는 것'은 무엇인가? 바로 연기이다. 즉 '어떠한 모습을 하는 것'이다. 중국인은 처세를 할 때 항상 '어떤 모습을 해야' 한다. 부모 앞에서는 말을 잘 듣는 척하고, 선생님 앞에서는 열심히 하는 척, 선배 앞에서는 공경하는 척, 황제 앞에서는 충성하는 척, 지도자 앞에서는 복종하는 척, 군중 앞에서는 겸손한 척, 여자 친구 앞에서는 멋있는 척, 남자 친구 앞에서는 사랑스러운 척한다. 한마디로 '관중'만 앞에 있으면 '배역'에 몰입하고, 역할에 따라 그 '모습'을 한다.

한 사람의 배역은 고정불변이 아니다. 이를테면 아들 앞에서는 아버지지만, 아버지 앞에서는 아들이다. 또한 나이를 먹어감에 따라, 명성과 지위에 따라, 재산에 따라 모든 배역은 새롭게 변하고 만들어진다. 이른바 '출세하더니 변했다'라는 것은 지위가 높아지고, 재산이 많아지고, 배역이 커지고, 체면도 커져서 자신과 체면이 같았던 사람을 이제 그다지 숭시하지 않게 됐다는 것이다.

중국인은 반드시 배역이 바뀌고 나면 그에 따라 체면도 바뀌는 임기응변과 마음의 준비가 필요하다. 동시에 유지하고 바뀌지 않는 능력도 필요하다. 구체적으로 말해, 배역이 작아지면 체면도 그에 맞게 축소하여 사람들에게 규칙을 모른다는 말을 듣지 않게 해야 한다. 배역이 커졌다고 반드시 체면이 지위에 맞게 커지지는 않는다. 하지만 이로써 겸손하고, 옛정을 잊지 않으며, 근본을 잊지 않는다는 호평을 얻을 수 있고(이 역시 일종의 체면이다), '출세하더니 변했다'라는 오해를 피할 수 있다(물의를 일으키면 체면의 손상을 면하기 어렵다).[18]

따라서 사회적인 교제에서 상대방의 체면을 상하지 않게 하려면, 상대방이 지금 어떤 배역을 맡고 있는지 분명히 아는 게 가장 좋다. 이를테면 친한 친구, 동창 또는 어린 시절의 단짝이 출세해서 관리가 되고 교수가 되고 이사장이나 사장이 됐다면, 그의 사무실에서 그의 동료나 부하직원, 학생, 직원을 만났을 때 절대로 그의 어릴 적 이름이나 별명을 불러 그를 난처한 상황에 빠지게 해서는 안 된다. 이를테면 진승陳勝[19]이 머슴이었을 때, 일찍이 동료들과 약속을 했었다. "부귀해지더라도 서로 잊지 말자." 나중에 진승이 왕이 되자 동료들이 그를 찾아왔다. 그런데 동료들은 규범을 모르고 이름을 부를 뿐만 아니라 그의 비밀을 이야기하여 진승의 체면을 크게 상하게 했다. 결과는 어떻게 됐을까? 진승의 체면 덕을 보려던 동료들은 출세는커녕 오히려 가까운 친구만 잃었다.

마찬가지로 어떤 사람의 체면을 살려줄 때, 그와 역할을 바꾸어 그를 조연에서 주연이나 후보 주연으로 승격시키는 것이 가장 쉽다. 이 승격에는 진실과 허구 두 가지 종류가 있을 수 있다. 진짜는 승진昇進 같은 것이며, 허구는 금어대를 하사하고 황금 마고자를 상으로 주어 입게 하는 것이다. 허구의 승격은 입으로만 하는 것으로, 나이나 항렬이 자기보다 낮은 사람을 '형'이라고 하거나 '소인', '소생', '보잘 것 없다'라고 자칭하는 것이다. 어쨌든 상대방이 속으로 배역의 변화를 느끼기만 하면 똑같이 실제적인 효험이 있었다. 이것은 연기하는 것과 좋은 비교가 된다. 조연이 주연 자리를 뺏는 것은 '반칙'이며(심한 경우, 극단에서 잘릴 수 있다), 주연이 조연에게 역할을 양보하면 '체면을 봐주는 것'으로 원래 자기의 검보를 상대방에게 주는 것이다. 기왕 체면을 봐줬다면, 그것은 특별한 영광이고 은혜이다. 적어도 친절함이고 인정을 베푸는 것이다. 따라서 체면을 세워주었는데 염치없이 굴면 안 된다. 공짜로 달라고 해도 안 되고, 반드시 보답해야 한다. 보답의 방식은 사람마다 다르다. 원래 상대방과 자신의 지위나 권력이 대등했다면 상대방은 더욱 겸손하게 양보한 것으로, 반드시 더 나은 형식으로 체면을 돌려줘야 한다. 만약 상대방의 지위가 훨씬 높으면 일종의 하사下賜인데, 아마 돌려줄 체면이 없어서 일가족의 생명으로 보답할 수밖에 없을 것이다. 반대로 상대방의 지위가 아주 낮아서 원래 양보할 배역도 없다면, 공경의 마음이 들 뿐 아니라 자연히 '체면을 봐주게' 된다. 결국 사회적 교제 속에서 모두 조금씩 양보할 수 있다면, 모두 체면이 서고 '연기'는 필수다.

의식과 무의식

연기는 다른 사람에게 보여주는 것이기 때문에 체면은 반드시 번듯해야 한다. 사실 체면이라고 할 수 있는 것은 모두 번듯하다. 이것은 중국 연극 무대의 검보처럼 충신, 간신, 현명한 사람, 어리석은 사람은 물론 모두 일률적으로 멋있게 그리고 장식미가 풍부해야 한다. 이를테면 역사상의 폭군, 어리석은 군주는 죽은 후에 최후의 체면으로 삼을 시호가 있어야 한다. 이 체면은 당연히 '어리석다', '난폭하다', '흉악하다'라고 할 수 없었고, 완곡하게 '어둡다〔幽〕', '엄격하다〔厲〕', '약삭빠르다〔靈〕'라고만 할 수 있었다. 만약 시호를 정하는 법칙을 모른다면 여기에 어떤 폄하의 의미가 있는지 알 수 없을 것이다. 더 오묘한 것은 '공恭'으로, '잘못을 알고 고칠 수 있다'라는 뜻이다. 잘못을 알고 고칠 수 있으므로 이전의 잘못을 단번에 무효로 하고 종묘에 가서 제사를 지내며 향을 피운다. 또 어떤 사람에게 문제가 적지 않은데, 업무평가 시에 그의 체면을 좀 세워주기 위해 절대 그의 단점과 잘못을 직접 그대로 쓰지 않고, "앞으로 이러 저러한 면에 주의하기 바란다"라고 한다. 언뜻 보면 그의 결점과 잘못은 단순히 꼼꼼하지 못하고 '주의부족'일 뿐, 전체적으로 지장이 없고 승진과 인사이동에 장애가 되지 않는 것 같다. 만일 그렇지 않으면 그는 체면을 잃고 소란을 일으켜서 모두의 체면을 구기게 된다.

이는 연극과 마찬가지로 '무대 앞'과 '무대 뒤〔幕後〕'의 문제가 있다. '말〔言〕'은 단지 무대에서 하는 표현일 뿐이다. '말 속에 숨은 뜻'이야말로 장막 뒤의 진짜 내용이다. 중국 책을 읽고 신문을 보고 중국인이 말하는 것을 듣고 중국 예술을 감상할 때는, 항상 '그 속에 숨은 소리'를 들을 줄 알아야 하며, '말에 숨은 뜻'을 깨달을 줄 알아야 한다. 그렇지 않으면 요령을 파악하지 못하고 심지어 속을 수도 있다. "연구 좀 해보자"라고 말하지만, 사실 절대 연구하지 않는다. "나중에 다시 이야기하자"라는 말도 절대 나중은 없으며, 다시 말하지도 않는다. 바보처럼 기다린다 해도 어떠한 결과도 얻어낼 수 없다. 한마디로 사람을 불쾌하게 만드는 모든 일은 반드시 비교적 완곡하게, 듣기 좋게 말한다. 살찐 것을 '몸 좋아졌다'라고 하고, 사망을 '천당에 갔다'라고 하며, 철수撤收를 '이동'이라 하고, 연이어 전쟁에 패하는 것을 연전연패連戰連敗라고 한다. 8국 연합군이 북경을 쳐들어왔을 때 서태후 자희慈禧와 광서光緖 황제는 황급히 도망을 갔는데, 관방에서는 "서안으로 사냥을 갔다"라고 했다. 침략자들이 북경을 침입했는데, 태후와 황제가 어디 사냥을 갈 마음이 있겠는가. 스스로를 속이는 것일 뿐이다.

하지만 있는 그대로 다 말할 수는 없다. 다 말해 버리면 볼 연극이 없다. 연극 예술은 일종의 '의식적인 자기기만'이다. 모두들 그것이 가짜라는 것을 알면서도 가짜라고 말을 하지 않아야 연극은 비로소 계속된다. 한 연기자가 《홍루몽》의 여주인공인 임대옥林黛玉[20]을 연기하는데, 모두들 아주 재미있게 본다고 하자. 그때 누군가가 '분위기를 깨며', "주인공 역을 맡은 사람이 임대옥과는 달리 실제로는 어떻고, 병도 없고, 실연을 당한 적도, 꽃으로 장사지낸 적도 없다"라고 하면 살풍경이 벌어질 것이다.

중국에서 일어나는 많은 일들에 대해 그 원인을 끝까지 따져 물어서는 안 된다. 그렇게 '요지경을 파헤치면' 각종 '속임수' 역시 계속 연기할 수밖에 없기 때문이다. 어떤 지도자가 겸손한 태도로 민중에게 의견을 듣는 것은 원래는 건성건성 듣는 것이거나 아니면 좋은 평가와 공적에 대한 찬양을 듣기 위한 것이다. 만일 당신이 진짜로 하나하나 '잘못된 점'을 들춘다면, 그뿐만 아니라 그 자리에 있는 다른 지도자들과 동료들도 난감하게 될 것이다. 당신은 더는 편안한 생활은 꿈도 꿀 수 없게 된다. 마찬가지로, 어느 날 세상이 다 아는 나쁜 놈이나 미련한 인사가 갑자기 무엇에 '당선' 됐다는 것을 알아도 절대 깜짝 놀라지 말아야 한다. 진정한 노력은 막후에 벌어지며, 무대 앞의 선거는 '형식' 에 불과하다.

그러나 생활은 예술이 아니다. 예술은 원래 '허구성' 이 있다. 연필로 그린 신발은 신을 수 없고, 물감으로 그린 사과도 먹을 수 없다. 시인이 생생하게 승마술을 묘사했다 해도 그 자신은 말을 탈 줄 모를 수 있다. 따라서 예술은 '의식적인 자기기만' 일 수 있다. '가짜인줄 알면서, 진지하게 하는 것' 이라 해도 관계없다. 어쨌든 첫째는 의식적이며, 둘째는 자기기만일 뿐이다. 의식적이기 때문에 잠시 예술적 상상을 하고 냉혹한 현실로 돌아올 수 있다. 이미 자신기만이기 때문에 기껏해야 자아도취일 뿐이다. 나라와 백성들에게 전혀 손해를 끼치지 않는다. 다만 중국의 '체면주의' 때문에 항상 이 두 가지 경계선을 잊고 '자기기만' 에서 '타인기만' 이 되고, '의식' 에서 '무의식' 으로 넘어가는 점이 유감스럽다. 그 결과, 반드시 다른 사람을 해치고 자기 자신을 해친다.

이를테면 청조 말년, 청정파淸廷派로 유럽에 갔던 사신 유석홍劉錫鴻은 이런 자기기만과 타인기만에서 오는 자아도취의 배역을 맡았다. 페르시아 왕이 유석홍에게 서양 열강의 침략 확장과 이로써 야기된 심심한 우려를 이야기하자, 유석홍은 오히려 태연자약하게 걱정하지 말라며, 그에게 동양 철학에 대해 일장 연설을 늘어놓았다. 그 내용을 간추리면 다음과 같다. 그는 빨리 뛰는 사람은 민첩하다고 좋아하지만, 그가 넘어질 수 있다는 것은 모르며, 천천히 걷는 사람을 느리다고 싫어하지만 그것이 가장 적당하다는 것을 모른다. 태양은 정오가 되면 지기 시작하고, 달은 보름까지 밝았다가 이내 이지러진다. 서양의 이런 성급한 발전은 스스로 빨리 망하기 위해 가속도를 올리는 것이다. 열강의 탐욕이

210

이렇게 심한데 어찌 하늘의 노여움을 사지 않겠는가? 중국에 기차가 다니는 철도가 없는 것에 대해서는, 우리 청나라는 세계에서 가장 우수하고 신기한 기관차를 만들려 하는데, 그것은 바로 선왕과 성인의 가르침에 따라 '바른 조정이 백관을 바르게 하고, 바른 백관이 만민을 바르게 하는 것'이라고 했다. 그리고 마지막에는 이렇게 정리했다. '정신적인 기차'는 세상에 하나뿐이고, '빨리 달리면 하루에 수만 리를 가고, 석탄도 철 바퀴도 필요 없다'라며, '어디 서양과 그 속도를 다툴 필요가 있겠는가?'

이는 정말이지 아Q나 할 수 있는 말이다. 그는 또한 서양의 이러한 움직임에 대해 이렇게 평했다. "공맹지도孔孟之道의 위대한 가르침이 만천하에 이르러, 양인들까지도 훌륭한 가르침을 얻어 들었기 때문이다." 그리하여 근본적으로 개혁하면, "우리가 양인보다 훨씬 부유해진다! 너희 유럽은 조금 부유하고, 조금 강할 뿐 아닌가? 그런 '탐욕으로 얻은 부', '전쟁을 통한 부강'은 전혀 가치 없다! 그런 건 아이들도 할 수 있다." 유럽 대륙에 사절로 가는 중국 사신으로서 유석홍은 상당히 포장해서 말했다고 할 수 있다. 그러나 애석하게도 '아이들(서구 열강)'은 절대 여기에 넘어가지 않았다. 또한 역사의 변증법은 마르크스가 말한 것처럼, "비판의 무기는 무기의 비판을 대신할 수 없으며, 물질적인 것은 물질로 분쇄시킬 수 있다." 탐욕으로 부유해지고, 전쟁으로 강해진 '학생'들은 역시 '선생'이 발명한 나침반과 화약으로 '선생'을 공격한다. 그 결과 '문'은 열렸고, 체면을 보전하기 어려웠다. 유석홍의 교묘한 말이 어디 열강의 견고한 배와 날카로운 무기를 견딜 수 있었겠는가?

진실과 거짓

이것이 바로 체면이다. 얼굴은 분명 '안[裏]'이 아니다. 보기만 좋다면 겉치레를 면하기 어렵고, 심지어 잘못을 덮고 감추는 것이다. 겉치레가 반드시 나쁜 것은 아니다. 아름다운 것을 사랑하는 마음은 누구나 가지고 있다. 누가 자기를 더럽고 못나게 꾸미려 하겠는가. 누구나 단정히 꾸미고 치장하려 한다. 다른 사람이 볼 때는 더 그렇다. 다시 말해, 자기를 꾸미고 단장하는 것은 다른 사람에 대한 존중이다. 평소 아무렇게나 옷을 입는 사람이 갑자기 깔끔하고 단정하게 옷을 입었다면, 십중팔구 귀빈이나 상사나 애인 같은 중요한 사람을 만나러 가는 것이다. 정반대의 방법을 쓰는 경우도 있다. 이를테면 북경의 '스타들'은 대머리에 수염을 기르고 커다란 반바지에 러닝 차림으로 슬리퍼를 끌고 마음대로 입은 채로 '체면 차리는' 장소에 출입한다. 이는 사실 일종의 '과시'이며 '폼'으로, '당신들은 우리 안중에 없다'는 뜻이다. 실제로 어떤 민족이든지 단정치 못한 용모, 꾸미지 않은 차림으로 타인을 '대면하는 것'은 모두 무척 예의가 없는 행동이다. 마치 '당신을 만나는 데 내가 꾸밀 필요가 있어?'라는 뜻을 내포하기 때문이다. 그래서 자신을 깨끗하게 단장하거나 예쁘게 꾸미고 타인을 만나는 것은 자기 자신의 체면 때문만이 아니라 다른 사람의 체면을 세워주는 것이다.

아무리 합리적인 일도 분수를 잘 파악해야 한다. 애석하게도 중국인이 볼 때, 모든 사람들의 체면을 세워주는 것이 무엇보다도 중요하다. 체면을 위해서, 심지어 체면 때문에 '과실을 덮고 감추는 것'도 마다하지 않으며, 중국인의 '무의식의 문화'가 됐다. 이를테면 회의에 갈 때는 특별히 평소에 입지 않는 새 옷을 입고, 손님이 오기 전에는 집을 갑자기 한바탕 청소한다. 외국 손님이 참관할 때는 보기 좋은 부문, 단위 또는 지역을 골라 그들에게 보여주고, 상부의 감사에는 좋은 소식만 알리고 나쁜 소식은 알리지 않는다. 결과는 어떤가? 갈수록 의식·무의식적인 '자기기만'이 곧 의식·무의식적인 '거짓말'로 바뀌었다. 말은 '이러한 상황'인데 실제로는 '다른 상황'인 것이다.

시호만 해도 그렇다. 표면적으로는 대부분 아주 듣기 좋다. 이를테면 '영靈'은 어떻게 봐도 좋은 말이다. '영험하다', '신령스럽다', '영감이 있다', '영통하다' 모두 좋은 말이다. 죽은 사람에게 쓸 때는 존칭으로 쓰인다. 영위靈位, 영구靈柩, 영당靈堂 같은 말이 있다. 하지만 우리가 시호를 '영'이라고 한 임금 중에 좋은 임금이 몇이나 되고, 치세의 끝이 좋았던 임금이 몇이나 되는가? 정영공은 자라를 먹으려다 신하에게 살해됐고, 진영공晉靈公은 남관을 쓰고 정부를 만나다가 정부의 아들에 의해 마구간에서 활에 맞아 죽었다. 진영공은 난폭하고 임금답지 못했는데, 높은 담에 서서 활궁으로 사람을 쏘아대며 사람이 피하는 것을 재미있어 했다. 요리사가 곰발바닥을 다 익히지 않았다고 요리사를 죽이고, 삼태기에 담아 저잣거리에 가서 전시했다. 대신들이 간언하자 사람을 보내 간언한 신하들을 암살했지만, 자신도 결국은 비명에 죽었다. 이 세 사람은 가장 형편없는 예이다. 이 밖에 초영왕楚靈王은 여러 사람이 배신하고 측근이 떠나 궁지에 빠지자 신하의 집에서 목을 매고 자살했다. 허영공許靈公은 초나라에 가서 군대를 부탁하여 정鄭나라를 치려했으나, 성공하지 못하고 타향에서 객사했다. 채영공蔡靈公은 나라를 잃고 사망하여 망국의 임금이 됐으니 역시 아주 비참했다.

시호의 종류는 사실 두 가지가 있다. 하나는 공덕을 자랑하는 것으로, 문文·무武·성成·양襄 등이다. 다른 하나는 과실과 불행을 감추는 것으로, 앞서 예를 든 영·공恭·민閔·애哀 등이다. 체면은 의복처럼 두 가지 기능이 있었다. 과시와 은폐 혹은 자랑과 겉치레이다. 체면은 이 두 가지 기능을 동시에 겸하기 때문에 체면이 나타내는 내용은 바로 진실과 거짓이 뒤섞여 있다. 과시에 쓰였을 때는 아마도 진짜이며, 은폐하는 데(특히 '과실을 덮고 감추는 데') 쓰였을 때는 허풍이나 속임수였다. 이를테면 강희의 시호는 성조聖祖이며, 건륭의 시호는 고종高宗으로, 대체로 그럭저럭 넘어갈 만하다는 뜻이다. 하지만 나라 안팎에서 일어나는 전쟁에서 모두 서툴렀던 함풍咸豊의 시호는 문종文宗이라고 했는데, 정말이지 풍자라고 하지 않을 수 없다. 연이은 패배가 그의 '자애로운 마음으로 백성을 사랑하는 것'이고, 땅을 주고 배상하는 것이 그의 '신의를 다하고, 예를 잘 지키는 것'이란 말인가?

황제와 조정이 앞장서서 거짓말을 하니 신하와 백성들 역시 겉과 속이 다를 수밖에 없었다. 사실 처세는 '체면의 격식'에 따라 표현되고, 일처리는 '체면의 법칙'에 따라 이루어지는데, 도덕군자인 체하는 위선자, 교활하고 음흉한 음모가, 면종복배面從腹背하는 기회주의자들이 쉽게 양산됐다. 그들은 '얼굴은 사람, 등 뒤는 귀신'으로, 입으로는 인의도덕을 외치면서 속으로는 도적질과 음란으로 가득했다. 또한 악독하고 잔인할수록 자비롭고 인자한 얼굴을 했으며, 더럽고 악독할수록 도덕군자인양 했다. 따라서 사람들은 항상 조심하고 주의하지 않을 수 없었다. "호랑이의 겉모습은 그려도 그 속은 그리기 어렵고, 열 길 물속은 알아도 한 길 사람 속은 알기 어렵기" 때문이다. 사람의 내심세계는 모두 체면으로 싸여져 있는데, 어디 진짜와 가짜를 구분할 수 있겠는가. 그래서 중국에는 이런 면에 관한 교훈이 특히 많다. '말을 들어보고, 또 행동을 살펴본다', '길이 멀어야 말의 힘을 알 수 있고, 세월이 흘러야 사람의 마음을 알 수 있다' 등이 있다.

'충신인 척하는 간신' 의 음모가나 야심가들은 말할 것도 없고, 선량한 백성도 어느 정도는 빈말, 입에 발린 말, 거짓말, '사람을 보면 사람의 말을 하고, 귀신을 보면 귀신의 말' 을 할 수밖에 없었다. 이른바 '끝까지 한 마음' 으로 평생 거짓말 반 마디도 안 하는 사람은 사실 그렇게 많지 않다. 한마디 한마디가 전부 진심이고 사사건건이 모두 진실이라면, '뜻을 거스를' 수밖에 없고 듣는 사람을 불쾌하게 할 수 있다. 그러면 미움을 사고, 미움을 사면 잘 생활할 수가 없다.

거짓말을 하거나 심지어 음모를 꾸미는 것은 분명 '강제' 에 의한 경우가 적지 않다. 어떤 사람이 진실을 말하려고 했지만, 다른 사람의 체면을 상하게 하기 때문에 거짓말을 하거나 '농담' 을 하기도 한다. 자신이 스스로 능력이 뛰어나고, 경력 또한 만만치 않으며, 분명 직무를 맡을 자격이 있다고 생각하는 것을 솔직하게 말한다면, '야심이 있다' 거나 '뻔뻔스러워' 보일 수 있다. 따라서 '겸손하게 양보하는 척' 하거나 혹은 음모를 꾸밀 수밖에 없다. 예를 들어, 조조는 능력이 있었고 감히 사실을 말하는 사람이었다. 그는 일찍이 공개적으로 "만약 조 아무개가 없었다면 몇 사람이 왕이라고 했을지, 몇 사람이 황제라고 했을지 알 수 없다"라고 했다. 이 말은 사실이었지만 다른 사람을 불쾌하게 했다. 다른 사람의 가면을 모두 벗겨내 대중의 분노를 일으켰기 때문이다. 그 결과 다른 사람(유비와 손권)들 모두 스스로 당당하게 황제라고 칭했다. 황제가 될 수 없었던 그는 도리어 '간신' 이 됐다.

처세는 반드시 세상 물정을 알아야 한다. 세상 물정을 모르면 처세를 할 줄 몰라 다른 사람의 체면을 상하게 할 수 있다. 또한 다른 사람을 인정하지 못하거나, 다른 사람을 알아보지 못해서 다른 사람의 가면에 속을 수 있다. 남에게 나쁜 짓을 하면 욕을 먹고, 속으면 손해를 본다.

'인정과 세상 물정'은 실제로 커다란 학문이다. 모든 중국인이 반드시 열심히 공부하고 연구하며 심지어는 평생 노력해서 배워야 할 '필수과목'이다.

1) 루쉰의 소설 《축복》에 나오는 등장인물.

2) 《사기史記》〈항우본기項羽本紀〉에 나오는 말이다. 항우는 유방과 '홍문의 만 남'으로 진秦의 수도인 함양을 넘겨받은 후 약탈과 방화를 자행하여 함양을 폐허로 만들었다. 함양이 폐허로 변하자, 자기의 성공을 고향에서 뽐낼 겸해 서 초楚의 팽성彭城으로 천도를 서둘렀다. 금의환향의 욕심 때문이었다. 함양 은 주周와 진秦이 일어났던 패업의 땅으로, 관중關中이라고도 불리는 천혜의 요지다. 그런데도 항우가 천도를 고집하자, 간의대부諫議大夫 한생韓生이 이를 간했다. "관중은 예부터 천혜의 요지로 패업의 땅이었고, 토지 또한 비옥합니 다. 여기에 도읍을 정하고 천하의 왕이 되십시오. 지난 번 범승상范丞相〔범증范 增〕이 떠날 때도 결코 함양을 버리지 말라고 하지 않았습니까?" 하지만 이 말 을 들은 항우는 화를 벌컥 내면서 한생의 말을 막았다. 한생은 크게 탄식하며 물러나서는 혼잣말로 중얼거렸다. "원숭이를 목욕시켜 관을 씌운 꼴이군〔沐猴 而冠〕." 그런데 이 말을 그만 항우가 듣고 말았다. 항우가 옆에 있던 진평에게 그 뜻을 묻자, 진평이 답했다. "폐하를 비방하는 말인데, 세 가지 뜻이 있습니 다. 원숭이는 관을 써도 사람이 되지 못한다는 것과 원숭이는 꾸준하지 못해 관을 쓰면 조바심을 낸다는 것 그리고 원숭이는 사람이 아니므로 만지작거리 다가 의관을 찢고 만다는 뜻입니다." 이 말을 듣고 격분한 항우는 한생을 붙잡 아 펄펄 끓는 가마솥에 던져 죽였다. 한생이 죽으면서 말했다. "나는 간언하다 가 죽게 됐다. 그러나 두고 봐라. 백 일 이내에 한왕漢王이 그대를 멸하리라. 역시 초나라 사람들은 원숭이와 같아 관을 씌워도 소용이 없구나." 결국 천도 를 감행한 항우는 관중을 유방에게 빼앗기고 마침내 해하垓下에서 사면초가四 面楚歌 속에 목숨을 끊고 말았다.

3) 한 쌍의 대구對句의 글귀를 종이나 천에 쓰거나 대나무·나무·기둥 따위에 새긴 것.

4) 저자주 ─ 아Q는 혁명당을 살해하는 것을 본 적이 있는데, 미장의 다른 사람 은 본 적이 없다. 이것이 바로 본전이다. 아Q는 이로써 체면을 세웠으며, 다른 사람에게 자랑할 자격이 있었다. 자오쓰천〔趙司晨, 미장에서 그래도 체면이 좀 있 는 사람〕얼굴에 침을 튀기며 이야기할 자격도 있었으며, 손을 들어 혁명당 살

해 풍경을 묘사하며 왕호의 뒷목을 향해 목을 치는 흉내를 낼 수도 있었다.

5) 신시왕의 싱은 영嬴이고, 이름은 징政이다. 진秦은 나라 이름이다.

6) 중국 남송南宋 초기의 정치가(1090~1155). 자는 회지會之. 악비岳飛를 죽이고 주전파主戰派를 탄압하면서 금金과 굴욕적인 화약和約을 맺은 뒤에 간신으로 몰렸다. 이 조약에 따라 송은 금의 신하임을 인정하고 매년 은 25만 냥, 비단 25만 필의 세폐를 보냈다.

7) 이런 이치를 아Q도 알았다. 이를테면 성이 조趙인 것은 미장에서 원래 체면 서는 일이었다. 아Q는 비구니의 볼을 만지고 난 후 그 이상한 느낌 때문에 술을 몇 잔 퍼마시고는, 자기도 모르게 자기 성도 조 씨라고 했으며, 자세히 따져보면 조수재보다 세 항렬 위라고 했다. 이런 도용은 자연히 조 나리에게 받아들여지지 않았다. 그래서 아Q는 불려가 험하게 훈계를 들어야 했다. "네가 어떻게 성이 조 씨일 수가 있어! 네가 어디 조 씨 자격이 있단 말이냐?" 왕 씨 집에서 태어나면 왕 씨고, 박 씨 집안에서 태어났으면 박 씨지, '자격이 없다' 라는 것은 있을 수 없다. 그러나 조 나리뿐만 아니라 미장의 다른 사람들도 당연히 아Q는 조 씨가 될 자격이 없다고 생각했다. 결국 아Q는 자격이 없다는 것을 묵인했고, 이때부터 감히 조 씨라고 하지 않았다.

8) 유우석劉禹錫(772~842)의 시 〈오의항烏衣巷〉. 시의 전문은 다음과 같다.
주작교 언저리엔 들꽃이 만발하고〔朱雀橋邊野草花〕/오의항 어귀에는 석양이 비끼었다〔烏衣巷口夕陽斜〕/옛 시절 세도가의 큰 집에 살던 제비〔舊時王謝堂前燕〕/이젠 백성들 집에 예사로 날아든다〔飛入尋常百姓家〕.

9) 왕후장상 영유종호王侯將相寧有乎. '왕과 제후 그리고 장수와 정승의 씨가 따로 있겠는가' 라는 말로 사람의 신분은 태어날 때 정해지는 것이 아니라 노력하면 달라질 수 있음을 강조한 말이다.

10) 성 앞에 붙이는 '노老'는 나이 많은 사람에 대한 친근감을 나타내는 표현이다.

11) 각주 7번 참조.

12) 명청시대에는 3년마다 향시鄕試를 거행했다. 이 향시에 참가하려면 먼저 동생에서 생원(수재)으로 신분 변화가 있어야 했다. 청나라 때 이를 이루려면 동시童試를 통과해야 했다.

13) 중국의 문학자이자 사상가(1891~1962). 자는 적지適之. 1917년에 문학 혁명

을 주도하고 백화 문학을 제창하여 구어口語 운동을 통한 중국 문학의 현대
화에 힘썼다. 저서에 《후스 문존》, 《백화 문학사》, 《중국 철학사 대강》 등이
있다.

14) 중국의 화가(1863~1957). 치황〔齊璜〕이라고도 한다. 장다첸〔張大千〕과 더불어
중국 회화의 전통을 계승한 최후의 화가들 중 한 사람이다. 가난한 농가에서
태어나 주로 독학으로 시詩·서書·화畵의 3예를 익혀 능통하게 됐다. 죽는
날까지 활동을 멈추지 않았으며, 베이징 중국회화협회 회장을 역임했다. 그
의 많은 작품들은 대개 커다란 산수화보다 규모가 좀 더 작은 일상의 모습으
로 다양한 흥미와 경험을 반영하고 있다. 17, 18세기의 석도石濤·팔대산인
八大山人과 같은 개성주의자들의 양식을 계승했다.

15) 중국 전통극 배우들의 얼굴 분장으로, 극중 등장인물의 특징, 성격 등을 나타
낸다.

16) 《논어論語》 〈안연顏淵〉 편.

17) 164쪽 참조.

18) 저자주 ―《유림외사儒林外史》 제2회에 범진이 생원에 급제하여 신분과 배역
에 모두 변화가 발생하자, 그의 장인이 그에게 '체면'에 대해 이야기하는데,
"자네가 지금 상공相公이 됐으니, 모든 일에 체통을 세워야 하네. 나는 이런
일에 대해 올바르고 체면이 있는 사람이네. 또한 자네의 윗사람으로서 자네
가 어찌 감히 우리 앞에서 잘난 척하겠는가? 만약 집 앞의 농사를 짓고 변을
치우는 백성들과 자네가 손을 맞잡고 인사하며 똑같이 행동한다면, 이는 규
범을 해치고 내 얼굴까지 부끄럽게 하는 것이네. 자네는 쓸데없이 충직하고
온후한 사람이네. 그래서 이런 말을 자네에게 하지 않을 수 없으니 사람들의
웃음거리가 되지 말아야 할 걸세." 이 말에는 뻔뻔한 구석이 없지 않지만, 추
상적으로 볼 때 역시 '체면 논리'가 있다. 범진이 수재에 급제하여 '나리'가
되자, 퇴직 관리 장향신張鄕紳이 친히 와서 축하했다. 그러자 장인은 감히 더
는 '잘난 척' 하지 못했고, 심지어 '얼굴'조차 감히 내놓지 못했다.

19) 진秦나라 말기의 농민 반란 지도자(?~기원전 208). 진나라의 이세황제 원년(기
원전 209)에 오광과 함께 군사를 일으켜 초나라 왕이 됐다가 6개월 만에 평정
됐는데, 이를 계기로 진나라는 멸망하기 시작했다.

20) 가보옥의 고종사촌누이. 6세에 어머니(가민)를 여의고 외가에 의탁했고, 12
세에 아버지(임여해)미저 병시히거 그대로 가 씨 집안에서 살게 된다. 가보옥
과는 전생의 목석 인연 때문에 만나자마자 친해지지만, 성격이 예민하여 서
로의 애정을 확인하는 데 많은 갈등과 우여곡절을 겪는다. 후에 가보옥의 정
혼자인 설보채의 등장으로 보옥을 오해하며 눈물로 지새우는 일이 많다. 병
약하다는 이유로 가모로부터 끝내 후원받지 못하고, 사대저로부터 보옥과
설보채의 혼인 사실을 전해 듣고 절망하여 피를 토하며 절명한다.

제4장 인정

체면과 인정

정과 얼굴

체면에 대해 이야기했으니, 인정에 대해 이야기하지 않을 수 없다.

인정과 체면은 관계가 아주 밀접하다. 일반적으로 인정이 있으면, 반드시 체면이 있다. 체면을 세워주는 것은, 곧 인정을 베푸는 것이다. 이를테면 과거에 신세를 졌던 사람이 찾아와 도움을 청할 때는 인정 때문에 거절하기가 쉽지 않다. 마찬가지로 내가 어떤 사람의 체면을 세워줬다면 그 사람은 나에게 신세를 진 것이 된다. 심지어 이 인정과 체면은 양도하거나 빌려 쓸 수 있다. 예를 들면, "아무개 얼굴을 봐서"라고 하면서 사정을 한다거나 내게 신세를 진 적이 있는 사람이 나 대신 부탁을 해주기도 한다. 이렇듯 인정과 체면은 상호 의존관계이기 때문에 중국인들은 항상 그것을 합쳐서 '안면'이라고 칭한다.

안면은 돌보지(顧) 않으면 안 되는 것이다. '돌아봄'을 의미하는 '고顧' 자는 혈頁과 고雇로 이루어져 있는데, 부수인 혈頁은 원래 머리, 체면이 서면 얼굴에서 빛이 나는 부분을 말한다. 또한 고雇는 '고용'을 뜻한다. 따라서 '고顧'는 '안면으로 누군가를 빌리거나 고용하는 것'이다. 그런데 상대가 고개를 돌려 돌아보지 않으면 얼굴을 볼 수 없고 체면상 통하지 않게 된다. 그런 까닭에 체면을 빌리려면 적어도 얼굴을 마주쳐야 한다. 따라서 이 '돌아보고', '얼굴을 내비치는' 것은 '돌봐주지〔照顧〕' 않으면 안 된다.

이 안면이라고 하는 것은 쉽게 피할 수 있는 것이 아니다. 모르는 사람이라면 또 모를까, 동료나 이웃, 친구를 영원히 보지 않을 수는 없다. 그리고 일단 '얼굴'을 봤다면, '정'을 따지지 않을 수 없다. 그 결과, 국법과 같이 대면할 필요가 없는 것보다 '안면'이 우선하게 되는 것이다. 이를테면, 송강이 염파석閻婆惜을 죽였는데, 법에 의해 형사책임을 져야 마땅했다. 그러나 송강은 얼굴깨나 알려진 인물로, 발이 넓어서 현의 윗사람이고 아랫사람이고 모두 그를 놓아주려고 했다. 우선, 요즘으로 치면 현의 행정장관인 대인이 줄곧 시간을 끌다가 나중에는 형사 경찰대장이 고의로 풀어주었으며, 현 정부의 동료들은 일일이 파석의 정부인 장삼張三을 찾아가서 사정을 호소했다. 장삼조차도 그 사람들의 얼굴을 봐주지 않을 수가 없었다. 이를 일러 '인정이 나라법보다 크다'라고 한다. 중국의 법제가 공정하게 유지되기 어려운 절반의 원인이 여기에 있다.

안면은 인생을 걸게도, 사람을 죽게도 한다. 춘추시대의 자객 예양이 조양자를 살해하려 하고, 전국시대 자객 섭정聶政이 협루俠累를 죽인 것이 그것이다. 예양은 옛 주인 지백을 위해 원수를 갚으려고 한 것이므로 일정 부분 수긍이 간다. 그러나 섭정과 협루는 원래 서로 모르는 사이로, 전생에 원한도 없었고 후세에도 원수지간이 아니었다. 그런데도 기꺼이 생명의 위험을 무릅쓰고, 아주 오래전에 위衛나라에서 한韓나라로 그를 죽이러 갔다. 목적은 협루에게 원한이 있던 엄중자嚴仲子[1]와의

'안면' 때문이었다. 섭정은 원래 백정이었는데, 엄중자가 '제후 재상'의 신분으로 여러 번 그를 돕자 감격해서 그를 대신해 사람을 죽이러 간 것이다.[2] 오왕 료를 죽인 자객 전제[3], 진왕秦王을 살해하려 한 자객 형가荊軻[4]도 안면 때문에 목숨을 내놓았다. 서양의 킬러들은 돈 때문에 사람을 죽이지만, 중국의 킬러는 안면 때문에 사람을 죽인다. 안면은 중국에서 매우 귀중한데, "황금은 값이 있으나, 정과 의리는 가격이 없다"라고 할 정도로 가치를 따질 수 없는 소중한 것이기 때문이다.

안면은 값은 나가지 않지만, 쓸모가 있다. 어디 쓸모뿐인가, 정말이지 무한한 신통력이 있다. 그래서 중국인들은 모두 안면을 따지지 않을 수 없다. 또 앞으로 언제 필요할지 모르므로, 그리고 무엇보다 자신을 위해 안면을 비축해 두어야 했다.

안면을 비축하는 방법은 다양하겠지만, 역시 자주 만나는 것이 가장 중요하다. 정이란 만남에서 생기기 때문이다. 동료, 친구, 이웃이 비교적 안면이 있는 것은 자주 만나기 때문이다. 이런 까닭에 "먼 친척은 이웃보다 못하며, 이웃은 맞은편 집보다 못하다"라는 말이 있는 것이다. 부부의 정이 가장 두터운 것은 매일 얼굴을 봐야 하기 때문이며, 연인과 배필감은 자연스럽게 마주하는 상대라는 뜻에서 '대상〔對象, 배우자〕'이라고 한다. '상象(대상)'이 만약 잘 맞으면 곧 사랑하는 사람이 생기게 되고, 사랑하는 사람이 생기면 이론상으로 결국 가족이 된다. 그러나 진짜 가족이라도, 이를테면 친척이라도 자주 만나지 못하거나 오랫동안 보지 못하면 감정은 희미해지고 심지어 모두 사라진다. 그래서 "사람이 있는 곳에 인정도 있다"라고 한다.

물론 모든 사람이 몸이 멀어지면 마음도 멀어지고, 박정하게 되는 것은 아니다. 앞에서 말했던 예양은 지백이 죽은 후에도 여전히 이해관계를 따지지 않고 은혜에 보답하려 했다. 물론 역사적으로나 생활 속에서 예양 같은 사람은 흔치 않다. 그렇기 때문에 특별히 의협심 있는 사람은 사람들에게 존경과 찬양을 받아왔다. 이러한 사실을 통해, 우정과 안면을 중시하고, 인정머리 없고 의리 없는 것에 대해서는 부정하고 반대하는 중국 문화의 가치 지향을 알 수 있다. 어떤 사람이 옛정을 잊지 않고 또다시 만날 수 없음에도 불구하고 과거의 안면을 염려하고 굳게 믿으며 그것을 유지한다면, 여론은 그를 인정하고 칭송한다. 반대로 과거를 잊고 모른 척 하거나 등을 돌리고 곧바로 정을 잊는다면, 여론의 질책을 받거나 인면수심의 인간이라는 욕을 듣게 된다. 따라서 적어도 정이 이어지는 시간이 체면보다는 길어야 하고, 단번에 정이고 체면이고 다 잃어서는 안 될 것이다.

만남의 문제

가장 안전하고 효과적으로 인정을 유지하고 안면을 쌓으려면 자주 만나야 한다. 일이 있으나 없으나 자주 왕래하고 여러 가지 핑계를 만들어 함께 '뭉치는 것'이다. 이런 면에서 중국인들은 아주 수완이 좋다. 가장 좋은 기회가 연말연시다. 섣달그믐 밤의 가족 모임이나 세배는 무척 중요하다. 결혼이나 장례도 마찬가지다. 설사 직접 연락이 오지 않더라도 소식을 듣게 되면 축하나 조문을 하는 것이 좋다. 그것은 체면이 서는 일이며, 안면을 세워주는 일이기도 하다.

안면을 쌓는 효과적인 방법으로 각종 모임에 참여하는 것도 좋다. 동창회, 향우회, 친목회 등 각종 모임을 조직하고, 각종 회의나 연수에 참가하는 것이다. 많은 사람들이 회의나 강습을 좋아하는 것은, 그 기회에 친구를 사귈 수 있기 때문이다. 어쨌든 기본 원칙은 만나야 한다는

것이다. 요즘 "움직여야 발전하고, 움직이지 않으면 퇴보한다"라는 말
이 유행하는데, 이 말은 이런 이치를 뜻한다.

설령 실제로 만날 수 없다고 하더라도 부단히 만나고자 하는 바람은
밝혀야 한다. 예를 들어, 편지를 쓸 때 편지의 앞머리에 '전상서', '편
지를 받으니 마치 얼굴을 보는 것 같다'라고 쓰는 것이나, 헤어질 때
"다시 만나자〔再見〕"라고 말하고, 다시 만났을 때 "오래간만입니다〔好久
不見〕"라고 하는 것, 처음 만났을 때 "존함은 오래전부터 들었습니다〔久
仰〕"라고 이야기하는 것들도 모두 '얼굴'과 관계가 있다. '오래간만'이
라는 말은 오랫동안 얼굴을 보지 못했다는 것이고, '존함은 오래전부
터 들었다는 것'은 오래전부터 얼굴 뵙기를 바랐다는 뜻이다. 오래 만
나지 못했다는 말은 정이 없다는 것을 의미하기도 하므로, 반드시 감정
을 듬뿍 실은 말로 '얼굴'을 보충해 줘야 한다.

하지만 만약 어떤 사람과 인간적인 관계를 맺고 싶지 않거나 즉각
'정을 끊어야 할 때'는 반드시 어떻게 해서든 그와 만나지 말아야 한
다. 공자는 이런 적이 있다. 노魯나라의 양화陽貨가 공자를 만나고 싶어
했으나, 공자가 가지 않았다. 그러자 양화는 공자에게 잘 익은 새끼 돼
지 한 마리를 선물로 보냈다. 성의는 받았으니 감사를 표하러 가기는
가야겠고, 그렇다고 만나고 싶지는 않고 해서 공자는 일부러 양화가 외
출한 틈을 타서 방문했다. 그런데 원수는 외나무다리에서 만난다고, 공
교롭게도 길에서 맞닥뜨리고 말았다. 이미 성인께서 모범을 보였으니
그것을 따라 해도 될 것 같다. 단지 사전에 더 주도면밀하게 계획해서
도중에 만나는 난처한 일은 없어야 한다.

고의로 만남을 피하는 것은 우호적이지 않음을 의미한다. 그렇기 때
문에 별 뜻 없이 만나지 않은 것은 친분을 쌓지 않으려는 것으로 오해

를 살 수 있다. 그래서 고향, 모교, 원래 일했던 곳을 방문할 때는 가능한 한 모든 친척과 친구들을 한꺼번에 만나야 한다. 만약 실수해서 한 사람이라도 빠뜨리면 그 사람은 자기의 체면을 세워주지 않았다고 생각하거나 자기한테 불만이 있나 의심할 것이다. 이런 행동은 그 사람의 체면을 구기는 일이 되므로, 주의해야 한다.

뜻하지 않게 만나지 못한 것이 오해를 불러일으킬 수 있다면, 고의적으로 자주 만나는 것은 의심을 불러온다. 이 역시 조심해야 한다. 게다가 매일 보다시피 하면 폐단도 있다. 첫 번째는 자주 만나면 지겨워질 수 있다. 적어도 더는 신선함이 없다. 둘째, 자주 보면 상대를 철저히 간파하기 쉬우며, 잘못하면 프라이버시까지 유지하기 어렵다. 셋째, 관계가 가까우면 너무 편해져서 조금만 잘못해도 상대방의 체면을 상하게 할 수 있다. 일단 사이가 멀어지면 원수보다도 무섭다. 평소에 자주 만나지 않거나 만나도 인사도 안 하다가 일이 있을 때 무작정 찾아가는 것은 더더욱 안 된다. "평소에는 불공도 드리지 않다가, 급할 때는 부처님 다리에 매달린다"면 부처님 할아버지라도 안 들어주실 것이다. 자주 만나지 않으면 당연히 낯설게 되고, 자주 만나면 너무 친해지기 쉽다. 가장 좋은 것은 친하되 가까이하지 않고, 존경하되 멀지는 않은 것이다. 다시 말해 가까운 듯 먼 것이 딱 좋다. 물론 이렇게 하는 건 매우 어렵다. 그래서 "세상사에 통달하면 학문이 되고, 인정에 능숙하면 성공한다"라고 하는 게 아닌가.

인정과 인연

처세는 우선 '인정에 통달해야' 한다. 이를테면 다른 사람에게 기쁜 일이 있으면 기꺼이 기뻐해야 한다. 다른 사람에게 슬픈 일이 있을 때 아무 일도 없었던 듯 대해서도 안 된다. 다른 사람에게 어려움이 있으면 반드시 나서서 도와줘야 하고, 다른 사람이 위험에 처하면 수수방관해서는 안 된다. 그렇지 않으면 '인정에 무감각' 한 것이다. 그리고 다른 사람의 동정이나 도움을 당연하게 생각하지도 말아야 한다. 그렇게 되면 사회와 단체로부터 단절되어 정말 '사람이 아닌 사람' 으로 변하게 될지 모른다.

'인정에 통달하는 데' 가장 중요한 것은 '입장을 바꾸어 놓고 생각해서 다른 사람의 마음을 잘 이해하는' 감정을 체험하는 태도이다. 구체적으로 긍정, 부정적인 두 가지 방면으로 표현된다. 긍정적인 면으로는, '자신이 서고 싶으면 다른 사람을 설 수 있게 해주고, 자신이 통달하고 싶으면 다른 사람을 통달하게 해야 한다' 는 태도를 들 수 있다. 즉 자신이 배가 고파서 밥을 먹을 때는, 다른 사람도 배가 고플 것이라고 생각해서 먹을 것을 다른 사람에게 양보해야 한다. 만약 추워서 옷을 입을 때는, 다른 사람도 추울 것이라고 생각해 옷을 벗어줘야 한다. 반대로, '자기가 하기 싫은 것을 남에게 시키지 않는' 태도를 가져야 한다. 자기가 죽고 싶지 않다면, 다른 사람을 죽여서는 안 된다. 자기 체면이 깎일 것이 두렵다면, 다른 사람의 체면을 깎는 일은 하지 말아야 한다. 말을 할 때는 상대방을 존중하고, 호칭도 정도를 파악해서 쓰며, 이름을 직접 불러서는 안 된다. 상대방의 부탁이나 호의(술 또는 음식을 권할 때)를 거절해야 한다면, 완곡한 말로 사양해야 한다. 절대 단호하게 해서는 안 된다. 상대방에게 잘못이 있을 경우, 아랫사람이라도 많은 사람들 앞에서 지적하지 말고 다른 사람이 없을 때 온화하게 지적해야 한다. 상대방이 나에게 어떤 일에 대해 하소연하거나 심정을 토로할 때는 듣고 싶지 않더라도 무 자르듯이 말을 자르지 말고, 적당한 때에 화제를 돌려야 한다. 상대방이 나와 논쟁을 벌일 때, 그의 말이 옳지 않더라도 "내 말이 옳으니 양보할 수 없다"라고 해서는 안 된다. 자기 기분을 풀기 위해 상대방을 '막다른 곳'이나 '난처한 상황'으로 몰아서는 안 된다. 만일 그렇지 않으면 상대방은 체면이 깎였다고 생각할 뿐 아니라, 당신이 '말도 안 되는' 짓을 하고 있다고 생각하게 된다. 별일 아닌 것 같아도 처세를 잘하느냐 못하느냐는 이런 작은 일에서부터 알 수 있다.

처세를 잘하는 사람은 항상 타인에게 관심이 있고, 타인을 존중하며, 어디서든 타인을 중요하게 생각하고, 언제나 타인을 고려하는 심리적인 경향을 보인다. 이를테면 누군가 만났을 때 "식사는 하셨습니까?", "건강은 괜찮으시죠?" 혹은 "친구는 잘 있어?", "잘 진전되고 있어?"라고 묻거나, 심지어 상대에게 애인을 소개시켜주거나 해결방법을 찾아준다. 서양 사람들에게는 이런 것이 '프라이버시 침해'로 보이겠지만, 중국인들에게는 '인정'의 표현이다. 친구가 이사할 때 일손을 도와주고, 이웃 사람들이 외출했을 때 대신 집을 봐준다거나, 동료가 실수를 했을 때 상사에게 정황을 설명해 주는 것들은 모두 '인정을 잘 아는 것'과 '처세를 잘하는 것'을 나타낸다.

이로써 사람 노릇은 반드시 실제로 행해야 한다. 말만 하고 실천하지 않으면, '인간답지 못한' 사람이 된다. 그러나 타인에 대해 관심을 갖고 도와주는 마음은 '만들어 내는 것'은 아니다. 설령 한다고 해도 흔적을 남기지 말아야 한다. 어떤 사람은 타인을 도와주고 관심을 갖는 데 열심이지만, 선행을 하고 나서 다른 사람들이 모를까봐 여기저기 떠벌이거나, 도움 받은 사람 앞에서 은혜를 베풀었다고 생색내거나, 상대방에게 어떤 도움을 받았는지 상기시켜 상대방에게 반감을 사고 혐오감을 일으킨다. 진심으로 타인을 도와주었다면 '대가를 바라지 않고', '보답을 바라지 않아야' 한다. 물론 인정에는 당연히 보답이 있어야 한다. 하지만 그것을 항상 상기시키고, 사람들 앞에서 공개할 필요는 없다. 만약 큰소리로 떠들어서 온 세상이 다 알게 되면 수혜자가 부끄럽게 느낄 수 있으며, 사람들도 떠들어댄 사람이 처세를 할 줄 모른다고 생각할 것이다.

인연에는 좋은 인연과 나쁜 인연이 있다.

인연이라는 말로 인간관계를 표현하는 것은 아주 적절하다. '연緣'의 원래 뜻은 '옷의 가장자리'로, '가장자리'라는 뜻이 있다. 가장자리란, 두 사물이 나누어지는 경계이며, 동시에 두 사물이 만나는 곳이기도 하다. 두 사물이 서로 '인연이 있으면', '관계'가 발생한다. 계系도 그렇고 연緣도 그렇고, 모두 '실〔糸〕'이 들어가는데, '가는 실'이라는 뜻이다. 그래서 두 사람의 관계가 아주 깊을 때 '천 갈래 만 갈래'라고 하고, 관계가 끊어질 듯 말 듯하면 '인연은 끊기 어렵다'라고 한다. 인정은 실처럼 아주 가늘고, 탄성과 근성이 있어서 이렇게 엉키고 저렇게 엉키면, 끊고 싶어도 끊을 수 없고 정리해도 정리가 안 되기 때문이다. 정감 관계를 표시하는 말로 '연'보다 더 적당한 것은 없다.

인간관계를 인연이라 한즉, 새로운 관계를 수립하는 것을 '결연結緣'이라고 한다. 예를 들어, '기쁨은 좋은 인연을 맺는다〔喜結良緣〕', '널리 선한 인연을 맺는다〔廣結善緣〕'라고 한다. 좋은 인연이든 선한 인연이든, 모두 인정으로 감정의 실을 '엮어' 정감을 더 돈독하게 하는 것이다. 만약 두 사람이 전에는 전혀 몰랐는데 우연한 기회 또는 타인의 소개로 알게 되어 첫눈에 반하거나 의기투합하면, 서로 무척 '마음이 맞다'라고 느끼게 된다. 또한 서로 만나게 되고 사귀게 된 것은 '전생에 정해진' '기회와 인연'이며, '연분'이 있기 때문이라고 생각한다. 연분이란, 인정에 하늘의 뜻이 더해진 것이다. 인간과 인간 사이는 본래 기질, 성격, 경험, 상황에 따라 결정되며, 진짜로 의기투합하기란 쉽지 않다. 또한 살던 곳을 떠나기 싫어하는 중국인에게는 망망한 인간의 바다에서 지기知己를 찾을 기회를 만나는 건 더더욱 쉽지 않다. 그러므로 인정에 하늘의 연분이 더해진다면 이는 분명 소중한 것임에 틀림없다. 만약 '얻으려 해서 얻는 것이 아닌 우연한' 기회 속에서 지기를 얻는다면, 그것은 '연분'일 뿐 아니라 '행운'인 것이다.

그러나 연분이나 행운이 없다고 해도 친구를 잘 사귀고, 사람들에게 환영을 받을 수는 있다. 어떤 사람은 '사람을 사귀는' 능력이 있다고 말한다. 이런 능력이 있으면, 자기 주변관계를 잘 처리해서 자기의 '주변'에 사람이 모이게 한다. 이런 좋은 인간관계는 전적으로 스스로 노력한 결과이며, 그야말로 '인연'이지 '기회로 만든 인연'은 아니다.

따라서 처세를 할 줄 알아야 한다. 처세를 할 줄 아는 것은 인정의 법칙을 아는 것이다.

인정의 법칙

기본원칙

인정의 기본법칙은 '보답'이다.

중국인은 보답을 아주 중요하게 생각한다. 중국인에게 '은혜를 입었으면 은혜를 갚고, 원수를 졌으면 원수를 갚는 것'이 불변의 진리다. 은혜를 입고도 갚지 않으면 소인이며, 원수를 지고도 갚지 않는 것 또한 군자가 아니다. 둘을 비교하면, 중국인은 원수를 갚는 것보다 은혜를 갚는 것을 더 중시한다. 누가 만약 배은망덕하다면 그는 '사람도 아닌 사람' 취급을 받게 되며, 은혜를 원수로 갚는 것은 더욱 양심이 없는 행위다. 그러나 받은 것보다 훨씬 더 많이 보답한다면, 여론의 일치된 칭송을 받을 것이며, 보답 받은 사람은 아예 공개적으로 "물방울 같은 은혜를 용솟는 샘물로 보답 받았다"라고 할 것이다.

원수를 갚는 것은 이와 달라서, 반드시 구체적인 문제를 통해 구체적으로 분석해야 한다.

첫째는 '원한'의 크기다. 가볍게 상해를 가했거나 일부러 그런 것이 아니라면 '원한을 풀고, 맺혀서는 안 되며', 화해가 가장 좋다. '눈에는 눈, 이에는 이'도 필요 없다. '사소한 원한을 반드시 갚을' 필요는 없다. 두 번째, 보복의 정도이다. 일반적으로 받은 만큼 갚는 것이 적당하다. 다른 사람이 발을 밟았을 뿐인데, 그 사람의 다리를 자르겠다고 해서는 안 된다. 세 번째, 복수할 사람과 원수진 사람 사이의 지위와 힘의 대비다. 만약 지위나 힘이 비슷하다면, 보통 여론은 전혀 관여하지 않는다. 또 약자가 강자에게 복수한다면 여론은 동정과 지지를 보낼 것이다. 하지만 강자가 약자에게 복수한다면 문제는 좀 복잡해진다. 인정을 중시하는 중국인은 항상 약자를 동정하기 때문이다. 원한이 아주 크거나 강자와 약자의 입장이 서로 정반대가 됐다면 모를까, 그렇지 않으면 불공평하다고 할지 모른다. 그래서 한신이 공을 세워 이름을 날려 금의환향하자, 과거 밥을 주었던 빨래하던 아낙에게 천금으로 보답했으며, 과거 자신으로 하여금 '가랑이 밑을 빠져나가는 치욕'을 겪게 한 소년에게는 따지지 않았다. 바로 이 원칙들을 잘 알고 있었기 때문이다.

중국 문화가 은혜에 대한 보답을 장려하고, 복수에 대해서는 제한을 가하는 것은 나름의 이유가 있다. 은혜에 대한 보답은 사람과 사람의 연계를 강화하고, 단체의 단결과 사회의 안정에 유리하기 때문이다. 반면, 복수는 사람들 사이에 적대감을 조성하고, 단체를 유지하는 데 이롭지 않으며, 심지어 사회질서를 해치고 혼란을 조성한다. 사소한 원한도 반드시 갚고 넘어간다면, 그 원한은 끝없이 이어져 세상이 어지러워질 수 있다. 한마디로 말해서, 격려도 제한도 모두 '단체의식'을 근본으로 한다.

어찌됐든 간에 보답은 필수이다. 사람의 힘으로 보답하기 어렵다면, '하늘의 뜻'에라도 희망을 걸기 마련이다. 이번 생애에 보답할 수 없다면, '다음 생'에 희망을 건다. 은혜는 '다음 생에 소나 말이 되어서라도' 갚아야 하고, '결초보은結草報恩' 해야 한다. 하지만 원한은 악귀가 되어서라도 풀어야 한다. 속담에 '양심에 꺼린 짓을 하지 않았으면 한밤중에 귀신이 찾아와도 두려워하지 않는다'는 말이 있다. 이 귀신은 다름 아닌, 바로 피해를 입은 원혼이다. 중국인들은 '착한 일을 하면 복을 받고, 나쁜 짓을 하면 벌을 받으며, 갚지 않는 것이 아니라 시기가 오지 않았을 뿐, 시기만 오면 모두 갚는다'라고 믿는다. 어쨌든 긍정적인 은혜도 그렇고 부정적인 원한도 그렇고 모두 반드시 갚게 되어 있다. 이 점을 모르면 '인정을 모르는 것'이다.

인정은 왜 반드시 갚아야 할까? 감정은 주고받는 것이기 때문이다. 내가 어떤 사람을 사랑하는데, 그 사람이 나를 사랑하지 않는다면 계속 사랑할 수 없다. 내가 어떤 사람을 미워하는데, 그 사람이 나를 미워하지 않는다면 계속 미워할 수 없다. 게다가 인정은 중국인에게 내심의 체험만이 아니라, 단체를 유지하는 데 중요한 수단이기 때문에 보답하지 않을 수 없다.

단체를 유지하는 방법, 수단, 조건은 여러 가지가 있지만, 인정만큼 믿음직한 것은 없다. 법률에 대해 말해 보자. 법률은 당연히 권위가 있다. 하지만 법률은 '행적行績'을 관리할 수는 있어도 '마음(사상)'은 관리할 수 없다. 모두가 정해진 규칙대로 행동하는 것을 보장할 수 있을 뿐, 모두가 일치된 생각과 행동으로 같은 목표를 향해 노력하는 것은 보장할 수 없다. 규칙에 따르는 것도 보장할 수 없다. 일단 법집행이 엄하지 않거나 법제가 미흡하면, 즉각 또 다른 현상이 나타난다. 더욱이 조정의 국법에 대해 중국인들은 감히 강경하게 반박하지는 못했지만, 조르고 요구할 수는 있었다. '위에는 정책이 있고, 아래에는 대책이 있다' 랍시고 항상 "편법, 상황에 따라 바뀐다면" 어디 믿을 수 있겠는가.

이해관계는 더욱 미덥지 못하다. 이해관계는 임시적이고, 느슨한 관계만 맺을 수 있을 뿐이다. 유리할 때는 떼를 지어 몰려오고, 해로울 때는 산산이 흩어진다. 위험에 처했을 때는 일치단결하고, 승리 후에는 같은 편끼리 서로 싸운다.

체면도 아주 의심스럽다. 체면은 분명 '얼굴'로, 표면적인 것이다. 이는 '앞뒤가 다르기' 쉽다. 얼굴을 마주할 때는 형, 동생 하다가 서로 등을 돌리면 너 죽고 나 살자 한다. 하지만 인정은 그렇지 않다. 인정은 본질적으로 '정'이다. 내심에서 나오는 것이며, 가장 믿을 만하다. 얼굴은 거짓으로 꾸밀 수 있지만(가면), 정감은 분명 진심(충정)이다. 체면에 크기가 있다면, 정감에는 깊이가 있다. 정감의 깊이는 결코 체면의 크기로 바꿀 수 없다. 체면으로 타인을 위해 일을 할 경우, 대충하거나 마음을 다해서 하기 힘들다. 마음을 다해 다른 사람을 위해 일을 할 때는 전심전력을 다하고 위험까지도 무릅쓰게 된다. 단체의 구성원이 모두 한마음으로 단결할 때, 이 단결은 구성원들이 진심으로 원하는 것이기 때문에 이런 단체는 쉽게 와해시킬 수 없다.

그래서 중국인은 인정을 중시함과 동시에 보답도 중시한다. 상대가 나를 이만큼 높였다면, 나는 상대를 그 이상 높인다. 이렇게 서로 주고 받으면서 정은 더욱 깊어지고 우정은 더욱 커지며, 관계는 더욱 밀접해지고, 단체도 더욱 공고해진다.

진퇴양난

인정에 대해 보답을 제대로 하는 것은 쉽지 않은 일이다.

알다시피 '답례'를 하려면 우선 '감사'하는 마음부터 가져야 한다. 상대가 좋은 마음으로 인정을 베풀면, 그것을 받아들이고 당연히 감사를 표시해야 한다. 언뜻 보기에는 간단하지만, 사실 그렇지 않다.

첫째, 다른 사람이 준 것이 내게 필요한 것이 아닐 수 있기 때문이다. 내게 필요한 것이 아니라면 받아야 할까 받지 말아야 할까? 받지 않는 다면 인정을 모르는 것이고, 받는다 해도 쓸데가 없다. 또한 받은 인정 은 결국 돌려줘야 하기 때문에 아무 이유 없이 부담만 늘게 된다. 하지 만 상대가 좋은 마음에서 한 것이라면, 어떻게 거절할 수 있겠는가? 역 시 주는 것은 거절하지 말고 일단 받고 나서 다시 어떻게 돌려줄지를 연구할 수밖에 없다.

둘째, 인정을 주는 방식에도 여러 가지가 있는데, 어떤 것은 불분명 하고 티가 나지 않는 경우가 있다. 어떤 사람이 '은밀한 눈길을 던졌는 데', '영문도 모르고' 있다가 감사의 표시를 하지 못해 오해를 사고 상 대의 미움을 살 수도 있다. 따라서 미움을 사지 않기 위해 항상 조심하 고, 다른 사람의 인정을 소홀히 하거나 간과해서는 안 된다.

감사히 생각한다는 것이 쉽지 않기 때문에 답례는 더욱 어렵다. 중국 인들의 인정관계에서 보답은 결코 물질이 아니라, 정감이기 때문이다. 설령 보낸 것이 물질(이를테면 재난 시에 옷과 밥을 보내는 것)이라 해도 인정이 있다. 어떤 경우에는 진정으로 주는 것이 물건이 아닌 인정일 수 있다. 물질적인 것은 쉽게 보답하거나 돌려줄 수 있다. 누가 밥을 한 번 사서 내가 술을 한 번 사는 것은 볼 수 있고 만질 수 있으며 돈으로 계산할 수 있다. 하지만 정감은 그렇지가 않다. 그것은 형태가 없고 값 을 매길 수 없으며 측량도 계산도 할 수 없다. 보냈는지 안 보냈는지, 갚았는지 갚지 않았는지 혹은 부족한지 아닌지, 마음속으로 전혀 예측 할 수가 없다. 전적으로 '양심'에 따라 처리할 수밖에 없다.

심지어는 '돌려주었는가의 여부'를 문제 삼기도 한다. 중국인의 '인정'이란, 명확하게 말하기 어렵다. 그것은 정감이면도, 순수한 정감이 아닐 때도 있어서 곤란하다. 정감이 순수하다년 눌려줄 쓸요가 없고, 그 정감이 단지 물질적인 거라면 되돌려 주기가 쉽다. 가장 두려운 것은 분명하게 말로 표현할 수 없는 것이다. 돌려준다고 하면 마치 장사하는 것 같고, 돌려주지 않자니 다른 사람에게 신세를 지는 것 같다. 정말이지 진퇴양난이다.[5]

더 골치 아픈 것은 중국인의 '인정'이 다음의 두 가지 특징을 갖는다는 것이다. 하나는 진정한 감정으로, '진심'이라 할 수 있다. 그것은 마음에서 나오고, 보답을 바라지 않는다. 만약 보답을 고집한다면, 도리어 감정을 상하게 할 수 있다. 다른 하나는 표면화, 규격화 또는 의식화된 것으로, '표정表情'이라고 할 수 있다. 이는 공리功利(공명과 이익)적인 성질을 띠는데, '할' 수 있고 '줄' 수 있으며, 당연히 '돌려줘야' 한다. 만약 '표정'을 '진심'으로 생각한다면, 사람들에게 규칙을 잘 모르고 처세를 할 줄 모르며 심지어 양심이 없는 사람으로 여겨질 수 있다. 반대로 만약 '진심'을 '표정'으로 잘못 생각해서 일반적인 방식으로 보답한다면, 상대방은 실망하고 '나를 도대체 어떤 사람으로 생각하는 거야!' 라며 분노할 수 있다. 친구지간에 가장 빈번하게 발생하는 것이 이런 난감한 사태다. '인정'을 갚자니 남처럼 대하는 것 같고, 가깝지 않은 것 같다. 반대로 갚지 않자니 뭔가 개운치 않고 인간미가 없는 것 같고 생각이 모자라는 사람 같다. 그래서 '사느냐 죽느냐'가 햄릿에게 특별한 문제였던 것처럼, '돌려주느냐 돌려주지 않느냐'는 많은 중국인들의 문제다.

그러나 사실, '진심'도 보답할 필요가 있다. 그 방식이 '표정'에 대한 보답과 같지 않을 뿐이다. 때로는 그 대가가 더 크기도 하다. 이를테면 자식에 대한 부모의 사랑은 의심할 것 없이 '진심'이다. 중국의 부모, 더욱이 요즘의 부모는 자녀에 대해 정말 '소나 말처럼 희생하고', 전혀 대가를 바라지 않으며, 고생을 마다하지 않는다. 심지어는 '부모' 같은 조직은 자기의 직원을 대할 때도 사랑으로 대한다. 무료로 학교에 보내주고, 취업을 알선하며, 공비의료보험과 저렴한 주택을 공급하고, 죽은 후에는 장례까지 치러준다. 이런 '사랑'이 만약 '진심'이 아니라면, 그것은 그야말로 '양심이 없는' 것이다.

하지만 엄격하게 말해, 이런 관심과 사랑이 실제로 '공적인 마음'에서 나온 것인지 '사심'에서 나온 것인지 말하기는 어렵다. 왜냐하면 가장 진심 어린 관심과 사랑이라도 보답을 바라는 부분이 없지 않기 때문이다. 지도자가 대중에게 관심을 갖는 것은, 대중의 지지를 얻기를 바라기 때문이다. 부모가 자녀에게 관심을 갖는 것은, 자녀가 성공해서 가문을 빛내주기 바라기 때문이다. 그렇다 해도 부모의 사랑은 매우 진실하고 깊으며, 그 마음도 매우 크고 무겁다. 따라서 자식은 온몸과 맘으로 보답해야 한다.

종속관계

온몸과 마음으로 보답하려면, 우선 '말을 잘 들어야' 한다. 자녀가 '말을 듣지 않으면', 부모는 상심한다. 말을 잘 듣는 것은 정감의 보답 방식이다. 부모님이 우리를 길러주었으니 우리는 부모님의 말을 잘 들어야 한다. 선생님이 우리를 교육했으니 우리는 선생님의 말을 잘 들어야 한다. 당이 우리는 길렀으니 우리는 당의 말을 잘 들어야 한다. 안 듣는다면, 그것은 '보답할 생각을 하지 않는 것'이며, '배은망덕'한 것이다. 말을 듣는다는 것은 무엇인가? '말을 듣는다'는 것은 상대방의 의지가 내 의지로 되고, 상대방의 마음이 내 마음이 되며, 상대방의 애증과 좋고 나쁨이 나의 애정과 좋고 나쁨이 되는 것이다. 이것이 바로 온 마음을 다해 보답하는 것이 아닐까. 이런 보답의 대가야말로 크지 않겠는가?

부모가 자녀에게 말을 잘 들으라고 요구하는 것은 모두 '좋은 뜻'에서 나온 것으로, 그 자체가 바로 '인정'이다. 따라서 부모의 말을 듣지 않는 것은 인정을 받지 않는 것이다. 말을 듣지 않는 것은 '보답할 생각을 하지 않는 것'에서 그치는 게 아니고, '감사한 줄 모르는 것'이다. 또한 '성의를 하찮게 여기는 것'이 된다. 감사할 줄 모르고, 보답하지 않고, 가치를 인정하지 않는데 어떻게 상심하지 않겠는가? 어찌 화나고, 답답하고, 비통하지 않겠는가. 인정은 반드시 보답해야 한다. '만들어진' 표정이든, 마음에서 우러나온 나온 진심이든 모두 갚아야 한다. 그러려면 무엇보다 '말을 잘 들어야' 한다.

인정으로 유지되는 인간관계는 일종의 종속관계다.

인정관계가 어떻게 종속관계일까? 표면적으로 볼 때, 인정관계에서, 한쪽이 베풀면 다른 한쪽은 받아들이고 보답한다. 마치 장사를 하는 것 같다. 사실 현실에서도 인정으로 거래를 포장하는 경우가 많다. 그러나 인정으로 거래를 포장하는 것은, 인정이 매매가 아님을 증명한다. 매매관계는 가장 평등한 관계다. 한쪽은 사기를 원하고, 한쪽은 팔기를 원한다. 가격만 잘 이야기되면 거래는 성립하고, 어느 누구도 다른 누구에게 빚을 지지 않는다. 하지만 인정관계는 그렇지 않다. 지난번에 상대가 나를 도왔으니 이번에 내가 상대를 도우면 이미 '서로 계산이 끝난 것' 같아 보이지만, 인정은 아직 남아 있다. 그래서 다음에 상대가 찾아오면 나는 또 도와줘야 한다. 이렇게 끝없이 주고받고, 돌려주고 돌려받는다. 아직 계산이 끝나지 않았으니 두 사람은 서로 의지할 수밖에 없다. 그들은 영원히 상대방에게 빚을 지고 있기 때문이다.

게다가 인정은 사랑을 근간으로 한다. 사랑이라는 글자는 원래 '애愛'라고 쓰는데, 마음〔心〕이 정 가운데 끼워져 있어서 사랑은 모두 마음에서 나옴을 나타낸다. 이 글자에는 상대방을 '마음으로 받아들이다'라는 뜻도 있으며, 우리는 그것을 '관심'이라고 한다. 상대방을 가슴에 안아 가슴속에 가둬두기 때문에 '가슴에 품다〔關懷〕'라고도 표현한다. 관심의 마음은 친절, 걱정, 근심, 미련을 포함한다. 왜 이런 마음을 가져야 할까? 자기 마음을 이미 상대방의 '가슴'에 '담아두었기' 때문이다. 만약 관심을 갖지 않는다면, 마음은 분명 갈 곳이 없게 된다.

진정한 인정관계는 확실히 '마음의 교환'임을 알 수 있다. 사랑하는 쪽은 '이심전심으로 상대의 마음을 잘 이해해야' 하며, 사랑받는 쪽도 '이심전심'이어야 한다. 서로 이렇게 해야 비로소 '마음이 통하고', '마음을 놓을 수 있다'. 마음을 놓는다는 것은 좋은 것이다. 다만 어디에 놓느냐가 문제다. 당연히 관심을 갖는 사람의 마음에만 놓을 수 있다. '마음이 나와 같지 않으면', 자연히 '내 마음대로 되지 않는다'. 그래서 사랑이 간섭으로 바뀌기 쉽다. 고3 자녀를 대신해서 대학입학지원서를 작성하고, 결혼할 때 자녀 대신 배우자를 찾는 것이 그 예이다. 어떤 때 이런 '사랑'은 자녀에 대한 부모의 신체적 제한과 간섭으로 발전할 수 있는데, 이를테면 때리거나 욕하는 것이다. '친하니까 때리고, 사랑하니까 욕하며', '맞고 자란 아이가 효자가 되고', '때리지 않으면, 버릇이 나빠진다'라고들 하지만, '자식을 때리면서도 부모의 마음은 아프고', 부모가 지불하는 대가는 더욱 크다. 이는 모두 자식이 '잘되게 하기' 위해서 하는 행동이기 때문이다.

이렇듯 몸과 마음을 다 바쳐 '관심'을 받았으니, 당연히 말을 들어야한다. 만약 그렇지 않으면 관심을 받을 수가 없다.

인정이라는 게 좋은 것이긴 해도 제법 골치 아프다. 없으면 안 되지만, 지나치게 많아도 감당하기 어렵다. 말을 잘 듣는 것에 대해 말하자면, 말을 듣지 않으면 관심을 받을 수 없고, 너무 잘 들으면 자유를 잃게 된다. 관심은 받으면서 어느 정도 자유롭고, 인정이 모자라지 않으면서 인정에 구속되지 않는 방법은 없을까? 방법은 아마 있을 것이다. 단지 요령이 좀 필요하다.

처세의 문제

세상 물정과 처세

세상 물정〔世故〕이란 세상 경험〔世面〕이라고도 한다. 경험에는 새로운 것과 오래된 것이 있다. '오래된 것'은 모든 선례와 기존의 법규이며, 경험과 교훈이다. 어떤 사람이 세상 경험을 많이 하여 보고 들은 것이 많아져서 알고 있는 이야기, 규범, 교훈이 많아졌을 때 '처세에 능하다'라고 한다.

세상 물정은 처세에 쓰는 말이다.

처세란 가장 중요한 일로, 누구나 처세를 해야 한다. 하지만 처세를 잘하기란 매우 어렵다. 이를테면, 회사에서 능력을 어느 정도 발휘해야 할까? 이는 어려운 문제다. 잘하지 못하면 비평을 받을 것이고, 너무 잘해도 질투를 받을 것이며, 중간 정도라면 아마 평범하다고 간주될 것이다. 또한 어떤 문제에 대해 의견이 있을 때, 의사를 표현해야 할까 말아야 할까? 말하면 '거들먹거리는' 게 되고, 말하지 않으면 '속을 알 수 없는' 사람이 된다. 또 뒤에서 말하면 '겉과 속이 다른' 게 되고, 공개적으로 말하면 '안하무인'이 된다. 또 어떤 사람이 아주 어려운 일을 사정하고 부탁해 왔을 때, 허락해야 할까 말아야 할까? 허락하지 않으면 '체면을 세워주지 못하는 것이고', 허락했다가 처리하지 못하면 '사람을 속이는 것'이며, 이실직고하면 '핑계를 대는' 것이고, 대충 얼버무리면 '불성실하게' 보일 수 있다. 이와 같은 사례는 부지기수다. 이럴 때면 중국인들은 항상 '사람 노릇하기 힘들다'라고 느낀다.

처세가 어려운 것은, '사람'을 대하는 일이기 때문으로, 원래 본인이 하고자 한 바도 아니며, 자신을 위한 것도 아니고 남을 위해서 해야 하는 것이기 때문이다. 따라서 처리하기가 매우 어렵다. 만약 자기가 처세를 하려고 하거나 자신을 위해 처세를 하면, 일은 비교적 간단하다. 어떤 사람이 될 것인가, 그리고 어떻게 할 것인가는 모두 스스로 결정한다. 잘하든 못하든 모두 자기의 일이므로 다른 사람은 관여할 수 없다. 하지만 다른 사람을 위한 처세는 골치 아프다. 무엇을 할지 다른 사람의 뜻을 살펴야 하고, 어떻게 할지 다른 사람의 안색을 살펴야 한다. 잘한 것인지 못한 것인지는 다른 사람의 말에 달렸다. 곧 책임은 자신이 지지만 비평은 다른 사람의 손에 달린 것이다. 돈 쓰고 품을 팔고도 좋을 결과를 얻지 못할 수 있으며, 자칫 실수라도 하면 '고생만 하고 욕을 먹거나', '이 사람에게 잘 보이려다 다른 사람에게 미움을 살' 수 있다.

다른 사람을 위해 처세하기도 이미 어려운데, 다른 사람에게 '사람 됨됨이'까지 보여야 한다. 중국에서 사람이 처세할 줄 아는가 모르는가, 처세를 잘 하는가 못 하는가 심지어 사람다운가 사람답지 못한가는 모두 다른 사람의 '생각'에 달려 있다. 다른 사람이 좋다면 좋은 거고, 잘 못한다면 잘 못하는 것이다. 그러나 모든 사람에게 다 잘한다는 소리를 듣기는 아주 어렵다. '한배에서 나온 자식들도 그 마음이 다 다른데', 사람마다 입장, 관점, 방법, 표준이 다 다른데, 어찌 사람들 마음이다 똑같을 수 있겠는가. 각자 취향이 다 다른데, 어떻게 모두들 다 좋다고 할 수 있겠는가. 게다가 '이렇게 보면 이렇고, 저렇게 보면 또 저렇기' 때문에 같은 사람이라도 보는 관점에 따라 견해가 다를 수도 있다. 하지만 문제는 견해가 다른 데서 그치는 게 아니라, 그들이 모두 말할 자격과 의무가 있다고 생각하는 데 있다. 더 골치 아픈 것은 이런 견해를 우리가 듣지 않을 수 없다는 것이다. 이치는 매우 간단하다. 처세란 다른 사람을 위한 것이며 다른 사람에게 보이기 위해 하는 것으로, 당연히 다른 사람의 이런저런 평가에 좌우되기 때문이다. 이는 가령 연극과 같다. 연극은 관중에게 보여주기 위한 것인 만큼, 관중은 갈채를 보내거나 야유할 자격이 있는 것이다.

그러나 처세가 연기와 다른 점은, 연극은 이렇게도 하고 저렇게도 해 볼 수 있지만, 사람을 대상으로 하는 처세는 그렇지 못하다는 데 있다. 연기는 관중의 기호에 따라 프로그램을 짤 수 있고, 관중이 보고 싶어 하는 것을 연기할 수 있다. 하지만 처세는 그렇지가 않다. 반드시 처음과 끝이 똑같아야 한다. 상대방을 봐가며 임기응변하고, 상황에 따라 이랬다저랬다 하는 겉과 속이 다른 행동은 '사람답지 않다'. 더구나 연기를 하는 것과 그것을 보는 것은 자유지만, 처세는 그런 자유가 없다. '관중'을 선택할 수도, '극장'을 선택할 수도 없으며, 더욱이 죽지 않고서는 '연기를 그만둘 수도' 없기 때문이다.

따라서 처세는 매우 어렵다. 또 '거짓'을 면하기도 어렵다. 이를테면 얼굴을 마주했을 때는 '처세'를, 등을 지고 있을 때는 '술수'를 부린다. 사람들이 볼 때는 '성실'하지만, 보는 사람이 없을 때는 '마구잡이로 행동'하는 사람도 있다. 하지만 이 또한 이상할 게 없다. 처세는 자신을 위한 것이 아니므로 가식적일 수 있고, 다른 사람에게 보이는 것이므로 어렵기 때문이다.

처세를 잘하려면 세상 물정을 알고 행동하는 수밖에 없다. 그런 점에서 루쉰의 다음 말은 시사하는 바가 크다. "유명한 학자와 이야기를 나누고 있다면, 그가 말한 것에 대해 마침 모르는 것이 있는 것처럼 행동해야 한다. 너무 모르면 무시당하고, 너무 알면 싫어한다. 하필 모르는 것이 있는 것처럼 하면, 피차 좋다."(《이이집而已集·소잡감小雜感》). 전혀 모르면 자신이 무식하고 유치해 보인다. 심지어 어딘가 모자라 보여서 체면이 깎인다. 구구절절이 다 알면 상대방을 얕보게 되어 상대방의 체면을 구길 수 있다. 가장 좋은 것은 '하필 모르는 게 있는 것처럼 행동'하는 것이며, 그래야 비로소 상대방의 수준을 높이고 자기는 모자라 보이지 않는다. 이렇게 서로 체면이 서야 '피차 좋은 것'이다. 따라서 전혀 모르는 것도 전부 다 아는 것도 좋지 않다. 아는 듯 모르는 듯해야 한다. 중국인들이 세상 물정을 알아야 하는 까닭이 바로 여기에 있다. 그것은 처세가 너무 어렵기 때문이다.

말 같은 것과 말 같지 않은 것

중국인은 처세가 너무 어렵다고 불평하면서도, 의식 또는 무의식적으로 처세에 어려움을 더한다. 이를테면 쉽게 "말 같지 않다"라고 말한다.

사실 '말 같지 않다'라는 것은 중국인의 일대 발명이다.

논리적으로 이 말은 전혀 맞지 않는다. 말이란 일종의 언어로, '같을' 수가 없다. 아마도 원래는 '사람들이 말한 것처럼 그렇게'의 줄임이었을 것이다. 그러나 이 또한 통하지 않는다. 왜냐하면 '말 같지 않은' 자의 언행은 말 같지 않다고 꾸짖기 이전에 일어나기 때문이다. 당신이 결코 먼저 '말'을 한 게 아니라면, 어찌 '같다'라고 할 수 있겠는가.6) 혹 이 '말'이 도덕의 기준을 공인한 것이라 해도 똑같은 문제가 생긴다. 세상에는 고정불변의 '공인된 도덕 기준'이란 게 없기 때문이다. 이를테면 늘 함께 다니고 서로 끔찍이 사랑하는 한 쌍의 부부를 두고, 비교적 전통적인 관념을 가진 사람은 '말 같지 않다'고 생각할 것이다. 하지만 현대 문명을 받아들인 사람 입장에서는 부인을 때리고 아내를 종처럼 부리는 남편의 가식을 볼 때, '정말 말 같지 않다'라고 느낀다. 즉 말 같은가 말 같지 않은가는 전적으로 다른 사람이 어떻게 말하느냐에 달려 있으며, 객관적인 표준 따위는 없다.

지금까지도 객관적인 기준이 없기 때문에, 이 질책은 곧 광범위한 모든 영역에 운용될 수 있었다. 무력으로 다른 나라를 간섭하는 것은 '말 같지 않은 것'이며, 버스에서 다른 사람의 자리를 빼앗는 것도 '말 같지 않은 것'이다. 지도자 간부가 직권을 이용하여 사리를 채우는 것은 '정말 말 같지 않은 것'이며, 중학생이 연애하는 것도 '정말 말 같지 않은 것'이다. 무엇을 '말 같다'라고 하며, 무엇을 '말 같지 않다'라고 하는가? 그리고 그 정도의 차이는 어떠한가? 사실 여기에 제대로 된 표준이 없기 때문에 평가하기가 쉽지 않다.

하지만 분명한 것은 '정말 말 같지 않은 것'은 일종의 분노와 멸시라는 감정을 표현하는 것일 뿐이며, '인정'의 범주에 속한다는 것이다. 따라서 그 말을 사람에게 적용하더라도 그것은 법률적인 처벌도, 도덕적 질책도 아닌 게 된다. 아주 부도덕하거나 비열하고 저속하고 뻔뻔하며 비양심적인 것을 일컫는 표현도 아니기 때문에 정도도 그리 심하지 않다. 어쨌든 사람을 두고 "정말 말도 안 돼"라고 말해도, 법률적 책임을 질 필요도 없고, 법정에서 재판을 받을 리도 없다. 기껏해야 답례로 "너야말로 말이 안 돼"라는 말만 들을 뿐이다.

이런 무기가 생긴 덕분에, 중국인들은 자기 뜻대로 순조롭게 되지 않을 때, 즉 자기의 '눈에 거슬리고', '마음에 늘지 않고', '가만히 보아 넘길 수 없다'라고 생각되는 모든 사람과 일에 대해 분개와 멸시를 표시할 수 있었다.

사람들이 다른 사람의 '말 같지 않은 말'을 지적할 때는 '정말 더는 두고 볼 수 없을 때'이다. 이를테면 서로 끔찍이 사랑하는 남녀가 공개된 장소에서 서로 끌어안고 키스를 해, 사람들의 차가운 시선을 받거나 간섭을 받는 일이 있다. 사실, 두 연인이 즐겁고 행복하다는데 다른 사람이 무슨 간섭인가? 여기서 용인할 수 없는 것은 끌어안고 키스를 하는 그들의 행위가 아니라 그들의 '태도'에 있다. '다른 사람의 비평을 두려워하지 않는 것'은 바로 '근본적으로 다른 사람은 안중에 없다'라는 것과 다름없기 때문이다. 이것이 사람들을 분개하게 하는 것이다. 부끄러움을 모르는 것도 이미 '매우 말도 안 되는 것'인데, 다른 사람의 비평에 아랑곳하지 않고 다른 사람을 안중에 두지 않는다면 '정말 말도 안 되는 일'이 아닌가.

말이 되고 안 되고는 전적으로 다른 사람의 눈에 거슬리는가 그렇지 않은가에 달려 있음을 알 수 있다. 마음에 들 때는 말이 되고, 마음에 들지 않을 때는 말이 안 된다. 어쨌든 말이 되고 안 되고는 모두 다른 사람의 말에 달려 있다.

처세는 왜 다른 사람의 마음에 들어야 할까? 이 '사람 됨됨이'라는 것이 원래 다른 사람에게 보이기 위한 것이기 때문이다. 무대와 좋은 비교가 되는데, 무대에서는 관중을 위해 당연히 발음은 정확하게 하고, 곡조는 구성지게 잘해야만 한다. 그러면 어떻게 해야 잘할 수 있을까? 관건은 '관중의식'이 있어야 한다. 다시 말해, '영향에 주의'해야 한다. 중국인은 어려서부터 '영향에 주의' 하는 교육을 받았다. 예를 들어, 다른 사람에게 구실을 주거나 이야깃거리를 남기거나 물의를 일으키는 것은 두렵다는 이치를 안다. 따라서 '꼬리를 감추고', 조심조심 처세를 한다. 그렇지 않으면 스스로 고생스럽게 처세를 했음에도, 다른 사람의 마음에 들지 않고('모습(影)'이 좋지 못하다), 그들이 듣기 좋은 소리를 하지 않는다면 어찌 손해 보는 장사가 아니겠는가? 그래서 항상 주위를 살펴보고 행동하며, 길을 걸을 때는 그림자를 보고, 말을 할 때는 대답을 듣고, 규칙에 맞게 행동하며, 앞뒤를 잘 살핀다.

하지만 이 '영향에 주의' 하는 것도 쉽지 않다. 중국의 '관중'은 결코 도와주는 존재가 되기 어렵기 때문이다. 이를테면 중국인은 '경박함'을 좋아하지 않는다. 따라서 처세에 신중을 기한다. 보통은 자신의 능력을 드러내지 않고 있다가 우연하게 뛰어남을 드러내는 것이 가장 좋다. 이것이 바로 처세의 비결이며, 세상 물정을 아는 것이기도 하다.

'세상 물정'은 골치 아픈 일이다. 너무 몰라도 안 되고, 너무 밝아도 안 된다. 세상 물정을 전혀 모르면 처세를 할 수 없고 혐오감을 불러일으키며, 너무 세상 물정에 밝아도 꿍꿍이가 심해져서 사람을 경계하게 만든다. 대체로 '종종 모르는 게 있는 것'이 좋다. 루쉰은 "어떤 사람이 '세상 물정을 모른다'고 하는 것은 물론 좋은 말이 아니다. 하지만 그가 '세상 물정에 밝다'고 하는 것도 좋은 말은 아니다(《남강북조집南腔北調集·세고삼미世故三昧》)"라고 했다. 세상 물정은 얼굴 가죽과 같다. 낯가죽이 너무 얇아도, 너무 두꺼워도 부끄러운 줄 모르는 것처럼, 세상 물정을 몰라도, 너무 많이 알아도 부끄러운 줄 모른다. 중국인의 처세의 어려움은 여기에서도 볼 수 있다.

세상 물정과 인정

확실히 중국인들은 처세할 때 거짓말을 하지 않으면 안 되는 경우가 있는데, '사람의 도리'라는 게 사람을 곤란하게 만들곤 한다. 안 할 수도 없고, 좋은 마음으로 해도 꼭 결과가 좋은 것도 아니기 때문이다.

마찬가지로 인정이 없어서도 안 되고, 인정이 너무 많아도 곤란하다. 왜냐하면 이해타산이 맞아떨어지지 않기 때문이다. 이를테면 갑이 을에게 신세를 져서 나중에 갚았다고 하자. 갑은 이제 '공평'해졌다고 생각하지만, 을은 자기가 더 많이 지불했고 얻은 것이 적다고 생각해서 속으로 불공평하다고 느낄 수 있다. 심지어는 갑의 행동에 대해 '책임을 다하지 않는 것'이라고 오해할 수 있다. 또한 오히려 갑은 신세를 진 것보다 더 많이 갚았다고 생각할 수도 있다. 이렇게 되면 갑과 을은 원한을 맺을 수 있고, 원한이 쌓여 원수가 될 수도 있다. 공연히 인정을 베풀면 잘못해서 친구를 잃기도 하는 것이다.

인정에는 감정의 의미뿐 아니라, 실리적 성질이 있다는 데 그 원인이 있다. 이 점이 사람을 난처하게 한다. 순수한 감정이라면 지나치게 따질 필요가 없다. 또 순수한 물건 같으면, 가격을 확실히 밝혀도 상관없다. 하지만 한쪽에서는 실리를 따지고 다른 쪽에서는 체면을 중시할 때는 문제가 생기게 된다. 또한 인정의 가치는 물건처럼 추산할 수가 없기 때문에 표시 가격을 공개할 수도, 협의 가격을 분명히 할 수도 없다. 따라서 당연히 협약을 체결할 수도, 교환할 수도, 돈을 지불할 수도 없는 것이다. 이렇게 인정 관계를 '비상업적 행위'라고 여긴다면, 인정을 베풀 기회가 반드시 있어야 한다. 그렇지 않으면 '정을 준' 것이 '거래'로 바뀌어 모두의 얼굴이 좋지 않을 수 있다. 그러나 그 인정을 베풀 기회가 언제 온다고는 단정하기 어렵다. 더군다나 기회는 큰 것도, 작

250

은 것도 있고, 인정은 많기도, 적기도 해서 같은 값인지는 하늘만 안다. 신세를 지거나 인정을 베풀었다고 해서 보답을 얻을 수 있는지, 보답을 했는데 상대가 인정할지는 알 수 없으며, 전혀 확신할 수도 없다. 갑은 '이미 할 도리는 다했다'라고 생각하는데, 정은 상대방이 '신의를 저버렸다'라고 생각할 수 있다. 병은 '기회를 기다리는 것' 뿐인데, 을은 상대방이 '세상 물정'을 모른다고 생각할 수 있다. 모두 무언가 분명하지 않은 기분에 서로들 화가 난다. 즉 좋은 일도 나쁜 일로 바뀐다. 그렇기 때문에 사람은 세상 물정에 밝아야 한다.

세상 물정에 밝기 위해서는, 첫째, 어떻게 해야 다른 사람이 자신의 신세를 지는지를 알아야 한다. 타인에게 관심을 갖고, 타인에게 자상하게 대하며, 타인을 보살피고, 타인이 어려움에 처했을 때 도움의 손길을 내밀거나 직무상의 편의를 이용해 '다른 사람에게 편의를 제공'하는 것 등이 그것이다. 세상 물정에 밝은 사람의 특징은 세 가지로 정리할 수 있다. 첫 번째 특징은, 남의 안색을 잘 살피고, 정보에 빠르다는 것이다. 타인이 입을 열기도 전에 혹은 입을 열기 불편해할 때 자진해서 도와준다. 심지어 일을 잘 처리하여 그 사람을 '과분한 정성에 기뻐 놀라워하면서도 한편으로는 조금 부담스럽게'하거나, '뜻밖의 기쁨을 안겨주어 즐겁게 해준다'거나, '넙죽 엎드릴 정도로 완전히 감탄'하게 만든다. 두 번째는 내색하지 않고 큰일을 간단하게 처리하고, 사전에 떠벌이지 않으며, 사후에 자신의 노고를 자랑하지 않는다. 심지어는 '인정하지 않으며', 당연히 입을 다물고 보답은 바라지도 않는다. 세 번째, 이해관계를 따지지 않는다. 심지어 스스로 조금 손해를 보거나 (베푼 인정의 크기와 비례하여 자신의 근본적인 이익을 해치지 않는 범위 내에서), '안전한 위험'은 조금 감수한다. 이 세 가지는 모두 상대방의

'진정'에 감동하게 해서 '어떻게 해도 보답할 수 없다'는 심리를 일으
킨다. 본전이 많이 들지는 않지만, 이익은 상당히 좋다.

세상 물정에 밝기 위한 둘째 조건은, 어떻게 신세를 지지 않는지를
반드시 알아야 한다는 것이다. 인정은 반드시 갚아야 한다. 하지만 언
제 갚아야 하는지, 어떻게 갚는지, 얼마나 갚아야 하는지에 대한 일정
한 규칙이 없다. 만약 신세를 적게 지고 많이 갚는다면 손해가 아닌가?
만약 신세를 오래 지고도 갚지 못하면, 부담이 되어 더욱 곤란하지 않
겠는가? 그래서 만부득이한 상황이 아니면, 쉽게 은혜를 받아들여서
'마음의 빚'을 져서는 안 된다. 약간 손해를 봐도 괜찮다. 그러나 손해
를 보려면 확실한 곳에서 보고, 모르는 손해는 봐서는 안 되며, 적어도
상대방이 속으로 헤아리게 해야 한다.

셋째, 반드시 어떻게 '처세를 해야 하는지'를 알아야 한다. 다음의 세
가지를 유의해야 한다. 하나는 '대상을 정확히 보는 것'이다. 무릇 그
대상이란, 요구가 절박하고 분명히 앞으로 갚을 것이라고 이야기하며
갚을 능력이 있고 특별히 '의리를 중시하고 규칙을 아는' 사람이다. 만
약 상대방이 인정이 풍부하고 관계 네트워크가 방대하며 사회적 배경
이 좋다면, 단박에 갚지 않더라도 '감정상의 투자'로 생각할 수 있다.
그냥 주식을 샀다고 생각하면 된다. 만약 상대가 갚을 가능성은 없지만,
'경력이 대단하다'면 밉보이지 말고 적당하게 얼버무리면 된다. 한마
디로 인정은 '지나치게 베풀면' 안 된다. 두 번째, 충분히 자신의 의견
을 밝힌다. 인정을 베푸는 것은 상업적인 투자처럼 주식 보유량에 따라
이득을 나누는 게 아니다. 만약 인정을 적게 베풀면 상대방은 보답할 필
요가 없다고 생각하며, 공연한 짓이 된다. '하는 김에 인심 쓴다'고 너
무 '닥치는 대로' 하면 상대방이 자신을 '깔보게' 하지 말아야 한다. 쉽

게 얻은 것은 쉽게 잃는다고 온전치 못하게 전하지도 말아야 한다. 셋째, 쉽게 쓰지 않는다. 내가 아주 열심히 인정을 베풀었는데, 상대방은 사소한 수고로 갚는다면 손해다. 또한 인정을 한 번 쓰고 나면 다음에 다시 쓰지 않게 된다. 다시 쓰게 하려면 다시 투자해야 한다. 그래서 '투자' 한 후에는 가볍게 쓰거나, 한 번만 쓰게 해서는 안 된다. 할 일을 다 하고 서로의 관계를 잘 처리하는 사람이 인간관계의 고수다.

양심, 의리, 인정미

부귀에 대한 영합과 양심

세상 물정보다 더 무서운 것이 부와 권세를 보고 사람을 대하는 것이다.

권세에 대한 영합과 세상 물정은 다르다. 표면적으로 볼 때, 둘 다 자기 자신의 사사로운 잇속을 중요한 문제로 삼으며, 처세의 출발점이라는 점은 같다. 그러나 세상 물정을 아는 사람이 사적인 이익을 도모하는 동시에 타인을 보살피거나 혹은 전체적인 상황을 살핀다면, 권세에 아부하는 사람은 자기 자신만 있고 타인은 없다. 세상 물정을 아는 사람이 인정의 법칙을 존중하고, 그 법칙을 이용하여 자신의 이익을 꾀하거나 혹은 인정의 법칙에 위배되지 않는다는 전제하에서 계산기를 두드린다면, 권세에 아부하는 사람은 근본적으로 인정의 법칙에 위배되며, 이 법칙에 대해 일종의 파괴 작용을 한다. 세상 물정을 아는 사람은 체면을 따지기 때문에 그가 어떻게 사리를 도모하든지 간에 체면상 그럭저럭 넘어갈 수 있다면, 권세에 아부하는 사람은 전혀 체면을 따지지 않고 적나라하게 권세에 아부하여 경제적 이득을 추구한다. 세상 물정을 아는 사람은 더 장기적인 이익을 위해 눈앞의 작은 이익을 희생할 수 있고 심지어 일부러 손해를 보기도 하지만, 부와 권세에 영합하는 사람은 좁은 식견으로 이득을 보면 의로움을 잊어버리고 인격적으로는 더욱 천하다. 그래서 중국인은 '세상 물정을 아는 것'과 '부와 권세에 대해 영합하는 것'에 대한 마음가짐이 다르다. 세상 물정을 아는 것에 대해서는 비판하는 한편, 자기도 모르게 주장하거나 암암리에 학습한다. 부와 권세에 대한 영합에 대해서는 비판하고 지극히 멸시한다.

부와 권세에 대한 영합은 비열할 뿐 아니라 유해하다. 어떤 사람이 득세할 때는 문정성시를 이루고, 사람이 끊이지 않으며, 사람들이 떼를 지어 모여들다가 일단 실세失勢하면 바로 '뿔뿔이 흩어지거나', 심지어 '불난 집에 부채질을 한다면' 어찌 두렵지 않겠는가. 또 단체가 흥성할 때는 모두 얻어먹고, 이용하고, 의지하다가 일단 위험에 직면하면 '여기저기로 흩어지고', 아무도 지키려 하지 않으니 이 단체가 어떻게 일순간에 와해되지 않을 수 있겠는가. 분명 단체의식이 사상의 핵심을 이루는 문화는 이런 엄중한 결과를 양산할 수밖에 없다.

그래서 '양심'과 '의리'가 필요하다.

양심은 글자 그대로 보면, 선량한 마음이다. 하지만 사실 모든 선량한 마음이 양심은 아니며, 모든 악행이 '양심이 없는 것'은 아니다. 타인의 슬픔을 보고도 무관심하거나, 타인이 어려움에 직면한 것을 보고도 도와줄 생각을 하지 않는 것은 '동정심'이 없는 것이다. 밝은 대낮에 부끄러운 짓을 하고 나쁜 짓을 하고서도 본체만체 내버려두고 반성하지 않으면 '수치심'이 없는 것이다. 이 모두를 일컬어 '양심이 없다'라고 할 수는 없다. 은혜를 알고도 갚지 않고 이익 때문에 정의를 잊으며 친구를 팔아 영예를 구하고 몰래 이익을 밖으로 빼돌리는 행위야말로 바로 '양심이 없다'고 비난받는 행동인 것이다. 이를테면 전에 신세를 졌던 어떤 사람에게 어려움이 생겼을 때, 도울 능력이 있음에도 불구하고 구원의 손길을 뻗으려 하지 않고 모른 체 하는 것이 양심이 없는 것이다. 곧 양심이란 인정에 대한 보답에 사용하는 도덕범주이다.

양심이 있다는 것은 인정과 의리가 있다는 것이고 아름다운 것이며 좋은 것이다. 이 모두를 합쳐서 '아름답고 좋다〔美好〕'라고 한다. 양심이 없는 것은 인정과 의리가 없는 것이며 추한 것이며 악한 것이다. 이 모두를 합쳐서 '추악醜惡하다'라고 한다. 사람은 아름다운 사물을 사랑하고 추악한 것은 증오하는데, 바로 여기에서 심리적인 '인정의 법칙'이 확립된다. 어떤 사람이 인정을 모르고 양심을 따지지 않는다면, 그것은 바로 마음이 추악한 것이다. 이런 사람은 타인에게 증오를 받을 뿐 아니라, 자기 스스로도 부끄러워서 쥐구멍에라도 들어가고 싶어 해야 한다. 이런 식으로 일종의 심리적인 압력이 조성된다. '양심을 따지지 않는' 사람들이 '아무렇지 않게' 살아갈 수 없게 하는 것이다.

분명 양심은 일종의 '유연한 컨트롤'로, 그 사람의 '마음이 편안한가의 여부'에 달려 있다. 따라서 어떤 사람이 양심적이지 못해 많은 사람들이 그에게 '정말 말도 안 된다'라고 생각하더라도, 그 자신이 '마음에 거리낌'이 없다면 다른 사람 역시 어쩔 도리가 없게 된다. 한번은 재여宰子7)와 공자가 장사葬事 지내기 전에 관을 지키는 일에 대해 변론했다. 공자는 '삼년상'을 주장했고, 재여는 일 년이면 된다고 생각했다. 재여는 부모가 돌아가셨다고 삼 년을 지켜야 한다면 너무 긴 기간이며, 묵은 쌀은 이미 다 먹었고 햅쌀도 아직 나오지 않은 데다 불붙일 장작도 일 년치를 다 썼으면 되지 않겠냐고 했다. 그러자 공자는 "부모님이 돌아가셨는데 삼 년도 되지 않아서 흰쌀밥을 먹고, 화려한 비단옷을 입는다면 마음이 편안하겠는가?"라고 반문했다. 재여는 솔직하게 대답했다. "편안합니다!" 공자는 노기충천하여 그에게 대놓고 면박을 주었다. "네가 편안하다고 느끼면 그렇게 해라. 군자는 부모의 상중에 있을 때는 맛있는 것을 먹어도 맛있지 않고, 음악을 들어도 즐겁지 않으며, 집에 있어도 편치 않아서 그렇게 하지 않는 것이다. 네가 기왕 '마음이 편안하다' 면 너는 그렇게 해라!"

재여와 공자의 이 변론은 조금 우스운 면이 있다. 일년상을 지내느냐 삼년상을 지내느냐가 다툴 만한 일인가? 다시 말해, 재여의 말이 일리가 전혀 없는 것은 아니다. 재여는 "삼 년의 예를 행하지 않으면 예는 반드시 망쳐질 것이고, 삼 년 동안 음악을 듣지 않으면 음악은 반드시 무너질 것이다"라는 이유를 들어 삼 년이 너무 길다고 하였다. 하지만 공자는 오히려 조건을 걸지 않았다. 아이가 태어난 지 삼 년 후에야 비로소 부모의 품에서 벗어날 수 있기 때문이다. 부모가 기왕 나에게 '삼년을 품은 사랑' 을 주셨으니, 우리도 '삼년상을 지켜 보답' 해야 하며, 그렇지 않으면 양심이 없는 것이라는 뜻이다. 그러나 이런 보답은 부모가 결코 그 진정한 장점을 누릴 수가 없다. 우리 자신의 마음이 편안한지 그렇지 못한지의 문제일 뿐이다. 따라서 공자가 재여의 주장을 들은 후에 "쌀밥을 먹고, 비단옷을 입었는데, 마음이 편안하냐?" 라고 질문한 것이고, 재여는 "편안하다" 라고 대답했으며, 공자는 온몸의 맥이 빠진 듯 신경질을 내며 "네가 편안하다면 그렇게 해라!" 라고 한 것이다. 성인이 학생을 어찌하지 못하는데, 우린들 부와 권세에 아부하는 소인을 어떻게 할 수 있겠는가.

양심과 의리
분명 양심만으로 부와 권세에 대한 아부에 대항하는 건 역부족이다.

게다가 부와 권세에 대한 아부도 어느 정도 합리성이 있다. 즉 이로움을 좇고 해를 피하는 것은 인간의 본능이기 때문이다. 이는 절대 '양심 없다'라는 말로 쉽게 치부할 수 없다. 이로움의 유혹은 저지할 수 있지만, 해로움의 위협은 항거하기 어렵다.

기원전 265년, 진소왕秦昭王은 재상 범저范雎를 대신해서 복수를 하기 위해 조趙나라 효성왕孝成王의 동생 평원군平原君을 연금했다. 그러고는 그에게 그의 집에 은닉 중이던 위상魏相 위제魏齊(범저의 원수)를 내놓으라고 했다. 이 사실을 조왕이 듣고 자기 동생을 구하기 위해 군대를 파견하여 평원군의 집을 둘러싸자, 위제는 야밤을 틈타 도망가서는 조나라 재상 우경虞卿에게 도움을 청했다. 우경은 또 위제와 대량大梁으로 도망갔는데, 이는 위나라 신릉군信陵君의 도움을 받아 초나라로 도망가고자 했기 때문이다. 신릉군이 전갈을 받고는 진나라의 보복이 두려워 '망설이며 만나려 하지 않고' 일부러 잘 모르는 척 우경이 어떤 사람이냐고 물었다. 신릉군의 '상객' 후영侯嬴이 옆에서 그냥 넘어가지 못하고 끼어들었다. "우경이 어떤 사람이냐고요? 그는 짚신을 신고 우산을 받쳐 들고 달려가 조왕에게 유세遊說하다가 세 번 만에 재상에 봉해졌고, 온 세상 사람들이 다투어 사귀고자 한 사람입니다. 위제가 궁지에 빠져 우경에게 도움을 청하자, 우경은 높은 벼슬과 많은 녹봉을 던져버리고 몇 날 밤을 달려 대량에 왔습니다. 오직 타인의 어려움을 구하기 위해 공자公子에게 도움을 청하러 온 것인데, 공자는 오히려 그가 어떤 사람이냐고 물으십니까?" 신릉군이 듣고는 얼굴이 붉어져서 재빨리 말을 타고 교외에 가서 만났다. 그러나 위제는 이미 신릉군이 난처해한다는 소리를 듣고 분노하여 자살한 뒤였다. 또한 우경은 충격을 받아 "박정한 세상인심, 인정이 마치 종이처럼 얇다"라며 울적하고 분노한 마음을 담아 책으로 펴냈다.

　사실 신릉군은 결코 소인이 아니다. 8년 후에 그는 조나라의 위기를 구하기 위해 책임지고 병부兵符를 훔쳐 진비晉鄙를 죽이고 위왕의 군권을 빼앗아 진나라를 공격했는데, 이것이 역사적으로도 유명한 '신릉군이 조를 구한 사건'이다. 이는 여러 번 소설이나 연극, 영화로 만들어졌다. 우리는 신릉군의 이 의거義擧가 '위제 사건'의 영향을 받았는지는 알 수 없지만, 신릉군이 소인이 아니라는 사실은 인정할 수 있다. 소인이 아닐 뿐 아니라 유명한 군자였다. "제에는 맹상군孟嘗君이 있고, 위에는 신릉군信陵君이 있으며, 조에는 평원군平原君이 있고, 초에는 춘신군春申君이 있다"라고 할 정도다. 이렇게 덕이 높고 명망이 뛰어나도 부와 권세에 아부를 면하기 어려운데 하물며 백성들은 어떻겠는가?

　부와 권세에 대한 아부에 대항하려면, 양심 말고도 의협심이 있어야 한다. 위제는 신릉군에 대한 은혜가 있었는가? 없었다. 후영8)도 절대 신릉군이 양심이 없다고 비난하지 않았다. 그래서 신릉군을 감동시킨 '위험에 빠진 선비' 우경의 '대의大義'는, 국사가 막다른 길로 가는 것을 보고 싶지 않은 '차마 그럴 수 없는 마음'이었다. 이런 마음은 일종의 사랑하는 마음이고, 어려움을 만난 사람을 보면 저절로 생기는 '측은지심'이며, 입장을 바꾸어 생각하는 '동정심'이고, 불의를 보고 용감하게 싸우는 '의협심'이었다. 사실 위제와 범저의 원한은 우경과 후영과는 어떤 관계도 없으며, 그들은 순수하게 '참견하기 좋아'했을 뿐이다. 또한 위제는 범저에 대해 확실히 용서할 수 없는 죄를 범한 적이 있다. 당초, 범저의 지위가 낮았을 때, 위나라의 중대부 수가須賈를 따라 함께 제齊나라에 사신으로 갔다. 수가는 자신의 출사 실패의 책임을 전가하기 위해 범저를 외국과 내통했다고 모함했다. 재상이었던 위제는 수가의 말만 듣고 범저를 죽도록 때리라고 명령했다. 범저가 죽은 척하자, 위제는 또 화장실에 던져버리라고 명령했고, 술 취한 사람들이 그의 몸에 오줌을 싸게 했는데, 정말이지 참을 수 없는 치욕이었다. 그래서 범저는 권력을 얻은 후에 반드시 위제를 사지에 몰아넣으려고 했다. '정상을 참작할' 만한 일이었다. 문제는 만약 이때 범저가 평민에 불과했다면, 그가 어떻게 복수를 하든, 어떤 극단적인 수단을 쓰든 간에 모두 의로운 일이라고 볼 수 있었을 것이다. 그러나 범저는 이미 진나라의 재상으로, 진의 강함에 의지하여 약소국을 압박했다. 즉 '세력을 믿고 기만하는' 냄새를 피웠다. 그래서 우경, 후영 등이 의분義憤을 일으켰고, 사실 별 볼일 없는 위제를 돕지 않을 수 없었던 것이다.

이로써 은혜를 입으면 은혜를 갚고, 원수에게 원수를 갚는 일반적인 보답의 원칙 위에 한 차원 더 높은 원칙인 '정의'가 있다는 것을 알 수 있다. 정의와 이로움〔利〕은 서로 용납하지 않는다. "군자는 의義에 밝고, 소인은 이利에 밝다"라고 하듯, 정의는 권세를 좇는 아부의 천적이다. 어떤 사람이 나쁜 짓을 했을 때 '양심의 가책'을 받지 않거나, '양심이 등장하지' 않으면, 다른 사람들이 그를 제재할 이유가 된다. 이런 제재의 행위를 '의거義擧'라고 하며, 제재의 동기를 '의협義俠'이라고 한다. 이렇게 한사람이 '부와 권세에 대한 아부'에 위협받고 유혹되어 '정'을 나누지 못한다면, 그가 양심의 가책을 두려워하지 않는다 해도 기탄없이 제재해야 한다. 세속의 사람들이 다른 사람들보다 의협심을 더 중시하는 것은, 위험천만한 강호에서 이로움의 유혹과 해로움의 위협이 매우 크기 때문이다. 그래서 의협심은 점점 강호의 전용명사로 바뀌었다.

의리는 의심할 것 없이 인정에 근본하기 때문에 인정과 의협이라고 한다. 인정이 없는 사람은 당연히 의리가 없으며, 인정이 있는 사람도 반드시 의리가 있는 것은 아니다. 어떤 사람은 평소에는 온정이 넘쳐도 중요한 순간에는 위축되는데, 인정은 있으나 의리는 없는 것이다. 분명 인정은 '감정'이며, 의리는 '기'이다. 기에는 혈기가 있고, 습기가 있다. 혈기가 왕성한 사람은 '용기'가 넘치며, 인의仁義에 익숙한 사람은 바르고 '정기正氣'가 풍부하다. 이를 '절개'라고 한다. 절개가 있으면 자신에게 충실하고 믿음직하며, 성실하고 굳세며, 지혜롭고 인자하고, 강직하고 용감하며, 타인에게는 거리낌 없고 공명정대하다. 희생을 두려워하지 않고, 악을 원수처럼 미워하며, 당연히 '불의를 보면 큰소리 치고, 싸워야 할 때 싸울 수 있으며', 정의를 수호하고, 공정을 위해 대의를 위해 사사로운 정을 돌보지 않고, 정의를 위해 목숨을 바친다.

이 또한 의리와 양심의 다른 점이다. 양심은 자기에게만 관계되지만, 의리는 자기에서 시작해서 남에게 미친다. 이렇게 의리는 양심이 하지 못하는 작용을 할 수 있다. '양심을 중요하게 생각지 않는' 사람은 자기 '마음'이야 편안하겠지만, '의리를 중요하게 생각지 않는' 사람은 '몸'이 혹독하게 대가를 치를 수 있다.

인정미

양심과 의리는 인정 법칙의 두 수문장이다. 하나는 '마음에 들이대는 칼'이고, 다른 하나는 '몸에 들이대는 잣대'다. 하나는 충신이고, 하나는 간신이다. 하나는 마음을 수양하며, 하나는 외부를 제약한다. 이처럼 인정의 법칙은 막힘이 없다.

하지만 이 두 수문장도 특별한 사람과 일을 상대하는 특별한 것일 뿐이다. 일상적인 인간관계 속에서는 양심을 말하고 의리에 입을 다물 필요는 없다. 한 사람이 시도 때도 없이 누군가에게 집적거리며 손해를 입히고 신세를 지며 걸핏하면 양심, 의리를 거들먹거린다면 생각이 없는 것이다.

재미있는 것은 '인정미'다.

중국인의 사회생활은 인정미가 매우 풍부하다. "너는 농사를 짓고, 나는 베를 짜고, 내가 물을 길어오면, 너는 밭에 물을 준다." 미륵은 웃으며 손님을 맞고, 관음은 병을 물리치고, 산천은 서로 비추고, 짐승과 물고기는 스스로 사람을 가까이 한다. 진료까지 아주 인정미가 풍부하다. 두 손가락으로 진맥하고 보고 듣고 물으며, 은근한 불로 천천히 달이면 약 향기가 사방에 가득하다. 중국인은 정말이지 인정이 넘치는 세상에서 산다. 사실 중국에서 인정미는 그 어떤 것보다 중요하다. 사람에게 돈이나 권력, 지식, 문화는 없을 수도 있지만, 인정은 없어서는 안 된다.

인정은 왜 맛이 있을까? 인정은 아름다운 것이기 때문이다. 중국인은 인간의 마음이 아름다운 것은 모두 '정이 있기' 때문이라고 생각한다. 정情이라는 글자는 심心과 청靑으로 이루어졌다. '청'은 '봄철 식물의 잎사귀의 녹색', 곧 생명의 상징이다. 생명을 사랑하고 농업을 위주로 하는 중국 민족에게 '청'은 가장 아름다운 색이다. 아름다운 하늘을 청천靑天이라고 하고, 아름다운 계절을 청양靑陽이라 하며, 아름다운 나이를 청춘靑春이라고 한다. 아름다운 두발을 청사靑絲라고 하고, 좋은 합금을 청동靑銅이라 하며, 안목이 좋은 것을 청안靑眼이라고 하고, 아름다운 건물을 청루靑樓라고 한다. '청'을 이용해 글자를 만들어 마음이 아름다운 것을 '정情'이라 하고, 말이 아름다운 것을 '청請'이라 하며, 사람이 아름다운 것을 '천倩'이라 하고, 눈이 아름다운 것을 '정睛'이라 한다. 정情은 '마음이 아름다운 사람'을 뜻하기도 하는데, 정이 있는 사람은 반드시 마음이 아름답고, 마음이 아름다운 사람은 반드시 정이 있다.

아름다운 것은 맛이 있다. 중국에서 '맛이 있다〔有味〕'는 대부분 칭찬하는 말이다. 이를테면 책에 맛이 있다고 표현하면, 재미있다는 뜻이다. 여자 아이에게 맛이 있다고 표현하면 그 아이가 귀엽다는 뜻이다. 인정미는 인정의 맛이거나 인정 때문에 생긴 맛으로, 당연히 더욱 '아름다운 것'이다.

그래서 중국인은 인정미를 좋아한다.

인정미는 인정과 관계가 있지만, 인정은 아니다. 한 사람이 신세를 졌을 때 혹은 인정을 베풀었을 때는 빚을 졌다거나 인정미를 베풀었다고 할 수 없다. 인정은 보통 실제적인 내용으로, 다른 사람에게 일을 주고, 집을 주고, 배우자를 찾아주는 것이다. 반면, 인정미는 일종의 태도이고 경향이며 정서일 뿐 실제적인 내용이 없다. 다시 말해, 인정미는 인정의 곡조와 맛이고, 형식과 감각이며, 인정 때문에 어떤 사람이나 일, 사물에 부여되는 '형식미形式美'이다. 형식미는 실제적인 내용은 없지만, 없어서는 안 되는 것이다. 형식미가 없다면, 생활은 곧 '무미건조해지고', 사는 게 '재미없어지며', 문장은 '아무리 음미하려 해도 느낄 수 없고', 사람들은 '무료해진다'. 중국인들은 가장 '재미'를 중시한다. 이를테면 어떤 사람이 먼 데서 당신을 만나러 왔다면 당신은 아무리 바쁘고 피곤하고 귀찮아도 성의를 표시해야 한다. 고향, 전 직장에 가서 옛 친구나 이웃들을 만나면 자연스럽게 성의를 표시해야 한다. 이것이 인정이고 인간미다. 이렇게 하지 않으면 '인정을 모르는 것'이다.

어려움에 처하거나 문제가 생긴 사람이 상사에게 도움을 청하려고 할 때 퇴근 후 상사의 집으로 찾아가 부탁하는 이유는 집이 사무실보다 더욱 인정미가 있기 때문이다. 마찬가지로 매일 만나는 회사의 동료들이 연말연시에 친목, 여행, 회식 같은 활동을 조직하는 것 역시, 먹고 마시고 놀기 위함이 아니라 직장의 인정미를 키우려는 것이다. 그래서 이런 활동은 개인이 원하든 원하지 않든 간에 일반적으로 모두 적극 참여해야 한다. 그렇지 않으면 괴팍하고 외톨이며 사람과 잘 어울리지 않거나 인정미가 없다고 여겨지기 쉽다. 인정미와 인정은 일체를 이룬다. 인간미가 없는 것은 즉 인정이 없는 것과 같다.

그러나 한 단체가 인정만으로 유지될 수는 없다. 정은 마음에 깊이 감춰져 보이지 않고 만질 수 없으며 확인도 측량도 할 수 없는 데다, 자신이 처한 상황과 기분에 따라 충동적이기 쉽다. 그래서 파악하기가 어렵다. 한 민족, 한 국가가 이런 '감정'에 의지해 일을 처리한다면, 그 위험은 너무 크다.

다시 방법을 생각해야 한다. 단지 양심만 있어서는 안 되고 의리를 중시해야 하는 것처럼, 온정이 넘치는 것만으로는 부족하다. '하드웨어'가 있어야 한다. 현실성, 강제성, 결합력과 제약이 있는 기제가 있어서 진일보한 규범과 제약이 가해져야 비로소 단체가 반석처럼 견고하여 '오합지중烏合之衆'이 되지 않는다.

이런 기제가 바로 직장, 조직이라는 의미의 '단위單位'이다.

1) 엄중자는 협루가 가난하게 살았을 때 결의형제하고 지냈다. 협루의 집은 가난 했고 엄중자의 집은 부유했기 때문에 먹을 것과 옷뿐 아니라, 그가 다른 나라 에 가서 유세遊說하여 벼슬을 얻을 수 있도록 도왔다. 협루는 한나라에 임용되 어 재상의 자리에까지 올랐다. 협루는 한나라의 정사를 주재하게 되자, 제법 위엄을 부려 사사로이 자기를 만나려는 사람을 문전박대했다. 엄중자는 한나 라에 당도하여 협루의 집을 찾아가 접견을 청하고 한 달을 기다렸으나, 결코 협루를 볼 수 없었다. 엄중자는 자기가 가진 돈을 전부 털어 한나라 군주의 좌 우 측근에게 뇌물을 바쳐 한열후韓烈侯를 배알했다. 열후가 엄수의 말에 감복 하여 그를 높은 자리에 중용重用하려고 했는데, 협루가 이를 알고 엄중자의 단 점을 한후韓侯에게 알려 엄중자가 중용되는 것을 막았다. 엄중자는 자기가 협 루 때문에 한나라에서 중용되지 못했다는 것을 알고 가슴에 커다란 원한을 품 었다.

2) 신의信義로 이름이 높았던 섭정은 전국시대 한나라 사람인데, 살인을 범하고 는 노모와 함께 제나라로 와서 백정 노릇을 하며 숨어살고 있었다. 어느 날 그 의 명성을 듣고 엄중자라는 자가 찾아와 재상宰相 협루를 해치워 달라고 하면 서 황금 2400냥을 내놓고는 노모에게 넙죽 큰절을 했다. 섭정은 그의 태도에 감격했다. 후에 노모가 죽자, 그는 협객俠客이 되어 한나라로 가서 협루를 찔 러 죽이고는 자신의 신분을 감추기 위해 스스로 얼굴의 가죽을 벗기고 눈알을 발라낸 다음, 할복하여 죽었다. 한나라에서는 시체를 저잣거리에 내어놓고 현 상금까지 걸었지만 누구인지 끝까지 알아내지 못했다.

3) 67쪽 참조.

4) 형가는 전국시대 말기 위나라 사람으로 진시황이 통일제국을 건설하기 이전 에 연나라 태자 단丹의 비밀 지령을 받고 진시황을 암살하려다가 실패한 인물 로 유명하다. 사마천의 《사기》〈자객열전〉에 그에 대한 이야기가 비교적 상세 하게 기술되어 있다.

5) 좀 더 풀어서 말하자면, 정감이 순수하면 그냥 마음만 받으면 된다. 그 정감이 순수하게 물건, 즉 가벼운 선물이면 그냥 돌려줘도 오해를 살 일이 없다. 그러 나 그 순수함을 말로써 설명할 수 없기 때문에 그냥 받기도, 돌려주기도 어려

운 것이다.

6) 어떤 사람의 언행에 대해 '말 같지 않나' 라고 하려면, 먼저 그 '말 같지 않음'을 판단할 '말'이 있어야 한다는 뜻이다. 즉 수학적 기호로 나타내면 '언행≠말'로 나타낼 수 있다. 이 기호에서도 볼 수 있듯이 언행은 '말 같지 않다'보다 먼저 나온다. 예를 들어 "이런 행위는 정말 말 같지도 않다"라고 할 때, '이런 행위' ≠ '말'과 같다. 그러므로 '말 같지 않은' ('이런 행위') 언행을 판단할 만한 말이라는 게 뭔지 알 수 없다. 무언가 기준(전제)이 있어야 '같다' 또는 '아니다'라고 감히 말할 수 있는 것이다. 그래서 저자는 "당신이 먼저 말을 한 게 아니라면, 어찌 '같다'라고 할 수 있겠는가(당신이 먼저 말을 했어야, 그 말을 기준으로 같다 또는 아니다를 논할 수 있다)"라고 한 것이다. 결론적으로 '말 같지 않다'라는 말은 애초에 성립이 되지 않는다.

7) 노나라 사람으로, 공자의 제자 중 한 명이고 공문십철 중 1인이기도 한 그는 언변과 외교에 대단히 뛰어난 재질을 보였다. 공자의 제자 중에서도 빼어난 인물임이 분명하지만, 공자는 그를 칭찬하기보다는 야단치고 꾸짖은 바가 더 많다고 한다. 또한 공자가 말 잘하는 사람을 싫어하게 된 원인이기도 하다.

8) 신릉군이 조나라를 도우려 할 때, 나이가 많아 종군할 수 없게 되자 혼백이라도 따르겠다며 스스로 목숨을 끊었다.

266

제5장 단위

단위의 비밀

단위란

중국인에게 직장이나 소속, 근무처를 뜻하는 '단위'는 매우 중요하다. 아니 적어도 중요한 적이 있었다. 개혁 개방 이전, 두 중국인이 만났을 때 아는 사람이라면 "식사했냐"라고 묻고, 소개받은 적이 없는 모르는 사람의 경우, 대부분 "어느 단위에 있느냐"라고 물었다. 길에서 자전거를 타고 가다가 사고가 났을 때나 관공서에 갈 때 경찰과 경비원들 모두 이렇게 물었다. 여자가 남자 친구를 집으로 데려갔을 때도 어머니는 반드시 이 질문을 했다.

단위는 중국인의 생존 근거라 할 수 있다.

단위는 우선 '밥그릇'이다. 정부관계처에서 일하면 '나라 밥'을 먹는 것이고, 국영기업에서 일하면 '철 밥그릇', 외자기업에서 일하면 '금 밥그릇', 경기가 좋지 못한 단위에서 일하면 '자기 밥그릇'이나 '질 밥그릇'이다. 아직 학교에 다니고 있다면, 학교를 '준 밥그릇' 정도로 봐도 된다. 사실 많은 사람들이 대학에 가고 전공을 선택하는 것은 모두 밥그릇을 선택하기 위해서다. 요컨대 단위가 있다는 것은 일이 있고 수입이 있어서 가족을 부양할 수 있으며, '먹고 사는 것' 을 걱정하지 않아도 된다는 것을 의미한다.

단위는 또 '체면' 이다. '큰 단위' 에서 일하는 사람은 체면이 서고 자세도 나온다. '작은 단위' 에서 일하는 사람은 감히 '잘난 척' 을 할 수가 없다. 말할 것도 없이 단위가 없으면, 체면도 서지 않았다. 체면이 서지 않을 뿐 아니라, '의심스러운 사람' 이나 '위험한 사람' 으로 간주되기도 한다. 자영업자가 처음 등장했을 때, 아직 '돈 많은 사람' 이라고 알려지기 전까지 그들은 환영받지 못했다. 그들은 스스로도 불안해하며 항상 자신들에게 단위를 갖다 붙이려고 골몰했다. 어떤 국가나 단체의 단위에 '곁다리로 갖다 붙이거나' 또는 자신의 작은 가게를 당당하게 '회사' 라고 불렀는데, 이렇게 해야 체면을 차릴 수가 있었다. 어쨌든 단위는 한 사람의 가치를 대표한다. 두 사람이 서로 인사할 때 상대방의 단위를 묻는 것은, 상대방의 신분과 지위를 알아내 자신이 어떻게 처신해야 할지를 적절히 파악하기 위해서다. 그래서 '큰 단위' 에서 일하는 사람들은 자신의 단위를 자랑스럽게 명함에 새기고 다닌다.

단위는 또한 '인정' 이다. 두 사람의 단위 사이에 만약 어떤 관계가 있다면, 그들이 원래 아는 사이든 모르는 사이든 모두 '안면' 이라는 게 생긴다. 그들의 단위가 '상하 관계', '자매회사', '이웃회사' 혹은 '거래처' 라면 관계가 한층 더 나아질 수 있다. 만일 한쪽이 다른 쪽에 무언가를 요구할 때, 그 일을 처리하는 데 그다지 번거롭거나 어렵지 않다면, 상대 단위의 체면을 봐서 '인정' 을 베풀었다. 양쪽의 단위가 아무 관계 없지만, 상대방의 단위에 아는 사람이 있으면 그 관계를 이용하여 친한 척하거나 편법을 쓰기도 했다. 개인과 단위는 하나이기 때문에 두 단위 사이에 관계를 만들고 싶으면, 상대방 단위에 있는 '아는 사람' 을 통해 부탁하거나 친한 척할 수 있었다.

더욱 중요한 것은 단위가 밥그릇뿐만 아니라 체면이고 인정이며, '부모' 이고 '가정' 이며, 심지어 '요람' 이자 '포대기' 라는 점이다. 개혁 개방 이전 중국에서 중등 규모의 단위는 모두 업무, 학업, 생활, 오락, 관혼상제, 자녀양육, 자료 보존, 심지어 가족계획 기능까지 있었다. 또한 남녀를 불문하고, 어떤 일이든지 모두 단위에서 책임을 졌다. 이를테면, 부부싸움을 했을 때는 단위에 가서 소란을 피웠고, 이웃 간에 문제가 생겼을 때는 단위에서 화해시켰으며, 사고를 치고 파출소에 억류되면 단위에서 나서야만 문제를 해결할 수 있었다. 물론 상부의 표창을 받는 사람은 단위에서 자동차를 내주거나 상을 받으러 갈 수 있도록 경비를 지출했다. 요컨대, 단위는 한 사람의 의식주, 생로병사, 희로애락에 이르기까지 모든 '책임' 을 졌으며, '세세한 것까지 아우르는 세심한 관심' 을 보여주었다. 지나친 요구와 욕심만 없다면, 지나친 '자유' 와 '주장' 을 할 생각이 아니라면, 단위에서 어머니의 품과 같은 따뜻함을 느낄 수 있었다.

보통 '좋은 단위' 에 들어가면, 평생 혜택을 보장받을 수가 있었다. 그래서 어머니들이 딸의 남자 친구가 속한 단위에 상당히 관심이 많았다. 이는 딸의 '평생' 이 보장되기 때문이었다. 더군다나 단위의 '보살핌' 은 본인 외에 배우자에게까지 혜택이 돌아간다. 많은 단위에서는 그곳에서 일하던 사람의 장례도 책임진다. 만약 사망한 사람이 단위가 없을 때에는 배우자의 단위에서 장례를 책임지도록 규정하고 있다. 이것이야말로 '요람에서 무덤까지' '평생' 보장이 아닌가?

단위와 개인

이렇게 되자 사람들에게는 단위와 하나라는 특별한 감정이 생길 수밖에 없었다.

거의 모든 중국인들이 자신의 단위를 옹호한다. 특히 외부에서 다른 단위의 사람과 함께 있을 때는 의식적이든 무의식적이든 항상 자기 단위의 입장에서 대변하고, 자기 단위의 명예와 이익, 체면, 실리를 다툰다. 만약 다른 단위 사람이 자기 단위를 공격하거나 자기 단위를 질책하면, 그 문제에 자신도 불만을 가지고 있거나 상대방의 말에 일리가 있다 해도 속으로 큰 반감을 느낀다. 또한 상대방이 고의로 자기를 공격하고, 자기를 깎아내리며, 자기를 무시한다고 생각한다. 그리고 자기의 체면을 위해 나서서 대항하고, 끝까지 따지고 들며, 상대방과 얼굴을 붉혀가며 싸운다. 개인과 단위는 이미 하나이고, 단위의 얼굴이 바로 나의 얼굴이라 생각하기 때문이다. 그래서 두 중국인이 함께 이야기를 할 때 상대방의 체면을 깎아내릴 생각이 아니라면, 상대방의 단위까지 함부로 지적하는 것은 좋지 않다. 다른 단위 사람들 앞에서 공개적으로 단위의 문제에 대해 말해서도 안 된다. 이는 동료들의 반감과 갈등을 일으키는 것은 물론이거니와 다른 단위의 사람들까지 의아하게 만들 수 있다. 단위에 대한 지적은 상대방이 자신과 아주 친밀한 '자기 사람'이거나, '다른 사람'이 그 자리에 없을 경우에만 가능하다.

예외는 단 한 가지 경우뿐이다. 참관이나 견학, 회의차 '형제 단위(자매회사)'를 방문했는데, 자기 단위의 모든 면이 상대방의 단위만 못 하고, 심지어는 '한참 멀었다'라고 생각할 때이다. 이 역시 상대방 회사의 체면을 위한 '예의상 하는 말'이며, 진짜라고 볼 수 없다는 것을 알기 때문이다. 그러나 예의상 하는 말이라도 일반적으로 인솔자만 할 수 있으며, 이때 지나치게 구체적인 내용을 지적해서는 안 된다. 물론 겸허하게 배우려는 성의를 표시하기 위해서라면, 구체적인 내용이 전혀 없어서도 안 된다. 그래서 인솔자만 지적할 수 있는 것이다. 만약 일행 중 지위가 가장 낮은 젊은 사람이 나선다면, 주제를 모르는 것이며 '외부와 내통'한다는 혐의를 받을 수 있다. 또한 상대방 역시 '감사하게 생각하지' 않는다.

자신의 단위에 돌아가서는 또 다른 얼굴을 한다. 그곳을 자기 '집'이라고 생각하기 때문에 마음대로 말할 수 있고, 편하게 행동할 수 있다. 그들은 '스스로 만족해하며' 자기 단위의 모든 복리후생과 여러 가지 혜택을 누릴 뿐 아니라, '당당하게' 월급과 상여금, 직급과 직함을 요구하고, 주택을 요구할 수 있다.

만약 단위에 언짢은 게 있으면, 불만을 털어놓는다. 병을 핑계로 출근하지 않거나, 사직도 하지 않으면서 '일을 질질 끌면서' 일부러 자리만 차지하고 심술을 부린다. 고의로 식사 시간에 윗사람의 집을 찾아가 불편하게 하거나 상부에 투서하거나 감사 때에 '고해바치거나' 하여 자기 단위의 윗사람을 난감하게 만든다. 그들이 언짢게 생각하는 이유는 대부분 '모두 같은 단위 사람들인데, 왜 누구는 되고(승진, 월급이 오르거나, 주택 제공) 나는 안 되냐?'라는 것이다. 즉 불만의 근거는 대부분 '다른 단위에서 어떻게 하는지 좀 봐', '왜 다른 사람들은 되는데 우리는 안 되냐?'이다.

이때 단위에서는 수시로 효과적인 방법을 사용해야 한다. 이런 상황에 맞닥뜨렸을 때, 단위의 책임자는 일단 '이치에 맞지 않다고' 느끼면 가능한 한 빨리 위로하는 것이 능사다. 부모가 사탕으로 자녀를 달래듯이 한다. 만약 윗사람이 이렇게 하지 않고 공연히 규정을 들먹이면서 억압하면, 단위의 다른 사람들이 불만을 품고 인정 없는 지도자라고 생각한다. 물론 더 많은 '당근'을 주지도 않고 '좋은 말로 구슬리기'만 한다면, 그는 '교활한 사람'이 될지도 모른다. 좋은 방법은 어떻게 해서든 조절하고 보충하는 것이다. 이를테면 능력이나 공헌도가 비슷한 두 사람 중 한 명만 승진한다면, 승진하지 못한 사람에게 공비로 출국 기회를 마련해 주기도 한다.

위에서 언급한 내용들이 비록 논리적으로는 이치에 안 맞는 것 같아도 여러 사람에게 당연하게 여겨지는 이유는, 지도자든 군중이든 모두의 잠재의식 속에 단위와 개인이 하나로 엮였기 때문이다. 이미 하나인데 당연히 '어느 한쪽의 손해는 모두의 손해이며, 어느 한쪽의 영예는 모두의 영예'가 아닐 수 없다. 많은 공장이나 학교 등의 단위에서는 이런 표어를 붙여놓는다. "단결하여 우리 공장(학교)을 발전시키자, 공장(학교)의 영광이 나의 영광이며, 공장(학교)의 치욕이 나의 치욕이다." 의식적으로든 무의식적로든 이렇게 '일체의식'을 고취시킨다.

이미 '모두 하나가 됐으니' 단위의 '혜택' 역시 골고루 나눠 가져야 하며, 다 같이 행복을 누려야 한다. 물론 단위에 어려움이 있으면, 모두 어려움을 함께 해야 한다. 이때 지도자는 당당하게 사람들에게 잠시 개인의 이익을 포기하고 희생하여 함께 어려움을 헤쳐 나갈 것을 요구할 수 있다. 이럴 때 솔선해서 개인의 이익을 포기하고 희생하면, '대국을 안다'라고 한다. 다시 말해, 개인은 '개체'이며, 모이면 '집단'이고, 단결했을 때 '단체'가 된다. 집단과 단체는 당연히 '대국, 전체'다. 작은 것으로 큰 것을 잃는 것을 '대국을 모른다'라고 하는데, 크든 작든 이미 '하나'가 아닌가. 하물며 단위에서는 평소에 우리에게 관심을 가져주고 보살펴주는데, 어떻게 보답하지 않을 수 있단 말인가.

274

중국 문화의 사상핵심, '단체의식'은 '단위'에서 확실하고도 충분히 구현됐으며, 흠잡을 데 없는 경지까지 발전했음을 알 수 있다.

안심하고 생활할 수 있는 곳

실제로 '단위'의 탄생은 '단체의식'에서 비롯된다.

단체의식이란 무엇인가? 우선 인간이 '단체의 존재물'이라고 생각하는 것이다. 단체를 떠난 인간은 인간으로서 생존할 수 없다. 따라서 모든 사람은 반드시 어떤 단체에 의지하고 적을 둬야만 '근심 없이 편안히 생활할 수 있다'라고 생각한다. 이른바 '몸과 마음이 편안하다'라는 것은 생활에 의지할 데가 있고, 정신적으로 의지할 곳이 있다고 생각하는 것이다. 의지하고 기댈 데가 없는 것은 뿌리가 없는 나무나 물 밖의 물고기처럼 심리적으로도 귀착할 곳이 없다. 중국인은 살아생전에 의지할 데가 있어야 하고, 사후에도 돌아갈 곳이 있어야 한다고 믿는다. 그래서 돈이 있고 권세가 있는 황제는 생전에 왕릉을 크게 지었는데, 돈 없고 힘없는 백성들도 관을 크게 만들기는 마찬가지였다. 옛날 중국에서 조금이라도 재산이 있는 사람들은 모두 생전에 자기 마음에 드는 관을 만들고 자랑스럽게 집에다 두었는데, 이것은 일종의 위안이자 장식이었다. 효자는 부모가 살아 계실 때 부모를 위해 관을 만들어 부모를 기쁘게 했고, 병자들은 임종 전에 관을 보면서 만족을 느꼈다.

죽음을 두려워하고 길한 것을 따지는 중국인에게 관과 관련된 '독특한 임종'은 표면적으로 볼 때는 얼핏 이해하기 어렵지만, 자세히 생각해 보면 나름대로 이치가 있다. 원인은 중국인은 죽음을 두려워할 뿐 아니라, '죽어서 묻힐 곳이 없어 여기저기 떠도는 외로운 귀신'이 될까봐 두려워하는 데 있다. 그래서 관을 집에 두는 것은 아주 영광스런 일이었으며, 아주 길한 일이었다. 관을 관이라고 부르지 않고 '수목壽木'이라 했으며, 매년 한 차례씩 새로 칠을 했다. 칠한 횟수가 많을수록 더욱 영예롭고 길했다. 그것은 주인의 장수를 의미할 뿐 아니라, 그가 생전에 사후를 준비할 능력이 있음을 의미하기 때문이다. 반대로 죽었는데 관조차 없다면, 대부분 생전에도 '몸을 의지할 곳이 없음'을 의미했다. 생전이든 사후든 모두 의지할 곳이 있어야 하고, 의탁할 곳이 있어야 하며, 정착할 곳이 있어야 했다.

중국 전통사회에서 개개인 모두가 '걱정 없이 편안하게 생활할 수 있는 곳'이 있거나 그것을 찾았을 때가 바로 '태평성대'였다. 그 반대는 '천하대란天下大亂'이었다. 천하대란의 구체적인 표현의 중 하나가 바로 백성들이 '의지할 곳을 잃고 떠돌아다니는 것'이다. 즉 단체에서 개인이 떨어져나가고, 단체가 와해되어 사람들이 '편안히 생활할 수 있는 곳'을 잃는 것이다. 많은 사람들이 타향을 떠돌며 길에서 유랑하고, 떠돌아다니는 도둑이 된다면 어찌 세상이 어지럽지 않겠는가. 세상이 심하게 어지러워지면 자연히 인심은 흉흉해졌다. 그래서 '천하를 편안하게 하는 것'은 바로 '백성들을 부유浮游하지 않게 하고, 세상을 편안하게 하며', 모두가 먹을 것과 입을 옷이 있고, '몸을 편히 둘 곳', 각기 '있어야 할 곳'에서 살게 하는 것이다.

옛날에 그 '있어야 할 곳'이 지금으로 치면 '단위'라고 할 수 있다.

'소所'는 호戶와 근斤이 결합된 것으로, '집(家)'이다. 집은 가장 믿을 만한 곳이다. 집은 음식과 물건을 제공할 뿐 아니라, 애정을 주고 보호도 해준다. 소규모 농업경제 사회에서 집은 가장 기본적인 생산 단위였다. 이렇게 경제 근원과 사회 심리라는 두 가지 측면에서, 집은 한 사람의 '거처'와 '목숨'을 보장했다. 따라서 중국 전통사회에서 일반적으로 부득이한 상황을 맞닥뜨렸을 때 사람들은 '집을 떠나 정처 없이 떠돌아다녔다'. 이때 그들은 종종 집과 비슷한 단체(동업조합이나 비밀조직, 파벌, 당파)를 찾아 의지했다. 그래서 사회 경제적 변화에 따라 생산을 담당했던 '가유제家有制'가 '국유제國有制'로 바뀌자, 대다수 도시 거주자들은 모두 '집을 떠나' 외지로 가거나 외지에서 또 다른 곳으로 가서 살 궁리를 했다. 결국 그들은 자연스럽게 자신이 '몸담고 있는' 단위를 하나의 가정으로 보았다. 그리고 자연스럽게 '밖에서는 단위에 의지' 하게 됐다.

단위 자체도 '집'의 성질과 기능이 있다는 것을 부인하지 않는다. 많은 단위에 '공장을 집처럼' 혹은 '학교를 집처럼'이라는 구호가 있다. 집에는 밥이 있기 때문에 단위에서 먹는 것에 관여하고, 집은 잠을 잘 수 있기 때문에 단위에서 주택을 분양하며, 집에는 입을 옷이 있기 때문에 많은 단위에서 옷을 지급한다. 가정은 따뜻한 정이 흐르는 곳이어야 하므로, 단위는 여러 가지 활동을 조직한다. 이를테면 설날의 단체 하례나 휴가 여행 같은 것이다. 이렇게 해서 사람들은 단위에 있을 때 집에 있는 것 같은 느낌을 받았다.

위에서 언급한 단위의 '모든 것을 책임지고, 여러 모로 보살피는' 기능은 관리적인 필요라기보다는 일종의 심리적인 필요에 따른 것이다.

오이디푸스콤플렉스

이런 심리적인 필요는 일종의 '오이디푸스콤플렉스'이다.

중국인들은 남녀를 불문하고 모두 어머니를 그리워한다. 어머니의 품과 뱃속은 우리가 최초로 근심 없이 '편안히 살았던 곳'이기 때문이다. 앞에서 말했던 것처럼, '신身'이라는 글자는 갑골, 금문, 전문에서 모두 여자가 임신한 형태다. 이는 어머니에게는 '아기를 가진 것'이고, 태아에게는 '거처하는 곳'이다. 즉 '모두가 하나 되는 것'이자, '피와 살처럼 떼려야 뗄 수 없는 것'이다.

단위도 마찬가지다. 새로운 단위에 갔을 때, 누구나 처음부터 단위와 혼연일체의 마음이 생길 수는 없다. 마치 아기가 만들어지듯 반드시 '10개월의 임신 기간'이 있어야 한다. 시간이 지나면, 이 단위에 있어야만 집과 같은 따뜻함을 느끼는 감정이 저절로 생겨나고, 심지어 다른 곳으로 간 후에도 그리워한다. 불공평한 대우에 화가 나서 단위를 떠났고, 아직 분노가 남았다 해도 여전히 그리워하는 마음이 남아 있다. 이 때 괴상한 현상이 일어난다. '분해서 나간' 사람이 자신의 원래 단위에 악담을 퍼붓는 것은 가능하지만, '다른 사람'이 악담에 동참하면 분위기는 냉랭해진다는 것이다. 여기에는 체면과 관련된 원인이 있을 뿐 아니라 감정적인 원인도 없지 않다.

중국인이 특히 어머니를 그리워하는 까닭은, 중국의 전통사회에서 유아의 양육기가 길었기 때문이다. 현대 의학이 증명하듯 영아는 모유를 먹어야 자연적인 면역력을 얻을 수 있으나, 젖을 너무 늦게 떼면 칼슘 부족 현상이 생길 수 있다. 중국 전통의 가정교육과 학교교육은 공교롭게도 이런 두 가지 특성을 가지고 있다. 하나는 '면역력'을 갖는 데 무척 주의한다는 것이다. 이를테면 '나쁜' 책을 보면 안 되고, '나쁜' 노래를 불러서는 안 되며, '나쁜' 영화는 봐선 안 되고, '나쁜' 습관에 물들면 안 되고, '정신적으로 오염'되어서도 안 된다. 다른 한편으로는 종종 칼슘 부족 현상에 시달린다. 자녀와 학생의 독립적인 사고, 독자적인 판단, 자신의 행동에 대한 책임에 관한 교육은 거의 없는

데, 그들에게 '정도에서 벗어난' 관점을 받아들이라고 격려하거나 논쟁거리가 있는 문제에 대해 토론할 필요가 없다고 가르친다. 이 두 가지를 한데 모은 것이 바로 '착하고', '말 잘 듣'는 혹은 '좋은' 것이다. 집에서는 '착한 아이'가 돼야 하고, 학교에서는 '착한 학생'이 돼야 하며, 단위에서는 '착한 동료'가 돼야 한다. 그 결과 정신적, 심리적으로 영원히 '젖을 떼지 못한' 수많은 '착한 사람'을 만들어냈다. 이런 사람이 착하긴 하지만, 애석하게도 모두 약간의 '골연화증'이 있어서 무언가에 '의지'하지 않으면 스스로 일어서질 못한다.

바로 이렇게 정신적, 심리적으로 영원히 '젖을 떼지' 못하는 것이 심한 의존성을 만들었다. 이를테면 대학 신입생들의 경우, 종종 부모와 함께 학교에 오고 부모가 대신 등록을 하기도 한다. 또 누군가 어떤 곳에 처음 갔을 때, 반드시 친구나 초대기관에서 기차역으로 마중을 나오고 숙식을 제공하며 대신 돌아갈 차표를 사준다. 친구나 초대기관이 이렇게 하는 데 이미 익숙해져서 그렇게 하지 않으면 '뭔가 잘못됐다고' 느낀다. 작은 일들이 이러한데 '일생의 큰일'은 두말할 것도 없다. 그래서 이런 이상한 일도 일어난다. 전공을 선택하고 단위를 찾고 배우자를 찾는 일을 모두 부모, 친구, 단위 조직에 넘겨서 대신 걱정하게 하고는 자기는 무관심하고 수수방관하는 것이다.

이렇게 항상 '우유 먹을' 생각만 하고 심하게 '칼슘이 부족한' 사람은 당연히 자기 자신을 위해 '믿을 만한' 단위를 찾아야 한다. 사실, 단위는 사사건건 모두 단위에 의지하는 사람을 '믿을 만한 상대'로 생각한다. 약간 우스꽝스럽지만 사실이다. 일반적으로 어떤 단위든지 '윗사람의 말을 잘 듣는' 간부사원에게 항상 특별대우를 해준다. '말을 잘 안 듣고', '자기주장을 잘하고', '나서기를 좋아하고', '분란을 일으키는' '까다로운 사람'에 대해서는 '별종'으로 분류한다. 이런 사람들은 보통 단위에서 어떤 '편의'도 얻지 못한다. 하지만 사람들이 모두 윗사람과 '삐걱대고', 비협조적인 태도를 가져야 한다고 주장하는 것은 아니다. 직원들이 법규를 위반하고 제멋대로 행동해야 한다고 주장하는 것은 더더욱 아니다. 마찬가지로 '말을 잘 듣는지'의 여부로 친하고 친하지 않고를 구분하는 것도 권하지 않는다. 규율과 법을 잘 지켜야 하지만, 맹종과 의존을 주장해서는 안 된다. 많은 사람들이 '말을 잘 듣지 않는 것'은 자신이 독립적으로 사고하기를 바라는 것일 뿐이다. '자기 주장을 잘하는 것'은 '모든 일에 관심을 갖는' 애정이 있어서다. 그렇지 않으면 왜 '쓸데없이' 관여하겠는가? 반대로 어떤 사람들은 면전에서는 한 번도 의견을 말하지 않지만, 뒤에서는 끊임없이 '불평'을 늘어놓고, 몰래 단위를 '씹어대며', '줄행랑'을 치기도 한다. 이런 사람이야말로 진정 '못 믿을' 사람이다.

개인에게만 의존성이 있는 것이 아니라 단위도 의존성이 있다. 사실, 중국 내 많은 기업들이 국가와 정부의 지지와 도움을 받고 그것에 '의지'하여 생존한다. 일단 개혁의 필요성 때문에 '젖을 끊겠다'라고 선포하면, 즉각 생존 능력을 상실한다. 심지어는 각급 지방정부 향鄕, 진鎭, 현縣 등은 상급 정부, 즉 성省, 시市, 자치구, 중앙에 대해 매우 의존적으로 금전, 물자, 인력, 원조를 요구한다. '빈민구제'를 위한 실태 조사를 하면, 모두 경쟁하듯 '울면서 하소연'하는데, '우는 아이에게 젖 주는' 이치를 모두 잘 알고 있기 때문이다. 그 결과 더 크게 우는 사람에게 더 많은 '편의'가 제공된다. 그러나 지원금을 손에 쥐고 나면 바로 써버리고 다음에 또 요구한다. 그들은 대부분 자기 능력으로 빈곤낙후의 상황을 바꾸어나가려는 고민은 그다지 하지 않는다. 어쨌든 '어

280

머니'가 자기 자식 '굶는 꼴'을 그냥 보고만 있지는 않을 테니 '일단 오늘 먹고, 내일 먹을 게 없으면, 다시 어머니를 부르면 되지 않을까?' 라고 생각할 뿐이다.

공평하다는 것

'공公' 이란

개인은 단위에 '손을 벌리고', 지방은 중앙에 '울면서 하소연' 한다. 그런 행동을 '당당하고' 양심의 가책도 없이 하고 부끄러워하지 않는 까닭은, 대다수 사람들이 볼 때, 아이가 엄마에게 젖을 달라고 하는 것은 불변의 진리이기 때문이다. '당은 우리의 어머니요, 공장은 우리의 집이다. 돈이 없을 때 어머니에게 달라고 하고, 물건이 없을 때 집에 가지러 가는 것(국유기업의 많은 재산이 이렇게 유실됐다)이 뭐가 잘못이란 말인가?' 라고 생각한다. '절대 잘못이 아닐 뿐더러' 오히려 '인지상정이고 이치에 맞다' 라고 생각한다. 여기서 '인지상정' 이란 바로 앞에서 말한 '오이디푸스콤플렉스' 이며, '이치' 는 이른바 '공평하고 합리적' 인 것이다. 공평하고 합리적이니 당연히 어떤 잘못도 없으며, 문제는 무엇이 '공' 이고 무엇이 '평' 이냐, 또한 어떤 '이치' 에 부합돼야 하는가에 있다.

그러면 '공' 에 대해 알아보자.

'공' 에는 두 가지 뜻이 있다. 하나는 '공유公有' 이며, 다른 하나는

'공평公平'이다. '공유'란 무엇인가? 중국인이 볼 때 '공유'란, '모두 함께 소유하는 것'이다. 이를테면 가유家有는 가족이 공유하는 것이다. 국유國有는 국민들이 공유하는 것이다. 만약 몇 사람이 동업하고 주주가 되고 자본을 모으고 갹출했다면, 그 몇몇 사람의 공유에 속하며 '공'이다. 어쨌든 '사私'가 아니면 '공'으로, '사를 버리는 것'을 '공'이라 한다.

공유는 '모두 함께 소유하기' 때문에 자연히 사람마다 각자의 몫이 있다. 그래서 도로(公路)는 모두 다닐 수 있고, 대중교통(公車)은 누구나 탈 수 있으며, 공원은 누구나 놀 수 있고, 공금은 모두가 쓸 수 있다. 그래서 공금으로 먹고 마시는 것은 모두에게 당연시 되어 왔다. 만약 다른 사람에게는 몫이 있는데 자기에게는 없다고 할 때, 큰 소리로 '불공평'을 외쳤다. 이렇게 '공'은 '모두에게 각자의 몫이 있는 것'을 나타냄을 알 수 있다. 그러나 공공시설 건설, 공공질서 유지, 공공위생 보호, 공공재산 보호 등에서 이야기하는 '공'은 별도로 여겨야 한다. 이 경우는 '모두에게 몫이 있다'라고 하지 않고, '모두에게 책임이 있다'라고 하기 때문이다. '모두의 몫이 있다'는 '공'자에 당연히 있는 뜻으로, 굳이 말할 필요도 없이 모든 사람이 다 아는 사실이다. 그러나 '모두에게 책임이 있다'라는 것은 모두가 다 알지 못하기 때문에 반드시 교육하고 환기시킬 필요가 있다. '공공기물 보호는 모두의 책임'이라고 되어 있는 표어는 있어도, '공금으로 먹고 마시는 데 누구나 몫이 있다'라는 표어는 전혀 없음에도 불구하고 그 호소력은 정반대인 것 같다.

기왕 '공'이 '각자의 몫이 있는' 것이라면 왜 공사公私를 구분할까? 오히려 '공공재산의 개인화'라고 하는 것이 더 타당하지 않을까.

가령 공공기관의 차로 자기 친구를 마중하고, 공공기관의 전화로 개인사를 논하며, 공공기관의 원고지로 개인 편지를 쓰고, 공공기관의 컴퓨터로 전자오락을 하는 등의 행동, 나아가 직권을 남용하여 사리를 채우는 것 등이 이에 해당한다. 하지만 문제는 이런 구체적인 행위에 있지 않고, '이론적 근거'에 있다. 그 이론적 근거란, '나는 공공기관의 사람으로, 공공기관의 것은 당연히 내 것이기도 하다'라는 논리, 곧 '공사불분公私不分'의 필연적인 논리이다.

심지어 국가정권도 '모두의 몫이 있었다.' 과거 괴통蒯通이 한신에게 모반을 권유한 바, 유방은 괴통을 기름 솥에 집어넣으려고 했다. 그러자 괴통은 의기양양하게 말했다. "진왕조가 '사슴(정권)'[1]을 잃어 세상 사람들 모두 정권 다툼에 나서니, 키가 크고 다리가 길어 빨리 뛰는 사람이 얻는 것이 당연하지 않은가!" 다시 말해, 제위帝位라고 하는 이 '사슴'은 원래 '누구에게나 각자 몫이 있는 것'으로, 유방이 '얻을 수 있는 것'을 한신은 왜 '얻을 수 없다'라고 하는가였다. 이 고사를 통해 '모두에게 몫이 있다'라는 사상 역시 유래가 있음을 알 수 있다. '세상은 모두의 것'이 아닌가!

하지만 '모두에게 책임이 있다'라는 말은 실없는 소리에 불과하다. 이를테면 '천하 흥망이 필부匹夫에게 책임이 있다'라는 것은 말이 되지 않는다. 천하의 흥망이라는 대사건을 보통 사람들이 어떻게 책임진단 말인가? 공적인 명분으로 개인의 이익을 채우고 백성을 착취하기 위한 일부 사람들의 변명일 뿐이다. '국난이 눈앞에 닥쳤다'라는 핑계로 더 많은 세금을 징수하거나 '농촌 건설'이라는 핑계로 백성의 고혈을 짜내는 것이다. 사실 역사 속에서 탐관오리들이 중간에서 착복을 일삼을 때, 야심가나 음모자들이 정권을 탈취할 때, 모두 '공을 위해', '나라를 위해', '천하를 위해', '백성을 위해' 라는 깃발을 올리지 않은 적이 없다. 이는 한편으로는 '남의 이목을 속이기' 위한 것이었고, 다른 한편으로는 스스로 더욱 '당당해지기' 위한 심리적 요소였다. 이렇게 해야만 개인적 이익을 꾀하더라도 '정당한 명분'을 내세울 수 있었다. 이런 면에서는 임표林彪, 강청江靑의 무리들이 가장 뛰어났다. 그들은 아예 시간을 질질 끌면서 '영혼 깊은 곳에서의 혁명을 일으켰으며', 지독하게 사私자와 투쟁하는 '투사비수斗私批修[2]' 운동을 초래했고, 모든 백성들의 재산권, 사상권, 프라이버시권 등 모든 권리를 가장 크게 박탈하는 동시에 자기의 사욕과 권력을 가장 크게 만족시켰다. 강생康生은 '문혁' 중에 '파사구破四舊[3]'의 기회를 틈타 많은 국보급 문물을 수탈함으로써 이루 말할 수 없이 많은 국유재산과 백성의 고혈을 착복했다. 이런 일들이 과연 우리 백성들의 책임인가? 설마 우리 백성들의 몫이 있을까? 누군가 '천하는 모두의 공유물'이라 생각하고, 정말 모든 일에 자기 몫이 있다고 생각한다면, 그야말로 멍청한 것이다.

'평平' 이란

'모두에게 몫이 있는' 것이 '공'이라면, '모두 똑같은' 것은 '평平'이다.

'평'이란 무엇인가? 균등하고 지위가 같은 것으로, '일어날 때 같이 일어나고, 앉을 때 같이 앉는 것', '각자 절반씩 똑같이 나누어 가지는' 것이다. 그렇다면 하나의 단체, 단위를 어떻게 해야 균등해질 수 있을까?

'모두 저마다 몫이 있다'라는 것이 '공'자에 담긴 의미인 것처럼, '모두 똑같다'라는 것은 '평'의 변하지 않는 진리다. 평은 평정平靜, 평안, 평탄 등과 같은 상태를 나타내기도 하고, '평정하다' '바로잡다'

'안정시키다' 등과 같은 동작을 나타내기도 한다. 왜 이런 갖가지 동작으로 '평'을 말할까? 그 이유는 어떤 것은 높고 어떤 것은 낮고, 또 어떤 것은 많고, 어떤 것은 적어서 '똑같지 않기〔不平〕' 때문이다. 즉 '삽으로 평평하게 깎으려고' 하는 것이다. 일단 파내서 평평해지면, 누가 더 많이 가져가거나 더 적게 가져가는 일 없이 모두 똑같아진다. 그리하면 모든 것이 평형을 이루고 사람들의 마음이 평정되며 이때부터 천하가 태평해진다.

공은 바로 평이다. 공은 '모두에게 몫이 있음'을 인정하는 것이다. 이미 '모두 저마다 몫이 있으니' 어떻게 누구는 많고 누구는 적겠는가. 누구는 있고 누구는 없는 것은 말할 필요도 없다. 관념과 이치는 실제로 적용돼야 한다. 이 '실제'는 분배이며, 각종 실리이다. 만약 입으로만 모두에게 몫이 있다고 하고 구체적으로 공평하게 분배하지 않으면, 누가 그 '공'을 믿을 수 있겠는가? 공(누구나 몫은 있다)은 '평'의 전제 조건이며, 평(모두 똑같은 것)은 '공'의 구현임을 알 수 있다. 공이냐 아니냐(몫이 있는가 없는가)는 바로 평이냐 평이 아니냐(같은가 아니면 같지 않은가)에 달려 있다.

반대로 각자의 몫이 없는 것〔不公〕은 똑같지 않은 것〔不平〕이다. '공'은 사람들이 모두 '먹을〔吃〕' 수 있는 것인데, 만약 다른 사람은 먹고 나만 '먹지' 못했다면 '손해 보는 것〔吃虧〕'이다. 그래서 일단 대우가 다르고, 분배가 다르면 당사자가 '불평을 늘어놓을 뿐 아니라' 방관자들도 '불공평한 처사에 불만을 품게' 된다. 이치는 아주 간단하다. '공유公有'는 '모두에게 각자의 몫이 있는 것'인데, 무엇을 근거로 너는 있고 나 혹은 그는 없단 말인가? 모두에게 당연히 있어야 하는데, 왜 누구는 많고 누구는 적은가? 이것이 바로 '공유'이다. 공은 바로 '공유'에

'공평'을 더한 것으로, '모두에게 몫이 있고 모두가 똑같은 것'이고, '너도 있고 나도 있고, 모두 있는 것'이며, '모든 사람이 다 똑같은 것'이다. 이것이 '이치'이고, 당연한 것이며, 세상의 양심이다.

물론 '평' 역시 대우와 분배뿐 아니라, 공헌과 지출도 가리킨다. 예를 들어 '추렴'은 모두가 똑같이 돈과 노력을 투자하는 것이다. 만약 누군가 돈과 노력을 투자할 때, '술수를 부리며 얌체같이 회피하고' 다른 사람들처럼 노력도 하지 않으면서 '똑같이 대우받아' 다른 사람들과 똑같은 양을 요구한다면 '화가 나서 씩씩거리는' 사람이 있을 수 있다. 가장 좋은 것은 모두 똑같이 노력하고, 똑같이 분배받는 것이다. 너나 구분 없고, 공사 구분도 없으며, 모두의 몫이 있고, 모두 똑같아야 비로소 '온 세상이 모두 똑같은' '태평성세'가 온다.

단위는 이 '태평성세의 꿈'이 현실화되는 곳이다.

단위의 특징은 '첫째는 크고, 둘째는 공평하다'는 것이다. 크다는 것은 '작은 것'의 상대적인 말이다. 무엇이 작은가? 개인이 작다. 무엇이 큰가? 단체가 크다. 중국에서 개인은 아주 미미하고 보잘것없으며 어떤 기류를 형성할 수 없다. 단체는 위대하고 큰 영향을 끼치며 백전백승한다. 인생이란, 천고의 세월 속에서 일순간과 같은데, 어떻게 장구히 계속될 수 있을까? 개인은 창해에 떠있는 좁쌀 한 알과 같은데, 또 어떻게 커질 수 있을까? 당연히 모여야만 '커질 수 있다'. 바다가 큰 것은 '모든 강이 다 모였기' 때문이고, 강이 큰 것은 '작은 지류가 만났기' 때문이며, 나라가 큰 것은 '만민을 통솔하기' 때문이다.

개인은 '작고', '사'이다. 단체는 '크며', '공'이다. 큰 것은 공이고, 공은 크며, 큰 공〔大公〕은 사심이 없다. 통상적으로 '단위'라고 하는 것은 기본적으로 모두 국가에 속한다(개인 기업은 '단위'라고 하기에는 종종 멋쩍다), 이를테면 국가 정부기관이나 국가 사업단위는 더욱 '크고 공적'이다.

이렇게 해서 온갖 방법을 동원해 '각자의 몫을 만들고 모두 똑같이' 갖도록 해야 한다. 예를 들어, 부단히 단위의 편제를 확대하여 원래 한 사람이 책임질 수 있는 일을 몇 사람에게 나누어 주고, 단위에서 명예 퇴직할 때는 그 자녀가 '대신' 다닐 수 있게 하며, 가능한 배분의 차이를 줄이고 월급제를 실행한다. 또한 불가피하게 월급에 등급을 정해야 하는 상황에서는 가능한 등급 간의 차이를 축소하는 한편, 각종 보조금과 복리혜택을 서로 같거나 비슷하게 규정한다. 등급 간의 차이를 개정할 때는 가능한 한 사회적인 관습, 심리적으로 받아들일 수 있는 표준을 근거로 한다. 그 표준을 살펴보면 연공과 경력, 근무연한 등이 있다. 또한 능력, 실력, 공헌 등 '불분명한' 이른바 '절대적인 기준이 될 수 없는 지표'는 삼가고, 가능한 한 '공정'하고 '사적인 정에 치우치지 않게' 한다. 더욱이 일상생활과 관련된 복리후생의 경우는 누구에게나 고르게 혜택을 줘야 하고 차이도 지나치게 커서는 안 된다. 사실, 등급이 분명한 단위에서도 평균주의를 실행할 때에는 무도회표, 극장표, 영화표를 한 사람에게 한 장씩, 연말연시나 명절에는 사과 한 상자 또는 배 두 상자씩 공평하게 나눠준다. 이것은 양산박梁山泊[4]에서 '똑같이 싸우고, 똑같이 먹는 것'과 거의 비슷하다.

그러나 양산박에서 '똑같이 많이 먹고 마시기'는 부단히 '민가를 습격하여 약탈'하는 이유였다. 지금 우리는 외국의 것을 '약탈'할 수도 없는데, 기회가 많지 않고 자원은 한정적인 상황에서 어떻게 해야 할까? 공평하게 한솥밥을 나눠 먹는 수밖에 없다.

한솥밥 : 공동분배

솔직히 말해, 한솥밥을 나누어 먹는 것이 반드시 나쁜 것만은 아니다. '모두에게 몫이 있고, 모두 똑같이' 하면, 다투고 빼앗을 필요도, 자기 몫이 없을까봐 걱정할 필요도 없는데 무엇이 나쁘겠는가. 적어도 많은 다툼과 문제를 없앨 수는 있다. 중국인은 '부족할까봐 걱정하지 않고 공평하지 못할까봐' 걱정한다. 몫이 좀 적은 것은 두렵지 않다. '공평' 하기만 하다면 '아무 문제 없다' 라고 생각한다.

문제는 반드시 그렇게 할 수 있어야 한다는 것이다. 단위를 모두 양산박처럼 바꾸는 것을 제외하고 말이다. 양산박이라도 모두 '똑같은 것' 은 아니다. '똑같은 그릇으로 술을 먹고, 고기를 먹고, 저울로 재물을 나누어' 갖는다. 하지만 각기 주량과 식사량은 다르며, 좌석 배치도 차이가 있다. '똑같은 것' 이 반드시 좋다고만 할 수 없고, '다른 것' 도 나쁘다고만 할 수 없다. 왜냐하면 '똑같아야 하기' 때문에 '똑같이' 돈을 내고 똑같이 힘을 쓰거나 '똑같이' 돈을 내지 않고 똑같이 힘을 쓰지 않는다. '똑같이' 적게 얻고 적게 가질 수 있으며, '똑같이' 많이 먹고 많이 가질 수 있다. 만약 '같은 것' 만을 유일한 기준이나 최고의 기준으로 삼는다면, 두 가지 다른 결과가 가능성으로써 동시에 존재해야만 완전히 '똑같다' 라고 할 수 있다.

그러자 기타 메커니즘을 도입하지 않을 수 없었다. 양산박에서는 형제들 간의 의리에 의지했다면, 단위에서는 사상 작업에 의지한다. 정치 사상 작업이 잘 되어 있으면 사회기풍이 바르고, 지도자 간부가 솔선수범한다면 비교적 좋은 결과가 있을 수 있다. 하지만 반대의 경우라면 수습하지 못할 수도 있다. 사상교육은 '쓸모가 있긴' 하지만, 결코 '만능' 은 아니다. 물질적인 것은 물질로만 파괴되고, 현실의 상황은 현실

의 힘으로만 바꿀 수 있기 때문이다. 그래서 일련의 현실적이며 실천가
능성이 있고 어느 정도 강제성이 있는 방법과 수단으로 조절할 필요가
있다. 이런 방법과 수단에는 주로 다음의 몇 가지가 있다.

첫째는 '할당'이다. 주로 돈을 내고 노력해야 할 필요가 있을 때 쓴
다. 크게는 '자금 모집'으로, 비행장을 건설하고 고속도로를 닦고 화장
실을 짓는 것이며, 작게는 단위에서 혼례를 치르거나 청소하는 것으로,
모두 여기에 비추어 처리할 수 있다. 단위는 개인에게 할당할 수 있으
며, 상사도 각 부서에 할당할 수 있다. 게다가 단계별로 할당할 수 있
다. 손해를 봤을 때는 '공동책임'인 것이다. 비록 손해를 보더라도 '공
평하게 할당하기' 때문에 각자의 몫에 따라 모두들 똑같이 나눠 갖기
때문에 속으로 기분이 나쁘더라도 할 말이 없다.

두 번째는 '균형'이다. 주로 '편향偏向'될 가능성이 있을 때 사용한
다. '편향'은 곧 '같지 않은 것'이다. 예를 들면, 저울의 한쪽에 물건이
많으면, 다른 쪽에 저울추를 더 놓아야 '균형'을 이룰 수 있는 것과 같
다. 이를테면 어떤 사람이 나이가 많아서 더는 일을 할 수가 없을 때 그
를 '퇴직' 시켜야 하는데, 그가 심리적인 평정을 잃을까봐 퇴직하기 전
에 우선 한 단계 승진시켰다가 퇴직시키는 것이 '균형'이다. 또한 갑은
승진하고 을은 승진하지 못했을 때, 을을 '우수사원'으로 선발해 장려
금을 수여하면, 을은 이 '손실보충'으로 심리적 위기를 잘 넘길 수 있
다. 모든 단위의 책임자들이 대부분 이 방법을 사용한다. 이 방법은 단
위에서도 쓸 수도 있다. 각종 권익을 배당할 때 큰 단위가 많이 가져가
는 것은 당연하지만 작은 단위도 고려해서 어느 정도 배당해야 한다.
그렇지 않으면 '지나치게 불균형'해진다. 대표를 뽑고, 이사를 뽑고,
이사장을 뽑고, 위원을 뽑을 때도 마찬가지다. 소수민족, 변경 지역, 부

녀대표, 교포에 대해서도 어느 정도 고려해야 한다. 그들이 자격이 있는지, 능력이 있는지에 대해서는 반드시 '고려하지' 않아도 된다. 아무튼 매번 우수상, 발전상 등을 표창할 때 인원수를 고려하거나 최고 중재기구에서 '균형' 적으로 처리해야 한다.

셋째는 '병렬' 이다. 공로를 평가하고 상을 줄 때 주로 쓴다. '평형' 을 위해 종종 관련인사들을 전부 열거한 다음, 공평하게 이익을 고루 나눈다. 만약 같은 위치에 '병렬' 할 수 없으면, 돌아가면서 혜택을 누리게 해 '병렬' 을 적용한다. 또한 수상자는 상금을 '공평' 하게 나눈다. 액수가 많지 않을 때는 다함께 '밥 한 끼 먹는 것' 도 한 방법이다. 공헌은 모두의 것이고, 영예는 단체의 것이므로 한 사람이 '독식' 하게 할 수 없다. 혼자 먹으면 살로 안 간다. 모두 함께 '먹어야' 맛있다. 이런 이치를 모르는 사람이 있다면, 그 사람은 단위에서 '처세' 할 생각은 하지 말아야 한다.

넷째는 '안정' 이다. 주로 누군가 기어이 '튀려' 할 때 쓴다. '튀어나온 새가 총에 맞고', '튀어나온 서까래가 먼저 썩는다' 라는 말이 있듯이 웬만한 사람들은 감히 튀려하지 않는다. 공로가 있으면 반드시 단체에 돌리고, 심지어 객관적으로 공로를 모두에게 돌릴 수 있는 '사실' 을 만들어야 한다. 이를테면《수호전》제86회에서 송강이 하통군賀統軍과 전쟁을 일으켰을 때, 하통군은 진삼鑣三, 황黃의 칼에 맞아 말에서 떨어지자 양웅楊雄, 석수石秀, 송만宋万이 달려왔다. 하지만 그들은 서로 각자 자기 공이라고 다투다가 의를 상할까봐 하통군을 마구 찔러 죽였다. 결국 불쌍한 하통군은 '양산협객' 의 공로를 '공평하게 하기' 위해 '만신창이로 죽을 수밖에' 없었다. 이렇게 알아서 안정을 유지하는 태도는 상당히 효과가 있었다. 만약 어떤 사람이 처세를 하고 기어이 주제넘게 나서고 이익을 독점하려 하면, 사람들은 그를 안정시키려고 한다. 이를 테면 '잘난 체한다', '무리에서 이탈했다', '개인적인 야심이 있다' 라는 '혐의' 를 씌우거나, 누군가를 보내 기회를 틈타 손을 봐주는 식으로 그에게 이익과 손해를 알려주었다. 속담에 '사람은 이름이 나는 것을 두려워하고, 돼지는 살찌는 것을 두려워한다' 라는 말은 바로 이런 이치다. 돼지는 너무 살이 찌면 도살되고, 사람은 너무 유명해지면 비난을 받는다. 그래서 '유명' 할수록 '겸허하고 근신' 해야 하며, 특히 사람이나 사물을 대할 때, 상대방을 더 많이 배려해야 한다. 대단한 인물일수록 평범한 다른 사람들과 쉽게 '평형' 을 이루지 못하지만, 스스로 그들과 '동등하게 행동' 하면 할수록 힘 들이지 않고 똑같은 체면을 얻어 자연히 평형을 이루기 때문이다.

어쨌든 할당, 평형, 병렬, 안정은 모두 '공평' 을 눈여겨 봐야 한다. 너도 좋고, 나도 좋고, 모두 좋으며, 아무도 다른 누구를 뛰어넘어서는 안 된다. 그러나 변증법에 의하면, 모두 좋은 것은 '모두 좋지 않은 것' 이다. 모두 먹으려 하면 사실 모두 먹지 못한다. 어느 대학에서 이런 일이 있었다. 같은 과의 몇몇 교수가 승진을 다투며 서로 양보하지 않다가 결국 모두 승진하지 못하고 없던 일이 되자, 다들 잘 지냈다고 한다.

철 밥통 : 평생직장

분명 표면적인 '공평' 은 뼛속 깊이 자리한 극도의 불공평을 감추고 있는 면이 있다. 괴통이 말한 '키가 크고 발이 빠른 사람이 먼저 얻어야 한다' 라는 경지에도 도달하지 못하는데, 무슨 사회주의 운운한단 말인가. 밥이 사람을 먹여 살린다면, 똑같이 나누어 먹는 한솥밥은 어떤 사람을 먹여 살릴까? 아마도 사람을 평범平凡하게 하고, 밥통만 양산할 것이다. 평平이란 '평범함', 즉 '우수하지 않은 것'이고, 범凡(중국어로는 용庸)은 '보통'으로, 즉 '특별하지 않은' 것이다. 우수하지도, 특별하지도 않으면서 '먹는 것'은 적지 않으니 어찌 밥통이 아니겠는가.

한솥밥은 국가와 민족에도 별 도움이 되지 않는다. 공평하게 나누는 것은 실제로는 '차이를 논하지 않는 것'이고, 평형은 실제로는 '원칙을 따지지 않는 것'이며, 병렬은 실제로 '좋고 나쁨을 모르는 무식한 것'이고, 안정은 실제로는 '경쟁을 허락하지 않는 것'이기 때문이다. 게다가 수습收拾은 '시시비비를 분명하게 하지 않고', '공헌 정도'도 보지 않는다.

공이 크고 노력을 많이 한 지역이나 부문이 이룩한 성과를 공이 크지 않고 노력을 많이 하지 않은 지역이나 부문에게 똑같이 나누어 '고르게' 분배한다. 이는 분명 '열심히 일한 소는 더 채찍질하고', '게으른 사람에게는 상을 주며, 부지런한 사람에게는 벌을 주는 것'이다. 표면적으로 '누구나 차별 없이 대한다'는 게 실제로는 '저 사람에게는 후하게, 이 사람에게는 박하게 하는 것'으로 또 다른 차별이다. 또한 후한 대접을 받는 사람은 능력이 모자란 '약자'이다. 부모가 자녀 중에 '머리가 모자란 자식'을 편애하는 것에 비교할 수 있다. 이는 '정상을 참작할' 수 있지만, 이치상 용인되지 않는다. 그 결과, 전 민족을 약화시키고, 모든 사람이 '기다리고 의지하고 요구하며', '도와달라고 손만 내밀게' 만들며, 이렇게 해서는 절대로 발전이 있을 수 없기 때문이다.

따라서 한솥밥을 먹는 회사는 약자의 천국, 강자의 감옥이 됐다. 이는 약자는 '의지할 만한' 회사를 찾는 데 몰두하고, 강자는 매번 '이직'하려고 하는 원인이다. 그러나 실시하는 데 동의하는 사람은 많지만, 정작 실행하는 사람은 많지 않다. 그 원인은 당연히 복잡하다. 회사에 신세를 졌다거나 윗사람의 체면에 얽매여서다. 하지만 주된 원인은 '한솥밥' 과 밀접한 관계가 있는 '철 밥통' 에 있다.

'철 밥통' 은 다음 세 가지로 볼 수 있다.

우선, 일종의 '신분' 을 의미한다. '전민소유제 단위직원' 이나 '국가 간부' 가 그것이다. 이런 신분을 얻으면, 일정한 사회적 지위를 얻게 되며 '잡상인' 과 구분된다. 또한 직업이 있음을 의미하며, '실업자' 와 구분된다. 더 중요한 것은 이런 신분을 일단 획득하면 쉽게 상실하지 않는다는 점이다. 업무 조정으로 다른 부문으로 가게 돼도, 단위가 바뀌더라도, 이곳에서 한솥밥을 먹었으면 그곳에서도 한솥밥을 먹는다. 민영기업으로 가더라도 여전히 신분을 유지할 수 있으며, 기업이 파산해도 나라는 그를 다시 업무에 배치시켜야 한다. 어쨌든 이런 신분을 갖는 것은 영원히 '밥을 먹을 수 있는' 것이다. 그래서 '철 밥통' 이다.

둘째, 이런 신분으로 단위에서 실수만 하지 않으면, 더 정확하게 말해서 큰 실수만 하지 않으면, 직무, 직함, 등급, 대우가 일반적으로 올라갈 뿐 떨어지지 않는다. 퇴직할 때에도 한 등급 상승할 수 있고, 퇴직 후에는 퇴직수당을 받을 수 있으며, 그 수당은 물가상승에 따라 상대적으로 오르고 죽을 때까지 지급된다. 그래서 '철 밥통' 이라고 한다.

셋째, 이런 신분으로 일정한 단위에서 일하는 것은 주택 및 일련의 월급으로는 대체하거나 추산할 수 없는 복리와 혜택이 있다. 추산할 수 없기 때문에 특히 매력적이다. 또한 대체할 방법이 없기 때문에 쉽게 포기할 수 없다. 만약 '이직' 하려 해도 이런 부가적인 '무형의 수입' 에 대해 따져보고, 그 결과 종종 마음을 '굳게 먹고' 원래의 단위에 남게 된다. 이런 의미에서 '철 밥통' 이다.

'철 밥통' 에는 이런 많은 장점들이 있다. 이 장점들은 주로 그 소재 단위에 의해 철저히 이행되기 때문에, 그것을 누리기 위해서는 일정한 대가(이를테면 사원지표, 호구지표, 주택지표 등)를 지불해야 한다. 따라서 어떤 사람이 일단 한 단위의 '철 밥통'을 받아들였다면, 이는 그 단위와 일종의 종속관계가 되는 것을 의미하며, '철처럼 단단한' 관계가 시작되는 것이다. 단위는 쉽게 그를 해고할 권한이 없으며, 그 또한 단위에 쉽게 들어갈 수 없다. 제도적인 제한 이외에 심리적인 원인이 있는데, 즉 스스로 단위의 '인정人情'을 받았으므로 '열심히 일하는 것'으로 보답해야 한다고 생각한다. 자신도, 윗사람도 주변 사람들도 다들 그래야 한다고 생각한다. 이를테면 원래는 아무 '신분'도 없는 사람이 있다고 하자. 단위에서 그를 데려다가 주택을 제공하고 공비로 연수를 받게 하고 학위를 따게 했다. 덕분에 그는 이를 바탕으로 승진했다('한 솥밥'과 '철 밥통'의 원칙에 따라 일단 승진하면, 다른 곳으로 이동해도 원래의 직급을 유지할 수 있다). 당연히 그는 '보답하기 위해 노력'해야 한다. 하지만 그가 아무 거리낌 없이 '더 좋은 곳'으로 '이직'하려 한다면 여론은 일제히 그를 '양심이 없다'라고 비난할 것이다. 그래서 많은 사람들이 회사가 자기를 홀대(직위를 주지 않거나, 주택을 배정하지 않을 때)할 때 직장을 옮긴다. 이 경우에는 여론에도 당당하고, 자기 자신도 심리적으로 편안할 수 있다.

분명 이런 견고한 연계는 '가고 싶은 사람을 가지 못하게' 하거나 '들어오고 싶은 사람을 들어오지 못하게' 한다. 왜냐하면 인재는 단위의 사적 재산이고, 직위 또한 인재의 철 밥통이기 때문이다. 만약 다른 회사를 다니던 직원이 새로 들어오면, 기존에 있던 직원은 어디에 배치해야 할까? 또한 새로 들어온 직원은 대외적으로 '다른 사람을 밀어내고 들어왔다'라는 혐의를 받게 되며, 대내적으로도 '남의 밥그릇을 빼앗은' 사람으로 치부될 수 있다. 이런 점 때문에 '견고한' 연계는 '가고 싶은 사람을 가지 못하게' 하거나 '들어오고 싶어 하는 사람을 늘어오지 못하게' 한다. 어쨌든 사업은 국가의 것이고, 성과는 단체의 것이며, 회사가 잘하고 못하고는 나와 아무 상관이 없다고 생각한다. 인재가 '이동하지' 않으면, 단위는 당연히 '고인 물'이 된다. 게다가 '근친번식'을 하면(제자가 사부의 반을 이어받고, 학생이 선생님의 자리를 이어받는 등), 활력을 잃을 수 있다.

집안싸움

전통 프로그램

진정으로 '고인 물'은 없다.

이유는 아주 간단하다. 그 이유는 생명은 운동 안에 있으며, 물질 또한 운동 안에 존재하기 때문이다. 그래서 고인 물은 수면 위의 잔잔함이 수면 아래의 파도를 감추고 있을 뿐이다. 스스로 폐쇄된 단위는 밖으로 운동하지 못하고 안으로만 운동하며, 밖으로 힘을 쓰지 못하고 안으로만 힘을 쓴다. 결국 이렇게 해서 '집안싸움'이 일어나는데, 고상하게 표현하면 '내분'이라고 한다.

집안싸움은 중국의 역사적인 전통 프로그램이다. 《춘추좌전春秋左傳》에서는 정백鄭伯이 언鄢에서 단段을 이기는 것을 시작으로 줄곧 맹렬하게 펼쳐진다. 정백은 정장공鄭庄公으로, 무공武公의 아들이다. 단은 공숙단共叔段으로 장공의 동생이었는데, 그는 어머니가 자신을 편애하는 것을 믿고 국왕인 형을 안중에 두지 않은 채 독립을 외쳤다. 그 후 분열을 일으켜 형을 대신하여 국왕이 되려했지만, 결국 장공에 의해 단숨에 평정됐다. 일종의 중국 역사서인 《춘추좌전》은 이 일로 시작되는데, 이는 상당히 희극적이라고 할 수 있다. 몇 차례 이민족의 침입을 제외하고는 대부분이 중국인이 중국인을 공격한 '내부 투쟁사'이기 때문이다. 열거하면, 동주東周의 문정, 초한楚漢의 축녹逐鹿(정권 다툼), 삼국의 징전徵戰, 위진魏晉의 핍궁逼宮(퇴위 강요), 만당晚唐의 할거割據, 오대五代의 역주易主, 송태조宋太祖의 진교병변陳橋兵變, 명성조明成祖의 남하청군南下淸君, 또 옹정제雍正帝의 도형잔제屠兄殘弟 등이 있다. 아들이 아버지의 자리를 빼앗고 신하가 임금을 시해하고 적자와 서자가 자리를 다투고 형제가 서로 해치고 친구 사이의 반목으로 이러지도 저러지도 못하는 어려움에 처한 사례들이다.

이와는 반대로, 기원전 1595년 히타이트Hittite[5])가 고대 바빌론을 멸망시키고, 기원전 12세기 도리안인이 남하하여 미케네를 물리친 것을 시작으로 서기 11세기에서 13세기에 이르는 십자군 원정과 후에 일어난 식민지 전쟁에 이르기까지 서양사는 서양인의 '대외 정복사'라고 할 수 있다. 혹자가 서양 문화의 상징은 '십자가'로, 사방으로 출격하여 확장했고, 중국 문화의 상징은 '태극도'로, 음양양극이 내부 투쟁한다고 한 것은 일리가 있다.

중국은 자기 집안싸움은 말할 것도 없고, 제삼자와 이민족까지 끌어들였다. 기원전 639년, 주양왕周襄王은 정鄭나라가 활滑을 치는 것을 저지했다가 정나라 사람들에게 창피를 당했다. 그는 분노하여 적족狄族의 군대를 빌어다 정나라를 공격하게 했다. 주양왕의 이 일은 바로 2천여 년 후 청나라 정부가 이른바 '차라리 다른 나라에게 주지, 노비에게 주지 않겠다'라고 한 것의 시작이었다. 따라서 노魯나라의 대부 계손季孫은 노나라 임금이 '외부의 도움으로 내부의 우환'을 제거할까봐 선수치는 격으로 혼란을 핑계 삼아 전유顓臾를 공격하려 했다. 하지만 공자는 이 소식을 듣고 풍자하기를, "내가 볼 때 계손 선생의 걱정은 전유가 아니라, 궁궐 문 앞에 있는 작은 울타리(문병)⁶⁾ 안에 있는 듯하다"라고 했다. 역시 성인이다! 계손의 걱정이 전유에 있지 않고, 내부에 있을까 봐 걱정이라고 했는데, 확실히 정곡을 찌르고 있다.

나라가 이러하니 가정도 마찬가지였다. 《홍루몽》 역시 가씨 집안싸움의 '내부 투쟁사'라고 해도 과언이 아니다. 주인과 주인이 싸우고, 노비와 노비가 싸웠다. 그들은 잔꾀로 농간을 부렸고 거짓으로 진실을 어지럽혔으며, 우물에 빠진 사람에게 돌을 던지고 남의 칼을 빌어 사람을 해쳤으며, 병서의 각종 계략들을 사용했다. 말을 잘하고 지략이 뛰어난 봉저가 한 것처럼 언쟁을 벌였지만, 성격이 시원시원한 청문⁷⁾은 배후에서 모두에게 음모를 당했다. 별 볼일 없는 계집종 사아四兒까지 보옥이 잘 대해주자 '지위를 빼앗길까봐' 농담 한마디를 큰 죄명으로 왕부인에게 보고했다가 그 결과 집에서 쫓겨나기에 이른다. 작은 주방에서조차 권력 투쟁이 난무하는 소동이 벌어졌는데, 결과는 일장춘몽으로 아무것도 남지 않았다. 대관원이라는 온유하고 부귀한 집안에서 한 걸음 한 걸음 위험을 향해 치닫는 것이 실제 강호에 못지않았다. '주인'들은 물론 권력을 이용해 세도를 부리며 생사 여부의 권리를 쥐고 있었으며, '노비'들 역시 '마음을 놓을 수 있는 존재'가 아니었다. 제55회에서 평아平兒⁸⁾는 하인들에게 이렇게 말했다. "평소 너희들의 안하무인과 심술, 이해관계를 내가 설마 모르는 줄 아느냐! 우리 아씨가 조금만 덜 똑똑했다면 너희에게 휘여잡혔을 것이다. 이번만은 봐주니 또다시 괴롭혔단 봐라! 사람들 모두 아씨가 심하다고 하고 너희도 아씨를 두려워하는데, 오직 나만이 아씨도 속으로 너희를 두려워하고 있다는 것을 안다." 적어도 절반은 사실이다. 마찬가지로 '주류파'(왕부인,

왕희봉 등)는 심하게 횡포를 부렸다. '비주류파' (형부인, 조이랑 등)도 뒤지지 않고 항상 시류를 정탐하여 사단을 만들고 한 건을 노렸다. 어쨌든 주인과 노비, 적자와 서자, 아버지와 아들, 형제, 올케와 시누이, 동서지간이 서로 시기하고 속이고 증오하고 싸우고 모함하며 해치기까지 했다. 과연 '집안싸움' 의 '장관〔大觀〕' 이라 할 만하다.

고전적인 수법

중국의 집안싸움은 '전통 프로그램' 으로써 역사가 매우 유구할 뿐 아니라, 그 수법 역시 대부분 조상 때부터 전해 내려와 발명과 창조를 거쳐 보충, 수정됐으며, 그 종류의 다양함은 이루 다 설명할 수가 없다. 개략적인 내용만 정리하면, 가장 고전적인 것으로 다음 몇 가지가 있다.

첫째는 '작당해서 자기편을 만드는 것' 으로, 속칭 '패거리' 라고 한다. 크게는 나라에 이르기까지 각종 정치 파벌과 세력 집단이 있었다. 예를 들어, 삼국시대 조위曹魏9) 집단, 유한劉漢 집단과 손오孫吳10) 집단이 있다. 작게는 단위나 가족으로, 신분과 지위, 나이, 경력, 출신, 본적, 기질, 성격 등 갖가지 요인을 들어 각종 파벌을 형성하고 집단을 결성했다. 그중 가장 기본적인 작용은 역시 이해관계였다. 이런 파벌과 집단에는 항상 변화가 있었고 누군가가 새로 들어오거나 누군가를 다시 배반하기도 했지만, 그중에서도 '패거리' 는 영원한 필수항목이었다. 개인은 아주 미약해서 반드시 집단의 힘에 의지해야 했기 때문이다. 혼자서는 큰일을 감당하기 어렵고, 어떤 독불장군도 혼자서는 싸움에서 패배를 면할 수 없었다. '울타리는 여러 개의 말뚝이 필요하고, 영웅은 많은 사람의 도움이 있어야 하듯' 황제도 심복, 측근이 필요했는데, 다른 사람은 말해 무엇 하겠는가. 그래서 뭉치지 않을 수 없었다.

이왕 뭉쳤다면 '집단의식'이 있어야 한다. 따라서 중국인들은 어떤 일을 하기에 앞서 종종 옳고 그름을 묻기보다 친한지 그렇지 않은지를 물었으며, 이쪽에 서지 않으면 저쪽에 서고, 자각적으로 파벌 조직의 이익을 수호했다. 이렇게 하지 않으면, '배신'이고, 처세를 할 수 없었다.

둘째는 '유언비어의 살포'로, 속칭 '뒷이야기'다.

'패거리'가 집안싸움의 선결 조건이라면, '뒷이야기'는 집안싸움의 주요 수단이었다. 이런 투쟁은 비록 계급을 뒤엎고 정권을 탈취할 정도는 아니었지만, 마찬가지로 먼저 여론을 조성하고 난 후에 타격을 가했다. 그러나 결국 '집안싸움'이었기 때문에 겉으로는 '화기애애한 분위기'를 유지해야 했으며, 공개적으로 시끄럽게 떠들어대지 못하고, 배후에서 불평만 할 뿐이었다. 곧 '여론'은 '험담'이 됐다. 험담은 근거없고 쓸데없이 자질구레하며, 빈정대고 앞에 나설 수도 없는 것이었지만 살상력은 오히려 컸다. 사람을 사지에 몰아넣을 수도 있었는데, 더 나쁜 것은 사람을 심란하고 편치 못하게 하는 것이었다. 집안싸움의 고수치고 이런 수법을 쓰지 않은 사람이 없었다. 이 점에 관해서는 제9장에 자세히 이야기하겠다.

셋째는 '흠 찾기에 골몰'하는 것이다.

'완벽한 사람은 없다'는데 누군들 이런 저런 흠이 없을까? 인생이 공연이라면 누구나 '무대'에 오르고, 어떤 사회적인 배역을 연기하게 되는데, 역할을 완벽하게 소화해내기 위해서는 '발음은 정확하고 곡조는 유창해야' 한다. 그렇지 않으면 '관객'은 불만스럽게 생각하고 '야유'를 퍼붓는다. '하늘은 높고 황제는 멀리 있다'라고 나랏일에 관여할 수는 없지만, 단위의 일은 이러쿵저러쿵 떠들고 함부로 이러쿵저러쿵할 수 있다. 이런 심리적 기초 위에 내분內紛을 일으키는 전문가들은 확대

경으로 달걀에서 뼈를 찾듯 남의 흠을 들춰낸다. 일단 '문제'가 발견되면 맹렬히 공격하고, 작은 문제도 크게 만들며 공연히 말썽거리를 만드는데, 아무도 반응하지 않을까 전혀 걱정할 필요가 없다.

넷째는 '평지풍파를 일으키는 것'으로, 속칭 '분쟁을 일으킨다'라고 한다.

다시 말해서 사단을 만들어 혼란의 와중에 정권을 탈취한다. '집안싸움'은 내부에서 자기들끼리 싸우기 때문에, 한 단체나 한 단위가 서로 싸우지 않고 화목하게 지내면서 순서에 따라 일을 진행하면, 싸우고 싶어도 싸움이 일어나지 않는다. 다툼이 발생할 때는 종종 단체와 단위 사이에 '일'이 있는 날이다. 예를 들어, 지도 그룹이 회기回期를 바꾸거나 현행 질서와 지위에 변화가 발생하는 때이다. 이때가 되면 단위에서는 마치 솥 안의 물이 끓듯이 매우 소란스럽다. 만약 이런 기회가 없다면, 하는 수 없이 사단을 만들었다. '세상은 원래 별일이 없는데, 못난 사람들이 스스로 문제'를 일으킨다. 소란이란 모두 사람이 만든다. 단위가 일단 소란스러워지면, 원래의 평형은 깨진다. '고인 물'이 '혼탁한 물'이 되고, 심보 나쁜 사람들이 '혼란한 틈을 타서 한몫' 챙긴다. 당연히 이런 수법은 '고수'만이 쓸 수 있다. 만약 형부인11)처럼 '밑도 끝도 없거나' 조이랑趙姨娘12)처럼 '뒤죽박죽 두서가 없으면', 흠을 찾고 소란을 일으키고 술수를 부리려고 해도 스스로 재미를 느끼기 어렵다. 따라서 그들처럼 '내심 꿈수가 있는' 사람은 소란을 피우지 않는 것이 좋다. 그러나 이런 사람들이 가장 분수를 모른다.

집안싸움의 방법과 순서는 대체로 이렇다. '집안싸움에 뜻이 있는' 사람이 이도저도 아닌 사람들과 작당을 하고, 근거를 알 수 없는 쓸데없는 말들을 퍼뜨리며, 별것도 아닌 흠집을 찾아낸 후에 생트집을 잡아

302

소란을 피우기만 하면, 분명 크건 작건 간에 소란을 만들어 낼 수 있다. 사람을 사지에 몰아넣지는 않아도 이러지도 저러지도 못하게 만들 수는 있다.

집안싸움의 특징

집안싸움은 다음과 같은 몇 가지 특징이 있다.

첫째는 '은밀함', 즉 '비공개'다. 공개적인 장소에서는 모두 좋은 동료이자 좋은 친구이며 사이좋은 형제로 만면에 웃음을 띠우고 대단히 화목하지만, 뒤에서는 이를 갈고 칼을 갈며, 흉계를 꾸며 농간을 부리고 중상모략하고 불의의 일격을 가한다.

왜 그럴까? '집안싸움'이기 때문이다. '한 집안'이므로 단결하고 화목해야 하며 '면전에서 직접대고 반대'할 수 없다. 만약 누군가 공개적으로 외면한다면 그것은 모두와 적이 되겠다는 것이다. 이런 위험은 아무도 책임질 수 없어서, 정말 부득이한 상황이 아니면 일반적으로 모두 안면을 몰수하거나 정면 대항하지 않는다. 게다가 체면의 원칙에 따르면, 원래 얼굴을 마주하고 있을 때는 '사람답게 행동해야' 하고, 등을 맞대고 있을 때는 '나쁜 일을 꾸며도' 괜찮다. 체면이라는 면에서 꺼림칙한 게 없다면 반목하기가 쉽지 않다. 숨어서 못된 짓을 하면 배후가 누구인지는 쉽게 알 수 없고, 살상력이 더욱 강한데 왜 마다하겠는가?

둘째는 '유연', 즉 '강경하지 않음'이다. 이것은 은밀한 것과 짝을 이룬다. 은밀하기 때문에 유하고, 유하기 때문에 부드럽다. 집안싸움은 공개적일 수 없으므로 강경할 수 없다. 강경하면 '적대'의 혐의를 벗어나기 어렵다. 하물며 '맞대면'과 '강경'은 모두 사람을 경계하게 만든다. 당사자를 경계 모드에 돌입하게 할 뿐 아니라 옆에 있는 사람도 경계하게 만든다. 만약 서서히 괴롭히거나 유연한 방법을 쓰면, 자기도 모르는 사이에 상대방을 해치기가 좋다. 몽둥이로 때린다면 그 몽둥이를 막거나 몽둥이를 부러뜨릴 수 있지만, 음산한 바람이 불어오고 더러운 소문이 퍼지면 무슨 방법으로 대응할 수 있겠는가?

셋째, '작다', 즉 '눈길을 끌지 않음' 이다. 이를테면 작은 몸짓, 짧은 보고報告, 작은 소란, 작은 마찰 등을 일으키는 것이다. 그러면 대응하기가 아주 어렵다. 우선 발견이 쉽지 않고, 다음에는 반격하기가 쉽지 않다. 그 명목이 정말 너무 작기 때문이다. 진지하게 대응하자니 그럴 가치가 없고, 다른 사람들도 '작은 일을 크게 만든다' 라고 생각할 수 있다. 일에는 크고 작음 있다. 하지만 일이 작다고 해서 옳고 그름이 없는 게 아니다. 작은 문제도 문제는 문제고, 작은 분규도 분규는 분규다. 그런 것들의 사람의 심리, 정서에 대한 자극은 무시할 수 없다. 더군다나 작은 것이 모이면, 큰일을 일으킬 수 있다. 모기는 비록 작지만, 떼를 이루어 공격하면 사람을 죽일 수 있다. 그래서 작은 몸짓, 작은 보고, 작은 분규, 작은 마찰도 사람을 사지에 몰아넣을 수 있다. 그러나 분명 '작기' 때문에, 적어도 처음부터 '작은 문제를 크게 만들기' 는 쉽지 않다. 그 결과 반격을 해도 억울하고, 반격을 하지 않아도 억울하다.

넷째, '끈끈하다', 즉 '끊임없이 계속 된다' 는 것이다. 이 역시 '내부 투쟁' 의 특징이다. 외부 투쟁은 적과 내가 분명하고 승부도 분명하다. 싸움이 끝나면, 이기든지 지든지 어쨌든 결과가 있다. 집안싸움은 그렇지가 않다. 왜냐하면 무슨 투쟁이라고 인정하지 않기 때문에 당연히 승부랄 게 없다. 게다가 한쪽이 승리하고 다른 쪽이 패배한다 해도 함께 생활해야 하므로 패배한 입장에서 어떻게든 보복할 방법을 생각하지 않을 수 없다. 그래서 꾸물꾸물 질질 끌며 끝이 없다.

이는 실제로 상당히 무서운 일이다. 만약 공개적이라면 그 자리에서 반격할 수 있고, 유연하지 않으면 단호하게 손을 쓸 수 있으며, 작지 않으면 크게 싸울 수 있고, 질질 끌지 않으면 제때에 손을 떼면 그만이다. 그러나 집안싸움은 공교롭게도 반격하려고 해도 대상을 찾을 수가 없고, 시작하려고 해도 결심할 수 없으며, 싸우려 해도 싸울 수가 없고, 그만두려 해도 그만둘 수가 없다. 괴롭힘을 당할 수밖에 없다.

집안싸움의 결과는 역시 두 가지밖에 없다. 첫째, 사람을 '기회주의자'로 만든다. 둘째, 사람을 '정신병자'로 만든다. 적어도 사람을 의기소침하고 속이 좁게 만들 수 있다. 집안싸움이 심한 단위에 가보면 쉽게 알 수 있다. 대부분 별다른 업적이나 성과가 없다. 집안싸움에 열중하는 사람들은 또 대부분 어떤 안목이나 수준도 없다. 안목과 수준이 없기 때문에 '외부 세계'를 보지 못하고, 오로지 '집안의 승강이'에만 몰두한다. 그 결과 자연스럽게 '내전에는 강하지만 외부 싸움에는 서툴고', 단위, 가족 안에서의 권력 다툼, 시기 질투에는 뛰어나지만 일단 밖에 나가거나 외부인을 보면, 고개도 못 들고 말도 못하며 아무 소리도 내지 못한다.

집안싸움에 열중하는 사람은 두 가지 배역에 지나지 않는다. 한 가지는 야심이 지나쳐서 항상 다른 사람을 넘어뜨릴 생각만 하고 어떻게든 무대에 올라가 자신을 드러내려 하거나 직위에 광적으로 집착한다. 다른 한 가지는 가슴속이 불만으로 가득 차서 세상이 조용할까봐 걱정하고, 다른 사람이 사고를 치기를 간절히 바라며, 기회를 통해 보복을 하거나 원망을 털어놓고 웃음거리로 삼는다. 이 두 가지 유형은 어떤 경우에는 같은 종류의 사람이다. 그들은 대부분 노예거나 준노예 혹은 주인 신분에 노예 마인드를 가진, 대부분 인격이 떨어지고 인품이 저속하며 마음이 음흉한 자들이다. 남자는 내시 같고, 여자는 첩 같다. 내시 같아서 음흉하고, 첩 같아서 소심하다. 소심하고 음흉하니 사람들에게 멸시를 받고, 멸시를 당하므로 보복하려는 마음이 간절하며, 보복이 간절하기 때문에 수단과 방법을 가리지 않는다. 하지만 결국 능력에는 한계가 있고, 인내심이 크지 않다. 개고기로 만든 만두는 상에 오를 수 없는 것처럼, 위세 당당하게 큰소리치는 게 불가능하기 때문에 집안싸움에 열중한다.

'뚜껑 덮기'와 '물타기'

위에서 말한 것은 전형적인 '집안싸움'을 가리킨다. 일단 관례를 벗어나 일이 커지면 '풍파'가 된다.

풍파는 반드시 수습돼야 한다. 수습 방법은 역시 '조상들의 관습법'으로, 이런 방법은 감정과 이치, 이 두 가지를 바탕으로 한다. 감정상의 이유를 '그 밥에 그 나물'이라 하고, 논리적인 이유를 '한 손으로 박수칠 수 없다'라고 한다. 이 또한 단체의식에서 비롯된다. 이른바 '그 밥에 그 나물'은 각 개인이 단체의 일원이고, 모두 똑같이 각자의 몫이 있으며, 오류는 물론 오류에 대한 비판이나 비호까지 포함함을 강조한다. 이른바 '한 손으로 박수치면 소리가 나지 않는다'는 말은 한 사람으로는 결과를 얻을 수 없으며, 적어도 둘은 돼야 어떤 방법을 쓸 수 있고, 사람이 많아야 비로소 사건이 발생하여 분규가 일어난다는 것이다. 그래서 '모두에게 책임'이 있다.

이런 의견과 태도는 비록 말로 하면 하나하나 사리에 들어맞고, 듣기에 어느 쪽에도 치우치지 않으며, 보기에 어느 쪽에도 치우치지 않는 것 같다. 그러나 실제로는 선악을 구별할 수 없고, 시비가 분명하지 않

306

다. 문제는 '집안싸움'이라서 당연히 양쪽 모두 '자기 사람'이고, '근본적인 이해충돌'이 없다는 데 있다. 크게 옳거나 크게 틀릴 수도 없는 일인 데다 기껏해야 '작은 선심이나 은혜' 정도일 뿐이다. '곧이곧대로 들을' 수도 없지만, 문제가 커지면 '집안 망신'으로 사람들에게 '웃음거리'가 될 수밖에 없다.

당연히 이렇게 해서는 안 된다. 따라서 줄곧 집안일을 잘하고 나라를 잘 다스리는 사람은 두 가지 수법이 있었다. 하나는 '뚜껑 덮기'고, 다른 하나는 '물타기'다.

이른바 '뚜껑 덮기'는 바로 갈등을 감추는 것이다. 이를테면 암투를 벌이는 것이 분명한데 일치단결한다고 말하거나, 서로 속고 속이는 게 분명한데 공명정대하게 처리한다고 한다. 문제가 가득한 게 분명한데 풍파가 잠잠해졌다 하고, 싸움이 사방에서 이어지고 있는데 세상이 태평하다고 한다. 밖에서는 상부에 좋은 소식만 알리고 근심거리는 알리지 않는 것은 물론이고, 내부에서는 하부에 좋은 말만 하고 나쁜 말은 하지 않는다. 설사 갈등이 있고 분쟁이 벌어져도 어떻게든 숨기고 감춘다. 큰 싸움이 벌어지지만 않으면 해결하기 어려울 정도로 소란스러워도 표면적으로 화기애애한 분위기만 유지할 수 있으면 된다. 실제로 감출 수 없으면 가능한 한 대충 슬그머니 넘어가거나 문제가 해결된 후에 다시 보고한다. 결과적으로 '나쁜 일'이 '좋은 일'로 바뀐다.

이렇게 하는 데는 역시 '일리'가 있다. 집안싸움은 당연히 집안에서만 벌어질 수 있다. 어떻게 하든 '집안'을 유지해야만 한다. 만약 '집'조차 없다면 뭘 다투겠는가! '집안'을 유지하려면, 반드시 뚜껑을 덮어야 한다. 이런 이치는 '집안' 사람이라면 대부분 이해한다. 부득이한 상황이 아니면 경솔하게 퍼뜨려서는 안 된다. 떠벌리는 것은 결코 이롭지 않다(집안싸움이므로 제3자가 끼어들기 쉽지 않다). 반대로 일신상에 문제가 생길 수 있는데, 윗사람은 '집안망신'을 증오할 뿐 아니라, 사람들도 '대국을 살피지 못함'을 탓할 것이며 다음에는 나서서 말해 줄 사람이 없다. 이는 절대 수지맞는 장사가 아니다.

문제는 뚜껑을 꼭 막을 수 있어야 한다는 것이다. 솥에서 물이 끓을 때는 뚜껑을 아무리 꼭 닫아도 안에서는 여전히 부글부글 끓으며, 열기가 밖으로 새나오는 것을 막을 수 없다. 그래서 뚜껑을 덮는 것도 외부적인 것으로, 내부적인 것이 아니다. 겉만 일시적으로 바로잡을 뿐 근본을 바로잡는 것이 아니다. 근본적인 방법은 근본적인 문제를 해결하는 것이다. 즉 솥의 물이 끓지 않게 하는 것이다.

이른바 '물타기'이다.

'물타기'는 시비의 한계를 가능한 한 불분명하게 하여 잘잘못을 따지지 않고 양쪽 모두 나쁘다고 하는 것이다. 이를테면 분쟁을 일으킨 쌍방에게 '그가 물론 잘못했지만, 너도 잘못했다'라고 하는 것이다. 마치 '원칙을 따지지 않는 것 같지만', 사실은 '지극히 원칙을 따지는 것'이다. 이 원칙은 단체의식이다. 이 원칙에 따르면, 단체를 단결하게 하여 안정시키는 것이 그 어떠한 것보다 중요하다. 설령 단결하여 안정시키는 것이 표면적인 허상일 뿐이라도 개인의 원한 관계보다 훨씬 더 중요하다.

그렇다면 좋다. 누군가 알력을 일으키고, 문제를 일으켜서 '고자질'하고 '말다툼'을 하면, 누가 먼저 시작했든 '잘못'한 것이다. 즉 단결을 중시하지 않는 것이다. 이런 큰 혐의를 씌우면, 남은 일은 비교적 협상하기 쉽다. 이를테면 적당한 이해와 동정을 베풀고, 실제적인 문제를 해결하는 것이다. '뚜껑을 덮든' '물을 타든' 목적은 모두 '알력을 없애고 서로 좋게 지내는 것'이기 때문에 비평만 해서는 안 되고, 어루만지고 달래기도 해야 한다. 이를테면 그들의 말이 모두 이치가 있다고 하자. 하지만 작은 이치는 큰 이치에 따라야 한다. 큰 이치가 바로 단체의 단결이다. 누군가 단체의 단결이라는 대국을 고려하지 않는다면 체면을 세워주었더라도 책임을 지지 않는 것으로, '도리'를 이야기할 수 없다.

그러나 애석하게도 '뚜껑을 덮는 것'은 모순을 감추기만 할 뿐 제거하지는 못한다. '물타기'는 시비를 모호하게 할 뿐 완전히 제거되지는 못한다. '나무는 고요하려 하나, 바람이 그치지 않듯' 싸움은 여전히 존재하며, 더욱 은밀해질 뿐이다.

담 안에 핀 꽃, 담 밖의 향기

뚱뚱한 사람이나 마른 사람 모두 똑같이 대우하고, 향기 나는 사람이나 악취 나는 사람이나 잘잘못을 구분하지 않으며, 옳은 사람이나 그른 사람이나 모두 똑같이 벌하고, 부지런한 사람이나 게으른 사람이나 모두 같은 보상을 한다면, 이런 분위기 속에서 정직하고 재주가 있는 사람은 고민과 억압을 느끼지 않을 수 없다. 또한 그들이 '두각을 나타내려면' 밖으로 나갈 수밖에 없다. 따라서 '집안싸움'과 밀접한 관계가 있는 또 다른 현상은 '밖에서 향기를 풍기는 것'이다.

'꽃은 담 안에서 피고, 향기는 밖에 풍긴다'라는 것은 상당히 보편적인 현상이다. 자신의 단위에서는 아무 소리도 들리지 않는데, 밖에서는 평판이 대단할 수 있다. 자기 단위에서는 좋은 평가를 받지 못하는데, 밖에서는 명성이 자자할 수 있다. 심지어 어떤 사람은 외국에서 먼저 논문을 발표하고 책을 출판한 후, '내수로 돌린 후에야' 국내에서 '유명세'를 탄다. 이는 이상한 일이기도 하다. 어떻게 집에 있을 때는 아무것도 아니다가 밖으로 나가자마자 환영을 받는단 말인가?

원인에는 여러 가지가 있다. 이를테면 '먼 데 있는 무당이 용하다'라는 것이다. 먼 곳에 있는 무당이 왜 용할까? 왜냐하면 내막을 모르는데다 거리감과 신비감이 있기 때문이다. 집에 있는 무당은 날마다 보기 때문에 서로에 대해 자세히 안다. 게다가 몇 번 만나면 누군들 모를까? 당연히 별로 대단해 보이지 않고, 특별하게 생각할 필요도 없다. 어쨌든 별 것 아니라고 생각한다. 다 같은 '가족'인데 해야 할 것만 하면 되고, 또 그 사람이 '떠날까봐' 걱정할 필요도 없다. 외부에서 온 무당은 그렇지 않다. 그래서 '먼 데 있는 무당이 용해 보이는 것'이다.

더 중요한 것은, 본 단위의 사람은 역시 '집안사람'이라는 것이다. '가문'의 법규에 따라 '모두 각자의 몫이 있고, 모두 똑같으며', 아무도 두각을 나타낼 수 없다. 하지만 '대우가 다르고' 개인 또는 몇몇 사람들이 두각을 나타내면, 다른 사람들이 '화를 내며 불평하거나' 기분 나빠하고, 문제를 일으키거나 불만을 표시할 수 있는데 어떻게 '혼란스럽지' 않겠는가?

그렇다고 모두 윗사람에게 불평을 하지는 않지만, 대부분 상황과 분위기가 그렇게 만든다. '저마다 각자의 몫이 있고, 모두 똑같다'라는 평균주의 관념에서 중국인의 보편적인 심리는 자기 주변의 잘 아는 사람이 자기보다 잘 지낼 때 가장 납득하지 못한다. 이를테면 미국 사람의 수입이 자기들보다 몇 십 배 많은 것에는 불평하지 않지만, 같은 단위의 어떤 사람에게 상여금이 좀 더 지급되면 질투한다. 또한 심천에 사는 한 졸부가 별장을 사는 것에는 상관하지 않지만, 이웃집에서 간단하게 집수리를 했다면 질투로 온몸을 떤다. 왜냐하면 누구나 알고 있듯이 온 세상 모두 '각자 나름의 몫이 있고, 모두 똑같아야' 하지만, 근본적으로 그럴 수 없기 때문이다. 그래서 '내외구별'만 하는 것이다. 밖의 일은 우리가 볼 수 없으므로 상관할 수도 없고 비교도 안되므로 '모르는 게 약'이라고 생각한다. 그러나 주변 사람이나 주변의 일은 날마다 알게 되고 날마다 보게 되므로 피할 수도, 그냥 넘어갈 수도 없다. 만약 '똑같지 않다면' 어떻게 참을 수 있단 말인가! 그래서 '공평'하게 해야 한다. 가장 좋은 것은 '고생하는 것'도 모두 똑같고, '아무것 없는 것'도 모두 똑같아야 온 세상이 태평하다.

이런 관념이 '문화적 무의식'이 되자, 누구도 어쩔 수 없었다. 왜냐하면 개인의 의견이 아닌 대중이 만든 분위기이기 때문이다. 이런 분위기 속에 인재들은 세 가지 선택밖에 할 수 없다. 첫 번째는 평범해져서 다른 대다수의 평범한 사람들과 '똑같이' 가는 것이다. 그러면 당연히 자신의 삶을 잘 꾸려나갈 수 있고, 마음의 고통은 자기만 알 뿐이다. 두 번째는 '그렇게 하지 않는 것'으로, 누가 뭐래도 자기 소신대로 아무 구속 없이 자유로이 하는 것이다. 하지만 이런 사람은 결국 아무도 도와주는 사람 없는 외톨이가 되어 형편없이 깨지다가 마지막에는 부득이하게 시류를 따른다. 세 번째는 가장 좋은 선택으로, 단위에서 약점을 숨기고 가능한 한 사람들의 주의를 끌지 않게 조용히 있다가 밖에서 점점 발전하는 것이다. 일단 날개가 단단해지고 유명해지면 단위와 '안녕'을 고한다. 적어도 외부에서 명성이 이미 상당해져 사람을 놀라게 하고 사람들이 감히 무시하지 못할 때가 되면, 어느 정도 자유롭게 된다. 이미 '외부의 원조'가 생겨 단위를 그만둘 자격이 있기 때문이다.

그러나 이는 한 가지 방법일 뿐, 반드시 효과가 있을지는 알 수 없다. 사실 많은 사람들이 단위를 바꾸지만, 처음 갔을 때는 좋아도 일정 기간이 지나면 원래의 단위와 별 차이가 없다는 것을 발견하게 된다. 심지어 더 나쁠 수도 있다. 왜냐하면 '집안싸움'과 '남의 떡이 커 보이는 것'은 모든 단위의 '일반적인 병폐'이기 때문이다. '남의 떡이 커보여도' 막상 '들고 비교해 보면' 별 차이가 없다. 그 결과, 저쪽에서 '집안싸움'이나 하고 두각을 나타내지 못했다면, 이쪽에 와서도 마찬가지다. 이렇게 되면 정말 '막다른 길에 이르는 것'이다.

근본적으로 문제를 해결하지 않으면 어떤 출구도 찾을 수 없다.

단위여 안녕

참을 수 없는 유혹

더 효과적인 방법은 아마도 한 가지밖에 없을 것이다. 바로 '단위와 이별' 하는 것이다. 어떤 구체적인 단위를 떠나는 것이 아니라, 근본적으로 '아무 걱정 없는 편안한 생활의 근본' 을 의미하는 그런 '단위' 와의 이별이다. 바꾸어 말하면, 더는 '단위' 를 중국인이 '아무 근심 걱정 없는' 생존의 근본이 되지 않게 하는 것이다.

이는 어렵게 보이지만, 가능성이 전혀 없는 것은 아니다.

회사의 제도가 아무리 완전하고, 단위의 매력이 그 무엇보다 유혹적인 시대라 해도 모두에게 단위가 있는 것은 아니다. 몇 억이나 되는 농민들은 물론이거니와 도시에서도 단위 밖의 '실업자' 와 할 일 없이 '노는 사람' 이 적지 않다. 사실, 이 사람들은 절대 '직업이 없거나' , 오로지 '놀고먹는 것' 은 아니다. 단지 그들이 먹고 마시고 싸고, 생로병사, 퇴직을 모두 책임지고 총괄할 회사가 없어서 스스로 생계를 모색하는 것뿐이다. 단위가 없다고 '살아가지 못하는' 게 아니다.

어떤 경우 더 잘 살기도 한다. 전국 각지에는 수많은 '돈 많은 사람들' 의 이야기가 전하는데, 그들은 모두 단위가 없다. 원래 단위가 없거나(농민), 여러 가지 원인으로 단위에서 잘리거나 사직한 사람들이나. 결과적으로 그들은 단위가 있는 그 어떤 사람들보다 여유 있게 산다. 당시 단위에서 잘린 그 '불쌍한 사람' 과 옛날 동료들이 '20년 후에 만났을 때', 옛날 동료들은 자신들이야말로 '불쌍한 사람' 이라는 걸 금방 알아챘다. 본보기의 힘은 막강하다. 그래서 어떤 사람들은 선배들을 본받아 '옷을 벗고' 고향으로 돌아가거나, 단위를 그만두고 본격적으로 장사에 뛰어들었다. 설령 그들이 조금 고생스럽고 어렵게 산다고 해도 대부분 후회하지 않는다. 왜냐하면 그들은 자신이 겪은 절실한 경험을 통해 원래 단위에서 떠나도 달리 살아가는 방법이 있다는 것을 깨달았기 때문이다. 또한 자유를 만끽할 수 있기 때문이다.

자유는 대다수 중국인에게 의심할 필요가 없는 사치품이다. 중국인들은 기본적인 생존의 문제, 즉 의식주가 풍족한 생활을 우선적으로 고려한다. 그러나 자유도 분명 매력적이다. 누군들 자유를 원하지 않겠는가. 하지만 단위에 있는 사람이라면 자유를 논하기가 어렵다. 중국인의 일생은 '모두 관리된다' 라는 말이 있다. 어렸을 때는 부모에게 관리되고, 학교에 들어가서는 선생님께 관리되며, 일을 하면서는 윗사람에게 관리되고, 결혼 후에는 부인에게 관리된다. 그러나 만약 단위가 없으면 관리될 필요가 없다.

자유란 사람들이 얼마나 흠모하고 기뻐하는 일인가! 누구도 아침부터 저녁까지 누군가에게 관리되기를 원치 않는다. 어쨌든 중국인이 더는 먹고 입는 문제로 걱정하지 않고, 더는 주택교통 때문에 곤란을 겪지 않게 되자, 그들은 더 많은 자유를 바라고 추구하게 됐다. 사람들은 고정적인 단위에 대해 더는 신경 쓰지 않았고, 심지어 고정적인 직업이 있는 것조차 신경 쓰지 않았다. 그래서 사회에서는 '이직' 현상이 나타나기 시작했다.

확실히 짚고 넘어가자면, 이직과 인사이동은 전혀 다르다. 이동은 어떤 단위에서 다른 단위로 옮겨가는 것으로, 여전히 철 밥그릇을 받쳐 들고 한솥밥을 먹는다. 그래서 원래 단위에서 집안싸움으로 두각을 나타내지 못하다가 새로운 단위로 옮겨왔다고 해도 여전히 집안싸움을 하고 두각을 나타내지 못할 가능성이 있다. 단위가 바뀌었다고 해도, 자기와 단위 사이는 여전히 일종의 종속관계이며, 여전히 단위에 의해 관리되고, 여전히 단위사람들의 압력을 받아야 하기 때문이다. 이직은 오히려 자기가 자기의 주인이 되어 가고 싶은 곳으로 가고, 하고 싶은 대로 하며, 스스로 자신의 주인이 된다. 자기가 자신의 주인이 된다는 것은 쉽지 않다. 이미 단위라는 배경이 없어져서 무슨 일이든 스스로 의지해야 하기 때문이다. 유유자적할 시간이 없다. 기관에서처럼 차 마시고, 담배 피우고, 하루 종일 신문 보는 것은 더더욱 꿈꿀 수 없다. 게다가 어떤 사람이 사회에서 살아가는 것은 강호를 떠도는 것과 같다. 강호를 떠돌다 보면 자기 마음대로 되지 않는다. 많은 '자유직업자' 들이 자조적으로 '직업은 있으나 자유가 없다' 라고 말한다. 그러나 그들은 후회하지는 않는 것 같다. 그들은 적어도 자유의 보장, 즉 선택의 자유가 있기 때문이다. 이렇게 찾아다니고, 이리저리 뛰어다니는 과정에서 그들은 인생이라는 길을 씩씩하게 걷고 있을 것이다. 이는 '분수에 만족하지 못하는' 많은 사람들에게는 대단한 유혹이 되고 있다.

피할 수 없는 풍경
단위는 더는 호시절이 아니다.

단위가 일찍이 동경의 대상된 까닭은, 우선 한솥밥과 철 밥통에 있다. 그중 철 밥통은 더욱 유혹적이었다. 기본적인 인생의 보장을 의미하기 때문이다. 그래서 개혁 초기 한솥밥이 깨지자, 사람들의 충격은 상당했다. 인사제도와 노동제도의 개혁은 지금까지의 삶을 바꿔놨다. 간부초빙제, 전원계약제는 어느 누구에게도 철 밥통은 없음을 의미했다. 또한 조직의 강화, 단위의 경쟁은 더더욱 누구나 밥그릇을 잃을 수 있음을 의미했다. 자기 밥그릇도 지킬 수 없는데, 어디 자녀 승계를 말할 수 있을까? 시장경제체제가 완비됨에 따라 초빙과 해임, 취직과 퇴직의 제도화, 규범화, 일상화는 철 밥통을 갈수록 '약하게' 만들었고, 단위도 갈수록 그 힘을 잃었다.

엎친 데 덮친 격으로, 복리후생제도가 개혁되었다. 과거 단위의 장점은 '한솥밥'과 '철 밥통' 뿐만 아니라, 이루 다 계산할 수 없는 수많은 복리후생에 있었다. 이를테면 쓰자면 한도 끝도 없는 의료비와 평생 일해도 마련하기 어려운 주택 같은 것이다. 현재 공비의료와 주택 제공은 이미 철폐됐으며, 단위의 물자조달 부문과 복리 부문도 단위 간에 연계가 끊어져서 월급 이외의 각종 '혜택'은 점점 사라지고 있거나 곧 사라질 것이다. 더 이상 단위는 직원들의 생로병사, 퇴직을 책임지지 않으며, 더는 우리의 요람과 가정도 아니다. 이후의 일은 우리 스스로 걱정해야 한다. 적어도 젊은 세대는 이미 단위의 주택 제공을 바라지 않으며, 단위의 월급에 의지해 남은 인생을 보내길 바라지도 않는다. 단위는 더는 사람들을 '돌볼 수'도 '붙잡을 수'도 없다. 단위는 그 필요성을 잃어가고 있는 것이다.

단위 자체도 보존하기가 어려워졌다. 정치체제와 경제체제 개혁이 진일보하고 발전함에 따라, 시장경제의 치열한 경쟁에 따라 많은 기업

316

단위들이 도태될 것이다. 일부 사업 단위도 간판을 떼고 독립해야 할 상황이다. 과거 우리는 단위가 없는 사람을 보면 '믿을 만한 사람이야?' 라고 물었는데, 앞으로는 우리가 자신을 위해 단위를 찾을 때 속으로 '이 단위 믿을 만한가?' 라고 물을지 모를 일이다.

물론 믿을 만하지 않다. 사실, 사람들은 더는 누구에게 '의지' 하지 않는다. 과거 우리는 단위의 책임자를 '지도자' 라고 불렀는데, 지금은 시장경제의 영향으로 '사장' 이라고 부른다. 표면적으로 '사장' 이라는 호칭은 조직원들끼리 통하는 '장난스러운 호칭' 이기는 하지만, 분석해 보면 그 배후에 사회 관념의 심각한 변화가 있다. '지도자' 란 무엇인가? 사람들이 앞으로 나아갈 수 있도록 안내하고 인도하는 사람이다. 그래서 피지도자와 지도자 사이는 '의지하고', '의지가 되는' 관계다. 사장은 다르다. 사장과 직원들 사이는 고용관계이며 매매관계다. 한쪽은 자본을 들이고 한쪽은 노동력(혹은 지적 노동력)을 들이며, 한쪽은 사려고 하고 한쪽은 팔려고 한다. 가격 협상이 잘되면 거래가 성사되며, 어느 누구도 어느 누구에게 빚지지 않고, 어느 누구도 어느 누구의 일생을 책임지지 않는다. 사장과 직원들 사이에는 일종의 느슨하고 고정적이지 않은 관계만 있다. 사장이 나를 고용할 수도, 다른 사람을 고용할 수도 있다. 내가 이 사장에게 고용될 수도, 저 사장에게 고용될 수도 있다. 사장은 우수한 사람을 뽑고 일을 잘하는 사람을 고용한다. 일하는 사람은 몸값이 오를 때를 기다려 팔고, 돈을 많이 주는 사람을 위해 일한다. 일단 계약이 만기되거나 해제되면 손을 흔들며 작별하고, 각자 갈 길을 간다. 자유자재이며 거리낌 없고 의지할 필요도 없으며 관계도 없다. 그래서 '지도자' 와 '사장' 은 기본적으로 다르다.

우리가 단위의 지도자를 '사장' 이라고 부르면서 우리의 관념은 이미 조용히 변화되기 시작했다. 마음 깊은 곳에서 이미 '고용관계'와 '매매관계'를 인정하기 시작한 것이다. 또한 전통적인 '종속관계'와 '혈연관계'는 조용히 해체되어 점차 구속력과 흡인력을 잃어가고 있다.

체제개혁이 진일보하고 발전함에 따라 단위 자체도 변화하고 있다. 일하는 장소로써의 단위는 여전히 존재하지만, 단위와 직원과의 관계는 새롭게 확립됐다. 직원들은 더는 단위에 종속되지 않는다. 단위 또한 더는 직원의 배경이 아니다. 직원들의 의무는 자신이 맡은 직무를 잘하면 그만이고, 단위의 의무는 노동에 따른 대가를 지불하면 그만이다. 누구든지 좀 더 윤택하게 잘 살고 싶으면, 단위에 의지해서는 안 된다. 오로지 자신에게 의지해야 한다. 따라서 원래 그런 의미의 '단위'는 더는 존재하지 않는다.

가치의 확장

20년에 걸친 중국의 개혁 개방의 발전으로, 원래 의미의 '단위'는 점차 해체되어가고 있다. 어떤 단위들은 문을 닫았고, 어떤 단위들은 합병됐으며, 어떤 단위는 행정직급을 잃었고, 대다수 단위의 사회적 기능은 축소되고 사라지고 있다. 개혁의 진통은 매우 분명하다. 일부 지도자들은 관직을 잃었고, 많은 직공들의 철 밥통은 깨졌으며, 그들은 모두 '태어나면 돌봐주고, 늙으면 장례를 치러주던' 배경을 잃었으며, '아무 근심 없이 생활할 수 있는' 보장을 잃었다. 사람들은 개혁의 장점이 쉽게 와 닿지 않았다. 결국 중국인은 살아가는 방법을 바꾸었다. 우리는 더는 자신과 어떤 단위를 한평생 한데 묶을 필요가 없었다. '평생 의지하기' 위해 일생을 바칠 필요가 없으며, 적어도 자기의 희망에 따라 고르고 선택하며, 왔다 갔다 할 수 있었다. 아마도 이것이 '자유'

일 것이다! 단위의 기능이 줄어든 만큼 우리의 자유는 늘어났다고 할 수 있다. 단위가 단순히 일하는 장소가 될 때, 직업 선택의 자유를 선두로 하여 새로운 생활 방법이 중국인들 앞에 펼쳐질 것이다.

이런 새로운 삶의 방법을 무시할 수 없다. 현재까지 그 의의가 아직 두드러지지는 않지만 분명 광범위한 영향을 끼칠 것이다.

만약 과거 '노처녀가 스스로 결혼할 상대를 찾는(자유연애)' 것이 부녀자의 해방을 의미했다면, '스스로 자신에게 일을 찾아주는(직업선택의 자유)' 것은 인간의 해방을 의미한다. 짚고 넘어가야 할 것은 '자기가 할 일을 자신이 찾는 것'과 '스스로 자신이 일할 단위를 찾는' 것은 다르다는 점이다. 비록 많은 사람들이 여전히 '할 일을 찾는 것'을 '단위를 찾는 것'과 매한가지라고 하거나 혹은 '단위를 찾아야만 할 일이 있다'라고 생각하는데, 본질적으로는 차이가 있다. '단위를 찾는 것은' 짝을 찾는 것과 같아서 일단 찾으면 따라가야 한다. 비유하자면 '중매결혼'에서 '자유연애'로 바뀌었을 뿐, 여전히 '평생 의지하는 것'으로 생각하는 것이다. 그래서 어떤 단위에 일하러 갈 때 전공을 살리지 못하거나 능력을 썩히게 되더라도, 많은 사람(대학졸업생)들이 '좋은 짝을 찾기'위해 여전히 몸을 굽히며 일한다. 솔직히 이런 직업 선택은 별 의미가 없다. '할 일을 찾는 것'과는 다르다. '할 일을 찾는 것'은 단위에 관심이 있는 것이 아니라 일에 관심이 있는 것이며, 일생을 누군가에게 의지하려는 것이 아니라, 스스로 노력하며 사람답게 살려는 것이다.

일반적으로 사람들이 스스로 일을 찾는 것은 무엇보다도 생계를 위해서다. 그러나 이미 많은 사람들이 그것에 대해 곰곰이 생각하기 시작했다. 어떻게 해야 돈도 벌 수 있고, 자신에게 맞는 일을 찾을 수 있을까? 이른바 '자기에게 적합하다'라는 것은, 자신이 할 수 있을 뿐 아니라 흥미와 성취감을 느낄 수 있음을 의미한다. 이는 편안하게 먹고살기 위해, 하고 싶지 않을 일을 억지로 하며 평생을 무능하게 보내는 것보다 훨씬 발전된 것이다. 여기에는 자아 가치의 실현이 이미 안정, 안전, 의지보다 훨씬 중요하게 여겨지고 있기 때문이다. 과거에 누려왔던 안정, 안전, 의지가 공교롭게도 자유의 대가였던 것이다.

이는 '자아의식의 각성'이라고 볼 수 있는데, 생각보다 간단하지는 않을지라도 이런 각성은 분명 좋은 출발점이다. 점점 많은 사람들이 단위에 인사를 고할 때마다 독립적인 인격과 자유 의지를 보편적으로 요구할 것이다. 자신의 의지에 따라 선택할 수 있다는 것은 자유의지가 있음을 뜻한다. 다른 사람과 단체에 의지하지 않고 자신의 힘으로 생활하는 것은, 독립적인 인격이 있음을 뜻한다. 이 두 가지가 합해지면 인간의 해방을 의미한다. 물론 인간의 해방은 이른바 생산력의 해방과 비교할 때 더욱 중요하다.

따라서 중국인들은 진정으로 현대화로 진전하게 됐다. 현대화는 결코 세탁기, 냉장고, 전자레인지나 자가용이 아니다. 핸드폰, 인터넷 혹은 기타 '세계와 궤를 같이하는' 것도 아니다. 진정한 현대화란, 관념의 현대화와 문화의 현대화이며, 민주와 법제, 법률과 진리 앞에서 만민이 평등한 것이다. 그래서 이 모든 것에는 한 가지 전제가 있다. 반드시 인간이 독립적인 인격과 자유의지가 있는 개인이어야 한다는 것이다. 독립된 인격 없이 민주民主는 없다. 자유 의지 없이 법제는 없다. 민주와 법제 없이 현대화는 없다. 서양 문명이 '씨족혈연조직의 파괴'에서 시작됐다면, 중국의 현대화는 '개인과 단체 사이의 의존관계의 단절'에서 시작돼야 한다. '단위'와 결별하는 의미가 여기에 있다.

320

1) 옛날 중국에서는 사슴이 '천하天下'를 상징했다. 사슴을 사냥하여 고기를 나누는 것이 마치 천하를 손에 넣은 다음, 논공행상論功行賞을 하는 것과 같았던 것이다. 태공망太公望(강태공)이 썼다고 전해지는 고대의 《병서兵書 · 육도六韜》와 사마천의 《사기 · 회음후淮陰侯 · 열전列傳》에서도 사슴을 천하에 비유했다. 이때부터 천하나 제위를 두고 쟁패爭覇하는 것을 '사슴을 쫓다〔逐鹿〕'라고 했으며, 사슴은 자연스럽게 왕권도 상징하게 됐다.

2) 무산계급 문화대혁명의 근본방침이자, 마르크스레닌주의와 마오쩌둥 사상으로 머릿속의 사私자와 투쟁하고 수정주의에 반대한다.

3) 구사상, 구문화, 구풍습, 구습관이라는 네 가지 낡을 것을 타파하자는 전통문화 파괴.

4) 중국 산둥성 량산 기슭에 있었다고 하는 진터. 《수호전》에 나오는데, '호걸豪傑이나 호걸인 체하는 야심가들이 모이는 곳'의 뜻으로 쓰임.

5) 기원전 2000년 무렵, 소아시아에서 일어난 인도 · 유럽 어족에 속하는 고대 시리아 민족. 기원전 14세기에 전차, 철제 무기 따위를 이용하여 크게 세력을 떨쳤고, 메소포타미아에 철기 문화를 전했다. 기원전 12세기에 이웃 여러 민족의 침입을 받아 멸망했다.

6) 문병은 대문이나 중문의 정면 조금 안쪽에 있어, 밖에서 안을 들여다보지 못하도록 막아 놓은 가림. 중국어로 작은 울타리를 뜻하는 '小牆'과 문병을 뜻하는 '蕭牆'은 성조만 다르지 발음이 같다. 공자는 뜻이 전혀 다르지만, 발음이 비슷한 단어를 이용해 계손의 의도를 풍자했다.

7) 가보옥의 시녀로, 성품이 거리낌 없고 직설적으로 할 말을 하여 윗사람의 미움을 받았다. 보옥과의 관계를 의심받아 왕부인에게 쫓겨났지만 결백했다. 보옥은 그녀가 죽어 부용꽃이 됐다는 말을 듣고 제문을 지어 영혼을 위로했다.

8) 가련의 부인인 왕희봉(왕부인의 친정 조카 딸)의 심복 하녀이며, 가련의 첩. 성격이 온화하여 가련과 봉저 사이를 원만히 융화시킨다. 위험에 빠진 교저를 구출하고 봉저가 죽은 뒤 가련의 정실부인이 된다.

9) 위魏를 달리 이르는 말. 위나라를 세운 조조의 성을 따서 이렇게 이른다.

10) 중국 춘추 전국 시대의 병법가인 손무와 오기를 아울러 이르는 말.

11) 가사의 처이며, 형수연의 고모. 성품이 우매하여 남편 가사에게 원앙을 첩으로 얻어주려다가 가모에게 핀잔을 듣고, 며느리 봉서가 죽은 후 사환 등이 손녀 교저를 팔려는 것을 모르고 허락했다가 후회한다.

12) 가정의 첩이며, 탐춘과 가환의 생모이다. 보옥과 봉저를 미워하여 가보옥의 수양어미인 마도파馬道婆와 짜고 음해하려 한다. 탐춘과도 사이가 좋지 않으며, 가모의 사후 영구를 철함사鐵檻寺에 모셨을 때 돌연 병사한다.

제6장 가정

가정은 나라의 근본

가정본위

가정은 사회를 구성하는 세포이며, 기본 단위다. 이는 전 세계 어디든 똑같다. 그러나 중국의 가정은 국가의 '본위本位' 이기도 하다. 본위라 함은 원래 화폐제도의 기초를 가리키거나 화폐가치를 계산하는 표준으로, '금본위', '은본위', '외화본위' 라 쓰인다. 이것을 차용하여 사회제도의 기초와 사회의 가치를 계산하는 표준을 가리키는 말이다. 예를 들어, '관官본위' 는 관직을 가치 표준으로 하며, '가家본위' 는 가정이 사회의 기초가 된다. 사실 전통 중국의 조직구조, 국가제도, 윤리도덕은 모두 가정을 토대로 하고, 표준 양식 또는 근거로 삼는다. 이를 가리켜 '가정본위' 라고 하거나 혹은 '가정은 나라의 근본' 이라 한다. '가정이 나라의 근본' 이라는 말은 '가정 단위', '가정 천하' 와 '가정 윤리' 를 뜻한다.

우선 '가정 단위' 에 대해 살펴보자. 가정은 중국 사회조직구조에서 가장 기본적이고 일반적인 단위다. 여기서 '가장 기본적' 이란 '더는 나눌 수 없다' 라는 것이며, '가장 일반적' 이란 바로 '보편적인 유형'

을 말한다. 이는 중국 문화와 기타 문화를 구별 짓는다. 이를테면 서양은 가정을 가장 기본으로 하지 않는다. 가정은 다시 '개인'으로 나눌 수 있기 때문이다. 개체적, 단독적, 독립적인 인격과 자유 의지를 가진 '개인'이야말로 사회조직구조의 가장 기본적인 단위다. 다시 말해, '개체의식'을 사상핵심으로 하는 서양 문화에서 사회는 개인으로 구성되지, 가정으로 구성되지 않는다. 가정은 사회 조직 형태의 하나일 뿐, 유일의 형태도, 통용되는 형태도 아니다. 당연히 가장 일반적인 형태도 아니다. 단체, 교회, 정당, 국가 모두 나름의 조직 형태를 갖추고 있으며, 가정과는 아무 관계가 없다. 사람은 가정을 이루지 않아도 되며, 전적으로 개인의 일일 뿐이다. 또한 불법만 아니면 다른 사람이 관여할 수도 없다. 이렇게 '개인'을 단위로 사회를 구성하는 개념을 '개체본위'라고 하며, 이것이 의식 형태에 반영되면 개인주의가 된다.

하지만 중국의 전통사회는 그렇지 않다. 사회의 가장 기본적인 단위는 가정이며, 가정은 더는 개인으로 나누어질 수 없다. 이는 개인이 존재하지 않는다는 의미가 아니라, 누구나 일단 가정을 벗어나면(가정과 유사한 모든 단위를 포함하여) 그 존재는 사회적 의미를 갖지 않음을 뜻한다. 전통사회에서 신분, 지위, 가치, 권리, 의무와 책임은 모두 가정, 가족과 밀접한 관계가 있다. 손해나 영광도 마찬가지였다. 어떤 사람이 '가문'이 뛰어난 '명문귀족'이라면 그의 지위도 함께 올라갔으며, 가치 또한 컸다. 반대로 별 볼일 없는 집안 출신이거나 소위 '반동분자' 가정 출신이라면, 그는 사회적으로 떳떳이 고개를 들 수 없었다.

마찬가지로 개인의 영예와 지위, 잘못과 책임 또한 온 집안의 것이었다. 작은 일로 죄를 짓거나 사고를 치면 가문의 수치로 온 집안이 망신을 당하는 정도에 불과했지만, 큰 문제일 경우 집안 전체의 목이 날아가는 '멸족滅族'을 당하기도 했다. 역사책에는 '한 사람이 죄가 있을 때, 부모와 형제, 처자까지 형을 받았다' 라고 전한다. 일을 저지른 사람이 책임지면 될 일이지, 왜 그 부모와 처자까지 죄를 대물림해야 했을까? 왜냐하면 중국 문화에서 가정과 가족은 가장 기본적인 단위이기 때문이다. 더는 나눌 수 없으니, 한 사람이 죄를 지으면 당연히 온 집안에 잘못이 있었다. 문화대혁명 당시 많은 사람들이 출신이 좋지 못하다거나, 부모에게 문제가 있다거나 혹은 외국과 내통하여 '연좌緣坐[1]' 됐는데, 분명 부당한 일임에도 불구하고 연좌되는 당사자조차도 당연하다고 생각했다.

개인과 가정이 분리될 수 없으므로, 가정이 곧 개인이었다. 가정이 풍족하면 개개인이 풍족했고, 집안에서 알면 모든 사람들이 알았다. 국가와 정부의 명령이 떨어지면 집집마다 동원되고, 집집마다 호응하면 만사형통이었다. 그래서 중국 고대에 전국의 재정을 책임지고 토지, 인구, 녹봉, 부세, 구제 등의 사무를 책임지는 부문을 '호부戸部'라 했다. '인부人部'라 하지 않고, '호부' 라고 한 것은 원래 나라에서 '호戸', 즉 가정(가구)을 단위로 관리했기 때문이다. 현대에 와서도 중국인들은 개인의 '신분증' 이 아닌 가정의 '호적' 을 더 중시하고, 개인의 '출생지' 가 아닌 가족의 '본적' 을 더 중시한다. 신분증과 출생지를 중시하게 된 것은 최근 2년 동안 서구의 관리제도를 도입하고 나서부터다. 또한 농촌의 인민공사 모임이나 주민회의 때에도 여전히 한 집에 한 사람씩은 참가해야 한다. 비용(공공위생비)이나 공무(마을 방범대)도 집을 기준으로 할당한다.

중국인들은 어디에나 '가家' 자를 붙이는 것을 좋아한다. 공공단체를 公家(공가)라 하고, 나라를 國家(국가), 주인을 東家(동가), 아내를 渾家

(혼가)라고 하며, 동성을 本家(본가)라 하고, 모두를 大家(대가), 다른 사람을 人家(인가), 자기 자신을 自家(자가)라 한다. 이밖에 農家(농가), 漁家(어가), 商家(상가), 專門家(전문가), 野心家(야심가) 등등 하나같이 모두 '-가'를 붙인다. 이는 모두 '가정'이 '본위' 중심이기 때문이다.

가정과 나라는 하나

가정은 가장 기본적인 단위이자, 가장 보편적인 단위다.

중국 전통사회는 하나하나가 모두 크고 작은 가정이었다. 소농생산과 소수공업의 생산 단위는 원래 부부 중심의 '부부 상점', 형제 중심의 '형제 상점', '부자 공장'이었다. 강호, 민간 조직, 무림, 극단 등의 조직도 마찬가지였다. 스승은 '사부師父'이고, 스승의 아내는 '사모'였다. 붕당朋黨은 당파, 종파는 문파이며, 학생은 문하생이고, 함께 공부한 사람은 동문이며, 동문 사이는 형제였다. 또한 제자에게 일단 잘못이 있으면, 종종 '가법家法' 혹은 '가규家規'로 다스렸다.

사실 '국가'도 '가정'이다. 임금은 '아버지'이고 신하는 '자식'이며, 주와 현의 관리는 '부모관'이라 하여 존칭했고, 군대는 '형제 사병'이라고 불렀다. 성시省市, 민족, 단위, 친구는 형제자매들(형제 민족 혹은 형제 단위)이었다. 이른바 '세상이 모두 형제다'라는 것이다. 전 중국이 하나의 대가족인 셈이다. 이것이 바로 '가정 천하'다.

'가정 천하'는 두 가지 함의가 있다. 하나는 가족이 공공재산을 사유私有하는 것이며, 다른 하나는 가정을 국가체제의 모델로 삼는다는 것이다. 나라가 가족의 소유였기 때문에 임금은 당연히 '아버지'이고 백성은 '자식'이었으며, 국법은 당연히 '가법'이었고 국무는 '집안일'이었다. 반대로 보아도 마찬가지다. 이를테면 황태자나 막 성년이 된 황

328

제의 혼사는 단순히 왕실의 일일뿐 아니라, 대신들도 함께 참여하고 의견을 나누었다. 마찬가지로 '태자를 책봉하는 것'은 본래 국가의 대사지만, 자기 뜻대로 결정했던 황제는 이 또한 '왕실의 일'이라는 핑계로 대신들의 비평을 거절할 수도 있었다.

'가정과 국가는 하나'라는 이 제도는 여러 경계를 모호하게 하고, 얼토당토않은 말들을 만들어내기도 했다. '군주라는 뜻의 군부君父'나 '신하라는 뜻의 신자臣子' 같은 호칭만 해도, 글자 그대로 풀면 '황제 아버지' '대신 아들'이다. 그러나 2천여 년 동안 아무도 우습다고 생각하는 이가 없었으며, 양산박의 '도적들'도 '두목형님' 같은, 이도 저도 아닌 호칭을 탄생시켰다. '가정 천하'의 전형적인 표준 형식이 얼마나 사람들 마음속에 깊이 파고들었는지를 알 수 있다.

가정과 국가가 하나였기 때문에 공사公私 역시 구분하기가 어려웠다.

중국 고대의 소유제는 '공유'일까 '사유'일까? 이를 꼬집어 말하기란 어렵다. 이른바 '사유제도'는 '생산/자원'이 개인 소유에 속하는 제도다. 이 '개인〔私人〕'이란 엄격히 말해서 독립적인 인격과 자유 의지를 가지며, 법률적으로 단독으로 존재하는 개개의 사람〔個人〕이다. 법률상으로 단독적인 존재이기 때문에 그가 죽으면 그의 재산은 절대 배우자, 자녀, 친족에게 계승되지 않는다. 그의 '유언', 즉 그의 '개인 의지'에 따라 배분돼야 한다. 만약 그가 아무 관계없는 사람에게 자신의 재산을 남기길 유언한다면, 그의 배우자, 자녀, 친족은 억울하더라도 어쩔 도리가 없다.

그러나 중국 전통사회는 '가정소유제〔家有制〕'였다. 이 제도에 따르면, 주요 생산 자원을 포함한 모든 재산은 가정에 속할 뿐, 개인의 소유가 아니었다. 아버지인 가장은 '지배권'만 있을 뿐, '소유권'이 없었다. 표면적으로 볼 때, 가장은 마음대로 가정의 재산을 지배하고, 아내와 자녀마저 사유 재산으로 여겨 마치 모든 재산이 개인 소유인 것처럼 양도하거나 빌려주거나 심지어 팔아치울 수도 있었다. 하지만 이 재산들은 그가 죽은 후에는 아주 당연하게 가정의 기타 구성원들에게 계승되거나 분배됐다. 자녀들이 밖에서 일해서 벌어온 돈은 반드시 가장에게 넘겨야 했지만, 가장의 유산도 당연하게 자녀(주로 남성 자녀)에게 분배됐다. 그래서 본질적으로 가정 재산은 가정 구성원이 '공유'했으며, 어느 한 사람의 '사유'에 속하지 않았다. 또한 별 지배권이 없었던 여성 배우자의 경우 아주 적은 액수의 '비상금'만 허용되었을 뿐, 딱히 '재산'이라 할 만한 게 없었다.

이처럼 '가정소유제'는 진정한 사유제가 아니었다. 공유도 사유도 아닌 '공사불분제公私不分制'라고 하는 게 옳다. 다른 가정에 대해서는 '사유'였고, 전체 가정 구성원들에게는 '공유'인 것이다. 가정의 주요 생산자원인 토지도 가정 '사유'이자 국가 '공유'였다. '천하에 왕의 땅이 아닌 것이 없고, 세상에 왕의 신하 아닌 사람이 없다'라고 했지만, 어찌 감히 자기 것이라고 말할 수 있겠는가. '왕의 소유' 역시 '사유'는 아니었다. 황제는 '개인'이면서 국가였고, '국가'는 '사(황가)'이면서 '공'이었다. 따라서 황제도 이 재산의 진정한 주인은 아니었다. 진정한 주인은 '하늘'이었으며, 천자는 '하늘의 뜻을 받들어 행할 뿐'이었다. 그러나 '하늘의 뜻은 백성들의 뜻이었고, 하늘의 의견을 듣는 것은 사실 백성들의 의견을 듣는 것'이기 때문에 천자가 '하늘의 뜻을 거스르면' '나라와 백성을 해치는 나라의 적'으로 간주되어 '세상 모두가 그를 토벌하고 처형할 수' 있었다. 이때 다른 새로운 '천명을 받은 천자'가 이런 생산자원과 재산 관리권을 행사하기도 했는데, 이것이 바로 '정권 교체'다. 결국 가정 재산의 소유자는 가장 개인이 아닌 '온 집안'이었고, 국가 재산의 소유자는 황제 개인이 아닌 '온 나라'였다. '가정 소유'라고 해도 절대 철저한 사유제가 아니었으며, '왕의 소유' 또한 완전한 공유가 아닌 '공사불분'이었다.

공사불분

의식意識은 존재를 반영한다. 경제적으로 재산권은 모호했으며, 사상적으로 '공사는 불분명'했다.

공과 사는 원래 상대적이다. '사私'란 무엇인가? 사私는 원래 벼의 이름이다. 사의 본 자는 'ㄙ(사)'이다. 《한비자 · 오낭五蠹》에서 '자신의 이익만을 취하는 것을 사ㄙ'라고 했다. 그렇다면 '공'이란 무엇인가? 한비자는 '사ㄙ의 반대가 공'이라고 했다. 원래 얼굴을 마주했을 때가 '공'이며, 얼굴을 돌리고 가버리면 '사'가 된다. 공사는 원래 나누어지지 않은, 동전의 양면과 같다. 공이냐, 사냐는 모두 어떻게 뒤집느냐에 달려 있었다.

중국인은 공사를 구분하는 것을 좋아하지 않는다. 오로지 안팎 또는 관리와 백성을 구분했다. 실례로 과거 중국에 '공용 도로〔公路〕'는 없고 '관용 도로〔官道〕'만 존재했다. 공사를 구분하지 않으니 어떠한가? 마땅히 법치라고 할 만한 게 없었다. '법'이란 무엇인가? 법은 '모든 백성의 공약이다'. 백성은 왜 '법으로 규제'해야 하고, 왜 '법으로 규제'가 가능한 것일까? 왜냐하면 그들은 모두 '개인'이기 때문이다. 개인이 각자 사적인 요구만 추구하고 규범적인 제한이 없다면, 세상은 혼란스러워진다. 따라서 '법률'로 개인의 권리와 공중의 이익이 다른 이에 의해서 침범당하지 않도록 보장하는 것이다. 또한 이런 '법적인 제약'이 유효하게 인정된 것은 법이 '개인' 자신의 자유 의지에 근거해 공동으로 약정됐기 때문이다. 중국은 '모든 것이 왕의 것' 이었기 때문에, 당연히 '왕법(국법)' 만 있을 뿐 '민법' 은 없었다. 더군다나 전체 국민을 위한 '규약' 이나 '헌법' 같은 것도 존재하지 않았다.

사실 '법치' 가 없는 것은 말할 필요도 없고, '덕치' 까지 커다란 문제가 된다. 량수밍〔梁漱溟〕[2]은 '중국인은 개인의 도덕만을 말하고, 공중의 도덕은 중시하지 않는다' 고 말한 적이 있다. 예를 들어, 임금에 대한 신하의 덕을 임금은 지킬 필요가 없었고, 아버지에 대한 자식의 덕을 아버지는 행할 필요가 없었으며, 모든 사람이 다 지켜야할 '공중의 도덕' 이란 게 없었다. 하지만 이 말은 절반만 옳다고 할 수 있다. 공과 사는 원래 모순적이기 때문이다. 공중도덕을 중시하지 않는 사람에게는 사실 개인 도덕이 있을 리 없다. 량수밍이 말한 '개인 도덕' 이란 '저 사람에 대한 이 사람의 도덕' 으로, 이를테면 '임금은 인자하고, 신하는 충성하며, 아버지는 자애롭고, 자식은 효도 한다' 라는 식이다. 더 정확하게 말하면 개인 도덕이라기보다는 '두 사람 사이의 도덕' 으로, 인간과 인간 사이의 관계에 대한 도덕이며, '한 사람의 도덕' 인 '사적인 도덕' 은 존재하지 않는다.

이런 '한 사람의 개인 도덕' 이 없었기 때문에 '한 개인의 몸' 일 때는 도덕적으로 생각할 필요가 없었다. 분명 모든 사람에게 이로운 일도 (공용 수도꼭지를 잠근다거나 복도의 등을 끄는 것처럼) 손 한번 뻗으면 해결되는 작은 일일지라도 하려고 들지 않는다. 윗사람이나 동료, 친구들이 그 자리에 있을 때를 제외하고는 말이다. 그 결과 모두가 이용하는 복도의 전등은 늘 켜져 있고, 공용 화장실의 수도꼭지는 항상 물이 새며, 변기는 아무도 물을 내리지 않아 더럽기 짝이 없다. 기숙사 앞에는 쓰레기가 산처럼 쌓여 있고, 공원의 쓰레기통은 두말할 것도 없다. '사 私' 가 없는 결과, '공公' 도 없었다.

'공공재산의 개인화' 와 '공의 이름으로, 사복을 채우는 것' 은 앞서 5장 '단위' 편에서 언급한 바 있다. 여기에서는 특히 '공사불분' 의 관 념이 '공공재산의 사유화' 나 '공의 이름으로 사복을 채우는 데' '합 법' 적인 방식을 제공하고 있음을 강조하려 한다.

'본 단위주의' 를 줄여 '본위주의' 라 할 수 있다. 본위주의는 '자기 단위' 의 이익을 1순위에 두는 것이다. 즉 어떤 일에서 자신의 단위를 먼저 생각하고 고려할 때, 그것이 형제 단위(회사)와 전체 국민의 이익 에 손해를 끼친다 해도 마다하지 않는다. 엄격히 말해, 일종의 이기적 인 행위다. 이른바 '개인주의' 는 항상 '모든 악의 근원' 으로 몰려 심한 비판을 받아왔다. 반면 '본위주의' 는 비판을 받는 동시에 동정을 받기 도 했다. 누군가 개인의 이득을 위해 큰 소란을 피우거나 자신의 성과 에 대해 지나치게 떠벌리면 '대중의 분노' 를 불러일으켰다. 그렇지 않 더라도 최소한 '얼토당토않다' 거나 '뻔뻔스럽게' 보일 수 있었다. 그 러나 만약 자기 단위를 위해 명예와 이익, 지위와 이로움을 다투거나 자기 단위의 성과를 알리는 것은, '아주 당당하고 떳떳할' 수 있었다. 때문에 윗사람을 비롯한 다른 사람들이 심하게 책망할 수 없었다. 기껏 해야 웃으며 "너무 자기 단위만 생각하지 말라고!" 라고 하거나 "단위 의 상황을 고려하면 이해할 수 있지만 전체적인 대국을 고려해야 한 다"고 한마디 할 뿐이었다.

분명 많은 사람들이 볼 때, 단위 중심은 '전체적인 국면' 과 비교하여 '일부 국면' 에 지나지 않지만, 어쨌든 '단체' 는 단체이다. '개체' 가 아 니다. 즉 '개체' 를 위한 것이 아니면 '개인주의' 라고 할 수 없는 것이다. '단체'를 위하는 것만이 대소여하를 막론하고 '단체의식'을 구체적으로 드러냈으며, 어느 정도 '합법성'이 있고, 책망 받을 필요도 없었다. 사실 자기 단위의 명예와 이익을 다툴 때, 반드시 자기 개인의 이익과 직접적으로 관계가 있는 것은 아니다. 이를테면 승진 심사 때 자기 단위 사람들이 더 많이 오르도록 애쓰지만, 정작 자신은 승진하지 못한다. 포상 심사 때에도 자기 단위의 후보자들에게 투표하지만, 자신이 수상하는 것은 아니다. 그래서 일단 비난을 받으면 '아주 당당하고 떳떳하게' 혹은 '아주 억울하다는 듯' 나도 나를 위해 한 게 아니라고 말한다. 하지만 단위중심주의는 자기 개인을 위한 것은 아니지만 결국은 자기 단위를 위한 것이므로, '사심 없이 공을 위한 행위'라고도 할 수 없다. 실제로 본위주의는 자기 개인의 이익과 반드시 관계가 있는 것은 아니지만, 자기 개인의 이익에 대해 간접적인 관계가 있음을 부인할 수 없다. 즉 자기 단위에서 '처세를 잘하거나' '인정'을 받을 수 있다. 이처럼 '공'이냐 아니면 '사'냐를 엄격하게 한정하는 것은 대단히 어렵기 때문에 '공사불분'이라고 하는 편이 더 낫다. 사실 '사'를 인정하지 않는 중국 문화가 공개적이고 합법적으로 존재하고 있기 때문에, 한 개인의 '사심이나 잡념'은 '공도 사도 아닌' '반공반사半公半私'와 '공이기도 하고 사이기도 한' 단위중심주의를 통해서만 실행할 수밖에 없었다.

내외구별

누군가 단위 중심의 입장에 설 경우, 그는 심리적으로나 논리적으로 '자기 단위'를 '외부 단위'와 구별하게 된다. 이 또한 중국 문화의 특징으로, 공사는 구분하지 않지만 내외는 구별한다.

'공사불분'과 마찬가지로, '내외구별'도 '단위'의 특징이다. 중국에서 중급 규모의 단위들은 대부분 담이 있어서(특히 큰 단위는 하부 부문에서 스스로 담을 세운다) '잡상인들'의 접근을 막는다. 그래도 조건을 좀 갖춘 단위에서는('군사 단위'도 아니고 '비밀 단위'도 아니지만) 그럴듯하게 경비까지 세운다. 또한 '이유 있는' '상급 단위' 혹은 '관계있는' '형제 단위'가 아니면 '편법'을 써야만 한다. 물론 단위의 여러 가지 장점, 이를테면 자신들이 지은 주택이나 목욕탕과 유치원, 자신들이 만든 분배 가능한 물질과 초과 수입은 '내부 직원'들만 누릴 수 있으며, '외부 사람'의 몫은 없다.

　우리는 때로 '내부'라고 불리는 것이 좋은지 그렇지 않은지 잘 알 수 없을 때가 있다. 이를테면 '내부 소식'은 그다지 자랑스럽지 못한 일인 경우가 많은데, '믿을 만한' '자기 사람'이어야만 들을 자격이 있다. 이밖에 또 무엇을 '내부'라 하고, 무엇을 '외부'라 하는지 확실치 않다. 이를테면 '내부 문건'은 많은 사람들이 함께 볼 수 없지만, '내부 간행물'은 누구나 볼 수 있다. '내부 간행물'의 글은 보통 수준이 좀 떨어지며, '내부 문건'의 내용은 중요하고 훨씬 실제적이다. 또한 단위의 '내부 초대소[3]'에는 외국인(화교와 홍콩, 마카오, 대만 '동포'를 포함)은 묵을 수 없다. 외국인들은 외부 초대소에서만 묵을 수 있으며, '외부 초대소'의 시설, 서비스는 '내부 초대소'에 비해 훨씬 좋다(가격도 훨씬 비싸다). 직원들은 매우 친절하고 깍듯한데, 이는 외국인들은 '손님'이지 '가까운 사람'이 아니기 때문이다.

　분명 '내외구별'은 '가깝고 먼 것을 정하기' 위한 것으로, '가깝고 먼 것을 정하는 것'은 인정의 정도와 체면의 크기를 정하기 위해서이다. 일반적으로 내부는 친하며, 친하기 때문에 가깝다. 그래서 '친근하다'라고 한다. 외부는 낯설며, 낯설기 때문에 멀다. 그래서 '소원하다'라고 한다. 소원한 사람은 '손님'이기 때문에 '친절'해야 하고, '듣기 좋은 말로 꾸며야' 한다. 친근한 사람은 '가족'으로, '친절'할 필요가 없고, '체면을 차릴 필요'가 없다. 따라서 '자기 사람'이 잘못을 하면 혹독하게 비난할 수 있고, '외부인'이 잘못하면 돌려서 지적할 수밖에 없다. 외빈과 외부 단위 사람이 시찰을 올 경우, 반드시 청소를 하고 회의장을 꾸미며, 가장 좋은 음식을 접대하고, 가장 좋은 방에서 묵게 한다. 평소 의견이 다르거나 관계가 불편했던 동료들도 '일치단결'하는 모습으로, '집안의 허물이 밖으로 새나가는 것'을 막기 위해 자기 단위의 문제와 상황은 '내부 회의'를 통해서만 통보한다. 외부인에게 보이는 체면은 전적으로 가공된 것이고 겉모습일 뿐, 자기 사람들에게만 진면목을 보이며 실리를 베푼다. 이를테면 부탁할 일이 있으면, 자기 사람을 외부 사람보다 확실히 먼저 생각한다. 아주 친절하게 보살핌을 받는 사람은 분명 '외국인'이다. 반대로 누군가 나에게 말을 편하게 하고 자기의 '약점'이 드러나는 것을 두려워하지 않으며, '집안의 허물이 밖으로 새나가는 것'을 두려워하지 않으면, 이미 상대를 '자기 사람'으로 생각하는 것이다. 어쨌든 '추한 것'(동시에 진실한 것이면서 실제적인 것)은 '집'에 남기고, '아름다운 것'(동시에 허위적인 것이면서 공허한 것)은 '외부인'에게 보여준다. '외부인'은 '외부 세계'인데, 어떻게 그들에게 '내부'를 보일 수 있단 말인가.

이러한 '원칙적인 문제' 앞에서는 어떠한 '개인의 의견'도 허락되지 않는다. 누군가 외부에서 자기 단위의 명예와 지위와 이익을 다투지 않고, 생각한대로 이야기하고 행동한다면(이를테면 '외부 단위' 사람에게 투표하거나 회의석상에서 '자기 단위'의 약점을 폭로하는 등), '외부와 내통' 한 것으로 간주되어 '뒷일을 감당하고 끝까지 책임을 져야' 한다. 왜냐하면 '사적인 의견'만 살피고, '공익'을 중시하지 않아서 '대중의 분노'를 일으키기 때문이다.

하지만 '외부와 내통하는' 사람의 행동은 오히려 '공평한 마음'을 표현하거나 실사구시일 가능성이 있다. 그러나 애석하게도 중국인은 가정, 단위, 작은 단체의 '작은 공'도 돌아보지 못하는 사람이 '사심 없는 공평무사'를 말할 수 있다고는 믿지 않는다. 이 세상에는 공허하고 추상적인 '공'이나 '국가 혹은 공공단체'는 없으며, 하나하나의 구체적인 가정, 가족, 단위, 단체가 있을 뿐이라는 것을 알아야 한다. 한 사람의 '공평한 마음'은 단체에 대한 그의 태도를 통해 구체적으로 나타난다.

중국인에게 중요한 것은 공사를 분명히 하는 것이 아니라, 내외를 구분하는 것이다. 실제로 '공사'를 공개적이고 명확하게 구분할 수 없었기 때문에 '내외'라는 말로 대신할 수밖에 없었다(공公은 외外이고 내內는 사私이다). 공적인 일을 공정하게 처리하는 것이 아예 처리하지 않는 것과 같은 까닭은 그것이 '외'이기 때문이다. 내부가 변통變通될 수 있었던 까닭은 그것이 대부분 '사'이기 때문이며, 단지 이 '사'가 종종 '공'이라 불리기 때문이었다.

가정의 특징은 바로 '공사불분, 내외구별'이다. 가족끼리 무슨 공과 사를 나누고, 너와 나를 구분하겠는가. 하지만 '우리 집'과 '다른 집'은 구분하지 않을 수 없다. 따라서 가정이 국가와 사회조직을 구성하는 '보편적 유형'이 되자, '공사불분'과 '내외구별'이라는 이 두 가지 기본 원칙이 확립되기 시작했다.

차별과 등급

내외內外와 친소親疎

중국인이 인간관계를 처리하는 전체적인 윤리도덕 원칙은 거의 모두 가정이라는 본위에서 출발한다. 이는 내외를 구별하고, 가깝고 멀고를 정하며, 서열을 정하고, 귀천을 분명히 하는 것이다.

우선 내외를 구별하는 경우, 아버지의 부모는 '할아버지, 할머니' 이며, 어머니의 부모는 '외할아버지, 외할머니' 이다. 아들의 자녀는 '손자, 손녀' 이며, 딸의 자녀는 '외손자, 외손녀' 이다. 대개 가정은 부계로 총괄되기 때문이다. 부계는 내부, 모계는 외부이다. 그래서 남녀 양쪽 집안의 친척도 '겉(表)' 과 '안(里)' 의 구별이 있다. 고모, 삼촌, 이모의 자녀를 '표表형제', '표자매' 라고 하고, 숙부와 백부의 자녀를 '당堂형제', '당자매' 라고 한다. 일반적으로 당친 관계는 표친 관계보다 가깝다. 표친 관계 중에서도 고종형제가 이종형제보다 가깝다. 또한 '외할아버지' 의 체면이 아무리 대단해도 '고모할머니' 보다는 크지 않다. '외할아버지' 는 남자지만 '외가' 로, 자기 집 식구인 '고모할머니' 에 비교할 수 없다. 한 여인이 시누이(아가씨)에서, 고모가 되고, 다시 고모

338

할머니가 되면서 지위는 점차 높아진다. '노고모할머니'의 지위는 놀라울 정도다. 그래서 기세가 하늘을 찌를 정도로 센 여인들은 자신을 '노고모할머니'라고 부르게 한다.

실제로 가정과 가족의 '내외'에는 두 가지 상황이 있다. 하나는 '혈연적 내외'이다. 인류가 가정제도를 만들기 시작했을 때는 모계가 '내'였고, 부계가 '외'였으며, 같은 어머니에게서 태어난 형제자매간에만 혼인이 금지되었다. 부계제에 와서 오늘날까지는 부계가 '내'이고, 모계가 '외'이며, 당형제자매끼리는 혼인할 수 없다. 반면 표형제자매 사이의 결혼은 장려됐는데, 이 경우 '친척끼리의 겹사돈'이라 했다. 《홍루몽》의 주인공인 '가보옥'과 '설보채'가 그 예이다.

다른 하나는 '부부간의 내외'이다. 일반적으로 남자를 '가家'라고 하고, 여자를 '실室'이라고 한다. 그래서 남자에게 아내가 있는 것을 '유실有室'이라 하고, 여자에게 남편이 있는 것을 '유가有家'라고 했다. 남자가 아내에게 장가드는 것을 '실室'이라 했고, 여자가 남편에게 시집가는 것을 '가家'라고 했다(나중에 '여女'자를 붙여 '가嫁'가 됐다). '가'는 주소의 통칭이고, '실'은 집에서 방과 내실을 이른다. 이런 까닭에 '가'와 '실'은 내외의 구별이 있었는데(남편은 밖을, 아내는 안을 주로 돌봤다), 아내를 '안사람〔內人〕', 처제를 '내제內弟', 처조카를 '내질內侄', 처의 친척을 '내권內眷', 남편을 '외자外子'라고 했다.

그렇다면 '가家'는 어떻게 '내외구별'할 수 있었을까? 가정은 조직의 형식뿐 아니라 물질의 형식이 있기 때문이다. 즉 방이 있고, 건축이 있다. 모든 건축은 내부 공간이 있다. 따라서 벽 하나를 사이에 두더라도 내외의 구별이 있다. '가정'이라는 두 글자는, 하나는 '면宀'을 부수로 하고, 다른 하나는 '엄广'을 부수로 한다. '宀'은 '집을 덮고 있는 것이며', '广'은 '벼랑에 지은 집'으로 건축물을 뜻한다. 그러나 비교해 보면, '广'을 부수로 하는 글자는 대부분 사람이 살지 않거나, 부부가 살지 않거나(廟(사당)), 거주지가 아님(店(상점))을 알 수 있다. '宀'을 부수로 하느냐 '广'을 부수로 하느냐에 따라 안팎의 차이가 있었다. 그래서 '가정家庭'이라는 두 글자는 내외를 겸했는데, 가家는 내부, 정庭은 외부를 뜻한다.

내외의 구별은 '원근의 구별'이고 '친소의 구별'이다. 여기에서 원근遠近이란, 지연뿐 아니라 혈연적인 것이다. 친소親疏는 심리적이면서 윤리적인 것이다. 일반적으로 가까운 사람일수록 감정이 깊고, 권리는 크며, 의무 또한 무겁다. 소원할수록 감정은 얕고, 권리는 작으며, 의무 역시 가볍다. 이런 규정을 집약한 것이 바로 '오복五服'이다.

'오복'에는 두 가지가 있다. '나라'의 오복은, 진秦 이전의 등급제도이며, '가정'의 오복은 고대의 상복제도이다. 특히 장례를 중시하는 것이 중국 문화의 특징 중 하나다. 그 원인 중 한 가지는 중국 문화가 인정을 중시하는 데 있다. 일상생활 속에서도 몸이 멀어지면 마음이 멀어지는데, 하물며 한번 가면 다시 돌아올 수 없기 때문이다. 그래서 장례의식에서 사람의 '인정, 의리'가 있는지 없는지를 가장 잘 살펴볼 수 있으며, 죽은 이에 대한 산 자의 감정을 가장 잘 엿볼 수 있다. 그러나 세상에 이유 없는 사랑, 이유 없는 원한은 없다. 또한 혈연적인 친근함과 소원함은 당연히 모든 '연고' 가운데 가장 중요하다. 만약 가까운 사람이 그다지 슬퍼하지 않고, 가깝지 않은 사람이 오히려 너무 슬퍼한다면 문제가 되지 않을까? 따라서 중국 고대의 예학자들은 아예 이를 제도화하여 산 자의 슬픔 정도와 상복의 규격을 명확하게 규정하여 문제가 생기는 것을 방지했다. 이것이 바로 '오복4)'이다.

오복 중에서 '참최斬衰'가 가장 중요했고 관계도 가장 가까웠다. '시마緦麻'는 가장 가벼웠으며, 관계는 가장 소원하고, 고조부 정도까지(5대) 멀었다. 그래서 원래 일종의 상복제도였던 오복은 전통적으로 혈연관계의 원근과 친소를 나타내는 표지로 쓰였다. 오복을 벗어나면 더는 친족이라고 볼 수 없고, 동성이라도 결혼할 수 있었다. 여기에서 우리는 오복제도의 불평등한 특성, '남존여비男尊女卑'와 '장유유서長幼有序'를 발견할 수 있다. 이를테면 부부지간이든 부자지간이든 이치대로라면 멀고 가까운 것은 똑같은데, 아들은 아버지를 위해 아내는 남편을 위해 '참최'를 입어야 했다. 반면 아버지는 아들을 위해, 남편은 아내를 위해서 '제최齊衰'를 입었다. 단, 장자가 세상을 떠났을 때는 예외였다. 며느리는 시부모를 위해서 '제최'를 입었지만, 사위는 장인·장모를 위해서 '시마'를 입었다. 따라서 장인·장모의 대우는 생질이나 외손, 사위와 같았다. 집안의 오복과 나라의 오복의 의미는 비록 다르지만(가정의 오복은 '상복'이고 나라의 오복은 '신복臣服'으로), 본질은 하나같이 모두 '등급제도'였음을 알 수 있다. 이렇게 오복의 기능은 가깝고 먼 관계를 정하는 데 지나지 않았지만, 장유의 서열을 정하고 귀천을 구별했다.

장유長幼와 귀천貴賤

남존여비가 '내외구별'을 위한 것이라면, 장유유서는 '장유의 서열'을 위한 것이다.

장유유서 또한 중국 문화의 특색이다. '장유'에는 다음의 두 가지가 있다. 하나는 나이이고, 다른 하나는 항렬이다. 그 중 항렬이 나이보다 중요했다. 두 사람이 만약 같은 연배나 본가가 아니라면, 항렬을 계산하기 어려웠는데, 나이에 따라 서열을 정하는 것을 '서치序齒'라고 했다. 만약 동성동본이라면 항렬에 따라 서열을 정하는데, 이를 '배배排輩'라 했다. 심지어 두 사람 사이에 일종의 '혈연과 유사한 관계'가 있다고 해도 마찬가지였다. 사부의 후배는 나이가 아무리 어려도 '사숙師叔'이었고, 학생은 나이가 아무리 많아도 '사제師弟'였다.

장유에 따라서 대우도 달랐다. 자기 아버지를 '가부家父', '가엄家嚴'이라 했고, 자기 어머니를 '가모家母', '가자家慈'라고 했으며, 자기 형제를 '가형家兄', '가자家姊'라고 했는데, 모두 '가'자가 붙었다. 자기의 아우를 '사제舍弟', '사매舍妹'라고 하고, 조카뻘〔侄輩〕은 '사질舍侄'이라 하고, 자녀는 '견자犬子', '소녀小女'라고 했는데 다른 이름으로 바꾸어 쓸 수 없었다. 일찍이 동생도 '가'라고 했는데, 후세에 '사舍'라고 통칭했다. 장자만 '가'라고 할 수 있었고, '가독家督'이라고 했다. '가家'와 '사舍'는 높고 낮음의 차이가 있었다. 상고시대에는 제후에게 땅을 봉해 주는 것을 '국國'이라 했고, 대부에게 땅을 봉해주는 것을 '가家'라고 했다. 서민들에게는 봉지封地가 없었고, '사舍'라는 것만 있었다. '사'는 임시로 거주하는 곳이었다. '가'는 '자가自家', '사'는 '객사客舍'로, '사舍'는 '가家'보다 낮았다. 따라서 자기의 집을 겸손하게 '한사寒舍', '사간舍間', '사하舍下', '폐사敝舍'라고 했다. 그 뜻은 초라하고 궁상스러워서 진정한 '집'이라고 할 수 없다는 뜻이다.

상대방의 친족을 부르는 호칭에는 일률적으로 '영令'을 썼는데, '영존令尊(남의 아버지)', '영당令堂(남의 어머니)', '영애令愛(남의 딸)', '영랑令郞(남의 아들)'이라고 했다. '영'에는 좋은 뜻이 있으며 일종의 존칭이다. '존칭'이기 때문에 장유를 구별하지 않았는데, 이것이 '내외구별'이다. 하지만 그 부모를 부를 때는 '존尊'이나 '당堂'이라 하고, 아들과 조카를 부를 때는 '낭郎'이나 '질姪'이라 하여 '장유유서'의 특성이 여전히 남아 있다.

사실 '장유유서' 현상은 중국의 오래된 전통이다. 중국 고대에 추앙을 받은 걸출한 인물과 영웅을 살펴보면 성탕문왕成湯文王에서 진시황제, 한무제에 이르기까지, 주공과 공자를 비롯하여 관우와 포증包拯⁵⁾에 이르기까지 모두 하나같이 어른스럽고 노련하며 긴 수염을 나부끼는 모습으로 묘사되고 있다. 젊고 외모가 좀 괜찮은 사람은 여포呂布⁶⁾처럼 품행이 단정하지 않거나, 아니면 주유周瑜⁷⁾처럼 기량이 뛰어나지 않으면서, 여색을 밝히거나 말썽을 일으켰다. 제갈량이 유비를 따라 용중을 나왔을 때 겨우 스물을 갓 넘긴 나이였음에도, 연극에서 볼 수 있는 제갈량은 수염을 길게 기르고 있다. 중국인들은 하나같이 '입가에 수염이 없으면, 일처리가 확실하지 못하다'라고 생각하기 때문이다. 따라서 '소년 영웅'이라도 반드시 '성숙한 소년'이었으며, 청년의 혈기는 전혀 보이지 않았다. 신선세계에 속하는 손오공과 나타哪吒(서유기에 나오는 신통력 있는 인물)만이 약간의 '동심'을 지니고 있는 걸로 묘사되는데, 그마저도 결국 나이 많은 사람들에게 굴복하여 '수행의 깨달음'을 얻게 된다. 심지어는 유명한 청의 관리 해서海瑞도 민사상 분규를 처리할 때 당장에 시비곡직是非曲直을 분명히 구별하기 어려울 경우, 아들보다는 아버지의 의견을 들어주고, 아우보다는 형의 의견을 들어주었다. 즉 '장유유서'의 관념에 따른 것이다.

'장유의 서열화'는 '귀천을 분명히 하는 것'이었다. 귀천을 분명히 하는 것은, 장유의 서열을 중심으로 아버지를 귀하게 아들을 천하게, 형을 귀하게 아우를 천하게 여긴다는 내용과, 연장자를 높이고 연소자를 낮추는 것을 포함한다. 《예기 · 향음주례》에서도 "예순 먹은 사람은 앉고 쉰 먹은 사람은 서서 시중을 들며, 정사를 펴는 데 연장자를 존중한다"라고 했다. 천자까지도 나이가 많은 신하에게는 총애를 베풀어 특별대우를 했는데, 말을 탄 채로 자금성을 들어가도록 허락했다.

'귀천을 구분하는 것'은 '장유유서'에만 그치지 않고 '남존여비', '연장자 우선', '처와 첩의 차별', '적자와 서자의 차별' 등을 포함한다. 구체적으로 같은 자녀라도 아들이 딸보다 귀했고, 같은 아들이라도 적자가 서자보다 귀했으며, 같은 적자라도 형이 동생보다 귀하고, 같은 형이라도 나이 많은 사람을 우대했다. 그래서 봉건사회에서 아들은 어머니에 따라 귀하고 천함이 정해지고, 어머니는 아들에 의해 귀하고 천함이 정해지는 상황이 벌어지곤 했다. '아들이 어머니에 의해 귀해진다'는 것은 생모가 정실正室이거나, 정실은 아니지만 지위가 비교적 높은 사람(황귀비, 황비 등)은 그 아들의 신분도 높다는 것을 뜻한다. 또한 '어머니는 아들에 의해 귀해진다'는 것은 서자라도 계승권을 얻으면 정실이 아니어도 그의 어머니 신분까지 격상되는 것을 의미한다. 황귀비, 황비의 자식이 황위皇位를 계승하면, 그의 어머니는 태후가 되어 선왕의 후사와 대등한 지위를 가졌다. 이로써 '두 사람의 지위가 함께 상승'했는데, 청대의 자안태후慈安太后(동치 황제의 적모嫡母)와 자희태후慈禧太后(동치 황제의 생모)가 그러했다. 이런 상황이 생기는 것은 적실이 반드시 아들을 낳는 게 아니기 때문에, 장자나 독자가 서출일 가능성이 높았다. 따라서 그 어머니는 그로 인해 신분이 상승되었다.

이렇게 따져보면 딸은 조금 손해를 보았다. 그중에서도 가장 손해를 보는 것은 서출의 딸이었다. 딸은 신분은 높지 않았지만 귀여움을 받아서 '응석받이'라고 했다. 딸아이는 어쨌든 결혼을 해야 했고, 이미 결혼한 사람은 '손님'이라는 명분이 있었기 때문에, 특히 존중과 귀한 대우를 받았다. '고모할머니'의 위세가 특히 대단한 원인도 여기에 있다. 물론 '고모할머니'는 친정에서나 기세가 등등했을 뿐, 시댁에서는 마찬가지로 '며느리'였고, '할머니'이며 '노인네'였다.

임금, 신하, 관리, 백성 모두 귀천의 구별이 있었다. 관리는 귀했고 백성은 천했으며, 임금은 귀했고 신하는 천했다. 가장 존귀한 사람은 황제였으며, 따라서 '지존'이라고 했다.

이민족과 한족, 관리와 백성

내외의 구별, 친소의 차별, 나이에 따른 서열, 귀천의 등급은 중국 고대 윤리의 모든 기초가 됐다. 이는 '집안의 윤리'이자 '나라의 윤리'였으며, 모든 것에 적용됐다(중국인과 오랑캐의 관계는 '내외구별'이었고, 황실과 외척의 관계는 '친소의 차이'였으며, 원로와 신진의 관계는 '장유유서'였고, 관리와 백성의 관계는 '귀천의 차이'였다). 차별과 서열은 체계가 분명했고, 질서정연했으므로 '윤리'라고 했다. 그러나 그중에서도 가장 중요한 것은 '내외구별'과 '등급서열' 두 가지 원칙이었다.

'내외구별'은 가장 중요한 원칙으로, 우선 분명히 한계를 정해야 했다. 전체 민족과 국가에서 볼 때 '내외구별'이라 함은 '한족과 오랑캐'였고, '등급의 서열'이라 함은 '관리와 백성'이었다. 중국 문화는 아주 오래전부터 '한족과 오랑캐의 구별'을 중요하게 생각해왔다. 정통 한민족을 '화하華夏'라고 하는데, 화華란 '빛, 광채, 아름다움'이며, 하夏는 '크고, 고상하고, 바르다'는 뜻이다. 반면 주변 이민족을 동이, 서융, 남만, 북적이라 했는데, '이夷'는 '평平'이라는 뜻으로, 반드시 평정하고, 초토화하고, 섬멸해야 하는 것을 뜻한다, '융戎' 또한 '병사〔兵〕'의 뜻으로, 무력으로 정복해야 하는 것을 말하며, '도둑〔寇〕'의 의미를 갖는다. '만蠻'은 '낙타의 종류'를 말하는 것으로, '충虫'을 부수로 한다. '적狄'은 '개의 종류'를 말하는데, '견犬'을 부수로 하는 것으로 보아 경멸과 모욕의 뜻이 분명했다(어떤 이는 토템 숭배의 영향이라고도 주장한다).

이민족이 적이었던 까닭에 모두 '침입자'였고, 한족의 적이었으므로 '비적匪賊'이라고 했다. '비적'은 정통 한족이 아니라는 뜻이다. '비적'과 가까운 뜻으로 '도적'이 있지만, 도적과 비적은 조금 달랐다. 일반적으로 비적은 공개적인 나라의 적이며, 도적은 종종 숨겨진 내부의 적으로, 가적家賊, 공적工賊(노동자 계층의 배반자), 학적學賊(학계의 배반자) 같은 것이다. 비적은 들에서 활동했던 까닭에 '토비土匪'라고 했고, 도적은 조정에 있었기 때문에 '국적國賊(민족의 반역자)'이라고 했다. 비적은 대부분 무장을 했기 때문에 총을 쏘았고, 도적은 대부분 계략을 이용했기 때문에 도둑질을 했다. 그래서 비적은 도적과 비교하면, 명암明暗, 조야朝野, 문무文武의 차이가 있었다. 이외에도 '간신'이 있다. 간신은 다른 사람과 통한다는 뜻이 있기 때문에 '적과 내통하는 사람'으로 많이 쓰였는데, 간첩, 매국노, 스파이를 가리켰다. 간신과 도적의 공통점은 '음흉하다'라는 것이다. 따라서 음흉하고 교활하며, 흉악하고 독한 사람을 '간적奸賊'이라고 한다.

적賊 역시 원수[寇]와 통했고, '적구賊寇'라고 했다. 사실 賊(적)과 寇(구)도 차이가 있었다. 적이 개인이라면 구는 집단이었고(무장단체), 적이 파괴자라면 구는 침략자였으며, 적은 암암리에 손을 댔고 구는 공공연한 약탈을 일삼았다. 글자의 형태를 보더라도 적은 창[戈]으로 재물을 훼손하고, 구는 집에 들어가 흉포하게 행동했다. 중국은 가정과 국가가 하나인 나라다. 나라를 침입하는 것은 집에 들어오는 것과 같다.

346

따라서 침입자는 모두 '원수'라고 했다.

구에도 '비구匪寇'와 '적구敵寇'가 있는데, 모두 도적이고 원수였지만 차이가 있다. 일반적으로 적대적이고 같다고 인정되지 않는 사람(계급이나 민족이 다른 사람)은 '적'이었고, 적대적이지만 같은 부분이 있을 경우(같은 중국인의 경우)의 경우 '비'라고 했다. 이외에도 '위僞'가 있다. 위는 '가짜'라는 뜻인데, 간사하게 목적을 달성하는 사람에게 많이 썼다. 또한 '역逆'은 '반동'의 뜻으로 '반동파'에게 많이 썼다. '반역의 무리'와 같은 의미를 지닌다. 여기서 '역'은 '정正'의 반대이며, '위'는 '진眞'의 반대이고, '간奸'은 '충忠'의 반대로, 모두 '바르지 않다[非正]'라는 의미를 갖는다. 따라서 비합법적인 정권은 비구가 세웠든 적구가 세웠든 모두 '괴뢰정권'이라고 한다. 그러나 적의 군대가 모두 '괴뢰군'은 아니다. '적군'이라고도 하고, '비군匪軍'이라고도 하는데, 매국노의 군대가 사실상 진정한 의미의 '괴뢰군[僞軍]'이다.

매국노는 '반역자'와 마찬가지로 사람들이 가장 수치스러워하는 말이다. 그 원인은 대부분 '내외의 구별' 때문이다. 예를 들어 외국 군대는 원래 침입자로, 중국을 공격하는 것이 용납된다. 그러나 상대가 원래는 자기편이었다가 동료를 배신하고 적에게 투항하여 외부인을 도와자기 사람을 공격한다면 이는 도저히 용서받을 수 없는 일이다.

'내외구별' 외에도 '등급서열'이 있다. 관리와 백성이 똑같이 윗사람을 거역하고 반란을 일으켜도 관리는 간신이 되고, 백성은 교활한 백성이 된다. 이는 '관리와 백성의 차이'이다. 똑같이 법도에 어긋난 행위를 해도 남자는 간사한 사람이 되고, 여자는 음탕한 여자가 된다. 이는 '남녀의 차이'이며, 결코 바뀔 수 없었다. 백성은 '하우下愚'로, '순박하고 천진'해야 했다. 만약 어리석지 않다면, 당연히 '교활한 백성'

으로 '양민'이라 할 수 없었다. 임금은 '상지上智'로 자연히 '하늘에서 준 지혜'를 가진 자였다 만약 지혜롭지 않으면 '어리석은 임금'으로, '현명한 임금'이 아니었다. 관리들은 공적으로 '청렴'해야 했으며, 그렇지 않으면 '탐관'이었다. 신하는 임금에게 '충성'해야 하는데, 그렇지 않으면 '간신'이었다. 그래서 '청렴한 관리'는 있었지만 '청렴한 신하'는 없었고, '충신'은 있었지만 '충관忠官'은 없었다. 대개는 신분과 의무가 달랐으므로 요구와 평가도 각기 달랐다. 이런 이유로 임금이 인자하지 않으면 '폭군'이었고, 관리가 인자하지 않으면 '포악한 관리'였다. 그러나 평민이 난폭하면 '흉악하고 완고하다'라고만 할 뿐이었다.

이렇듯 중국어는 어휘가 매우 풍부하고, 단어의 조합은 '적절한 조화'를 중시한다. 따라서 이런 미묘한 차이 속에서 문화 정신을 가장 잘 발견할 수 있다. 이를테면 항전시기 일본군을 '적군'이라 했고, 일본인에게 빌붙었던 사람을 '괴뢰군'이라 했으며, '항전에 소극적이고 반공에 적극적인 것'을 '완군頑軍'이라고 했다. '완頑'은 원래 '비匪' 혹은 '백비白匪'라고도 했다. 그러나 국민당과 공산당이 합작하고 나서는 이렇다 하게 부를 만한 이름이 없었으므로 '완'이라고 고쳐 '완고파'라고 했다. 완고하여 반공의 입장을 견지하지 않고 함께 항전한 사람들을 '우군友軍'이라고 했다. 하지만 외국 군대(미군)는 '맹군'이라고 불렀다. 이는 '내외유별'이자 '등급 차이'다. 따라서 외빈을 가리키는 호칭에는 '동지', '전우', '동포', '형제', '친구', '귀빈' 등 여러 가지가 있었다. 닉슨Nixon과 키신저Kissinger가 처음 중국을 방문했을 때는 '손님'이라고 했다. 똑같은 '외국인'이라도 친소의 차이가 있음을 알 수 있다. 이는 물론 '정'이 가는 대로 하는 것이며, 동시에 '예'로서 당연

348

한 것이기도 했다.

척도와 총 서열

내외를 구별하고, 친소를 정하고, 장유의 순서를 정하고, 귀천을 분명히 하는 원칙이 기정사실이라면, 남은 것은 척도를 파악하는 것이었다.

이는 총괄적인 서열을 정하려는 것이다. '총괄적'이란 무엇인가? 일맥상통한 체계를 말한다. '서열'이란 무엇인가? 친소, 원근의 순서다. 총괄적으로 정통과 비정통(화이, 관비)을 구별하고, 대소에 따른 서열화(군신, 부자)는 '체계'가 '서열'을 결정지었다. 중국 전통사회는 가정을 본위로 하는 사회로, 가장 중요한 '체계'는 '혈통'이었으며, 그 중에서도 부계의 혈통이 중요했다.

중국 문화는 특히 '조상'을 중시한다. 이를테면 자기 가족, 씨족, 민족의 선인을 '조상'이라 하고, 대대손손을 '조상대대'라고 한다. 조상의 사업을 '조업'이라 하며, 조상의 유적을 '조무祖武'라 하고, 선현을 본받는 것을 '조술祖述'이라고 한다. 또한 어떤 사업, 학파, 종파, 교파, 유파를 창시한 사람을 '조사祖師'라 하였으며, 지위가 아주 높았다. 일부 업계와 파벌의 '조사', 이를테면 목공의 노반魯班, 선종의 달마, 도교의 순양純陽과 같은 이들은 항상 제사로 받들고, 향을 피우는 이가 끊이지 않는다. 천자 제후의 '조상'에 대한 제사 숭배는 더욱 대단하여 이들이 제사를 지내는 곳을 '사당'이라 불렀다. 그중 가장 중요하고 규모가 컸던 것은, 시조의 사당으로 '조묘祖廟' 또는 '태묘太廟', '조祖'라 하였다. 조묘를 중심으로 천자나 제후가 종족을 거느리고 사는 것을 '국가'라고 했다. 조상이 있어야 나라가 있었으며, 조상의 묘가 훼손되면 나라도 망한 것이었다. 국가는 조상 덕에 나고 존재했으므로, 자기

나라를 가리켜 '조국'이라고 했다. 똑같은 이치로, 조묘를 중심으로, 족장이 종족을 거느리고 사는 것을 '고향(籍)'이라고 했다. 조상이 있어야 고향도 있으며, 조묘가 훼손되면 고향도 사라졌다. 고향은 조상 덕에 나고 존재했으므로, 자신의 본적을 '조적祖籍'이라고 했다.

'조' 다음은 '종宗'이었다. 종 역시 사당의 뜻으로, '종묘'라고 했다. 조는 '시묘始廟'로, 종은 계승자의 사당이기 때문에 '종'이 '조'의 한 단계 아래였다. 따라서 '종사宗師'는 '조사'에 비해 떨어졌다. 그러나 '종'의 지위도 높아 종공宗工, 종장宗匠, 종문宗門(종가宗家의 문중), 종번宗藩(제후로 분봉分封된 종실), 종족宗族, 종실宗室, 종파宗派, 종사宗祠와 같은 말에 쓰였다. 또한 조와 종을 합쳐 '조종祖宗(조상)'이라 했다.

다음에는 '부父'이다. 이 글자는 허신의 《설문해자》에서는 '구矩(곱자)[8]'로, '가장이며 인솔해 가르치는 사람'을 뜻했다. 궈모러는 《갑골문자연구甲骨文字研究》에서 '부斧'라고 했는데, '남자가 돌도끼를 가지고 일을 하는 것'을 뜻했다. 그러나 '부'는 교육 도구도, 노동 공구도 아닌, 통치 도구, 즉 지팡이라고 할 수 있다. 다시 말해, 부친은 '아버지'의 자격으로 나타나 가정을 통치하는 사람이다. 아버지가 지팡이를 휘두르며 가족에게 군림하고, 모든 것을 지휘하고, 명령하고 금지했다. 이는 '부'와 '卐(파쇼, fascio)'가 조형 상 어떤 유사성이 있는지 살펴보면 쉽게 이해할 수 있다. 사실 중국 전통사회에서 '아버지'는 줄곧 가정의 통치자였고, '가정과 유사한' 단체에서 통치자와 지도자 역시 종종 '아버지'로 불렸는데, 군부, 국부, 사부, 신부 등이 그러하다.

'아버지' 다음은 '적장자嫡長子'다. 이른바 '적嫡'은 '정실'을 가리킨다. 즉 정실의 아들이 '적자'다. 적자 가운데 가장 연장자가 '적장자'이며, '적자', '적'이라고도 한다. 종법사회에서는 적장자의 지위가 가장 높았다. 적장자가 사망하면 그 아버지까지도 '참최'를 입어야 했으며, 오복 가운데 장유가 전도되는 특별한 경우이기도 하다. 적장자는 가족, 종족의 유일한 법정 계승자로서 그를 통해 가족, 종족이 일맥상통하게 혈통이 연결되기 때문에 각별했다. 특히, 시조 직계 장남을 대종大宗이라 하였으며, 대종의 적장자가 '종자宗子'다. 종자는 본종에 대해 가장이었고, 방계 소종에 대해서는 족장이었으며, 시조 작위의 계승권을 가지며, 시조묘의 제사를 주관했다. 따라서 적장자는 혈통의 '원본'을 대표해 '정종', '정통' 또한 '직계'라고도 했다. 중국에서 '가정과 유사'한 사회조직 가운데, '직계로 전하는 것'은 정종正宗의 최고 전통으로 간주됐으며, '직계'를 가장 믿을 만한 계통으로 여겼다.

조, 종, 부, 적장자가 일맥상통하게 유지하는 것이 '혈통'이다. 혈통이 이처럼 중요한 이유는 그것이 '인륜'이기 때문이다. 가정은 원래 '근친상간'을 방지하기 위해 만들어졌다. '家(가)'자는 '宀(면)'과 '豕(시)'로 이루어졌다. '면宀'은 앞에서 언급한 대로, 일종의 동서남북으로 둘러싼 마당이 있고 방이 있는 '깊숙한 집'이다. 또한 '가家'에서 '시豕'는 수퇘지를 말하는데, 고상한 말로 '모시牡豕' 또는 '가豭'라고도 했다. '豭(가)'와 '家(가)'는 동음으로, '家'가 곧 '豭'이며, '수퇘지' 혹은 '집 깊숙한 곳에 감금된 수퇘지'를 뜻한다. 그렇다면 수퇘지를 왜 집 깊숙한 곳에 가두었을까? 이는 기르기 위한 것이 아니라 난륜을 방지하기 위함이었다. 수퇘지는 방종한 탓에 집에 가둬야만 '함부로 굴지' 않았다.

집에 가둔 것이 수퇘지이므로, '윤倫'은 우선 부계의 혈통이다. 이렇게 '윤'이 윤리, 도덕이 됐으며, 지속적으로 '제가치국齊家治國'의 방침이 되자, 혈통 역시 혈통과 유사한 기타 '통統'을 포함하여(황통, 학통,

도통, 전통) '내외를 구별하고, 친소를 정하고, 장유의 서열, 귀천의 구분' 하는 근거가 됐다. 부계를 기본으로 하는 '통' 은 '내외를 구별' 하고, 적자는 계승자로 '친소를 정하며', 적자를 장자로 '장유의 순서를 정했다'. 또한 직계로 전하는 것을 강조한 것은 '귀천구분' 을 위한 것이었다. 총괄적인 서열이 정해지자 척도가 분명해졌다. 이를테면 적계 부대의 장비는 잡동사니 군대보다 훨씬 좋았고, 정통은 이단보다 환영받았다.

관비까지도 '정종 직계' 라 하여 서로 치켜세우고, 자신이 '정종이 아님' 을 인정하려들지 않은 것도 당연하다.

범윤리론

혈통과 혈연

귀천의 구별은 사회생활에서 혈통이 가장 중요하고 현실적인 기능을 가진다는 뜻이다. 혈통이 고귀하면 그 사람도 고귀하고, 혈통이 천하면 그 사람도 천했다. 단지 혈통이 있는 것만으로는 부족하고, 무엇보다 좋아야 했다. 첫째는 고귀해야 하는데, 그렇지 않으면 '천한 종족'이었다. 둘째, 우수해야 하는데, 그렇지 않으면 '좋지 않은 종자'였다. 셋째는 순종이어야 하는데, 그렇지 않으면 '잡종'이었다. 넷째는 깨끗해야 했는데, 그렇지 않으면 '아비 없는 자식'이었다. 여기서 '아비 없는 자식'과 '잡종'은 아주 지독한 욕으로, 본인이 욕을 먹는 것에 그치지 않고, '조상팔대'까지 거슬러 올라간다.

따라서 자기 자신을 좀 더 고귀하게 하려면, 자기의 혈통을 고귀하게 만들어야 했다. 이를테면 조조는 환관 조등의 양자 조숭曹嵩의 아들인데, 당시로는 '출신이 좋지 않다'고 할 수 있었으며, 그래서 자신이 《가전家傳》을 지어, 조숙진탁曹叔振鐸의 후예라고 공언했다. 사실 조씨 집안이 아무리 대단해도, 수양아들의 아들과 무슨 관계가 있겠는가? 게다가 위로 거슬러 올라갈수록 신빙성은 더 떨어졌다. 유비는 비상해서 자신이 한중산漢中山 정왕靖王의 후예라고 자칭했다. 이는 연대가 멀지 않아 조조에 비해 상대적으로 믿을 만했다. 또한 당시 황제와 어느 정도 관계를 맺자, 순식간에 벼락출세를 하게 되었다.

아쉽게도 모든 사람이 이렇게 권력자에게 빌붙을 수 있는 것은 아니었으므로, 다른 방법을 모색해야 했다. 그것이 바로 '결연' 이다. 즉 혈통이 좋은 아내를 얻거나 혹은 혈통이 좋은 남자와 결혼하는 것이다. 이 방법은 아주 유용하다. 우리가 흔히 말하는 '혈연관계' 는 실제로 세로와 가로가 교차되는 인간관계의 네트워크이기 때문이다. '세로' 는 부계 '혈통' 이며, '가로' 는 모계 '혈연' 이다. 사전에서는 혈통과 혈연을 합쳐서 이야기하는데, 사실 그렇지 않다. 통統은 세로로 향하며, 연緣은 가로로 향한다. 통은 '일맥상통' 을 가리키기 때문에 부자, 조손이 있어야만 '혈통' 이라고 했다. 연은 가장자리, 얽히고 기어오르다, 연루, 의지 등의 뜻이 있으며, '파생' 되어 나온 것이기 때문에 '통' 보다 아래다. 이를테면 부자조손父子祖孫은 혈통관계이고, 형제자매와 당형제자매, 족형제자매는 동일한 혈통의 혈연관계이며, 표형제자매는 다른 혈통의 혈연관계이다. 올케, 시누이, 동서지간에는 '혈통' 관계마저 없다. 그래서 부자는 형제보다 가깝고, 당형제는 표형제보다 가까우며, 표형제는 올케, 시누이, 동서보다 가깝다. 혈통과 혈연의 차이는 바로 '가깝고 멀고' 의 차이인 것이다.

혈통과 혈연은 친소, 내외, 종횡의 차이가 있긴 하지만, 혈연이 중요하지 않다는 것은 아니다. 반대로 혈통이 같은 사람은 결혼할 수 없기 때문에 가정을 이루고, 가족이 확장되고, 종족이 이어지려면 혈통이 다른 가정이나 가족과 '연' 을 맺지 않으면 안 된다. 이것이 '인연姻緣' 이다. '인姻'은 '因(인)'으로, '그런 까닭에 결혼하는 것'이며, '혼인'이라고 한다. 더 자세히 말하면, 남자가 아내를 얻는 것을 '혼婚'이라고 하며, 여자가 남편에게 시집가는 것을 '인姻'이라고 한다. 처의 아버지는 '혼婚'이며, 남편의 아버지는 '인姻'으로, 서로간의 관계를 '혼인'이라고 한다. '인친' 또는 '인연'이라고 부르며, '혼친' 또는 '혼연'이라고 하지 않는 것은, 여자 쪽을 통해서만 '인연을 맺을 수 있기' 때문이다(때문에 '혼인'이라는 두 글자에 모두 '女'가 들어간다). 이런 인연은 분명 많은 새로운 혈연과 친연을 만들려는 것이다. 새로운 혈연과 친연은 또 다른 혈통으로 가서 '인연'을 맺는다. 이렇게 해서 가정이 가족이 되고, 가족이 씨족이 되며, 씨족이 민족이 되고, 결국 '온 세상이 다 형제'가 되기에 이르렀다.

'친親'에는 실제로 두 가지가 종류가 있다. 한 가지는 혈연관계가 있는 것으로, '육친'이라고 하는 것이다. 다른 하나는 혈연관계가 없는 '인척'이라고 하는 것이다. 인척은 육친만 못하지만, 어쨌든 '친척'이다. 게다가 육친이 아닌 친척이 그 수나 종류에서 육친보다 많다. 이를테면 동년배 육친은 형제자매다. 당형제자매, 표형제자매, 족형제자매도 형제자매다. 인척의 항목은 더 많다. 동서, 올케, 시누이, 매부처남 등등. 호칭도 많아서 형수, 계수, 제부, 매부, 시동생, 막내처남, 처제처럼 한두 가지가 아니다. 어떤 민족도 중국처럼 이렇게 호칭이 세분화된 민족은 없을 것이다. 이는 모두 '내외를 구별하고, 가깝고 멀고를 규정'하기 위해서다. 그러나 가깝고 가깝지 않음이 있다는 것은 작은 범위에 국한되지 않고, 넓어질 수 있음을 뜻한다.

친한 것은 범위가 넓어질 수 있으며, 정 또한 넓어질 수 있다. 친하다는 것은 무엇인가? 친함의 원래 뜻은 '감정이 두텁고 관계가 밀접한 것'이다. 이른바 혈육 간의 정인 '친정親情'은 정이 가까운 데서 나오며, 친하다는 것이 정으로 정해짐을 뜻한다. 즉 친하면 정이 깊고, 정이 깊으면 친하다.

그러나 가까이 하고, 사랑함에 있어 한계, 차등은 있어야 한다. 친족은 '가까이하며 사랑하고〔親愛〕', 사람들은 '어질게 사랑하고〔仁愛〕', 백성은 '널리 사랑하고〔汎愛〕', 만물은 '불쌍히 여겨 사랑하는〔怜愛〕' 것이다. 여기에는 분명 많고 적음이 있고, 짙고 옅음이 있으며, 두텁고 박함이 있다. 그 표준은 주로 혈연에 의해 결정된다. 혈연이 가까울수록 사랑도 짙고 두터우며 더욱 특별하다. 혈연이 멀수록 사랑도 희미하고, 보통이 된다. 어찌됐든 범위는 넓어질 수 있다.

친연은 광범위해질 수 있고 감정 또한 광범위해질 수 있다. 감정이 광범위해질 수 있으면, 윤리 역시 광범위해질 수 있다. 이는 중국 전통의 윤리도덕이 원래 가정에서 비롯됐기 때문이다. 이른바 '삼강오륜'에서 삼강 가운데 두 강령(아버지는 아들의 벼리이며, 남편은 처의 벼리)이 가정관계를 말하는 것이다. 오륜 가운데 세 가지는 원래 가정에 속하는 것이다(부자, 부부, 형제). 또한 '천지군사天地君師'라고 하여 세상의 임금과 스승을 모두 부모처럼 생각하는데, 그 핵심은 사실 '가깝기〔親〕' 때문이다. 이렇게 중국 문화는 가정을 본위로 하며, '가정 단위' '가정 천하'일 뿐 아니라 '가정 윤리'이다.

가정 윤리

'가정 윤리'는 바로 가정 내부의 인간관계를 처리하는 윤리이자 도덕관념이다. 이는 '어디든 적용되는' 원칙으로, 개인과 국가의 '입신立身의 근본'이자 '입국立國의 근본'이었다. 이를테면 가정 윤리의 준칙인 '아버지는 자상하고 아들은 효도하며, 형은 사랑하고 아우는 공경하며, 남편은 인자하고, 아내는 온유하며, 시어머니는 자애롭고 며느리는 순종한다' 라는 것을 나라에 적용해 보면, '임금은 명령하고 신하는 공경한다', 친구에게 적용하여 '형은 사랑하고 아우는 공경한다' 라고 할 수 있다. 민족은 가족이 확대된 것이고, 조정은 가정의 승격이며, 군신은 부자의 변형이고, 친구는 형제의 연장에 불과하기 때문이다. 따라서 '가정과 국가의 일체' 역시 유형상 '동일 구조' 로 표현될 뿐 아니라, 구조상 '동일 규율' 로 표현된다. 다시 말해, '제가' 도, '치국' 도 그 구조는 모두 윤리도덕이다. 단지 전자는 '삼강오륜' 이며, 후자는 '사회의 질서와 기강' 일 뿐, 자세히 따져보면 그렇게 큰 차이는 없다는 것을 알 수 있다.

'임금은 신하의 벼리', '아버지는 아들의 벼리', '남편은 아내의 벼리' 라는 이치는 모두 똑같고, '인의예지신仁義禮智信' 은 가정과 국가에 모두 통용된다. 국가는 가정을 모델로 하고 가정은 개인으로 분리되지 않으므로, 당연히 '국가윤리' 란 있을 수 없으며, '개인윤리' 역시 있을 수 없다. '가정 윤리' 만 있을 뿐이다. 사실 중국인이 볼 때, 자기 가정을 사랑하지 않는 사람이 자기 나라를 사랑할 것이라고 생각하기 어렵다. 마찬가지로 자기 가정을 위해 의무를 다하고 봉사하지 못한다면, 그가 나라를 위해 의무를 다하고 희생할 것이라고 생각하기 어렵다. 자기 가정을 잘 다스리지 못한다면, 그가 나라를 잘 다스릴 수 있을 것이라 생각하기 어려우며, 그러므로 '가정을 다스리고 난 후에 나라를 다스린다' 고 하거나 '나라의 근본은 가정에 있다' 라고 하는 것이다.

'나라의 근본이 가정에 있다' 라는 것은 '도덕의 근본이 가정에 있다' 는 것이다.

우선 가정은 윤리도덕을 배양하는 기지다. 어떤 민족이든 한 개인에게 가정은 그의 첫 번째 학교이며, 어머니는 첫 번째 선생님이다. 지식교육, 도덕교육과 심미교육 모두 가정에서 깨우치기 시작한다. 그러나 중국인들에게 '가정교육' 이란 사회적으로 약속이나 한 것처럼 전적으로 도덕교육을 의미한다. 이를테면, 우리가 어떤 사람에게 '가정교육이 없다' 거나 '가정교육이 안 되어 있다' 고 질책할 때는, 분명 그 사람의 '처세' 에서 예의범절과 규칙 면에 문제가 있다는 것이지, 결코 그가 지식이 없다거나 미적 감각이 없다는 뜻이 아니다.

중국의 전통 가정교육은 윤리도덕 교육을 첫 번째에 둔다. 아이가 가장 먼저 배우는 단어는 부모에 대한 호칭이며, 가장 많이 받는 지시는 "말 들어" 이다. 부모를 존중하는 것은 '효孝' 이며, 말을 듣는 것은 '순종' 이다. 효가 공경을 낳고, 순종이 복종을 낳는다. 효도, 공경, 순종, 복종은 모든 중국 전통도덕의 기초다. 부모에게 효도하며, 형제와 우애하고, 부부가 화목하며, 임금에게 충성하고, 스승을 존경하며, 친구에게 신의를 다하는 일련의 윤리도덕체계가 바로 이렇게 세워졌다.

어린 시절의 기억은 뿌리가 깊다. 어린 시절의 기억은 아마 '무의식의 문화' 가 되어 심층심리에 축적되며, 개인의 일상적인 행위의 문화적 지령이 된다. 어려서부터 부모에게 효도하고, 형제를 사랑하는 사람은 사회적으로 노인을 공경하고, 어린아이를 사랑할 가능성이 높다. 어려서부터 말을 잘 들었던 사람은 단위에서도 분명 규율을 지키고 법을 지킨다. 또한 집에서는 효자이고, 마을에서는 명령대로 행동하는 사람이며, 나라에서는 분명 충직한 신하이다. 이치는 아주 간단하다. 진짜 부친에게 효를 다하지 못하는데 어떻게 형식상, 예의상의 부친(임금)에게 충성을 다할 것이라고 믿게 하겠는가? 그래서 '충신은 효자 집안에

358

서 나온다'라고 했다. 따라서 정통 임금과 조정신하는 효도를 다하지 못하는 관리를 진정으로 신임하기 어렵다. 심지어 제도상으로 이에 상응하는 규정까지 만들었다. 이를테면 모든 관리는 직위고하를 막론하고, 부모상을 당하면 반드시 관직을 버리고 고향으로 돌아가 집에서 삼년상을 치러야 했는데, 이를 '정우丁憂'라고 했다. 또한 아주 특수한 상황에서 임금의 명령이 있어야만 상에서 벗어나 충성을 다해 직무에 임하도록 했으며, 이를 '탈정奪情'이라 하였다.

가정은 윤리도덕의 주요 실천 장소였다. 전통사회에서 중국인은 밖에 나가 관리가 되거나 밖에 나가서 일을 할 수 있는 기회가 많지 않아서 그들이 배우는 윤리도덕규범은 주로 가정에 적용됐는데, '집에서 배우고 익히고, 집에서 얻었으며 집에서 썼다', 그리하여 '가정 윤리'인 것이다. 더 중요한 사실은 '가정 윤리' 대부분이 무슨 커다란 이치나 대단한 규칙도, 혹은 빈말이나 상투적인 말도 아닌, 아주 실제적이면서 보고 듣고 모방하고 실행할 수 있는 구체적인 규범이라는 점이다. 예를 들어, 아이가 나갈 때는 반드시 부모에게 알리고, 돌아오면 반드시 인사해야 한다. 이는 아주 현실적이고, 구체적이며, 배우기 쉽고, 실행하기 쉽다. 그렇다고 해서 그 의미가 결코 작은 것은 아니다. 실제로 입장을 바꾸어 타인을 배려하는 도덕정신을 기를 수 있다. 자신의 행위만을 돌보는 것은 부모에게는 불효이며, 타인에게는 불인不仁이기 때문에 반드시 바로 잡아야 하는 것이다.

반대로 '가정교육'이 된 사람은 이런 작은 소홀함으로 타인에게 불편을 끼치지 않았다. 밖에 일하러 가거나 조정에서 관리 노릇을 할 때는 반드시 사전에 묻고, 사후에 보고하며, 중간에 연락을 취할 줄 알고, 이로 인해 상사와 동료들의 칭찬을 받는다. 작은 일이지만 효과가 크며, 의미 또한 작지 않다. 따라서 '작은 선이라도 행하지 않거나, 작은 악이라고 행해서는 안 된다〔勿以善小而不爲, 勿以惡小而爲之〕.' '작다' 라고 하는 것은, 쉽게 행할 수 있음을 가리키는 것이다. 절대 불가능하고 역부족인 게 아니다. 힘이 미칠 수 있고, 의미가 큰일을 무슨 이유로 마다하겠는가.

가정은 실제로 윤리도덕을 실천하는 아주 좋은 장소다. 어떤 사람이 자신의 집에서 좋은 교육과 훈련을 받았다면, 그가 사회에서 어떤 역할을 맡던지 덕을 잃거나 예를 잃지는 않을 것이다. '예禮' 의 의식이 비록 가정과 국가가 같지는 않더라도, 내재하는 정신은 하나로 통하기 때문이다. 부모에게 효도하는 사람은 임금에게 충성하고, 형이나 윗사람을 공경하는 사람은 장관을 공경하며, 자녀에게 자애로운 사람은 아랫사람과 백성들에게 인자하다. 이를 "군자는 집을 나서지 않고도 나라를 이롭게 하다〔君子不出家而成教于國〕"라고 한다. 그러므로 가정의 중요성을 의심할 필요가 없다.

범윤리

범혈연에 가정 윤리가 더해지면, 그 결과는 필연적으로 '범윤리' 가 된다.

'범윤리' 란 원래 윤리적인 관계가 아닌 것(예를 들면, 인간과 자연의 인식관계와 심미관계)을 윤리관계로 보거나 혹은 정치문제, 법률문제, 교육문제, 과학문제, 종교문제, 예술문제 심지어 경제문제를 모두 윤리문제로 바꾸어 일종의 '윤리중심론' 또는 '범윤리주의' 를 만드는 것을 말한다. 이를테면 '위생을 중시하는 것' 은 원래 과학의 문제로, 위생에 신경 쓰지 않으면 건강에 해롭기 때문이다. 그러나 중국에서는 도덕의 문제로 보아 '위생에 신경 쓰지 않는 것은 부끄럽다' 라고 한다. 실제로는 공공위생을 신경 쓰지 않는 것이 부끄러운 일이다. 이는 공중도덕이 없음을 의미하기 때문이다. 어떤 사람이 자기 집에서 밥 먹기 전에 손을 씻지 않고, 잠자기 전에 이를 닦지 않는 것은 비위생적이긴 하지만 '부끄러움' 을 느끼지는 않는다. 이처럼 생리·심리현상까지도 윤리화하는데 다른 것은 말할 것도 없다.

윤리가 이처럼 범람하는 중국 전통정치의 눈에 띄는 특징 중 하나가 바로 정치투쟁을 도덕투쟁이라고 한다거나, 정치문제를 도덕문제로 다루는 것이다. 정적에 대해 도덕적으로 질책하고 인신공격을 하는 수법은 중국의 역대 정치투쟁에서 거의 '일반적인 법칙' 이다. 이 전통은 성탕이 하걸을 치고, 무왕이 은주를 쳤을 때 이미 형성됐으며, '문화대혁명' 의 시대에도 효과를 발휘했다. 마찬가지로 만약 정치적으로 어떤 사람을 인정하고 치켜세우기 위해서는 반드시 그를 고상한 풍모와 굳은 절개의 도덕군자, 심지어는 세속을 초월한 신성으로 묘사하고, 종종 어린 시절의 가정교육으로까지 거슬러 올라가기도 했다. 그 결과, 그가 정치적으로 득세할 때에는 그가 청렴하게 공직에 종사하며, 국가와 백성을 걱정하고 사랑하며, 아주 겸손한 도덕군자로 알려졌다가도, 일단 실각한 후에는 듣기만 해도 소름 끼치는 부정부패와, 충성과 양심을 해치는 여러 사실들을 너무나 순식간에 폭로시키는 현상까지 벌어졌다. 정치적 야심가, 음모가들이 위선자인 것은 이상할 게 없지만, '엄청난 사실' 로 증명된 그의 도덕적 부패가 실각 후, 단 하룻밤 사이에 폭로되지 않을 수 없었다는 게 항상 불가사의할 따름이다.

따라서 우리는 세 가지 면에서 근본적으로 개혁해야 한다. 첫째, 도덕과 법을 구분해야 한다. 도덕과 법은 관계가 있지만 절대 동일한 것은 아니다. 범법자라고 반드시 도덕을 파괴하는 것은 아니며, 법을 지키는 사람이 반드시 고상하며 도덕적인 것은 아니다. 도덕으로 법제를 대신한다면, 도덕과 법 모두를 불건전하게 만들 뿐이다. 두 번째, 정치와 도덕을 구분해야 한다. 정치는 일종의 '입장'이며, 도덕은 일종의 '품질'이다. 입장은 '태도'로 표현되며, 품질은 '행위'로 표현된다. 태도가 좋다고 해서 행위가 아름다운 것은 아니며, 입장이 옳다고 해서 품질이 우수한 것도 아니다. 즉 적대적 입장에 있는 사람이라고 해서 결코 품성이 나쁘다고 할 수는 없다. 마찬가지로 어떤 이가 정치적으로 당신을 옹호한다고 해서 그를 '도덕군자'로 여기고 방심하거나 의지해서도 안 된다. 셋째, 일반적인 공중도덕과 특수한 직업도덕을 구분해야 한다. '사람'이라면 반드시 갖춰야 할 도덕적 자질이 있는 반면, 어떤 도덕적 자질은 직장인으로서 반드시 필요하다. 따라서 그것이 없을 경우 직장생활을 하기 어렵다. 이를테면 군인은 용감하고 의연해야 하며, 학자는 진리를 사랑하고, 실사구시 해야 한다. 하지만 그들이 검소하고 근면하게 생활하는지의 여부 또는 '애매모호한' 남녀관계의 여부까지 사실 무리하게 요구해서는 안 된다.

사람에 대해 이렇듯, 정부에 대해서도 마찬가지다. 훌륭한 정부는 당연히 과학적이고 민주적이며 청렴해야 한다. 그러나 이 세 가지를 똑같이 맞출 필요는 없다. 여기서 '청렴'이란 횡령하지 않고, 직권으로 사리를 도모하지 않는 것이지, 어렵게 생활해야 하는 건 아니다. 애석하게도 중국인의 보편적인 심리가 이 가운데 청렴을 가장 중요하게 생각한다. '청렴'하기만 하면 좋은 관리라 여긴다. 그의 태도가 민주적인지, 정책이 과학적인지에 대해서는 그다지 주목하지 않는다. '청렴한 관리'가 반드시 '능력 있는 관리'는 아니며, '덕이 있는 사람'이 반드시 '나라를 잘 다스리는 것'은 아니다.

윤리도덕은 분명 중요하다. 그러나 절대적 가치는 아니다. 세상에 절대적 가치는 없으며, 아무리 좋은 것도 지나쳐서는 안 된다. '범윤리'의 결과는 '윤리의 혼란'이며, '오직 도덕만'을 외쳐온 결과는 모순되게도 '도덕의 상실'이었다. 만약 무엇이든지 다 윤리(범윤리)라고 한다면, 윤리는 사라진다. 도덕만 남는다면, 오히려 도덕은 사라진다. 이것이 역사의 변증법이다.

관본위주의

근원 탐색

앞서 말했듯이 '가정 단위'를 기초로, '가정 천하'를 모델로, '가정 윤리'를 메커니즘으로 하는 것이 가정본위다. 비록 사회제도는 가정을 기초로 세워졌지만, 사회 가치를 계산하는 표준 또한 가정은 아니다. 직위, 관직, 직함을 가치표준으로 삼으며, 이것이 곧 '관본위'다.

관본위는 어디에서나 볼 수 있다. 예를 들면, 회의할 때 직위가 높은 사람은 단상에 앉고, 앞자리에 앉으며, 가운데에 앉는다. 직위가 낮은 사람은 뒷자리나 가장자리에 앉으며, 직위나 직함이 없는 사람은 아래에 앉는다. 이때 한 개인의 기질 혹은 기풍, 재주나 능력은 고려되지 않는다. 말을 할 때에도, 직위가 높은 사람의 말은 '지시'라 하고, 직위가 낮은 사람은 '강화講話'라고 하며, 직함이 없는 사람은 '발언'이라고 한다. 이때 그들이 말한 내용이 어떠한지, 정말 학식과 견해가 있는지, 의의와 가치가 있는지는 고려되지 않는다. '직위'가 높으면 분명히 능력도 뛰어나고, 학식도 풍부하며, 안목도 높고, 견해도 심오할 것이라 생각한다. 일부 학술 단위에서는 심지어 업적 평가 시에 논문 발표 단위의 행정 직급별로 그 가치를 판단하기도 한다. 국정간행물에 발표한 것은 점수가 높은 반면, 지방 간행물에 발표한 것은 점수가 낮다.

이러한 관본위 사상은 오래전부터 존재해왔다. 일찍이 서주西周 봉건 시대에 작위의 고하에 따라 제후국의 크기를 정하는 원칙이 확립됐다. 이를테면 송宋의 공작, 진晋의 후작, 조曹의 백작, 거莒의 자작, 허許의 남작이 그것이다. 이들 나라의 임금은 각기 '송공', '진후', '거자', '허남'으로 불렸는데, 이때 국력이 얼마나 강한지, 그들 자신의 통솔력 과 지휘자로서의 풍모가 있는지는 고려되지 않았다. 초나라에 와서 '형만荊蠻'의 혈통이 그다지 고귀하지 않고 내력 또한 불분명했기 때문 에, 임금을 '자子'라고 칭할 수밖에 없었다. 사실 초의 군주는 벌써부터 왕이라고 불렸고 국력도 상당히 강했지만, 관본위 논리에서 보면 그 역 시 '자子'일 뿐이었다. '관직'이 그보다 '높았던' 그 어떤 공, 후, 백작 들(노공魯公, 송공宋公, 조백曹伯, 활백滑伯, 등후滕侯, 기후杞侯 등)도 '자'라 고 할 수 없었지만, 관방의 사서에 보면 초나라 왕은 여전히 '자'다.

그렇다면 관이 왜 본위가 된 것일까? 이는 중국 전통사회가 등급 사 회이며, 중국 전통윤리 또한 등급 윤리이기 때문이다. 내외, 친소, 장 유, 귀천은 모두 등급의 차이로, 직급별로 모두 끝없이 종횡으로 교차 되어 일일이 헤아리기가 귀찮을 정도였다. 그래서 간단명료하고 일목 요연한 통일된 표준이 필요했다. 그렇다고 '임금'이나 '백성'을 표준 으로 삼을 수는 없었다. 임금은 고귀하고 드물었으며, 반대로 백성은 천하고 너무 많아 표준이 될 수 없었다. 따라서 '관'이 가장 적합했다. 관은 임금에게는 신하이고, 백성에게는 부모이며, 그 수가 많지도 적지 도 않았으며, 지위는 높지도 낮지도 않았다. 또한 서열이 분명하고 등 급도 엄격했으므로 이 임무를 맡기에 가장 적합했다. 그리하여 중국에는 '군君본위'나 '민본위'가 아닌 '관본위'만 존재하게 된 것이다.

관이 본위가 된 데에는 '공사가 불분명한' 원인도 있다. '공사'가 불분명하니, 하는 수 없이 '내외'나 '관민'으로 대신했다. 관은 '정식'을 의미할 뿐 아니라, '고급'의 의미를 가진다. 이를테면 학교에 들어간 후 아이에게 붙이는 이름을 '관명官名'이라 하고, 표준어를 '관화官話', 고속도로를 '고등급공로高等級公路', 비행기의 비즈니스 클래스를 '관창官艙'이라고 한다. 또한 단체의식에 따르면 '국가기관'은 항상 '개인'보다 좋았으므로, 당연히 '관'을 '본위'로 했다.

관이 본위가 되고 신분이나 지위의 상징이 되자, '관과 관계가 있는지 없는지'에 관계없이 온갖 방법을 동원해 자기 자신에게 벼슬을 주었다. 이를테면 아내와 자식은 남편에게 아부하기 위해 '관인'이라고 불렀고, 업주는 고객을 '객관客官'이라고 불렀다. 마찬가지로 상대를 부를 때 '직위'로 호칭함으로써 존경을 표했다. 이를테면 '장張 회계', '이李 출납', '유柳 기장' 같은 식이다.

직함이 이처럼 중요했으므로, 조건만 갖춰지면 사람들은 저마다 사단장, 여단장을 하고 싶어 했다. 그래서 학술적 직함이 분명한데도 청장이나 부처장 등 행정직급으로 바꾸어 불렀다. 단위도 마찬가지였다. 직급이 높은 만큼 단위도 컸으며, 직급이 낮으면 단위도 작았다. 여기에서 '크고 작음'은 직원 수, 경비 설비, 주택 차량과는 전혀 무관하게 주로 '행정직급'을 가리켰기 때문에 '관본위'라고 하는 것이다. 이를테면 과科급은 국局, 현縣급은 시市, 지사地師급은 기업이라고 했다. 심지어는 '출가한 사람'에게까지 '처급處級 승려', '과급科級 비구니'라는 명칭을 썼다.

366

직위와 직급

'관본위'는 사실 '등급본위'다.

관이란 원래 '직급'이 아닌, 직책과 기능을 뜻한다. 실제로 많은 관직이 직책 임무에서 바뀌었다. 이를테면 상서尚書는 문서를 주관했고, 순무巡撫는 지방에 가서 민정을 살피는 것이다. 따라서 흠차대신欽差大臣[9]처럼 '관직은 있지만, 직급이 없는' 사람도 있었고, 습봉고명襲封誥命처럼 '직급은 있지만 관직이 없는' 사람도 있었으며, 주임위원 같은 직급을 알 수 없는 사람도 있었다. 손오공은 화과산花果山에서 산을 차지하고 왕 노릇을 하면서 유유자적하니 잘 지내고 있었는데, 관직을 주겠다는 옥황대제의 말을 듣고, 곧바로 하늘에 올라간다. 관직을 받고는 기뻐 날뛰며 어마감御馬鑒의 동료에게 자신이 받은 '필마온弼馬溫'이 몇 품 관직인지 묻는다. 하지만 9품에도 들지 못한다는 사실을 듣고는 벌컥 화를 내며 물러나와 돈을 내고 '제천대성齊天大聖'이 되려 한다. 대성大聖이란 천제天齊와 더불어 상당히 지위가 높지만, 알고 보니 '직함'만 있었지 '직급에 들지' 못했던 것이다. 따라서 왕모낭랑王母娘娘의 복숭아나무 대회의 손님 명단에 이름이 오르지 못했다. 화가 난 손오공은 또 엄청나게 소란을 피우다가 결국 오행산 아래에서 여래불에게 제압당하고 나서야 그만두었다. 이 이야기에서도 '직급'이 얼마나 중요한지를 알 수 있다. '제천대성'도 직급을 따지는데, 우리 같은 평범한 사람들이 자신과 자기 단위를 위해 '직급'을 다투는 건 이상한 일도 아니다.

직급이 이처럼 중요한 까닭은 그것이 지위와 체면을 의미할 뿐 아니라, 대우와 실리를 의미하기 때문이다. 중국 전통사회에서 어떤 직급이 어떤 대우를 누리는지에 대해서는 대대로 아주 엄격한 규정이 있었다.

명대에 7품 관직은 말을 타지 못하고 당나귀만 탈 수 있었는데, 그 결과 '명을 받고 순찰에 나선' 순안巡按들은 아주 난감했다. 당시, 순안은 감찰어사가 맡았는데 직급이 정7품에 불과했다. 감찰 대상인 성의 안찰사, 도지휘사는 정2품이었고, 포정사布政使는 종2품이었으며, 지부知府는 정4품이었고, 지주知州 종5품이었다. 오로지 현지사만 그와 대등한 7품 말단관리였다. 그러나 어사는 조정이 파견한 관리로, 순안은 비록 관직이 높진 않지만 권력은 작지 않았다. 또한 삼사(포정사布政使, 안찰사按察使, 도지휘사都指揮使)와 함께 일했다. 몸집이 큰 말을 탄 삼사와 작고 왜소한 당나귀를 탄 순안은 보기에도 좋지 않을 뿐더러 체면 또한 서지 않았다. 결국 나중에는 역마驛馬를 타도록 특별히 허가했다(여전히 전용 마차는 없었다).

직급은 '귀천' 뿐 아니라 '친소'를 의미했다. 그래서 서주 봉건시기 공, 후, 백, 자, 남 5등급의 '작위'를 정했을 뿐 아니라, 상나라 제도인 전甸, 후侯, 수綏, 요要, 황荒 등 5등급 '복무'를 인정했다. 수도를 비롯해 그 부근 지방 500리 안쪽은 천자의 근린近隣으로, 농사를 지어 천자를 접대했으며, '전복甸服'이라고 했다. 전의 밖 500리는 천자의 수호지로, 왕실을 호위할 의무가 있었는데, '후복侯服' 또는 '위복衛服'이라고 했다. 후의 밖 500리는 천자가 위로하는 곳으로 빈객에 해당한다 하여, '수복綏服' 또는 '빈복賓服'이라고 했다. 또한 수의 밖 500리는 천자와 동맹을 맺긴 했어도 실제로는 신하에 속하지 않는 조약국이었기 때문에 '요복要服'이라고 했다. 요 외의 500리와 그 너머는 황무지로, 천자의 채찍이 아무리 길어도 미치지 않았기 때문에 형식상 주왕周王이 천하의 주인이라는 상징을 나타내기 위해 '황복荒服'이라고 했다. 앞서 설명한 전복자는 반드시 매일 제수품을 바쳐야 했고, 후복자는 매달,

수복자는 사계절 제수품을 바쳐야 했다. 요복자는 매년 한 차례씩 조공을 바쳐야 했으며, 황복자는 일생에 한 번 알현하는 것으로 족했다. 이를 각각 '일제日祭, 월사月祀, 시향時享, 세공歲貢, 종왕終王'이라고 했다. 거리가 멀수록 소원했으며, 의무 또한 크지 않음을 알 수 있다.

작위는 귀천을 구별했고, 의무는 친소를 결정했으며, 직위는 대우를 구별하고, 오복은 의무를 규정했다. 관직이 클수록 지위가 높고 대우도 좋았으며 천자와도 가까웠다. 이렇듯 관직과 직급은 대체로 일치함을 알 수 있다. 직급이 곧 체면이고 실리였으며, 귀천이면서 친소였는데 어느 누가 마다하고 어떤 자리든 얻으려 하지 않았겠는가.

관본위와의 이별

이 같은 관본위 혹은 등급본위가 과연 좋을까? 물론 매우 좋지 않다.

'본위'란 바로 가치 표준이다. 따라서 무엇을 본위로 하는가는 바로 '무엇을 가치 표준으로 하는가'와 직결된다. 우리는 어떤 사람, 어떤 일, 어떤 대상을 평가할 때, 일정한 틀 안에서 모두 한 가지로 표준을 삼는다. 인식의 영역에서 표준은 과학 혹은 진리이다. 또한 실천은 진리를 검증하는 유일한 표준이다. 마찬가지로 어떤 사람이 유죄인지 무죄인지, 죄가 큰지 작은지, 중형重刑인지 경형輕刑인지를 정하는 표준도 하나 밖에 없는데, 그것이 바로 법률이다. 그러나 '관본위'가 개입하면서 유일한 표준은 이중으로 바뀌게 되었다. 이를테면 어떤 사람의 죄를 판정함에 있어 그가 관리인지 아닌지를 보거나, 관리들이 이에 대해 어떤 견해와 의견을 갖고 있는지를 고려하게 된다는 것이다. 이러한 경우 법정은 공정하기 어렵고, 법제는 건전할 수 없다. 더 큰 문제는 '관본위'가 원래의 표준을 대신할 수 있다는 것이다. 어떤 정책이나 이론이 이미 실천을 통해 비과학적임이 입증됐는데, 고위관리가 그것이 옳다고 단독으로 결정하거나 의견을 제시하였기 때문에 계속 실행된다면 국가경제와 국민생활에까지 해가 미치는 것은 말하지 않아도 알 수 있다. 실제로 '관직' 이 '본위' 가 되어 버리자, 세상에는 관리이냐 백성이냐, 관직이 높은가 그렇지 않은가 하는 한 가지 표준만 남게 됐다. 관리와 백성 사이에 의견 대립이 있으면, 관리는 무조건 옳고 백성은 틀렸다. 또한 더 높은 관리가 그 하위관리의 의견을 부결하더라도, 하위관리는 인정할 수밖에 없었다. 과거에 많은 사건들이 '고소장' 을 통해 황제에게 최후의 중재를 요청했던 이유가 바로 여기에 있다. 이런 상황에서 감히 과학이니 민주니 법치니 하는 것을 주장할 수 없고, '진리 혹은 법 앞에 만인이 평등하다' 는 것 또한 근본적으로 논할 수 없다.

'관본위' 는 백성을 해치고 관리를 해친다. 하급관리만 해치는 것이 아니라 고위관리도 해친다. '관본위' 의 논리에 의해 하급관리는 항상 고위관리만큼 지혜롭고 정확하지 못하며, 항상 실수를 면할 수 없다. 이런 상황에서 하급관리들이 어떻게 적극적이고 자발적으로 일할 수 있겠는가? 그들은 적당히 섞여 있다가 어떻게 하면 위로 올라갈까만 궁리할 것이다. 그 결과, 능력이 있는 사람도 능력을 잃게 되고, 올바른 사람도 더 이상 바르지 않게 된다. 그렇다면 고관들 또한 늘 정확하다면 좋지 않을까? 이 또한 좋은 영향을 주지 않는다. 아랫사람의 잘못이 분명한데도 윗사람이 모든 책임을 떠맡아야 한다. '뛰어난 지도자' 밑에서 발생한 것이기 때문에 '뛰어난 지도자' 가 책임을 져야 옳다는 것이다. 또한 관리들, 특히 고관은 잘못을 범해서는 안 된다. 그래서 어떤 고관이 불행하게도 정치투쟁 중에 떨어지는 낙엽이 된다면, 모든 잘못의 희생양이 될 가능성이 아주 크다.

물론 진정한 수혜자는 국가와 민족이다. 국가의 강성, 민족의 흥기, 사회의 진보는 과학의 진보, 정치의 번영, 도덕의 완전함, 법제의 건전함에 달려 있다. 아니, 다른 무엇보다 전 민족의 자질에 달려 있다. 하지만 '관본위'는 무엇을 가져왔는가? 다름 아닌 사상의 평범화, 정치의 부패, 도덕의 추락, 법치의 파괴 및 전 민족 자질의 하락이다. 그 원인은 가치체계가 파괴되고 혼란스러워졌기 때문이다. 관리만 되면 무조건 진리가 존재하고, 학식 있고, 수준이 높은데 무슨 과학을 말할 수 있겠는가? 아무리 고생해도 좋은 결과를 얻지 못한다면, 누가 과학 연구를 하려고 하겠는가? 진리가 항상 관리들에게 있다면, 앵무새처럼 문건을 따라 읽고 구호만 외치면 될 일이다. 그렇게 시간이 흐르다 보면 자연스럽게 사상은 평범해지고, 사유는 굼뜨며, 영감은 고갈된다. 마찬가지로, 무엇이든 관리가 말하면 그만이라는 식이라면, 민주적일 필요도 없다. 민주적 정책 결정과 민주적 감독이 없으면, 정치는 어쩔 수 없이 갈수록 어두워지고 부패하게 된다. '본위'와 '관위'가 이미 하나이므로 관직의 유지와 승진이 유일하게 추구하는 목적이 되어 다른 것을 돌아볼 여유가 없기 때문이다. 관직을 유지하고 승진하기 위해서는 처음에는 솔직한 주장을 못하다가 점점 겉과 속이 달라져 심지어 웃음 속에 칼을 품게 되는 것이다. 처음에는 잘못을 교묘히 감추었지만 점점 허위보고를 하거나 심지어 서로 속고 속이게 된다. 또한 처음에는 서로 시기하고 질투할 뿐이지만, 점차 권력다툼에 친구를 팔아 출세하거나, 서로 기만 혹은 배척하거나, 알력을 일으키거나, 우물에 빠진 사람에게 돌을 던지거나, 남을 이용해 사람을 해치거나, 정적에게 해를 입히기 위해 온갖 극적인 수단을 쓰게 되어 도덕적인 추락을 하게 될 것이다. 법치 건설에서는 말할 것도 없다. '관본위' 체제하에서라면 관리에게는 형을 가하지 않고, 백성에게는 예의를 갖추지 않는데 무슨 법을 말할 수 있겠는가? 법치가 없으면 도덕도 없다. 남는 것은 권모술수와 음모뿐이다. 권모술수와 음모만 있는 사회에서 전 민족의 자질 향상 또한 빈말에 불과하다.

그렇다고 절대 현실이 그렇다는 것은 아니다. 또한 앞으로 '관리'가 되지 말자는 말도 아니다. 국가와 사회를 관리하기 위해 '관직'은 절대로 없어서는 안 된다. 단지 '본위'가 되어서는 안 된다. 현대사회의 관리들은 공무원이며, '공무를 집행하는 사람'을 뜻한다. 여기서 공무란 대중이 그에게 집행하라고 위탁한 것이다. 따라서 대중의 이익과 의지가 본위가 되어야지, 자신의 직함이 본위가 되어서는 안 된다. 물론 공무원에게도 권력은 필요하다. 하지만 이 권력 또한 대중이 그에게 공무를 집행하도록 부여한 것이다. 따라서 대중의 이익과 의지를 대표해 공무를 집행할 때에만 권력을 행사해야 하는 것이다. 이밖에 어떤 '특권'도 있어서는 안 된다. 다시 말해, 관리와 백성, 공무원과 비공무원은 한 개인으로서 인격적으로 평등하며, 권력과 의무 또한 동등하다. 평등해야 민주와 법치가 있고, 평등해야 과학과 도덕이 있다. 그러기 위해서는 반드시 '관본위'를 폐지해야 한다.

1) 부자父子, 형제兄弟, 숙질叔姪의 죄로 무고하게 처벌을 당하는 일.

2) 중국의 철학자, 사회 운동가(1893~1988). 1924년에 산둥 성에서 중국 문화를 옹호하고 부흥하기 위해 향촌 건설 운동을 시작한 이후, 줄곧 이 운동에 전념했다. 저서로《동서 문화와 그 철학》이 있다.

3) 초대소는 숙박 시설로, 우리나라의 여관에 해당된다.

4) 저자주 ── 다섯 등급의 상복으로, 죽은 사람과의 관계에 따라 상복의 종류, 입는 기간에 차이가 있었다. '오복'에서 가장 중요한 것은 '참최'다. 상복은 윗옷을 '최衰'라 하고, 하의를 '상裳'이라고 했다. 참최는 가장 거친 생마포 참포로 만든 것으로, 바느질을 하지 않았다. 친족 중에 아들이 아버지를 위해, 아버지는 장자를 위해, 적자가 아버지를 위해, 결혼하지 않는 딸이 아버지를 위해, 아내가 남편을 위해 입었으며(제후는 천자를 위해서, 신하는 군주를 위해서 입었으며, 이는 군주를 아버지의 예로 행해야 한다고 본 것이다), 상복을 입는 기간은 삼 년(실제로는 25개월)이었다.
'제최'는 그 다음으로 중요하다. 거칠게 익힌 마포를 이용해 만들어 가장자리를 가지런히 박은 상복이다. '제최'는 4등급으로 나뉘는데, 아버지가 이미 돌아가신 후 아들이 어머니를 위해서, 어머니가 장자를 위해서 입었을 때로, 상복을 입는 기간은 삼 년이었다. 아버지가 건재할 때는 아들이 어머니를 위해, 남편이 아내를 위해 입었을 때이며, 상복을 입는 기간은 일 년이었다. 또 지팡이를 짚었는데, 제최장기라 했다. 손자, 손녀가 조부모를 위해 입었을 때로, 상복을 입는 기간은 일 년이었다. 이때는 지팡이를 짚지 않았는데, '제최불장기齊衰不杖期'라고 했다. 마지막으로 증조부모를 위해 입었을 때로, 상복을 입는 기간은 5개월이었다.
'대공大功'은 그 다음으로, 제최보다는 덜 거친 숙마포를 이용해 만들었다. 상복을 입는 기간은 9개월이었으며, 당형제 및 결혼하지 않은 당자매, 이미 결혼한 자매와 고모를 위해 입었다. 또 이미 결혼한 딸이 백숙부, 형제, 남편의 조부모를 위해 입었으며, 시어머니가 적자의 아내를 위해 입었다.
'소공小功'은 그 다음으로, 비교적 가는 숙마포로 만들었으며, 상복을 입는 기간은 5개월이었다. 본래는 증조부모, 백숙조부모, 당숙백부모, 결혼하지 않은 누나와 당고모, 이미 결혼한 당제매, 형제 처, 종당형제와 결혼하지 않은 종당 자매를 위해 입었다. 또 외친이 외소부모, 어머니의 남자 형제, 이모 등을 위해 입었다.

'시마'는 가장 가벼운 것으로, 아주 가는 숙마포로 만들었다. 상복을 입는 기간은 3개월로, 본래는 고조부모, 증백숙조부모, 족族숙백부모, 족형제 및 미혼 자매, 외손, 생질, 사위, 장인·장모 등을 위해 입었다.

5) 포증(999~1062)은 중국 송나라 때의 고관이다. 포증은 흔히 포청천包靑天으로 많이 알려져 있다.

6) 중국 후한 말기의 무장(?~198). 자는 봉선奉先. 처음에는 병주자사幷州刺史 정원丁原의 수하에 있다가 그를 죽이고 동탁董卓에게 귀순했으나, 나중에는 동탁마저 죽였다. 후에 원술袁術과 결탁하여 유비를 공격하려 했지만, 오히려 조조에게 붙잡혀 살해당했다.

7) 중국 삼국 시대 오나라의 명신名臣(175~210). 문무文武에 능했으며, 유비의 청으로 제갈공명과 함께 조조의 위나라 군사를 적벽赤壁에서 크게 무찔렀다.

8) 나무나 쇠를 이용하여 90도 각도로 만든 'ㄱ'자 모양의 자.

9) 청대에 특정한 중대 사건을 처리하기 위해 황제를 대리하여 파견된 관리.

제7장 결혼과 연애

사랑 없는 결혼

사랑 없는 결혼

가정은 결혼이라는 기초 위에 만들어진다.

중국에서 결혼은 '인륜지대사'라고 한다. 사실 중국인에게 '대사大事'는 그다지 많지 않다. 나라의 대사로는 '제사'와 '전쟁'이 있고, 가정의 대사로는 '결혼'과 '장례'가 있다. 상대적으로 '결혼'이 '장례'보다 중요한데, 남녀의 결합, 가정의 수립, 혈통의 계승, 혈연의 확대가 모두 결혼에서 시작되기 때문이다. 한 사람이 정식으로 성인이 되는 것에서 결혼은 시작되며, 따라서 '대사'이고, '인생의 대사'다.

그러나 '인륜지대사'라 해도 평생을 약속한 본인들과는 정작 아무 관계가 없는 것 같다. 우선 한 사람이 결혼을 하고 안 하고, 언제 결혼하고, 누구와 결혼하는지를 스스로 결정하거나 선택하지 않는다. 일반적으로 중매인이 남녀 당사자 대신 상대를 찾고, 부모가 마음에 들어 하면 혼사가 성사된다. 특별한 경우에는 상징적으로나마 잠시 여성의 의견을 묻기도 하지만, 돌아오는 대답은 대개 '모두 아버지의 결정에 따르는' 식이다. 그래야 부모 역시 흡족해하며 칭찬한다. 한 사람의

'인륜지대사'가 이렇게 결정되어 버린다.

그 후 이어지는 것은, 납채納采, 문명問名, 납길納吉, 납정納征, 택길擇吉, 친영親迎 등 육례六禮[1]라고 하는 장중하고 진지하며 엄숙하고 번거로운 결혼 절차이다. 선택과 결정 모두 다른 사람이 했으니, 이런 과정도 당사자 자신이 전혀 마음 쓸 필요가 없다. 당사자가 하는 일은 가마에 오르고, 신랑을 맞고, 천지신명께 인사하고, 신방에 들어가는 마지막 절차 몇 가지뿐이다. 다른 사람이 대신할 수 없으니 당사자 자신이 할 수밖에 없다. 그러나 자기가 한다 해도 꼭두각시처럼 형식대로 행할 뿐이다. 상황이 이러하니 결혼이 도대체 누구의 일인지 의구심이 들지 않을 수 없다.

중국 전통사회에서 결혼은 줄곧 당사자들의 일이 아닌, 그들 가족의 일이었다. 《예기》의 말을 인용하면, '남녀가 서로 만나 위로는 종묘를 섬기고, 아래로는 대를 잇는다'라고 했다. 다시 말해, 결혼의 목적이란 첫째는 남녀 가족이 '친척의 인연'을 맺는 것이며, 둘째는 남자 쪽 가족을 위해 '혈통'을 계승하는, '인연 맺기'와 '혈통 계승' 두 가지뿐이다. 인연을 맺는 것도, 혈통 계승도 모두 가족의 일이지, 개인의 일이 아니다. 개인의 일이 아니므로 당사자는 걱정이나 참견할 필요가 없는 것이다. 절대적으로 '부모의 허락, 중매쟁이의 말'에 따라 처리하면 될 일이다.

결혼이 이러하니, 당연히 사랑이 있을 수 없다. 하지만 '사랑 없는 결혼'이라고 해서 중국 전통사회의 부부들이 감정이 없다는 것은 아니다. 문제는 이런 감정을 사랑이라고 말하기 어렵다는 것이다. 설령 사랑이 있다고 해도 부부생활에서 가장 중요한 것으로 삼지 않았다. 왜냐하면 사랑이 결혼의 목적이 아니기 때문에 자연히 결혼의 성립과 유지를 위한 원인 또한 될 수 없었다.

중국 고대에는 이혼을 허락하는 '칠출七出' 과 이혼을 허락하지 않는 '삼불출三不出' 의 규정이 있었다. 이른바 '칠출' 이란 아들을 낳지 못하거나, 음탕하거나, 시부모를 잘 모시지 못하거나, 말다툼을 하거나, 도둑질을 하거나, 시기하거나, 난치병에 걸리는 것으로, 일곱 가지 중 어느 하나에 해당하면 이혼의 사유가 됐다. '삼불출' 은 아내가 갈 곳이 없다거나, 삼년상을 함께 치렀다거나, 과거 가난하고 천한 신분이었다가 출세한 경우로, 이런 경우에는 처를 버릴 수 없었다. 하지만 칠출이든 삼불출이든 애정에 관한 조항은 단 한 가지도 없다.

결국, 중국 전통사회에서 결혼의 목적은 아주 분명하다. 첫째는 의무를 다하는 것, 즉 '남자는 어른이 되면 아내를 얻고, 여자는 어른이 되면 시집을 가야 한다' 라는 것이다. 둘째는 친척의 인연을 맺는 것, 즉 '두 성姓의 결합' 이다. 셋째는 혈통을 잇는 것, 즉 '자녀양육' 이다. 넷째는 생활하는 것, 즉 '남자는 아내가 없으면 집에 주인이 없는 것이고, 여자는 남편이 없으면 집에 대들보가 없는 것' 이다. 한 남자와 한 여자에게 애정이 있는지 없는지, 심지어 이전에 알고 지냈는지 몰랐는지는 모두 중요하지 않았다. 엇비슷한 두 집안이 중매쟁이의 보증을 거쳐 결합하고, 서로 돕고 의지하며 단결하고 협조하여 가업을 세우면 모범가정이라고 할 수 있었다. 설사 모범적이지 않더라도 사이좋게 지내며 싸우지만 않으면 되었다. 사회든 개인이든 가장 중요한 것은 여자는 결혼을 해야 하고, 남자는 홀아비로 살지 않아야 한다는 사실뿐이었다.

성性이 결여된 사랑

결혼이 이러하므로 사랑뿐 아니라 성도 없었다.

물론 '사랑 없는 결혼'이라고 해서 부부 사이에 감정이 전혀 없는 게 아닌 것처럼, '성 없는 사랑' 역시 부부지간에 성생활을 하지 않는다는 것은 아니다. 단지 그 목적이 성에 있지 않고 양육, 즉 아이를 낳아 기르는 것에 있다는 것이다. 어머니가 아들에게 빨리 결혼하라고 종용하는 이유도 '손자를 안아보고 싶어서'이며, '남자들이 좋아하는 용모'라는 것은 대부분 중매쟁이의 추천 상대에 대한 최대의 포장과 변명이다. 심지어 어떤 사람이 첩을 보는 핑계로, '아내가 아들을 낳지 못해서'라는 경우도 있다. 어쨌든 중국 전통사회에서 성적 욕구에 따른 필요성은 밖으로 드러낼 수 없었다. 설사 있다 해도 출산의 깃발을 올려야만 합법화될 수 있었다.

사실, 많은 부부의 성생활은 확실히 성이라는 게 존재하지 않았다. 전희나 쾌감은 없고 정해진 순서에 따라 일을 치르거나 욕구를 발산할 뿐이었다. 심하게 말하면 강간 혹은 자위와 별 차이가 없었다. 중국의 전통적 결혼에서 진정한 '성적 쾌감'을 느끼는 부부가 얼마나 되는지는 누구도 말하기 어렵다. 당연히 통계 수치가 있을 리 없기 때문이다. 혹여 알아내더라도 어찌할 도리가 없다. 결혼은 양육과 관계가 있을 뿐, 성하고는 관계가 없기 때문이다. 따라서 '성생활이 원만하지 못하다'라고 하는 것은 이혼의 '정당한 사유'가 될 수 없었다. 반대로 남녀의 '성적 무관심'과 '성 불능'은 때때로 '색을 밝히지 않는다거나', '음탕하지 않다'며 칭찬을 받았다. 강호의 호걸들은 대부분 여색에 관심이 없거나, 여색의 수단이 되지 않았다. 반대로 성욕이 강하고, 이 방면에 밝은 사람은 서문경 같은 불량배나 혹은 반금련 같은 창부였다.

결국 중국 전통결혼에서 선택의 표준에는 사랑도, 성도 없었다. 반듯한 남자라면 '여자가 정숙한지'를 우선적으로 고려했고, 그 다음이

'남자의 마음에 드는지'였다. 여자 쪽에서는 '남자가 의지할 만한가', 그 다음으로 '부유(적어도 집을 부양할 능력이 있어야 한다)한가'를 고려했다. 남녀의 성적인 끌림은 고려 대상이 아니었다. 중국에서는 아름답고 섹시한 여인을 '요물妖物'이라 불렀는데, 대부분 재난, 요괴, 요사, 여우꼬리 같은 말과 동의어로, 당연히 좋지 않은 의미였다. 마찬가지로 젊은 남자가 풍류를 알고 소탈하며 여색을 밝히면 '강간범'이나 '방탕한 사람'으로, 어쨌든 좋은 신랑감이 아니었다. 이런 논리에 근거하여 가장 좋은 것은 방정하고 완고한 남자, 소박하고 냉담한 여자 혹은 섹시하지 않은 여자, 매력 없는 남자였다. 즉 아이를 낳는 일 외에는 다른 성적 필요가 없는 것이 바로 모범부부였다.

정이 깊고, 사이가 돈독하며, 사랑이 충만한 부부가 전혀 없었던 것은 아니다. 하지만 절대 보편적이거나 필연적인 것은 아니었으며, 대부분 주어진 운에 따랐다. 많은 부부들의 성에 대한 태도는 결혼에 대한 태도처럼 관습을 받아들이고 현실을 인정하는 것이었다. 스스로에게 다른 선택은 없으니 해야 할 일을 할 뿐이었다. 어쨌든 남편에게 아내가 있는 것이 없는 것보다는 나았다. 아내 쪽에서도 여자는 출가하면 남편을 따라야 했으므로 기왕 '그의 사람'이 됐다면 그를 따르는 것이 좋았다. 이렇게 애정을 빼고 성을 빼고 남는 것은 욕구뿐이었다. 이 욕구 또한 단지 '대를 잇기' 위한 것이었다.

이는 사람을 동물의 수준으로 평가 절하시켰다. 동물적인 성관계만이 출산을 목적으로 하기 때문이다. 야생동물이라도 성관계 전에 최소한 성적인 유혹과 선택을 한다. 그러나 중국의 전통결혼에서는 얼굴조차 본 적이 없는 두 사람을 억지로 한데 붙여놓고 '마치 두 짐승이 주인의 명령을 따르듯 함께 잘 살아보라'[2]고 하니, 어찌 보면 짐승만도 못하다 할 수 있다.

더 끔찍한 것은 이런 남녀관계가 가장 '정당'하고 '도덕적'으로 인정되었다는 사실이다. 과연 이런 '도덕'이 실제로 도덕적인지 아니면 부도덕한 것인지 의심하지 않을 수 없게 만든다. 물론 많은 이들이 이런 야만적 결혼에 반발했다. 따라서 중국인이 과학, 민주, 자유, 평등의 관념을 갖기 시작하면서부터 가장 첫 번째로 결혼의 자유를 추구하기 시작했다. 중국에서 진정한 신시대의 도래는 황제 타도에서 시작됐을 뿐 아니라, 독단적인 결혼을 폐지하고, 자유연애와 남녀평등을 주장하는 데서 시작되었다고 할 수 있다.

외도

결혼은 인연 맺는 것을 목적으로 했기 때문에 사랑이 필요하지 않았고, 또한 혈통 계승을 목적으로 했기 때문에 성이 필요하지 않았다. 그래서 사랑을 얻거나 성적인 만족을 얻으려면 밖에서 희망을 걸 수밖에 없었다. 일반적으로 남자만이 이런 권력과 가능성이 있었다.

첫 번째 방법은 첩을 두는 것이다. 첩을 두는 것이 과연 혼내婚內일까, 혼외婚外일까? 첩은 기녀와는 다르다. 기녀는 '누구나 다 남편이 될 수 있지만', 첩은 '한 사람만 섬긴다.' 기녀의 아이는 '사생아'지만, 첩의 아들은 '첩 소생'으로 혼내에 있다. 그러나 처가와 시댁이 친척 간이라면 여기서 첩은 '두 남녀의 결합'이라는 결혼 관계가 없으며, 따라서 혼외다. 어쨌든 처는 혼내, 기녀는 혼외, 첩은 그 둘 사이에 있었으며, 반은 혼내, 반은 혼외라고 할 수 있다.

처는 또 첩과는 다르다. 첩의 경우, 아내를 얻는 것보다 더 자발적이고 자유로이 선택할 수 있기 때문이다. '아내는 덕으로 얻고, 첩은 미

382

색으로 얻는다' 는 말처럼 아내를 얻는 것과 첩을 두는 것은 표준 또한 다르다. 덕은 사람을 공경하면서 멀리하지만, 미색은 사람을 친하고 가깝게 한다. 다시 말해, 아내의 역할은 무수히 많고(현명한 아내, 좋은 엄마, 좋은 며느리, 엄한 어머니), 임무도 많다(남편 보좌, 자녀 교육, 부모에게 효도, 가사 관리). 이런 일들은 모두 쉽지 않은 일로, 모두에게 원망을 사기 쉽고 남편이 좋아하지 않을 수도 있다. 하지만 첩은 남자를 보살피며 생글생글 웃기만 하면 된다. 그래서 아내도 있고 첩도 있는 사람들 대부분은 아내보다 첩을 훨씬 좋아한다.

첩을 들이는 것은 '부모의 명령이나 중매쟁이 말' 을 꼭 들어야 하는 것은 아니었지만, 일반적으로 부모의 허락이 있어야 했다. 계집종과 정을 통하거나 계집종을 첩으로 삼는 것은 전적으로 자기 마음에 달려 있었다. 게다가 노비의 사회적 지위는 아주 낮아서 남자 주인과 갈등이 거의 없었다. 따라서 남자의 태도는 대부분 장난이나 소유, 심지어는 강점이었지만, 이러한 '심심풀이' 외에도 '영원한 사랑' 이 존재할 수 있었다. 사랑은 자발적인 행위로, 외부의 간섭과 통제가 적을수록 사랑의 가능성은 커지기 마련이다.

사랑은 주동적이며 평등해야 한다. 부부는 평등한 것 같지만 일종의 예의적인 관계이며, 개인적인 감정보다는 공적이고, 성적인 사랑보다는 정중함이 컸다. 하지만 남자와 첩은 주인과 하인의 관계였고, 주인과 종은 주인과 노비의 관계로, 모두 평등할 수 없다. 따라서 종은 기녀만 못하다. 술집의 손님과 기녀는 매매관계이기 때문이다. 한쪽은 사기를 원하고 한쪽은 팔기를 원하며, 한손은 돈을 건네고 한손은 물건을 주는 것이 어찌 '평등' 하지 않은가. 누구도 거드름을 피울 필요 없고 폼 잡을 필요가 없으니 어찌 '평등' 하지 않은가. 만약 공교롭게도 한쪽은 풍류객이고 한쪽은 아름다운 창기라면, 한쪽은 재주가 있고 한쪽은 풍류가 있다면, 한쪽은 여색을 좋아하는 사내이고 한쪽은 재색 겸비한 여인이라면, 진짜 사랑에 빠질 수도 있었다. 사실 중국 고대의 무수한 슬프고 아름다운 사랑이야기가 기녀들에게서 나왔으며, 특히 문재文才가 뛰어난 남자와 재주가 뛰어난 기녀들 사이에서 일어나는 일이었다.

계집종을 첩으로 삼으려면 권력이 있어야 하고, 기생을 데리고 노는 데는 돈이 있어야 했다. 권력과 돈이 없는 사람은 '훔칠' 수밖에 없었다. 훔쳐온 것이 어쨌든 사온 것보다는 나았다. 만일 이렇게 훔쳐온 것이 사랑이라면 겪어야 할 위험은 두 사람 공동의 몫이었을까? 당연히 남녀 간의 외도는 사람들의 동경의 대상이었다. 전통사회에서 볼 때, 유일한 자유연애이자 진정한 자유로운 선택이었기 때문이다. 아내를 얻거나, 첩을 두고, 계집종을 들이고, 기녀와 놀아나는 것 등은 모두 몰래 외도하는 것만큼 진실하지 않고, 자극적이지도 않았다. 중국인은 감히 모험을 즐기는 편이 아니며, 도리에 어긋나는 행위도 하지 않는다. 때문에 몰래 외도를 하는 방법으로 조그만 반역을 시도하는 것 또한 일종의 유혹이 아닐 수 없다. 그래서 '기생보다는 몰래 바람을 피우는 것이 낫다'라고 한다.

몰래하는 사랑의 유혹이 모험이라면, 그 불편함도 모험이었다. 따라서 바람을 피우려면 무엇보다 용기가 필요했다. 그런데 이런 '도둑심보'를 갖는 사람이 사실 그렇게 많지는 않다. 많은 사람들은 모두 입으로만 떠벌릴 뿐, 실제로 몰래 바람을 피우는 것보다는 한바탕 수다를 떠는 것을 더 즐겼다. 위험이 없을 뿐더러 마음대로 할 수 있었다. 중국에서 음담패설은 널리 퍼져 있었고, 달리 성역이 있는 것도 아니다. 따라서 그런 도둑심보는 있지만 용기가 없는 남녀들이 음담패설을 즐기는 것은 결국 일종의 해소라 할 수 있다.

부부 사이에 애정이 돈독하고 정이 깊으며 가정에 사랑이 충만하다면, 설사 배우자가 '바람을 피울' 생각이 있다 해도 '아내보다는 첩' 또는 '기생보다는 바람'의 단계까지는 이르지 않는다. 이는 절대로 '오래된 것보다는 새것이 좋다'라거나 '음탕하고 색을 좋아한다'라는 말이 아니다. 사실(중국 전통사회 또는 전통 관념과 전통 방식에 의해 조직된 현대가정을 포함하여) 부부의 감정은 모두 상당히 냉담하고, 낭만적이지도, 달콤하지도 않다. 그래서 개별적으로 화류계를 찾아다니는 것(색기를 밖으로 뿜어냄)을 제외하고는, 부부들이 가슴속의 사랑을 모두 자녀에게 쏟아 부을 수밖에 없는 것이다.

중국에서 자녀가 '문제'가 되는 이유는 아마도 이런 연유 때문일 것이다.

자녀 문제

자녀중심론

중국에서 아이는 가정생활의 중심이다.

앞에서 말했듯이, 구식가정이든 신식가정이든 중국의 많은 가정이
원래 자녀를 낳아 기르고 대를 잇기 위해 만들어졌다. 그래서 중국인의
가정에서 자녀양육은 아주 중요하다. 오늘날까지도 중국의 많은 지역
에는 신혼부부의 침대에 대추, 밤, 연밥, 땅콩을 올려놓는 풍속이 있다.
대추와 밤은 '빨리 자식을 가지라'는 의미이고, 연밥은 '연이어서 자
식을 얻어라'는 의미이며, 땅콩은 '아들딸 다 낳으라'는 의미다. 아들
딸 낳고 자손만대 번영하는 것이 줄곧 '복 있는' 일로 여겨져 왔기 때
문이다. 하지만 가족계획이 중국의 기본정책이 되면서부터 연밥과 땅
콩은 신혼방 침대에서 퇴출됐다. 하나를 낳더라도 어쨌든 아이는 낳아
야 했다. 만약 아이를 낳지 않으면, 그 가정은 문제가 있었다. 그 가정
의 부부가 이혼하지 않더라도 다른 사람들이 이러쿵저러쿵 떠들어대거
나 대신 불임클리닉의 의사를 소개해 주기도 했다. 아주 개방적인 '신
세대'들만이 아이를 원치 않는다고 공공연히 밝혔다. 하지만 그들의

386

결혼 또한 마찬가지로 새로운 유행이 있었다. 동거만 하고 결혼하지 않거나 이혼이 결혼보다 빨랐다.

자녀양육을 위해서 하는 결혼을 바꿔 말하면, 자녀를 위해 결혼하는 것이다. 따라서 자녀가 가정의 중심이 됐다. 과거 중국의 결혼이 예법상 유지될 수 있었다면, 오늘날 소개를 통해 사귀고 이루어진 혼인관계는 상당 부분 자녀 때문에 유지된다. 중국인들은 대부분 아이를 사랑한다. 비록 '마누라는 남의 마누라가 좋다' 라고 하지만, 자식만큼은 자기 자식이 예쁘다. 그래서 처음에는 부부 사이가 좋지 않다가도 아이가 생기고 난 후에 변화가 생기는 경우가 많다. 혹은 부부 사이의 사랑이 깨지면 원래는 이혼해야 마땅하지만, '아이를 생각해서' 어쩔 수 없이 살기도 한다.

자녀는 연결고리일 뿐 아니라 희망이기도 하다. 아들이 훌륭한 사람이 되기를 바라는 것은 중국인들의 보편적인 심리다. 희한하게도 중국인은 노인을 공경하고 아이들은 사랑하면서도, 정작 자기 자신은 소중하게 생각하지 않는다. 이전 세대는 혁혁한 업적을 세웠고, 다음 세대 또한 전도양양하고 무한한 희망이 있다. 이도저도 아닌 것은 자기 자신뿐이다. 그래서 중국인들은 다음 세대로 갈수록 못하다고 한탄하면서도, 한편으로는 끊임없이 다음 세대에게 희망을 건다. 어머니들이 더욱 그렇다. 전통사회에서 여자는 어떤 발전 가능성이라고 할 만한 게 없었기 때문이다. 있다면 좋은 남편에게 시집가서 아들딸 잘 키우고 사는 것뿐이었다. '어머니의 팔자가 자식에게 달려 있다' 라는 원칙에 따라 아들의 미래가 바로 엄마의 희망이었다. 아버지 또한 자녀들이 훌륭한 사람이 되기를 바란다. 자녀가 훌륭한 인재가 되지 못하면 체면이 상하는 일이며, '아버지보다 나은 자식' 은 영예로운 일이었다. 또한 자식을 잘 가르쳐야 하는 책임이 막중했으므로 자식 키우는 데 소홀히 할 수 없었다. 이런 관념은 예나 지금이나 똑같다. 자식을 위해 중국인들은 아까워하지 않고 기꺼이 투자한다. 피아노를 사주고, 가정교사를 붙여주며, 함께 공부하고, 편법을 쓰거나 거금을 내고 자녀를 명문학교에 보내고, 힘이 닿는 한 할 수 있는 모든 것을 해주며, 희생도 마다하지 않는다. 자녀는 종종 부모의 모든 것이 되며, 어떤 이는 자식을 위해 살기도 한다.

잘못된 사랑

여기서 발생하는 문제가 바로 '잘못된 사랑' 이다.

가장 전형적인 '잘못된 사랑' 은 '지나친 사랑' 이다. 지나친 사랑의 문제는 경전이나 고사를 인용할 필요도 없다. 우리 주변에 생생한 사례가 차고 넘친다. 그 본질을 들여다보면 예외 없이 '자녀지상론' 이나 '자녀중심론' 이 있다. 자식을 부모의 '생명의 끈', '가장 사랑하는 사람' 으로 여겨 손에 들면 떨어뜨릴까, 입에 넣으면 없어질까, 밖에 나가면 잃어버릴까, 집에 두면 도둑맞을까 늘 노심초사 한다. 합리적이든 말든 자식의 요구에 복종하며, 자식의 기분을 살핀다. 자식의 요구를 만족시키기 위해 생명의 위협도 아랑곳하지 않는다. 자식이 먹고 마시고 싸고 자는 것 모두 부모가 책임지며, 학교 청소나 숙제까지도 부모가 대신하기도 한다. 자식의 결점과 잘못에 대해 비판하고 바로 잡으려하지 않고, '아직 어리다' 는 이유로 대충 넘겨버린다. 심지어 공공연히 감싸고돌면서 사회에서 교육하고 처벌하는 것도 못하게 한다. 그 결과, 자녀들은 '어린 황제' 가 되고, 부모는 물론 조부모, 외조부모까지 '노예' 가 되어버린다.

388

더 안타까운 것은, 부모의 지나친 사랑을 자식들이 감사히 여기지 않는다는 사실이다. 그들은 일단 성인이 되고 나면 부모 보기를 원수 보듯 한다. 사실 자녀는 가정 구성원의 하나일 뿐, 모두 평등해야 한다. '중심'이 된다는 것은 당연히 잘못된 것이다.

또 다른 모습의 '잘못된 사랑'은 '비뚤어진 사랑'이다. 이는 '사랑'은 하지만 '난폭'과 '학대'로 표현되는 것이다. 즉 '지나친 사랑'의 결과가 '원수를 키우는' 반면, '비뚤어진 사랑'은 먼저 자식을 원수로 생각한다. 그래서 입만 열면 욕을 하고, 손만 뻗었다 하면 때리고, 걸핏하면 몽둥이를 들이대며, 벌을 세우고, 무릎을 꿇리고, 굶기면서 '때려야 사람 된다'라는 그럴듯한 변명을 늘어놓는다. 오늘날까지도 아이의 학교 성적이 마음에 들지 않는다고 부모에게 끔찍하게 맞아죽는 참극이 벌어지곤 한다. 폭력과 학대라고는 하지만, 모두 사랑에서 비롯된 것이다. 그래서 '비뚤어진 사랑'이라고 할 수 밖에 없다. 물론 이런 '사랑'은 증오의 씨앗을 심고, 적대감만 조성할 뿐이다.

더욱 걱정되는 것은, '자식을 도둑 지키듯 지킨다'라는 관념이 상당히 보편적이라는 점이다. 많은 부모들이 꼭 때리는 것은 아니지만, 정신적으로 시도 때도 없이 자녀를 감시하거나, 심지어는 직접 나서서 자녀의 행위에 참견하고, 간섭하며, 프라이버시를 침해한다. 이런 행위는 무력을 행사하거나 일신상 해를 가하는 것이 아니기 때문에 그다지 사회의 주목을 받지 않는다. 때로는 사회적으로 용납되거나 장려되기도 하는데, 때문에 문제가 더 커질 수 있다. 사실 자녀의 마음에 가한 상처는 육체에 가한 상처 못지않다. 육체의 상처는 치명적이지 않다면 치유될 수 있지만, 마음의 상처는 어쩌면 영원히 치유되지 않을 수 있다. 자기 부모에게서도 신임을 얻지 못하는데, 어떻게 사회에서 다른 사람의 신임을 얻기를 바랄 수 있을까. 결국 어려서부터 부모에게 신임을 얻지 못한 사람은 부모가 된 후에 자기 자식 또한 신임하지 못하게 된다.

지나친 사랑과 비뚤어진 사랑에서 볼 수 있는 공통적인 특징은 잘못된 형식과 불평등한 내용이다. 전자는 자녀를 '황제'로 만들었고, 후자는 자녀를 '원수'로 만들었다. 이런 '불평등'한 관념이 두 번째 문제인 '잘못된 교육'을 야기시킨다.

잘못된 교육

잘못된 교육은 문제가 너무 많아 이루 다 말하기 어렵다. 그중에서도 가장 핵심적이고 관건이라고 할 수 있는 것은 교육자와 피교육자 간의 '불평등'이다. 부모, 스승, 어른들은 '진리의 화신'으로, 그들이 하는 말은 자녀와 학생들 모두 무조건 전부 받아들여야 한다. 질문이 있으면, '불경不敬'한 것이고, 의견을 교환하는 것은 곧 '말대답'이다. 일단 이런 상황이 발생하면, 문제는 즉각 '전이轉移'를 발생시키는데, '부모, 스승의 말이 정확한가, 그렇지 않은가'에서 '자녀, 학생의 태도가 단정한가, 그렇지 않은가'로 바뀐다. 그리하여 자연스럽게 '태도의 정숙'만 강조될 뿐, '진리의 탐구'는 영원히 기약할 수 없는 일이 되고 만다. 이런 교육 상황에서 진리를 사랑하고, 진리를 추구하며, 진리를 위해 헌신할 수 있는 과학 인재를 양성해 낼 수 있다면 정말 놀라운 일이 아닐 수 없다.

여기에는 풀리지 않는 '매듭'이 있다. 그것은 중국에서는 이른바 '교육'이란 '사람이 되는 것'을 배우는 것이지, 단순히 지식, 기능, 능력 등을 배우는 것이 아니라는 점이다. 다시 말해, 윤리교육이 모든 것을 압도하는데, 윤리교육의 주요 내용 중 한 가지가 '장유유서, 귀천의 구별'이다. 중국 문화의 '지식과 실천의 통일'이라는 정신에 따라 이런 윤리원칙은 반드시 부모와 스승에 의해 '솔선수범' 돼야 하며, '말보다 행동으로 가르치는 것이 낫다'라고 한다. 그래서 교육자로서, 또한 '모범'으로서 부모와 스승은 '부모의 존엄'과 '스승의 존엄'을 강조하지 않을 수 없다. 만약 강조하지 않으면, 자신의 행위가 윤리원칙에 어긋나고, 자기를 부정하는 것과도 같았다.

진리가 '진리'인 까닭은, 인간의 의지에 의해 바뀌지 않으며, 인간의 신분이나 지위에 의해 바뀌지 않는 데 있다. 따라서 모든 사람들은 진리 앞에서 평등하다. 중국 윤리의 '이치'가 '불평등' 관계로 보호돼야 한다면, 그 '이치'라는 것이 '진리'인지 아닌지 의심할 수밖에 없다.

마찬가지로, 그런 불평등한 사랑이 '진정한 사랑'인지 아닌지 의심하게 된다. 진정한 사랑은 반드시 마음에서 우러나오는 것이어야 하며, '사심 없는' 것이어야 한다. 중국 부모들의 자녀에 대한 사랑이 마음에서 우러나온 게 아니라고 한다면, 이는 거짓이다. 이런 사랑이 모두 이기적인 것이라면, 이 역시 공평하지 않고 타당하지 않다. 사실 많은 부모들이 자녀를 양육할 때 모두 고생을 참고 견딜 뿐 아니라 상당한 희생을 치른다. 그러나 이런 부모들도 자녀가 말대답을 하거나 말을 듣지 않으면 대부분 그 자리에서 버럭 화를 내고, 돌아서서는 매우 상심한다. 다시 말해, 그들은 자신의 모든 것을 희생할 수 있지만, 유독 자기 체면만큼은 희생하지 못한다. 자기의 모든 것을 줄 수 있지만, 자식에 대한 점유권과 통제권까지 넘기지는 못한다. 이런 통제와 점유가 종종 '사랑'으로 이해되고 간주된다. 따라서 일단 그러한 희생이 거절당하면, 자신이 보인 '선의의 발로發露'가 '시시껄렁한 것'으로 간주됐다 여겨 상처를 받는다. 심지어는 자신이 "양심 없는 놈을 키웠다"고 후회하기도 한다. 그렇다면 이런 '사랑'을 결코 '사심이 없다'라고 할 수 있을까?

사실 중국의 부모들은 무의식적으로 자녀를 사유재산처럼 생각한다. 좀 더 신랄하게 말하면, 어떤 사람은 실제로 자녀를 애완동물처럼 여기고, 또 어떤 사람은 자녀를 '도박'으로 생각하기도 한다. 자녀를 애완동물처럼 생각하는 사람은 지나치게 사랑을 주다가 자녀가 말대꾸라도 하게 되면 즉각 얼굴색을 바꾼다. 자녀를 도박으로 생각하는 사람은 훌륭한 인재가 되지 못할까봐 전전긍긍한다. 자식이 인재가 되지 못하면 자신의 희생에 대한 대가도 없기 때문이다. 그래서 '선의의 발로'는 이내 '가슴 가득한 증오'로 바뀌며, 비현실적인 기대와 희망은 자녀에게 견디기 어려운 심리적 압박이 된다. 잘못된 사랑의 원인이 종종 여기에 있다.

그러나 이런 이유로 중국의 부모가 모두 매우 '이기적'이라고 단정한다면, 이 또한 올바른 판단은 아니다. 중국 문화에는 '공사를 구분하지 않는' 특징이 있기 때문에 여기에서도 '이기적인가', '사심은 없는가'를 말하기 어렵다. 다만 간섭과 구속을 사랑으로 여기는 생각과 태도는 잘못된 사랑이라고 해야 옳다. 중국 문화의 여러 가지 특색, 종속관계, 체면, 양심, 인정에 대한 보답, 장유유서, 귀천의 차별 등은 모두 '무의식의 문화'가 되어 작은 문제에서도('말대답'처럼) 자신도 모르게 드러날 수 있다. 따라서 현재 나타나는 아동과 청소년들의 문제가 대부분 가정과 학교 교육의 실패에 따른 것이라고 한다면, 중국 교육의 실패는 중국 문화의 실패로 돌리지 않을 수 없다.

노총각과 노처녀

'노총각, 노처녀' 문제

중국의 부모들이 자녀에 관해 가장 관심을 갖는 것은 교육, 직업, 결혼 세 가지 문제다.

첫 번째, 교육문제는 가장 기본이다. 만약 교육문제를 잘 해결하지 못하면 학력과 졸업장이 없고, 전공 선택을 잘못하면 단위와 결혼상대를 찾기 어렵기 때문이다. 그래서 일단 고등학생이 되면 학부모들은 모두 자녀 문제로 전전긍긍한다. 심지어는 초등학교 때부터 바빠지기 시작한다. 좋은 초등학교를 가야 명문 상급학교에 진학할 수 있고, 좋은 대학에 갈 희망이 있기 때문이다.

두 번째, 직장문제가 가장 관심사이다. 직장문제를 잘 해결하지 못하면, 이전의 노력이 모두 헛수고가 되며, 미래에 대한 희망 또한 물거품이 되기 때문이다. 그래서 요령 있는 학부모들은 종종 자녀가 졸업하기도 전에 미리 준비한다. 달리 방법이 없는 학부모들은 대부분 자녀와 함께 인기학과를 고르고, 좋은 직업을 선택한다.

세 번째, 결혼문제가 가장 골치 아프다. 앞의 두 가지가 어떤 것을 선택하느냐에 대한 문제라면(학교나 전공), 이것은 어떤 사람을 선택하느냐에 대한 문제다. 딸이 마음에 드는 남자와 결혼하지 못하거나, 아들이 맘에 드는 여자와 결혼하지 못하는 것은, 자녀뿐만 아니라 부모도 마음 편치 못한 일이다. 결혼 상대를 찾지 못하는 것도 골치 아프다. 앞의 두 가지 문제는 그래도 해결할 방법이 있지만, 이 문제는 도저히 어쩔 수 없다. 생각한다고 해결되는 것도 아니며, 그렇다고 생각하지 않을 수도 없다. 더욱이 앞의 두 가지 문제가 해결되고 나면, 세 번째 문제는 갑자기 등장한다. 자녀들이 일단 '노처녀, 노총각'이 되면 문제는 더욱 심각해진다.

결혼이란 원래 어려운 일이다. 게다가 노총각, 노처녀의 결혼은 더더욱 어렵다.

이른바 '노총각, 노처녀'란 결혼적령기가 지났으나 아직 결혼하지 못하고, 심지어 결혼상대조차 없는 '과년한 청춘남녀'를 가리킨다. 여기에서 '과년하다'는 것은 결혼적령기를 초과했음을 뜻한다. 결혼적령기에 대해서는 구체적인 숫자, 즉 법적으로 명확한 한계는 없고, 사회적으로 인정하는 모호한 표현만 있을 뿐이다. 대체로 고대사회에서 남자는 30세, 여자는 20세가 넘었는데 아직 배필이 없거나 정혼하지 않은 것을 '적령기가 넘었다'라고 했다. 이 때문에 "나이 서른에 결혼하지 않았으면, 결혼할 수 없고, 나이 마흔에 벼슬을 얻지 못했으면 벼슬할 수 없다"라는 말이 등장했다. 현대에 와서야 나이 제한이 조금 늘어나, 대략 남자는 35세, 여자는 28세가 넘었는데 결혼 상대가 없으면 '노총각, 노처녀'라고 본다.

이런 의미에서 '노총각, 노처녀'는 어느 나라, 어느 민족에게나 다 있기 마련이다. 어떤 사람이 '노총각, 노처녀'가 되는 데는 실제로 아주 수많은 복잡한 원인이 있기 때문이다. 마음에 드는 반려자를 찾기 어려웠을 수도 있고, 경제적 조건이나 가정 형편이 허락하지 않았을 수도 있고, 일을 위해 개인생활을 희생했거나 근본적으로 결혼할 의지가 없어서 독신을 결심했을 수도 있다. 또한 원인이 한 가지가 아니라, 여러 가지 원인이 '문제'가 됐을 수도 있다. 현대의 서구 국가에서는 일반적으로 젊은 남녀들은 모두 자유롭게 자기의 이성 친구, 애인 또는 섹스파트너를 찾거나 공개적으로 동거할 수 있다. 결혼은 형식과 절차일 뿐이다. 그들은 사랑과 성적인 부분만 만족된다면 결혼하지 않는 것이 당연히 '문제'될 것이 없다고 생각한다. 만일 문제가 있다 해도, 순전히 '개인적인 문제'일 뿐 '사회문제'가 아니다.

그러나 중국에서 '노총각, 노처녀'는 단순히 '문제'일 뿐만 아니라, 반드시 전 사회가 관심을 갖고 논의해야 할 '사회문제'다. 보호자는 서둘러야 하고, 윗사람은 관심을 가져야 하며, 회사에서는 왜 그런지 따져 묻고, 사람들은 의견이 분분하다. 심지어 정부 차원에서 해결책을 강구해야 하는 문제로, 이미 '개인적인 문제'의 범위를 넘어섰다. 이렇게 '노총각, 노처녀가 문제가 되는 것', 그 자체가 바로 '문제'다. 이 책에서 논하려는 것은 '노총각, 노처녀'가 아닌, '그것이 왜 문제인가' 하는 것이다.

'문제'라는 말은 간단해 보이지만, 사실 아주 복잡하고 미묘하다. 적어도 문제라는 말에는 몇 가지 의미가 있다. 첫째, 문제란 대답이나 해석이 요구되는 제목이고, 둘째, 반드시 연구토론하고 해결해야 할 모순이며, 셋째, 사고나 의외의 상황, 어려움, 장애, 곤란, 분쟁, 심지어 결점, 잘못, 추악한 언행 모두 '문제'라고 할 수 있다. 이런 것들에 문제가 있을 뿐 아니라, 있을 것이라 의심하는 것 역시 문제가 있다고 할 수 있는데, '의심' 자체가 '문제' 이기 때문이다. 이를테면, '한 사람이 역사적으로 문제가 있다' 라고 한다면, 아마도 '그가 역사적으로 오점이 있음(증국번曾國藩[3])이 적에게 투항하는 것 같은)' 을 뜻하며, '그가 역사적으로 어떤 일을 투명하게 처리하지 못했음' 을 가리킨다. 즉 '정치적 태도가 불분명하여 조사할 필요가 있음' 을 가리킨다. 그래서 '집안싸움' 의 고수가 사람을 괴롭힐 때, 종종 '어떤 사람에게 문제가 있다' 라는 식으로 얼버무려 말함으로써 절대 문제의 내용은 말하지 않기 때문에 모두 그것이 무엇인지에 대해 함부로 의심하도록 만드는 것이다. 여기서 '문제' 라는 이 말이 결국 무엇을 의미하는지도 하나의 '문제' 임을 알 수 있다. 이 점에 대해 분명히 한다면, 아래의 '문제' 는 한결 토론하기 쉬울 것이다.

수많은 난제

결혼적령기를 넘기고도 결혼하지 못하는 것은 남녀 당사자들에게는 당연히 문제이다. 왜냐하면 그들이 이 일로 많은 어려움과 불편을 겪기 때문이다. 이를테면 자기 집이 없다고 하자. 전통적인 관념에서 한 사람이 결혼할 때가 되면 당연히 가정을 이뤄야 하고, 더는 부모와 함께 살 수 없다. 계속해서 함께 산다면 부모를 걱정시킬 뿐 아니라, 형제자매들이 싫어하고, 자기 자신도 여러 가지로 불편하다. 게다가 부모는 언젠가는 세상을 떠날 것이고 형제자매도 자립해야 하므로, 결국에는 혼자 남는다. 그렇게 되면 '세상 의지할 데 없는 혈혈단신' 으로 '문제' 가 아닐 수 없다.

또한 사랑이 없는 것을 예로 들자. 가장 가까운 사람의 보살핌, 관심, 따스함이 없을 뿐더러 이성간의 사랑도 없다. 중국에서 성매매는 위법으로, 혼전이나 혼인 후의 성관계(간통) 모두 '부정한 것'으로 여긴다. 그래서 멀쩡한 청춘남녀가 합법적인 배우자가 없다면, 성적 욕구를 참거나 스스로 해결해야 하는데, 이는 한창 성욕이 왕성하고 정력이 넘치는 청춘남녀에게 의심할 것 없는 고통이다.

또 체면도 서지 않는다. 성인 남자가 아내를 얻지 못하면 사람들에게 무시당하고 무능하게 보일 수 있다. 재주가 없다거나, 경제적으로 무능하다거나, 매력이 없다거나, 사회적으로 능력이 없다거나, 외모가 떨어진다거나, 품행이 바르지 못하다거나, 인간관계가 나쁘다거나, 지위가 형편없다는 식으로 보인다. 그렇지 않으면 생리적으로 문제가 있거나, 심리적으로 어떤 사정이 있는 것으로 보일 수 있다. 성인 여자가 결혼을 하지 못하면 더욱 문제가 있는 것으로 생각한다. 젊고 아름다운 처녀가 시집을 못갈 경우, 사람들은 대부분 무슨 말 못할 비밀이 있을 거라며 의심한다. 이런 심리적인 압박은 누구라도 견디기 어렵다. 그래서 많은 '노총각, 노처녀'들은 정말 도저히 참을 수 없을 때가 되면 되는 대로 결혼 상대를 찾아서 대충 결혼해 버리기도 한다.

또 다른 문제도 있다. 이를테면, 중국 전통 관념에 따르면 '남자나 여자나 성인이 되면 결혼하는 것이 당연'하다. 이미 성인임에도 아직 결혼하지 않는 것은 타당치 못한 부분이 있는 것으로, 심리적으로 압력이 될 수 있다. 또한 사회적인 관계에서도 불편한 점이 끊이지 않는다. 잘못하면 사람들 입에 오르내릴 수 있고, 그래서 노총각과 노처녀의 집 앞에도 시비가 적지 않다. 선의의 충고도 있고, 악의적인 추측과 적대적인 방어(그들이 '외도의 상대'일까 싶어서)도 있다. 그래서 쓸데없이 입에 오르내리는 것을 피하기 위해서라도, 혹은 사회에서 정상적으로 왕래할 수 있기 위해서라도 결혼문제를 고려하지 않을 수 없다.

자녀가 결혼적령기가 됐는데 결혼하지 못하는 것은 부모에게도 '문제'다. 《맹자ㆍ이루장離婁章》에서는 "세 가지 불효 중에 후사가 없는 것이 가장 크다〔不孝有三, 無後爲大〕"고 하였다. 그래서 자녀가 결혼적령기가 되면, "너는 엄마에게 손자 안겨줄 생각을 도대체 하는 거냐?", "네가 대를 끊을 작정이냐?"라며, 부모들이 당사자들보다 더 초조해한다. 하물며 딸이 출가를 하지 못하면 압력은 더 커진다. '다 큰 딸을 시집보내지 않고 집에 남겨두면 안 된다, 남겨두면 원수가 된다'라는 옛말도 있다. 게다가 딸이 시집을 못 가는 것은 부모의 체면을 구기는 일이다. "누구네 집 딸은 아무도 데려가려는 사람이 없다"라는 말을 들으면, 어떤 부모라도 견딜 수 없을 것이다.

그러므로 부모가 조급해하지 않으면 안 된다. 부모가 자녀의 결혼 때문에 걱정하는 것이 이미 일종의 관습이자 풍속이 됐기 때문에, 자식이 '노총각, 노처녀'가 됐는데 부모 된 사람으로 아무렇지 않게 생각하고 동요하지 않는다면, 놀라운 일이 아닐 수 없다. 이 또한 쓸데없는 억측과 뒷공론을 불러일으킬 수 있으므로 하는 수 없이 자녀를 재촉하고 쥐어짤 수밖에 없다.

그래서 성인 남녀가 결혼적령기를 넘기고도 결혼하지 못하면, 그들 자신과 그 가정에 매우 곤란한 일이며, 심지어는 불행한 일이다. 그러나 그래봤자 가정문제일 뿐이다. 다른 사람과 무슨 관계이고, 사회와는 무슨 관계이며, 국가와는 또 무슨 관계가 있단 말인가?

타인의 태도

다른 사람들이 노총각, 노처녀들에게 관심을 갖는 것에는 긍정적이면서 동시에 부정적인 원인이 있다.

긍정적인 원인은, 타인에 대한 일종의 관심과 동정에서 온다. 이런 동정심은 붙임성 있고 처세를 할 줄 아는 사람이라면 누구나 다 갖고 있다. 또한 중국인들은 아내가 없거나, 남편이 없거나, 아버지가 없거나, 자식이 없는 네 사람들이 가장 불행하며 가장 동정 받을 만하다고 여긴다. 그 이유는 천륜의 즐거움을 누리지 못할 뿐 아니라, 자신의 사회적 역할의 대상이 없거나, 대상을 잃었기 때문이다. 남편이 아내가 없고, 아내가 남편이 없으며, 아버지가 자식이 없고, 자식이 아버지가 없는 것이 바로 그 '대상'을 잃은 것이다. 대상이 없으면 자기도 없고, 역할을 맡을 수도 없으며, 체면도 없으니 어떻게 슬프지 않겠는가. 그래서 그들이 '짝'을 찾도록 도와줘야 한다고 믿는다. 노총각, 노처녀뿐 아니라, 중년의 배우자를 잃은 사람들까지 상대를 찾을 수 있도록 도와줘야 한다. 이렇게 하지 않으면 동정심이 없는 것이고, 인정이 없는 것이다. 노총각, 노처녀, 배우자를 잃은 중년의 주위에 항상 사람들이 모여들고 그들에게 상대를 소개해줄 친절한 사람들이 많이 모이는 이치가 여기에 있다. 또한 본인보다 옆에 있는 사람들이 더 서두르며, 실제로도 '노총각 노처녀'들보다 더 적극적이다.

부정적인 원인은 독신에 대한 증오와 편견이다. 앞서 제5장에서 말했듯이, 중국인은 무슨 일이든지 모두 '각자의 몫이 있고, 모두 똑같을 것'을 요구하는데, 결혼도 예외가 아니다. 내가 결혼을 했으니 다른 이들도 당연히 상대를 찾아야 한다. 독신자들이 고상한 척, 혹은 잘난 척하고 있다고 추측하다 보면, 일종의 증오감이 생기고, 독신자들을 '괴물'로 보게 된다. 심지어는 음흉한 마음으로 그들을 의심하기 시작한다. 모두 결혼해서 아이를 낳고 신혼생활을 하는데, 혼자서 왔다 갔다 하니 다른 사람이 불편해진다. 그가 사람들과 잘 어울리지 않기 때문이다. 그래서 독신을 고집하고, 남의 소개를 거절하는 사람은 종종 '외롭고 괴팍한 사람'으로 보일 수 있으며, 회사에서는 고립된다. 심지어 서류상에 뭔가 표시되어 있을 지도 모를 일이다.

'남자나 여자나 성인이 되면 당연히 결혼해야 된다'라는 말에서 아무도 '당연히'라는 글자가 무슨 뜻인지 진지하게 생각해 본 사람이 없다. 한 사람이 혼기가 되면 결혼할 수 있는 '개인적 권리'를 갖는다는 것인가 아니면 반드시 결혼해야 할 '사회적 의무'가 주어진다는 것인가? 대다수 중국인들이 볼 때, 사내아이가 장성하면 당연히 결혼해야 하고, 여자 아이가 장성하면 당연히 시집을 가야 한다. '왜 당연하냐'고 묻는다면 '왜'랄 것도 없이 '당연히 그러려니' 했기 때문이다. 만약 온 중국이 이렇게 생각했다면, 생각할 필요도 없이 당연한 것이다.

이처럼 결혼이라는 게 '개인의 권리'에서 '사회적 의무'로 변하였다. 이미 '사회적 의무'가 된 이상, 모두에게 책임이 있었고, 모든 사람이 관심을 갖고 참견하고 관여할 자격이 있었다. 이는 중국 문화사상의 핵심으로, 단체의식에 따른 것이다. 단체의식에서는 사람 간에 공사를 구분하지 않고, 너와 나도 구분하지 않는다. 개인의 일은 공공의 일이며, 타인의 일도 자기의 일인 것이다. 모두가 다 관여해야 하고, 누구나 물을 수 있다. 묻지 않고 관여하지 않는 것은 무책임한 것이다. 또한 다른 사람에게 관여하지 못하게 하는 것도 인정에 부합되지 않는다.

이러한 단체의식이 '노총각과 노처녀'라는, 원래는 개인에 속하는 문제를 '타인의 문제'와 '사회문제'로 바꾸었음을 알 수 있다.

사회의 태도
사회적인 고려는 타인과는 좀 다르다.

사회가 주로 고려하는 것은 안정이다. 앞장에서 설명했듯이, 중국 사회의 조직구조는 '가정 중심'과 '윤리 중심'이다. 가정이 안정된 후에야 나라를 다스릴 수 있다. 그래서 모든 사람들이 각자 가정에 정착하고, 각자 아무 걱정 없이 살 근본을 찾아내며, 귀천, 장유의 순서대로 분수에 만족하게 된 후에야 비로소 사회가 안정되고, 정권이 평온해진다. 그러면 군인과 백성들 또한 각자 안심하게 된다.

　따라서 중국 사회가 가장 관심을 갖는 것은 두 가지 문제였다. 하나는 모든 사람이 직업을 구해서 먹고살 수 있게 하는 것으로, 그렇지 않으면 '백수건달'이었다. 다른 하나는 모든 사람이 배우자를 얻어 배필과 함께 살 수 있게 하는 것으로, 그렇지 않으면 '집 없이 떠도는 방랑자'가 될 수 있었다. 백수건달과 방랑자 모두 사회의 '불안정 요소'다. 직업이 없어 먹고살 수 없으면 도둑질, 사기, 강도, 살인을 저지를 수 있다. 배필이 없으면 간통, 성매매, 동성애, 음란물을 보거나 심지어는 강간을 할 수 있다. 이런 것들은 모두 '사회문제'로, 사회가 관여하지 않을 수 없다. 만약 두 사람이 결혼하지 않는 것뿐이라면, 전체적으로 큰 지장이 없다. 하지만 그런 사람이 많아지면 '문제'가 될 수 있다. 그들 자신이 '문제'가 될 뿐 아니라, 그들의 가족 및 친지 심지어는 단위까지도 '불안정 요소'가 되지 않는다고 보장할 수 없기 때문이다. 사회가 이에 대해 아무 동요도 하지 않는다면, 이 사회야말로 '문제거리'인 셈이다. 따라서 '노총각과 노처녀 문제'를 공적 논의에 넣어 사회 각 방면의 힘을 동원하여 하루 속히 해결해야 한다.

　사회의 관심은, 우선 '여자에게는 가정이 있고, 남자에게 집이 있어야 된다'라는 것이다. 여자가 결혼을 해야 남자가 홀아비가 되지 않으며, 결혼 후에 그럭저럭 살만한지에 대해서는 그때 가서 다시 논의해볼 문제다. 어쨌든 아내가 있는 것이 없는 것보다는 낫고, 결혼을 하는 것이 결혼하지 않는 것보다 낫다. 그들이 서로 사랑할 수 있을 것인가에 대해서는 미안하지만 일일이 관여할 수가 없다.

사정이 이러하니 중국에서 '사랑 없는 결혼'이 성행하는 것도 무리는 아니다. 또한 무수한 가정이 아예 '사랑에 대해 입에 담지도 않는 것'도 무리는 아니다. 사랑은 실제로 너무 요원하고, 너무 낭만적이며, 현실과는 너무 동떨어져있다. 조건이 엇비슷하고 그럭저럭 봐줄만 한 사람과 결혼해서 아이를 낳고, 대를 이으며, 본분을 지키며 사는 것이 현실적이고 올바르다. 이처럼 현대사회에서 '스스로 짝을 찾는 일' 역시 전통적인 '중매'와 큰 차이가 없다. 친절한 지인의 소개로 만나 대체로 만족스럽고 조건이 타당하면 결혼하는 방식이다. 어쨌든 결혼은 원래 임무를 완성하기 위한 것이거나 개인문제를 해결하기 위한 것이기 때문에 자연히 계획경제의 방식을 취해 지표를 완성할 수도 있다. 지표를 완성하면 '훌륭한 사람'이다. 그래서 어떤 사람은 아예 부모에게 수고를 떠넘기며, '조직적으로' 고려하게 한다. 사회의 의무를 이행하고 부모의 바람을 성취시켜 드리고 인생 여정을 마칠 수만 있다면, 스스로 안심할 수 있고 모두가 편안하다. 사랑하고 안 하고는 그다지 중요하지 않다.

이 또한 반드시 나쁜 것만은 아니다. 하지만 세상의 모든 남녀가 모두 배필을 찾기만 하면 만사 오케이고, 천하태평이라고 생각하는 것은 지나친 낙관이다. 사실 사랑이 기초가 되지 않는 결혼은 신뢰할 수 없다. 그럭저럭 대충 지낼 수도 있고 쉽게 이혼할 수도 있다. 전통사회에서는 오히려 이혼율이 높지 않았다. 무엇보다 그럴 필요가 없었다(이혼한다고 해서 없던 사랑이 다시 생겨나는 것도 아니었다). 그 다음은 조건이 갖춰지지 않았다(여자 쪽은 권리가 없었다). 하지만 일단 사람들이 이혼하는 것이 그렇게 어렵지 않고, 이혼한 후 또는 이혼하지 않아도 다시 사랑을 찾을 수 있다는 것을 발견하면, 결혼이 깨지는 것은 시간문제다. 하지만 이 문제는 모두의 관심 밖인 것 같다.

아마도 문제는 '개인문제'라는 이 주장에 있는 듯하다. 이치는 아주 간단하다. 어차피 '문제'라면 해결하기만 하면 더 이상 '문제'가 아니다. 잘 해결됐는지의 여부는 별개의 문제다. 또한 '개인의 문제'라면, 당사자만이 해결할 수 있다. 우선 결혼한 후에 사랑하는 것도 좋고, 결혼만 하고 사랑하지 않는 것도 좋다. 사회와 타인 모두 관여할 수 없고, 관여하지도 않을 것이다. 다시 말해, 결혼은 '개인문제'라고 하지만 모두들 '문제'만 볼 뿐 '개인'은 보지 않는다. 반면 사랑은 개인에 속하는 문제이다.

따라서 하는 수 없이 "사랑에 대해서는 가능한 적게 언급하고, 문제 해결에 힘쓰자"라고 말할 수밖에 없는 것이다.

이혼문제

중국에서 독신은 어려운 문제이며, 이혼은 이보다 더 어려운 문제다. 혼자 사는 것이 어렵긴 해도 자기 집이 있고, 주관 있게 남의 이런저런 소리에 아랑곳하지 않는다면, 외부의 낭설과 비난도 처리할 수 없는 것은 아니다. 고대사회에서도 평생 결혼하지 않은 사람이 있었다(물론 일반적으로 불교에 귀의하거나 도를 닦는다거나 무술 연마 등의 핑계를 대야 한다). 하지만 이혼은 상당히 어려웠다. 다른 사람의 동의가 필요했기 때문이다. 정부나 사회의 허락을 받아야 했고, 적어도 배우자의 동의가 필요했는데, 전통 관념의 영향으로 그들은 동의하지 않았다.

일반적으로, 중국 전통사회는 이혼을 찬성하지도 않았으며, 권하지도 않았다. '노총각, 노처녀'를 도와 결혼을 재촉하는 마당에, 이미 결혼한 사람에게 어떻게 쉽게 이혼을 권할 수 있겠는가. 이는 인정에 맞지 않았다. 게다가 결혼은 '남녀의 결합'인데, 이혼을 한다면 '남녀 결합에 대한 원망'이 아닌가. 이는 안정과 단결을 해치는 일이었다. 따라서 남자가 세 번 아내를 내쫓으면 나라 밖으로 쫓겨났다. 다시 말해, 이혼은 절대 허락할 수 없는 특별한 일로 여겼다. 또한 앞서 얘기했듯이, '어려울 때 결혼한 아내'와 '조강지처'는 버릴 수 없었다. '인정에 대한 보답'이라는 양심의 문제와 관련되었으므로 모든 중국인들은 엄격히 준수해야 했고, 그렇지 않으면 중국의 전반적인 문화정신과 충돌할 수 있었다.

'남존여비'의 시대에도 이러한 규정은 '부녀자와 아이의 합법적인 권익 보호'에 어느 정도 보탬이 됐다. 의지가 굳지 못하고 변심한 사내들로 하여금 어느 정도 꺼리게 했고, 감히 함부로 하지 못하게 했으며, 표면적으로는 '조강지처'의 지위를 유지하도록 했다. 또한 '원래의 배우자'들도 '명분'을 얻을 수 있었고, 대부분 만족을 표시했다. 이는 그녀들의 목적이 원래 사랑에 있지 않고, 오직 명분과 체면, 실리에 있었기 때문이다(이를테면 재산권과 관리권). 사랑에 대해서는 '본래부터 없었던 것으로, 그것을 다퉈 뭣하겠는가' 하는 생각이었다.

실제로 요즘에 이혼하지 않으려는 많은 아내들도 비슷한 생각을 갖고 있다. 이혼하든 안 하든 사랑 없는 결혼인데, 그럭저럭 살 수만 있으면 시간이 흘러 상대방도 기진맥진 낙심하여 태도를 바꿔 마음을 고쳐먹을지 모른다고 생각한다. 중국인의 인생에 대한 태도는 아주 현실적이어서 '남의 떡이 커 보인다'라고는 하지만, 만약 남의 떡이 없어지거나 다른 사람이 차지해 버리면 더는 꿈을 꾸지 않는다. 그래서 '시간 끌기'는 '이혼대전'에서 하나의 전략이 될 수 있다. '동의하지 않음'의 입장을 고수하기만 하면, 국가의 법이 있고 대중의 여론이 있고 내가 안 된다는데 상대인들 어떻게 할 수 있겠는가. 반년을 끌어서 안 되면 일 년을 끌고, 십 년을 끌어도 안 되면 평생을 끈다. 임종 전까지 이혼하지 않으면, 결국 '백년해로' 하는 것이니 '억울해서 눈을 감지 못할 일'은 없다. '내가 잘 살 수 없다면, 너도 잘 살 생각하지 마라', '내가 행복하지 않으니 너도 행복할 생각하지 마라' 라는 식이다. 모두 좋지 않고 모두 행복하지 않으니, 이 또한 '동고동락' 아닌가?

이런 심리는 여성에게 많다. 공평하게 말해서, 이런 상황에서는 여자 쪽이 더 많은 동정을 받는다. 일단 이혼하면 첫째, 여자 쪽이 남자 쪽보다 더 망신스럽다. 그래서 어떤 경우, 여자 쪽이 고소하게 하거나 원고가 되게 한다. 두 번째, 여자 쪽의 생활이 남자 쪽보다 더 어렵다. 때문에 종종 남자 쪽이 일정한 경제적 책임을 지도록 결정한다. 셋째, 여자 쪽의 재혼이 남자 쪽보다 더 어렵다. 이는 생리적으로 여성이 남성보다 더 쉽게 늙기 때문이며, 관념적으로 여성은 끝까지 한 사람만 섬기며, 두 남편을 섬기지 않기 때문이다. 이런 이유 때문에 여자는 정말 어쩔 수 없는 상황이 아니라면, 절대로 이혼해서는 안 된다.

중국인들은 세상에서 가장 선량한 민족이라고 한다. 중국인의 동정심은 항상 약자 편으로 기운다. 한쪽은 거들먹거리면서 지위가 높고 부귀영화를 누리는 남편이고, 한쪽은 별 볼일 없고 천한 신분에 의지할 데 없는 아내라면, 여론은 볼 것도 없이 여자 쪽을 옹호한다. 그들이 이전에 진정 고난을 함께 헤쳐 왔는지에 대해서는 따지지 않는다. 여기에 동정심과 질투심까지 합쳐져 더욱 '분노'로 가득 차게 되는 묘한 심리가 작용한다. 그 이유는 '배은망덕' 하기 때문이고, '불공평' 하기 때문이다. '우리 모두 오래된 것을 새것으로 바꾸지 않는데, 네가 뭐라고 그렇게 할 수 있어?' 라는 심보다.

여기에서도 대중의 여론과 이혼을 원치 않는 아내 모두 공통적으로 '감정' 이라는 가장 중요한 요소를 배제하고 있다. 대체로 모든 사람들은 이 부분에 대해서는 깊이 생각하지 않는다. 설사 배신한 남편이 여론의 압력에 밀려 자신의 주장을 철회하고 결혼을 유지한들, 그의 마음이 아내에게 있을까? 이런 감정으로 이미 오래전에 깨져버린 그들의 결혼생활이 과연 행복할 수 있을까?

이 시대의 결혼

이 시대의 결혼

앞에서 말한 것은 모두 과거의 일이다. 지금은 결혼보다 이혼이 빠르다.

중국에서 처음 이혼이 최고조에 이른 시기는 건국 초기였다. '인민 대중이 모두 기뻐하던 그날', 많은 중국인들은 처음으로 자기의 권리를 인식하게 됐는데, 그 가운데 이혼의 권리가 포함되어 있었다. 처음으로 획득한 자유, 그중에는 연애의 자유가 있었다. 부모에 의한 중매 결혼이 하나하나 깨지기 시작했다. 이혼은 더는 '부끄러운 일'이 아니었으며, 연애도 더 이상 '놀라운 소문'이 아니었다. 일부 용감한 농촌 청년들은 스스로 아내를 찾기 시작했으며, 도시 청년들은 레닌 복장을 하고 러시아식 단체 무도회나 모닥불 파티에 참여해 혁명의 이상을 얘기하는 한편, 달콤한 사랑을 꽃피우며 즐겁고 행복한 '모스크바 교외의 밤'을 보냈다.

하지만 '계급투쟁'은 분명 꽃과 달빛 아래에서 하는 연애와는 어울리지 않았다. '사랑'이라는 두 글자가 빠른 속도로 모든 매체에서 깨끗이 사라져 버렸고, 사람과 사람 사이는 '동지' 아니면 '적'이었다. 따라서 자기 애인이 원래 계급의 적이었다는 사실을 알게 되면, 그와 '경계를 분명히 두는 것'이 당연한 이치였다. 6, 70년대 중국에는 이혼 소송이 상당히 많았는데, 대부분 사회 진보와는 전혀 관계가 없었다. 이와 동시에 결혼도 더는 낭만적이지 않고, 더없이 현실적인 일이 됐다. 이를테면 '계급성분'을 바꾸기 위해서 '지주, 부농, 반혁명분자 등 출신 성분이 나쁜 집안'의 자녀들은 스스로 원하거나 강요에 의해 혹은 반자원, 반강제로 '빈농'에게 시집갔다. 도시로 돌아오기 위해 지식인 여성들은 자원이나 강요에 의해 혹은 반자원이나 반강제로 인민공사 간부에게 몸을 바쳤으며, 지식인 남성들은 '낭만적인 사랑'이라는 이름으로 농촌 처녀들을 얼마나 울렸는지 모른다. 배우자의 선택 조건이 이보다 더 실리적일 수 없었으며, 이보다 더 공리적일 수 없었다(이를테면 도시에 호적이 있거나, 전민소유제 단위에서 일하거나, 방 한 칸을 비롯하여 가구와 자전거, 재봉틀, 시계, 라디오 같은 혼수품이 있거나 하는 조건). 진정한 사랑 따위엔 관심이 없었다.

그 다음에 이어진 것은 바로 '이혼하기 귀찮다'였다. 비록 6, 70년대 정치운동과 사회생활이 '사랑 없는 결혼'을 쏟아냈지만, 대다수 사람들은 이런 현실을 받아들였고, 정말 견딜 수 없는 극소수만이 험난한 소송의 길을 걸었다. 그들은 사회, 단위, 가정, 동네 여론의 압력을 견뎌야 했으며, 길고도 끝이 없는 조정調停의 과정을 감수해야 했다. 많은 사람들은 기진맥진할 정도로 시달렸고, 심신이 지칠 대로 지쳐서 나중에는 자동적으로 권리를 포기할 수밖에 없었다. 그리고 아무 낙이 없는 가운데 여생을 보냈다.

그러나 세상은 빠른 속도로 변했다. 이혼은 어느새 '유행'이자 '새로운 트렌드'가 되었다. 한동안 사람들은 만나면 "어이, 어떻게 된 거야, 아직도 이혼 안 했어?" 라고 물었다. 물론 여전히 이혼을 심각하게 고민하는 사람도 있었다. 그들은 과거와 마찬가지로 이혼하자니 이혼할 수 없고, 그냥 살자니 살기 어려운 고민에 대해 다른 사람에게 하소연했다. 과거에는 이런 하소연을 들으면 사람들은 진심으로 동정하며, 그들을 조금이라도 돕기 위해 같이 고민했고, 심지어 화해시켜주기도 했다. 하지만 지금은 거의 절반만 듣고, 귀찮다는 투로 "뭐 하는 거야, 헤어져!" 라고 일갈한다.

이혼의 속도가 빨라진 반면, 결혼의 속도는 늦어졌다. 어른들은 '남자든 여자든 성인이 됐으면 가정을 꾸려야 한다' 는 원칙에 따라 끊임없이 자식들에게 하루빨리 결혼하도록 재촉한다. 그리고 많은 사람들이 일정한 나이가 되면 이러한 인생의 임무를 완수하지만, '노총각, 노처녀' 는 여전히 '문제' 다. 많은 젊은이들이 동거는 할지언정 결혼하려 들지는 않는다. 그들이 볼 때, 동거의 장점은 성적 욕구의 해소뿐 아니라 잡다한 책임을 질 필요가 없다는 것이다. 가장 중요한 것은, 서로 의지할 필요가 없으며, 동시에 자기든 상대방이든 속박할 필요가 없다. 두 사람이 서로 사랑하면 함께 살 수 있다. 서로 맞으면 함께 살고, 맞지 않으면 헤어지니 자유롭고, 편안하고, 거리낌 없고, 부담도 없다. 기혼자들처럼 집안일 때문에 바쁘고, 돈 때문에 싸우고, 상대방의 애정을 의심하고 질투하는 고민을 할 필요가 전혀 없으니 나쁠 게 없다.

결혼이 갈수록 늦어지고 어려워지는 것은 사람들의 요구도 함께 높아지기 때문이다. 사랑만 해도 함께 살 수 있는데, 막상 결혼을 하려고 들면 고려할 요소들이 만만치 않다. 직업, 수입, 건강, 성격은 물론이고, 양쪽의 가정환경, 생활습관 등도 소홀히 할 수 없다. 기왕 결혼할 생각이라면 일생을 함께 하는 게 좋기 때문이다. 비록 이혼하기가 편해지긴 했어도 결혼했다 이혼하고, 이혼했다 결혼하는 일도 만만치 않다. 그래서 상대방의 '신뢰성'도 고려하지 않을 수 없다. 이른바 '신뢰성'은 애정뿐 아니라, 가정을 만들고 유지할 능력까지 포함한다. 이런 면에서 여성의 요구는 더욱 실현되기 어렵다. 여자들은 '돈을 잘 벌지 못하는 사람'에게 시집가려고 하지 않을 뿐 아니라, '돈 버느라 집에 잘 들어오지 않는 사람'도 원하지 않기 때문이다. 하지만 돈을 잘 버는 남자일수록 대부분 제때에 집에 들어오지 않는다.

이 시대의 가정

결혼에 변화가 생기는 동시에 가정에도 변화가 일어나고 있다.

변화 중 한 가지는 이혼율이 증가함에 따라 아버지나 어머니만 있는 '한 부모 가정'이 갈수록 늘고 있는 것이다. 한 부모 가정은 과거에도 있었지만, 대부분 배우자의 상실에 따른 것이었다. 하지만 지금은 거의가 이혼이 원인이다. 한 부모 가정의 문제 역시 적지 않은데, 그중 가장 문제가 되는 것은 아이다. 많은 사람들이 아이를 위해 이혼에 반대해왔다. 그러나 나중에는 사람들도 생각이 달라졌다. 과연 한 부모 가정만 아이에게 나쁜 영향을 끼치고, 부모가 서로 싸우는 가정은 괜찮단 말인가? 아이를 부모의 싸움과 폭력 속에서 자라게 하는 것보다는, 한쪽의 사랑이 부족하더라도 상대적으로 조용한 가정환경에서 살게 하는 것이 낫다. 심지어 어떤 아이들은 부모가 날마다 싸우고 서로 욕하는 것을 보고는 부모에게 이혼을 권하기도 한다. 게다가 요즘 이혼하는 사람은 반드시 싸워서 헤어지는 것은 아니다. 화기애애하게 헤어지는 사람도 있다. 이런 부부일수록 자녀 문제에 대해 비교적 잘 처리한다. 이를테면, 한쪽이 다른 한쪽에게 자녀양육비를 제공하고, 정해진 때에 방문하여 아이와 함께 시간을 보낸다. 양쪽 모두 이렇다면, 부부가 헤어지더라도 아이는 여전히 아버지의 사랑과 어머니의 사랑을 동시에 얻을 수 있다.

다른 한 가지는 지금도 점점 늘고 있는 가정으로, 노부부 두 식구만 있고 자식이 곁에 없는 '빈 둥지 가정'이다. '빈 둥지 가정'이 탄생한 원인은 아주 다양하다. 이를테면 자녀가 해외에서 근무를 하거나 졸업 후에 외지로 나가 돈을 벌어야 하기 때문에 부모와 떨어져 사는 경우이다. 같은 지역에서 살더라도 두 세대 간에 생활 방식과 가정 관념상의 차이 때문에 꼭 함께 살지는 않는다. 잘 알다시피 대가족 시대는 이미 역사가 됐고, '삼대가 함께 사는' 혹은 '사대가 함께 사는' 가정은 비현실적일 뿐 아니라, 반드시 좋지만도 않다. 이제 노인들과 자녀들 간에 가장 이상적인 가정 형태는 한 지역에 살되, 거리는 멀지 않아서 평소에는 각자 살고, 명절에 함께 모이며, 무슨 일이 있을 때만 서로 왕래하는 것이다. 만약 자녀가 많은 편이라면 모두 가까이 있을 필요 없이 한두 형제만 있어도 된다.

세 번째는 최근 등장한 가정으로, 아이를 낳지 않고 부부만 사는 '딩크 가정'이다. '사대가 함께 사는 가정'이 더는 이상적이지 않은 것처럼, '자식이 많아야 다복하다'는 생각 또한 고루하다. 이 또한 이 시대의 중국이 직면한 또 하나의 문제다. 농촌을 중심으로 가족계획을 무시하고 조용히 인구를 늘리는 사람들이 있는가 하면, 도시 청년들은 '아이를 낳을 것이냐 말 것이냐'로 고민한다. 단호하게 '낳지 않겠다'라고 선택한 사람은 드물지만, 그 영향은 적지 않다. 왜냐하면 가정의 기능과 직접적으로 연관되기 때문이다. 알다시피 가정의 중요한 기능 중한 가지가 바로 아이를 낳는 것이다. 따라서 어떤 인류학자들은 아예 결혼제도를 '출산제도' 라고까지 부른다. 지금 아이를 원치 않는데 무어하러 결혼한단 말인가. 더군다나 부부의 경제적인 독립까지 더해져서 이런 결혼은 동거와 다름없고, 법적인 효력만 있을 뿐이다. 사실 현대가정이 더 이상 생산 단위가 아니고, 부부가 모두 직업이 있고, 각자의 일과 수입이 있기 때문에 만약 아이를 원치 않고, 법률적인 제도에 개의치 않는다면, 결혼하고 안 하고는 아무 상관이 없다. 하지만 정말 아무 관계가 없다면, 결혼제도와 가정 조직이 남아 있을 필요가 있을까? 이 문제는 사회학자들이 한번쯤 진지하게 연구해 볼 가치가 있다.

'반쪽 가정' 도 점차 많아지고 있다. 이런 가정의 특징은 부부가 이혼하지 않은 채 장기간 별거를 한다. 이를테면 남편이나 아내가 외국에 있고, 다른 한쪽은 국내에 남아 있거나 또는 한쪽이 외지로 돈 벌러 가고, 다른 한 쪽은 집에 남아 있는 것이다. 이런 가정의 부부는 편지나 전화, 경제적인 왕래 및 일종의 특별한 관계를 유지한다. 이런 현상은 과거에도 있었지만, 지금처럼 이렇게 '문제' 가 되지는 않았다. 과거 사람들은 별거의 고통을 인내하고, 돈 벌러 간 남편이 다른 여자를 찾을 수도 있다고 생각하면서 집에 남아 외로움을 견디며 살아야 했다. 그러나 시대와 환경이 변했다. 대부분 전통과 현대 사이에서 동요하며, 언제라도 와해되고 붕괴될 가능성을 갖게 되었다.

이 시대의 사랑

결혼, 가정과 마찬가지로 사랑도 시련을 겪고 있다.

요즘 중국은 역사상 '사랑' 이 가장 넘치는 시대일 것이다. 각종 매체에서는 매일 사랑 이야기를 다루고, 유행가는 진정한 사랑을 노래하며 사람들의 심금을 울린다. 이제 막 사랑에 눈뜨기 시작한 열여섯 청춘들은 '철모르는 사랑' 노래를 부르며, 죽네 사네 사랑을 한다. 줄곧 자중하던 중년들까지 꿈틀대는 욕망을 주체 못하고 옛사랑을 다시 불태울 수 있을까 궁리한다. 만약 지금의 사회가 '결혼보다 이혼이 빠르다' 면, 연애는 이혼보다 더 빠르다. 지금 젊은이들의 연애는 다른 사람의 부탁이나 소개, 지시가 필요 없어진 지 오래다. 용감하고 재빠르게 몇 번 왔다 갔다 하면 벌써 그렇고 그런 관계가 된다.

무섭게 증가하는 사랑의 발생률에 비해 충실도는 상대적으로 떨어졌으며, 연애 기간 또한 짧아졌다. 반년 동안 몇 명의 애인을 갈아치우는 건 예사고, 만난 지 3일 만에 같이 자고 일주일 후에 헤어지기도 한다. '백년해로' 의 굳은 맹세를 믿는 사람은 거의 없으며, 아무도 '영원한' 사랑을 꿈꾸지 않는다. 그렇다고 그들이 진정으로 사랑하지 않거나 심심풀이로 연애한다는 의미는 아니다. 그들은 단지 영원히 헤어지지 않을 것을 담보로 하지 않으며, 결합을 최종 목적으로 하지도 않는다. 자기가 진심으로 좋아하는 사람을 만나면 일단 사랑하는 것이다. 바꾸어 말하면, 사랑의 질이 중요한 것이지, 얼마나 만났는지 시간의 길고 짧음은 관심사가 아니다.

이밖에 '애인을 갖는 현상' 도 두드러진다. 이전에는 이런 현상을 '남녀가 정을 통한다' 라고 하여 아주 경멸했는데, 지금은 '애인' 이라는 말로 대체되면서 은근슬쩍 낭만적인 색채까지 띠게 되었다. 외국에서 그들만의 특별한 기념일을 수입하기까지 한다. 그날이 되면 꽃은 날개 돋친 듯 팔려나가고, 하트 모양의 초콜릿은 없어서 못 판다. 연인, 애인, 부부 할 것 없이 모두 사랑으로 가득 찬다.

사실 애인을 갖는 현상의 등장은 여러 방면에서 그 원인을 찾아볼 수 있다. 사람들과의 빈번한 교류는 사람들에게 견물생심見物生心의 마음이 들게 했고, 단조로운 부부생활은 '다른 곳에서 생활해 볼까' 하는 마음을 불러 일으켰다. 많은 사람들이 애인을 찾는 것은 반드시 부부가 별거하거나 감정이 나빠서가 아니라, 단지 '다르게 살고 싶어서' 일 뿐이다.[4] 이미 어떤 사람은 부부관계도 일종의 계약관계이며, 부부 양쪽 모두 독립된 인격체로 서로 의지하지 않고, 서로 속박할 수 없다고 이해한다. 또한 의무를 이행하고 가정을 유지한다는 전제하에, 밖에서 애인과 '사랑 놀음' 하는 것쯤은 별 상관이 없다. 단지 여기서 관건은 '놀음' 이라는 것인데, 부부가 동등하게 이런 권리를 가진다. 이런 관념에 대해 다시 검토해볼 수는 있지만, '일편단심의 사랑' 에 대해서는 앞으로 하나의 문제로 제기될 것이 분명하다.

사실 현재 스무 살 전후의 젊은이들에게는 문제가 되지 않는다. 그들이 볼 때, 사랑이 더 이상 영원하지 않다면, 당연히 한 사람만 사랑할 수는 없다. 더는 낭만적이지 않고 격정적이지 않은 연인이나 부부는 헤어지는 것을 허락해야 하며, 사랑이 움직일 수 있다는 것을 인정해야 한다. 단지 '정도' 가 있을 뿐이다. 동시에 두 사람을 사랑할 수 없고, 헤어질 때도 솔직하고 우호적인 것이 좋다. 일부 젊은이들은 이미 자기의 남자 친구나 여자 친구가 다른 이성 친구를 갖는 것에 개의치 않는다고 분명히 밝히고 있다. 또한 연인끼리 서로 첫사랑인지도 관계없다고 한다. 심지어 어떤 젊은이들은 상대방이 경험이 많아야 자기를 더 잘 이해하고, 보호할 수 있다고 생각한다. 또한 상대방이 성경험이 있든 없든 개의치 않으며, 혼전 성경험 때문에 미래의 신랑이나 신부에게 미안한 감정을 갖지는 않을 것이라고 한다.

지금의 젊은이들은 주위 사람들이 자신들을 어떤 시각으로 바라보든 전혀 개의치 않는다. 과거에는 남몰래 연애를 하고, 부끄러워 하며, 다른 사람이 알까 전전긍긍했다. 그러나 요즘 젊은이들은 부끄러워하지 않는다. 그들은 거리에서 손을 잡고, 어깨를 감싸며, 심지어는 포옹하고 입을 맞추기도 한다. 또한 카메라와 수많은 TV 시청자들 앞에서 솔직하게 자신의 첫사랑이나 첫 키스의 경험에 대해 털어놓는다. 이런 프로그램의 시청률은 매우 높은 편인데, 젊은이들뿐만 아니라 중년층과 노년층까지도 즐겨 본다. 일부 나이 든 시청자들은 이런 프로그램을 보고, 요즘 젊은이들의 건강하고 진보적인 생활 태도를 체험할 수 있고, 청춘의 에너지를 느끼니 자기도 젊어지는 것 같다고 반응한다. 확실히 사랑은, 우선 젊은이들의 일인 듯싶다. 기성세대는 요즘 젊은이들에게서 생명의 활력을 느끼고, 이 시대의 결혼과 연애에 대한 다양하고 신선한 사고와 새로운 변화에 대해 열린 마음으로 받아들일 필요가 있다.

주註) ―――――

1) 육례는 다음의 여섯 가지 절차를 말한다.

① 납채: 남자 측에서 여자 측에 그 여자를 아내 삼을 대상으로 선정했다는 취지, 즉 여자 측의 어른에게 남자 측의 어른이 "당신 댁의 규수를 우리 집의 며느리로 삼을까 합니다"라고 채택한 사실을 알리는 절차이다.

② 문명: 글자대로 풀이하면 '이름을 묻는다'라는 뜻으로, 남자 측에서 신부가 될 규수의 이름을 묻는 것으로 이해하기도 하지만 그렇지 않다. 여기에서는 신부가 될 규수의 어머니의 성씨(어느 댁의 딸인가)를 묻는 것이다.

③ 납길: 남자 측에서 여자 측의 문명에 대한 회답 내용과 자기 집의 사정을 견주어 여러 가지 검토한 끝에 혼인해도 좋겠다는 결과가 나오면 여자 측에 그 사실을 통지하는 절차이다.

④ 납정: 남자 측에서 여자 측에 아내로 맞이하기로 결정한 징표(증거)를 보내는 절차로서 사실상의 정혼定婚인 약혼절차라 할 수 있다.

⑤ 택길: 남자 측에서 여자 측에 혼인 예식을 거행할 날짜를 청하는 절차이다. 혼인 예식은 남녀가 몸을 합치는 데에 궁극적이고도 참된 뜻이 있으므로, 여성의 생리 상태 등을 고려해 그 날짜를 정하는 일은 여자 측에 있었다.

⑥ 친영: 신랑이 될 남자가 신부의 집에 가서 신붓감을 친히 맞아다가 신랑의 집에서 혼인 예식을 거행한다.

2) 루쉰, 《열풍수감록熱風隨感錄》 참조.

3) 중국 청대의 행정가·군사지도자(1811~1872). 태평천국운동(1850~1964)을 진압하여 청조淸朝의 붕괴를 막는 데 공헌했다. 그러나 만주족 왕조인 청나라에 충성을 다했다는 이유로 한간漢奸, 즉 일종의 민족 반역자라는 비판도 없지 않다. 특히 태평천국의 난을 진압하면서 증국번은 영국, 프랑스 세력의 도움까지도 마다하지 않았다.

4) 저자주 ― 청대의 조익趙翼은 시에서 '이백, 두보의 시가 오랫동안 많은 사람들에게 사랑받아 왔는데, 지금은 더는 신선하지 않다. 강산에 대대로 인재가 나와서, 저마다 수백 년 동안 이름을 떨쳤다'라고 했는데, 다음처럼 바꿔야 할 것 같다. '부부생활한 지 몇 년, 더는 신선한 느낌 없네. 강산에 새롭게 아름다운 사람 나와, 저마다 아름다운 자태 뽐내네.'

제8장 우정

진실한 우정에 관하여

부부

중국인은 우애와 우정을 중시한다.

우애와 우정은 중국에서 가장 장려되고 칭송되며 동시에 가장 진실되고 돈독한 정이다. '새로운 사람을 사귀는 것만큼 즐거운 일은 없고, 생이별만큼 슬픈 일은 없다', '인생에서 중요한 것은 지기知己를 사귀는 것이며, 세상 어디에서든 지기를 만날 수 있다' 는 말이 있다. 중국 문화의 사상 핵심은 단체의식으로, 온 세상이 모두 형제라는 경지를 추구하여 더 많은 친구를 사귈 것을 장려한다. 더군다나 우정에 대한 찬양은 세상의 일반적인 법칙으로, 세계 모든 민족이 똑같다. 링컨은 '인생에서 가장 아름다운 것은 우정' 이라고 했다. 하지만 사랑의 무게를 우정보다 더 크다고 보기도 한다. '생명은 소중하고, 사랑은 더 고귀하다', 이처럼 사랑은 줄곧 서양 문학의 주제마였지만, 중국은 그렇지 않다. '생명은 고귀하고, 우정은 더 고귀하다' 라고 하여 친구를 위해 위험을 불사한 이야기는 많아도, 사랑하는 사람을 위해 위험을 불사한 일은 그렇게 많지 않다. 더욱이 아내를 노래한 시는 훨씬 적다. 시를 쓴다

해도 '죽은 부인'에게 썼는데, 원진[1]의 《견비회遣悲懷》와 소식의 《강성자江城子》[2]가 그것이다.

이상한 일이다. 이치대로라면, 남녀 간의 '사랑'과 가족 간의 '사랑'이야말로 가장 진실하고 깊은 것이라야 한다. 그러나 애석하게도 중국의 전통결혼에는 기본적으로 '사랑이 없다'. 부부 결합의 근거가 사랑이 아닌, 사회적 필요와 윤리적 의무였다. 이렇게 되자 부부의 관계는 '의례적인 일'이었다. 운이 좋은 사람이라면 이 '의례적인 일'에서 '사적인 감정'으로 발전할 수 있었지만, 운이 없으면 뭐라 말하기 어려웠다. 대부분 무덤덤할 뿐 사랑이냐 아니냐를 논할 것도 없고, 그렇게 참고 견딜 뿐이었다. 게다가 의례적으로 부부는 군신관계처럼, 아내는 남편에게 공경하고 순종하여, 남편이 걸으라면 걷고 뛰라면 뛰고 오직 남편이 하라는 대로 했으며, '부창부수夫唱婦隨'라는 말까지 생겼다. 이런 불평등한 관계 속에서 진정한 사랑이란 있을 수 없었다.

따라서 전통적 결혼은 사대부 집안에서 일반 평민에 이르기까지 부부간의 감정은 무척 냉담했다. 중국 전통사회는 부부가 쉽게 헤어지는 것을 반대하고 '백년해로', '평생 반려', '영원한 사랑'을 주장했지만, 더욱 강조한 것은 종속관계의 '견고성'과 가정 내부 구조의 '안전성'으로, 이는 '충성스럽고 지조 있는 사랑'이 아니었다. 그들이 선전하는 모범부부는 이른바 '행복한 신혼, 형 같고 아우 같은 관계', '밥상을 이마 앞에 받쳐 들고 손님처럼 공경하는 것'으로, '공경'을 강조했지 '사랑'을 강조한 게 아니다.

부부간의 감정이 냉담했을 뿐 아니라 부부 사이의 감정문제에 대한 사회의 태도도 매우 냉담했다. 전통 예교에서 볼 때, 부부의 감정이 냉담한 것은 정상적이고 합리적이었다. 그들은 자기 자신을 제어할 수 있

420

고 '예의에 맞게 행동했기' 때문이다. 반대로 부부간의 감정이 뜨겁다면 비정상이거나 비판받아 마땅했고, '음란' 하다고 질책을 받거나 비웃음을 당하는 '추악한 일' 로 여겨졌다.

부부간에 사랑이 없었으니 자연 시적인 정취가 있을 리가 없었다. 중국 고대의 애정시는 결혼 전에 쓴 것 아니면 혼외의 것으로, 부부생활이나 부부간에 주고받은 것은 거의 없지만, 기녀에게 쓰거나 기녀의 사랑을 쓴 것은 많았다. 마치 기녀와 주고받는 것은 풍류 넘치는 일이고, 아내와의 뜨거운 사랑은 저속하기 그지없는 듯하다. 혼전이나 혼외는 낭만적이어도 되지만, 결혼생활에서는 단정하고 예의발라야 했다. 이는 사랑 없는 결혼이 거의 공인된 사실이며, 관례적인 유형이었음을 증명한다. 혹여 사랑이 좀 있었다 해도 말하기 부끄러웠다.

부부간에 사랑이 없거나 부족하고 사랑하기가 어려웠으므로, 친구에게 희망을 걸 수밖에 없었다. 실제로 사랑하는 사람이나 기녀에게 쓴 시가 아내에게 쓴 것보다 많은 것은 애인과 기녀가 부인보다 더 친구 같았기 때문이다. 그들의 만남이 한 번의 불장난에 불과했다 해도, 묵계만 이루어진다면 친구 같은 정이 있지 않았을까? 물론 부부끼리도 정말로 의기투합만 되면 이청조李淸照와 조명성趙明誠[3]처럼 친구 같을 수 있었다.

아버지와 형

부부간에 '공경' 만 있고 '사랑' 이 없었듯이, 부자지간에도 마찬가지였다.

중국 전통사회에서 아버지와 어머니의 사회적 역할은 상당히 달라서, '엄격한 아버지, 자애로운 어머니' 라고 했다. '자애' 는 당연히 사랑이었다. '엄격'도 사랑에서 나왔지만, 그것을 느끼기는 어려웠다. 게다가 부자관계는 부부관계와 마찬가지로 임금과 신하 같은 관계였다. 아버지는 예법과 예의에 부합하기 위해 가끔 고의로 자녀에게 소원하게 대했다. 공자가 어느 날 '정원(庭)'에 서 있는데, 아들 공리孔鯉가 공손하게 잰걸음으로 그의 앞을 지나갔다. 공자가 그를 불러 "시를 배웠느냐?"라고 물었다. 공리가 아직 배우지 못했다고 했다. 공자는 시를 배우지 않으면 '말할 줄'을 모른다고 했고, 이에 공리는 물러가 시를 배웠다. 며칠 후, 공자가 혼자서 '정원'에 서 있는데, 공리가 또 공손하게 잰걸음으로 공자의 앞을 지나갔고, 공자가 다시 그에게 "예를 배웠느냐?"라고 물었다. 공리가 배우지 않았다고 대답했다. 공자가 예를 배우지 않으면 '사람 노릇'을 할 수 없다고 말했다. 그래서 공리는 물러나 예를 배웠다. 2천여 년 간, 공자의 공리에 대한 이런 교훈은 줄곧 부자관계의 모범으로 간주되어왔으며, 자녀에 대한 아버지의 교육 역시 '정원(가정)에서의 가르침'이라고 하게 되었다. 이런 '부친의 교훈'외에 교육 방면에서 공리는 한 번도 아버지와 '특별한 식사'를 해 본 적이 없다. 공자의 문하생인 진항陳亢이 공리의 이런 이야기를 듣고는 기뻐하며 "나는 한 번에 세 가지 사실을 알게 됐다. 시를 알게 됐고, 예를 알게 됐고, 군자는 자기 아들을 멀리해야 한다는 것을 알았다"라고 했다.

　성인이 시작했으니 후학들은 자연히 모방해야 했다. 그래서 '가정교육이 엄한'가정의 부자의 관계는 점점 냉담하고 서먹해졌다. 이를테면 청나라의 황실 법규는 '손자는 안아도 아들은 안지 않는다'였다. 아들이 태어난 후 안는 것은 할 수 없고 가르칠 수만 있었다. 조정에서 체면이 좀 있는 대신은 자리에 앉을 수 있었지만, 황태자들은 서거나 무릎을 꿇고 앉아야 했다. 청 왕조는 '예교禮敎', '효치孝治'를 모범으로 했기 때문에, 천자는 모범이 된다는 것을 표시하기 위해 이와 같이 하지 않을 수 없었다. 윗사람이 하는 대로 아랫사람이 본받았고, '가풍'을 지극히 중시하는 관리들에게도 지켜야 할 법규는 많았다. 아들의 친구가 왔을 때, 아버지가 예외적으로 접견해도 친구는 앉을 수 있었지만, 아들은 서 있을 수밖에 없었다. 어쨌든 아버지는 무게를 잡아야 했고, 아들은 아들대로 허세를 부려야 했으며, 부자지간은 반드시 '멀어야' 했으므로, 진정한 사랑이 있기 어려웠다. 있다 해도 '예'에 의해 사라졌다.

모자간의 관계는 훨씬 좋았다. 어머니의 자녀에 대한 사랑은 대부분 '지극한 사랑'이었다. 반대로 어머니에 대한 아들의 사랑은 대부분 '보답'이었다. 이 두 가지는 결코 같지 않았다. 아들과 관련된 일, 특히 요즘말로 하면 사업 같은 일에 대해서는 어머니는 관여할 수도, 도울 수도 없었다. 이렇게 되자 친구에게 의지해야 했다. 게다가 모자지간에는 중간에 며느리가 있었다. 고부관계가 좋으면 상관없었지만, 나쁠 경우에는 모자관계도 영향을 받았다.

형제지간에도 상당히 거리감이 있었다. 형제지간도 불평등했기 때문이다. '맏형은 아버지이고, 맏형수는 어머니'로, 한쪽은 거드름을 피우고, 다른 한쪽은 잰 체해야 했다. 게다가 계승권 분규가 있는 경우, 한쪽이 불평하면, 다른 한쪽은 심하게 경계했고, 더 심하면 내부 분쟁으로 형제간의 싸움이 일어날 수 있었다. 게다가 부모가 편애라도 하는 날엔 상황은 더욱 복잡했고, 동서 간에 부추김이라도 있으면 분쟁은 더욱 시끄러웠다. 《춘추좌전》은 형제간의 전쟁으로 시작하는데, 형 정鄭과 동생 단段의 싸움이 그것이다. 춘추는 원래 '집안싸움'이 가장 뜨거웠던 시대 중 하나로, 이후 형제간의 전쟁은 끊이지 않았다. 비교적 유명한 사례가 동진東晉, 남량南梁, 청의 옹정雍正 때의 일이다. 이와 비교하면, 백성들은 어쨌든 권력이나 재산 계승권이 별로 없었기 때문에 그나마 좀 나았다. 결국 형제는 분가해서 독립해야 했기 때문에 서로 냉담해질 수밖에 없었다. 만약 동서 간에 서로 다투고 올케와 시누이 사이가 좋지 않으면, 일은 더욱 골치 아팠다.

사실 형제관계는 원래 가장 좋아야 한다. 항렬이 같고, 나이가 비슷하며, 혈연이 가깝고, 가장 쉽게 마음을 나눌 수 있기 때문이다. 그래서 강호의 구호까지도 '세상이 모두 형제'라고 했다. 그러나 '세상이 모두 형제'라고 한 결과, 진짜 형제는 오히려 형제 같지 않았다. 이를테면 관가에 이규를 제보한 것은 그의 친형이다. 완씨삼웅阮氏三雄은 오히려 가까웠는데, 그들의 관계는 다른 '형제(실제로는 친구)'와 별 차이가 없었다. 친구가 형제를 본보기로 했다기보다는 형제가 친구를 본보기로 했다고 할 수 있다. 형제간의 도덕 준칙은 '우애'로, 어떤 관계나 친구 같은 성질이 있으면, 그 정이 더욱 돈독해질 수 있다.

친구

부부간에 사랑이 없고, 부자간에 정이 없고, 형제간에 우애가 없으니, 마음을 친구에게 털어놓을 수밖에 없었다.

친구는 가장 평등하면서 가장 자유로운 관계다.

친구관계의 첫 번째 특징은 '평등'이다. 친구란 무엇인가? '친구〔朋〕'란 두 개의 '조개〔貝〕' 혹은 다섯 개로 된 두 줄의 조개 묶음으로, 두 개의 조개는 크기가 똑같고, 두 묶음의 조개는 양이 똑같다. 그래서 평등하다. '우友'는 두 개의 '손'인 왼손과 오른손으로, 역시 평등하다. 사실 친구가 될 수 있으려면, 신분과 지위가 모두 대체로 비슷하고, 적

424

어도 모두 한 '울타리'의 사람이어야 한다. 예를 들면, '고위관리'가 '평민'하고 친구가 된다는 것은 상상하기 어렵다. 혹시 친구라면 분명 다른 이유가 있다. 원래 '가난하고 어려웠을 때의 친구'이거나 평민이 실은 '은사隱士'거나 아니면 사귈 때 신분을 밝히지 않았던 경우이다. 그래서 사회적 지위가 아주 높으면 점점 적막과 고독을 느끼게 되고, 견디기 힘든 외로움을 느끼게 된다. 황제는 거의 예외 없이 친구가 없다. 실제로 그와 평등한 사람이 없기 때문이다.

친구관계의 두 번째 특징은 '서로 같음'이다. 《역易·태兌》의 공영달 孔穎達의 주석에 따르면 '동문을 붕朋이라 하고, 동지를 우友라' 했다. 친구지간에는 항상 어떤 공통점이 있는데, 동향이거나 동창이거나 동료라거나 나이가 같다거나 동업자거나 동지거나 성격이 비슷하거나 지향이 같거나 관점이 같거나 혹은 처한 상황이 비슷하다. 일단 공통점이 발견되면 쉽게 친구가 될 수 있다. 이 점이 평등보다 더 중요하다. 두 사람에게 비슷한 점이 많고, 뜻이 잘 맞으며, 처음 만났을 때부터 친근하다면, 신분 지위의 차이에 관계없이 친구가 될 수 있는데, 나이에 관계없이 맺어지는 우정인 '망년지교忘年之交'가 그것이다.

세 번째는 '잘 맞음'이다. 일반적으로 '붕'은 조개 두 개처럼 같은 것을 가리키고, '우'는 두 손을 모아 합장한 것을 가리킨다. 그래서 마음을 합쳐 협력한다는 뜻의 '동심협력同心協力'을 '붕심협력朋心協力'이라고도 한다. 합작관계가 있는 사람, 단위, 집단을 '우'라고 하는데, 예를 들면, '우군友軍', '우방友邦'이 있다. 원래 비우호적인 관계에서도 합작이 잘되면, 사람들은 쉽게 친구가 된다. 사실 많은 사람들의 우정은 장기적인 합작관계 속에서 만들어진다. 동료, 동업자, 전우, 파트너가 때로는 친구인 이유가 바로 여기에 있다.

네 번째는 '선택 가능' 이다. 친구는 형제처럼 하늘이 맺어주는 것이 아니다. 또 부부처럼 부모가 맺어주는 것도 아니다. 친구는 사랑하는 사람처럼 모두 자기가 찾는, '자주권' 이 있다. 또한 각자 품고 있는 내재적인 열정을 가장 잘 불러일으킬 수 있다. 선택할 수 있고, 자유가 있다. 교제의 자유가 있고, 절교의 자유도 있다. 비슷하면 사귀고, 맞지 않으면 헤어지고, 어려움 속에서 더 친해질 수 있다. 또한 강호 속에서 잊힐 수도 있는, 다른 인간관계보다 훨씬 자유로운 관계다.

평등하고 비슷하고 잘 맞고 또한 자유롭게 선택할 수 있으니, 관계는 친밀하고, 감정은 돈독하다. 따라서 중국인들은 우정과 우의를 매우 중요하게 생각한다. 중국 고대 문학작품에서 많은 시인들이 우정을 노래하고 있다. 이상은을 예로 들면, 그의 시는 죽은 아내를 그리워하는 시가 한 편, 사랑시도 15편 정도지만, 친구에게 보내거나 우정을 표현한 것은 적어도 사랑시의 세 배쯤 된다. 그중 가장 유명한《야우기북夜雨寄北》에 대해 과거 어떤 사람이 말하길, 이 시는 아내에게 쓴 것이니 제목을《야우기내夜雨寄內》라고 해야 한다고 했다. '어느 날 함께 서창의 촛불 심지를 자르면서 파산巴山의 밤비 내리던 때를 이야기 할까〔何當共剪西窗燭, 卻話巴山夜雨時〕' 는 아내나 친구에게 쓴 것이라고 해도 다 통한다. 이처럼 '아내에게 보내는 시' 와 '친구에게 보내는 시' 가 이렇게 구분하기 어려운데, '사랑' 은 제한 받았고 '우정' 은 아무리 두터워도 지나치게 여기지 않았음을 어떻게 증명할 수 있을까?

'취해 잠들어 함께 이불 덮었고, 낮에는 손잡고 돌아다녔다〔醉眠秋共被, 攜手日同行〕' 4)에서 친구라고 설명하지 않으면, 사랑하는 사람으로 여길 수 있지 않은가? 오히려 '너는 밭을 매고, 나는 베를 짜네〔你耕田來我織布〕' 에서는 친구 같지 않은가? 친구뿐일까, '파트너' 혹은 '협동조

426

합' 같다. 애정과 우정이 이처럼 제자리를 벗어나니, 시 한 편이 결국 아내에게 보내는 것인지 아니면 친구에게 보내는 것인지도 구분하기 어려웠다. 군이 구분할 필요도 없었다. 사이좋은 부부는 원래 친구 같고, 사이좋은 친구는 원래 부부 같기 때문이다. '사슴이 슬피 울며 들판에서 풀을 뜯고, 나는 좋은 손님 있어 거문고 타고 생황 부네〔傲傲鹿鳴, 食野之苹, 我有嘉賓, 鼓琴鼓笙〕' 5)에서 이 손님이 남자인지 여자인지, 아내인지 친구인지 역시 분명하지 않다. 하지만 친구가 왔다면 분명 '거문고 타고 생황을 불어야' 하며, 부부가 서로 사랑하는 것 역시 '거문고와 비파가 서로 어울리는 것'으로, 모두 '지음知音'이라고 할 수 있다.

바로 이런 여러 가지 원인 때문에 우정이 특히 발달했으며, 무척 소중했다. 어쨌든 친구가 있다는 것은 행복한 것이다. '친구가 있어 먼 곳에서 오면 기쁘지 않은가〔有朋自遠方來, 不亦樂乎〕'라고 했듯이, 친구가 없으면 불행하다. '그대에게 다시 한잔 술 비우기를 권하니, 서쪽으로 양관陽關을 나가면 친구가 없을 것을〔勸君更進一杯酒, 西出陽關無故人〕'. 친구와의 이별은 슬픈 일이지만, 밝게 응답해야 한다. '온 세상에 벗이 있으니, 하늘 끝도 이웃〔海內存知己, 天涯若比隣〕' 같다. 어딜 가든 친구가 있다는 것은 인생의 가장 큰 행운으로 생각해야 한다.

'그대 가는 길에 지기가 없음을 걱정하지 말게나, 세상 누군들 자네를 모르겠는가?〔莫愁前路無知己, 天下誰人不識君〕' 6)라는 글처럼 우정의 소중함은 말로 다 표현할 수가 없다.

교우삼매경

친구를 사귀는 방법

친구에는 유익한 친구와 해로운 친구가 있다.

공자는 일찍이 '유익한 친구'의 세 가지 조건을 말한 적이 있다.

우선 정직한 친구다. 정직은 마음이 바르고, 말도 돌려하지 않음이다. 보통 사람이 올바르기는 그다지 어렵지 않지만, 정직하기는 좀 어렵다. 또한 다른 사람의 결점이나 잘못을 보고 말하기는, 특히 자기와 가까운 사람에게 감히 직접적으로 솔직하게 말하기란 아주 어렵다. 어려움의 하나는 인정에 얽매여 입을 열기가 어렵고, 두 번째는 손해가 있을까봐 말할 결심을 하기가 쉽지 않다. 다른 사람에게 손해를 끼치고 상대방의 체면을 깎으면서, 자기에게도 결코 좋은 것 하나 없는 이런 '어리석은 일'을 할 사람이 어디 있을까? 하지만 직언을 들어주기란 힘들지만, '진정 사랑하는 마음'에서 나오는 것이기 때문에, '정직한 친구'를 얻는다는 것은 실로 인생의 커다란 행운이다.

다음은 너그러운 친구다. 친구가 잘못을 했을 때 '이해'해 주거나, 자기에게 미안한 일을 해도 '용서'할 수 있는 것은, 아주 어려운 일은

428

아니다. 그러나 진정 상대방의 입장에서 입장을 바꿔 '이해하는 것' 은 쉬운 일이 아니다. 더욱이 그가 누구나 인정하는 '어질지 못하고 정의롭지 못한 일' 을 일을 하고, 자기에게 직접적인 손해를 끼치고도 미안하다고 하지 않으며, 또한 내가 억울한 누명을 쓸 수 있음에도 자신을 굽혀 친구를 이해한다는 것은 비교할 데 없이 어려운 일이다. 명예를 소중히 여기는 사람이 명성을 위해 '정직' 하기는 어렵지 않다. 실리를 추구하는 사람이 명성을 고려하지 않고 '뜻을 굽히는 것' 도 어렵지 않다. 하지만 명성도, 실리도 따지지 않고 '자신을 굽혀 친구를 이해하기' 란 거의 '도리에 맞지 않는' 어려운 일이다. 그래도 이런 친구가 진정한 친구다.

세 번째는 '박학다식한 친구' 다. 박학다식한 사람은 당연히 유익하다. 그 반대인 '해로운 친구' 에는 세 가지 특징이 있다. 첫 번째는 외모는 당당하지만 관료적이고 상투적이며 의례적인 말만 하는 친구다. 표면상으로는 흠잡을 데 없지만, 내심은 정의롭지 못하고, 정직하지 않다. 두 번째는 상대방에게 아첨만 하는 사람으로, 심지어는 남의 잘못을 따라하는 것도 마다하지 않는다. 표면적으로는 친절하고 이해심이 많지만, 내심은 전혀 진실하지 못하다. 세 번째는 호언장담하고 허튼소리나 하는 사람으로, 표면적으로는 언변이 뛰어나지만, 내심은 일자무식이다. 박학다식할 수 없음은 물론이다. 이 세 종류의 사람은 사람을 상당히 현혹하지만, 사실은 사람에게 가장 해가 되기 때문에, 해로운 친구다.

따라서 군자가 친구를 사귈 때는 다음 몇 가지 원칙이 있다.

첫째, 자연스러워야 한다. 억지로 사귀거나(타인에게 친구 사귀기를 강요하지 않는다), 함부로 사귀지 않는다(함부로 타인과 친구가 되지 않는다).

진정한 친구는 항상 우연히 만나야지 억지로 구해서는 안 된다. 기회를 찾아갈 수는 있지만, 기회를 만들어서는 안 된다. 경솔한 것은 더욱 좋지 않다. '술 한잔에 생사를 같이하는 벗이 되는 것'은 통쾌하기는 하지만 사실 신뢰하기 어렵다.

두 번째, 공리功利를 초월한다. '이익' 때문에 결탁하는 사람은 '친구'라고 할 수 없고, '붕당(좋지 않은 친구들)'이라 할 수 있다. 이런 사람들은 이익만 추구하기 때문에 이익이 서로 일치할 때는 결탁하지만, 이익이 없을 때는 뿔뿔이 흩어진다. 또 일단 이해가 충돌하면 반목하고 원수가 되며 서로 물어뜯는다. 오직 '의리' 때문에 친구가 돼야만 정의를 위해 함께 싸우고, 한쪽에게 잘못이 있을 때에는 감히 직언하여 '정직한 친구'가 되며, 대의를 위해 작은 잘못은 이해해 주는 '너그러운 친구'가 된다.

세 번째, 의심하지 않아야 한다. 친구를 사귈 때는 굳은 충성과 믿음이 소중하다. 일단 의심하는 마음이 있으면, 틈이 생긴다. 따라서 사람을 사귈 때는 진실해야 하고, 의심을 버려야 하며, 약간의 미심쩍음도 없어야 한다. 여기에서 가장 하기 어려운 것은 '약간의 의심도 버리는 것'이다. 정직한 사람은 청렴하고 고고하기까지 해서 항상 "눈 속의 모래 한 알도 용납할 수 없다"라고 큰소리친다. 자기 자신에 대해 진짜 엄격히 요구하기 때문에, 타인(특히 자기와 친구가 될 자격이 있다고 생각하는 사람들)에 대한 요구 또한 낮을 리가 없다. 그리고 그것을 '기본적'인 요구라고 생각한다. 그래서 조금만 불만이 있어도 큰 죄명을 부과하고, 오로지 관계가 바르고 또 바르기를, 우정이 순수하고 또 순수하기만을 바란다. 그 결과 '물이 지나치게 맑으면 고기가 없고, 사람이 지나치게 따지면 친구가 없다〔水至淸則無魚, 人至察則無徒〕'라는 말처럼 결국 스

430

스로 고립될 뿐이다. 진정한 '군자의 사귐'은 진실로 큰일에 중심을 두어, 사소한 일에 얽매이지 않고, 같은 것을 추구하면서 다른 것도 용납할 수 있어야 오랫동안 사귈 수 있다.

네 번째, 관용을 많이 베푼다. 관용이란 쌍방향적이다. 친구에게 관용해야 할 뿐 아니라, 자기 자신에게도 관용해야 한다. 자신이 할 수 있다고 해서 타인의 과실을 지적해서는 안 된다. 또한 자기가 하지 못한다고 해서 부끄럽게 생각해서도 안 된다. 옥에도 티는 있고, 사람은 신이 아니다. 능력이 미치는 사람도 있고, 능력이 미치지 못하는 사람도 있다. 할 수 있는 일도 있고, 할 수 없는 일도 있다. 따라서 친구간의 평등을 해치지 않기 위해 다른 사람에게 무리하게 요구해서는 안 된다. 자기에게도 무리하게 요구할 필요가 없다.

다섯 번째, 용기가 있어야 한다. 의심을 버리고 많이 관용하느냐는 전적으로 '용기'에 달려 있다. 또 용기가 있는지는 전적으로 '공리를 초월'하는 데 있다. 실제로 군자는 의를 중시하고, 이익을 가볍게 생각하며, 개인의 진퇴영욕, 성패득실 모두 따지지 않아서 도량이 넓고 거리낌이 없다. 소인은 이익을 중시하고 의를 경시하거나, 원하는 것을 얻지 못할까봐, 얻은 것을 계속 유지하지 못할까봐, 온전히 유지하지 못할까봐 두려워한다. 그리하여 지나치게 따지고, 얻으려고 노심초사하고, 잃을까봐 전전긍긍한다. 한마디로, '군자는 당당하고 소인은 항상 벌벌 떤다'라고 한다.

사람을 사귈 때에도 군자는 흉금을 털어놓고, 편안하고 태연하게 대하며, 강자라고 남을 무시하거나 힘만 믿고 남을 기만하지 않는다. 소인은 자기를 아끼고 물건을 과시하며, 지위를 잃을까봐 걱정하고, 오만하게 사람을 깔보며, 그냥 두지 않는다. 이것을 '군자는 태연하면서 교만하지 않고, 소인은 교만하면서 태연하지 않다[君子泰而不驕, 小人驕而不泰]'라고 한다. 마찬가지로 군자는 의를 추구하고 반드시 자신에게서 잘못을 찾으며, 소인은 이익을 좇으며 반드시 권세에 빌붙는다. 이를 '군자는 자기에게서 구하고, 소인은 타인에게서 구한다[君子求諸己, 小人求諸人]'라고 한다. 자신에게 구하는 사람은 서로 간에 이해관계가 없고, 불쌍하게 생각하고 다투지 않으며, 무리를 지어도 나쁜 무리를 짓지 않고, 자연히 담백하고 편안하다. 타인에게 구하는 사람은 서로 결탁하고 이용하며, 감언이설을 하고, 사소한 이익만을 준다. 이것을 '군자의 사귐은 물처럼 담백하며, 소인의 사귐은 꿀처럼 달다[君子之交淡如水, 小人之交甘如蜜]'라고 한다. 이로운 친구와 해로운 친구는 바로 군자와 소인의 차이가 아닐까?

친구를 사귀는 마음가짐

친구를 사귀려면 '친분'을 중시해야 한다.

친분에는 깊은 것이 있고 얕은 것이 있다. 친분이 깊은 것을 '심교深交'라 하고 깊지 않은 친분을 '천교淺交'나 '얼굴만 아는 사이'라고 한다. 중국인은 '안면'을 중시한다. 만나다 보면 정이 생긴다. 그러나 '한 번 본 적이 있는 것'만으로는 친분이 두텁다고 할 수 없으며, 인정에 호소할 수는 있지만 입을 열기가 쉽지 않다. 처음 만났을 때 마치 오랜 친구 같았으면 모를까 무리한 부탁을 하기 어렵다. '오래됐다[故]'는 것은 여러 번 만났고, 안 지 오래됐다는 뜻이다. 그래서 고인故人, 고우故友, 고구故舊, 고지故知라고 하는데, 오래전부터 알고 지내온 동창이나 동료, 전우 혹은 오랜 이웃 같은 것이다. 오래됐기 때문에 깊고, 깊기 때문에 내심까지 알 수 있다. 설사 깊이 들어가지 못한다고 해도 '오래

432

됐다(老)는 자체가 체면서는 일로, 어쨌든 '얼굴 한번 본 정도의 사귐' 보다 효과가 크다.

분명 중국인의 친분은 일반적으로 알고 지낸 시간에 비례한다. '길이 멀어야 말의 힘을 알 수 있고, 세월이 흘러야 사람의 마음을 알 수 있다(路遙知馬力, 日久見人心)'라고, 친분이란 맛있는 술처럼 오래 묵을수록 향기롭다. 시간이라는 검증을 거치지 않은 친분은 아무래도 믿을 만하다는 느낌을 주기 어렵다. 또한 헤어지기 아쉬워하는 '사랑하는 마음'이 들게 하기 쉽지 않다. 속담에 '옷은 새것이 좋고, 친구는 오래된 친구가 좋다', '신혼은 뜨겁고, 옛 친구는 정이 깊다'라고 했다. 우정은 혈육의 정과는 다르다. 혈육의 정은 자연적인 것으로, 당연히 자기가 낳은 자녀를 사랑한다. 우정은 점차 쌓아가는 것으로, '쌓임'에 의지한다. 쌓이므로 두텁고, 두터우므로 깊어져서, '깊고 두텁다'라고 한다. 반대로 쌓이지 않으면 얇으므로 '천박'하다고 한다. 천박한 사람은 솔직하고 숨김이 없다. 사귈 때 말이 많아서 큰소리치고 호언장담하며 자기 자랑이 심하고, 두루 두루 넓게 사귀지만 쉽게 약속하고 신의가 부족하며 자중할 줄 모른다. 진정한 우정이란 얼굴은 담담하지만 마음은 기꺼운, 마치 진정한 학문과 예술처럼 보기에는 평범해도 아주 기묘하고 다양하며, 쉬운 것 같지만 아주 어렵고, 두텁게 쌓이지만 잘 드러나지 않음이다.

친분이란 오래된 것이 좋긴 하지만, 오랜 친구라고 해서 반드시 '사귐이 깊은 친구'는 아니다. 친분이 오래됐다는 것은 안면이 많다는 것을 의미한다. '오랜 사귐'은 일이 생겨서 도움을 청하면 그 사람이 아니라 그동안의 정을 생각해서, 다년간 알아온 체면을 봐서 도와주지 않을 수 없는 것이다. 따라서 '안면'을 생각해서 도와주는 것으로, 전적으로 친분이 깊은 정도와 일의 난이도에 달려 있다. 이런 각도에서 '오랜 사귐'도 반드시 믿을 만하지는 않다.

　진정 '깊이 사귐'은 '지교知交', 즉 서로의 마음을 아는 것이다. 마음을 알아주는 친구를 사귀려면, 우선 진심을 다해야한다. 진실한 마음으로 대하고 서로 속고 속이지 않는다. 두 번째는 충성해야 한다. 우정에 충실하여 다른 사람의 부탁을 받으면 충심을 다 한다. 세 번째는 신뢰해야 한다. 즉 엄격히 신의를 지켜 말은 믿음직스럽고, 행동은 결과가 있어야 한다. 넷째는 적절한 상황 대처로, 구속되거나 구차하지 않은 것이다. 네 가지 중에 이 적절한 상황 대처가 가장 어렵다. 공자는 "도를 함께 배울 수는 있지만, 모두 반드시 도를 배울 수 있는 것은 아니며, 도를 배울 수 있는 사람이 반드시 도를 지킬 수 있는 것도 아니며, 도를 지킬 수 있는 사람이 그 상황에 맞게 행동할 수 있는 것도 아니다 〔可與共學, 未可與適道; 可與適道, 未可與立; 可與立, 未可與權〕"라고 했다. 즉 보통 사람의 경우, 우리는 그와 함께 배울 수는 있으나 반드시 같은 길을 가는 것은 아니다. 길이란 선택할 수 있어서 각자 선택한 인생행로의 동기, 목적, 지향이 똑같지 않으며, 비록 같은 인생행로를 걷는다고 하지만, 같은 길을 가는 사람일뿐 언제 헤어져야 할지 모른다. 그와 동지가 될 수는 있지만 반드시 상황에 따라 함께 행동할 수 있는 것은 아니다.

　이로써 '마음을 알아주는 친구를 사귀는 것은 그 무엇보다 어려우며, 평생에 지기를 하나만 얻어도 족하다'라고 한다. 많은 사람들은 일생을 마칠 때까지 지기 하나도 얻기 힘들다. 하지만 어떤 친구는 꼭 지기는 아니지만 신뢰할 만한 친구가 있는데, 이를 '환난지교患難之交'라고 한다. 즉 생사를 같이하고 어려움을 함께 한 사람이다. 전쟁에서 자기 목숨을 구해 주었다거나 해를 입었을 때 나를 보호해 주고 구해주었다거나 위급한 상황에서 자기와 마음을 함께 하고 힘을 합해 함께 어려움을 넘긴 사람이다. 이런 생사고난의 검증을 경험한 친구는 가장 충실한 친구로, 목에 칼이 들어와도 마음이 변하지 않을 것이다. 그래서 '문경지교刎頸之交(생사를 같이할 수 있는 친구)'라고도 한다.

이치는 매우 간단하다. 진정한 우정은 실리를 초월한다. 생사고난, 공명 그리고 재물과 벼슬은 우의의 진위 여부와 친분의 정도를 가장 잘 검증할 수 있다. 사마천의 《사기 · 급정열전汲鄭列傳》의 찬사에서 하규下邽 사람으로 성이 적翟이라는 사람이 처음 정위廷尉(최고사법관)였을 때는, 손님의 왕래가 끊이지 않아 대문이 막힐 정도였으나, 관직을 그만둔 후 대문 밖에 새 잡는 그물을 칠 수 있을 정도로 방문객이 거의 없었다. 그러다 나중에 적공이 다시 정위가 되자 손님들이 다시 적과 사귀려고 했다. 그러자 적은 문 앞에, '죽었다가 살아나니 우정을 알게 됐고, 빈천했다가 부유해지니 사람의 마음을 알게 됐다. 귀해졌다가 천해지니 우정이 보였다'라고 크게 써 붙였다. 이보다 더 분명한 예가 또 있을까?

친구를 사귀는 태도

적공의 말은, 친구를 사귀는 마땅한 이치다. 그는 '우정'을 언급했을 뿐 아니라, '사귐의 태도'에 대해서도 말했다. 이른바 사귐의 태도란 친구를 사귀는 목적과 태도로, 친구를 사귀는 일반적인 태도, 즉 '세태'를 가리킨다. 앞에서 언급한 '군자의 사귐'과 '소인의 사귐'도 두 가지 사귐의 태도라고 할 수 있는데, 두 극단일 뿐이다. 이 세상에 진정한 군자나 소인은 많지 않기 때문이다. 대부분 군자와 소인의 중간으로, '보통 사람'쯤 된다. 보통 사람이 사람을 사귀는 태도가 바로 세상에서 사람을 사귀는 '일반적인 태도' 다.

일반적으로 '사람을 사귀는 태도' 에는 몇 가지 특징이 있다.

첫 번째, 목적이 있다. 보통 사람이 친구를 사귈 때는 모두 목적이 있다. 이 목적은 소인들의 그런 눈앞의 이익에만 급급한 것은 아니고, 세상에 살면서 친구 네댓은 있어야 한다는 생각이다. '집에 있을 때는 부모에게 의지하고, 밖에 나가면 친구에게 의지한다', '훌륭한 사람 옆에는 도와주는 친구가 많다' 라는 말처럼, 친구가 없으면 세상에서 자립할 수 없고, 인간으로 살아나가기 어렵다. 그래서 많은 사람들이 의식적으로 목적을 가지고 친구를 찾고 사귄다. 대체적으로 이런 목적은 또 세 가지로 나눌 수 있는데, 하나는 사업을 위해서 사업상의 지도자나 지지자 혹은 참모나 동업자를 찾기 위한 것으로, 고대 대정치가들이 세상의 뜻있는 선비를 널리 받아들이고, 학자나 시인들이 사방으로 스승과 친구를 찾는 것이 모두 이런 종류에 속한다. 다른 하나는 생활을 위한 것으로, 이를테면 일의 편의, 생활상의 보살핌, 위급한 상황이나 특별한 어려움에 처했을 때 도움을 받기 위한 것이다. 이럴 때 모두 친구가 필요하며, 그렇지 않으면 옴짝달싹 할 수 없고 의지할 데가 없다. 나머지 하나는 정신적인 교류를 위해서다. 사람은 누구나 감정이 있는데, 이런 감정은 타인과의 교류를 통해 이루어진다. 사람은 누구나 나름의 처한 상황이 있고, 이런 처지를 다른 사람에게 털어놓고 말할 필요가 있다. 사람은 누구나 나름의 비밀이 있어서, 이런 비밀을 가끔은 한두 사람에게 털어놓을 필요가 있다. 그렇지 않으면 마음에 병이 생길 수 있다. 하지만 자기의 가족, 친지가 모두 교류하고 하소연하며 비밀을 털어놓을 상대는 아니다. 이를테면 부부간의 감정이 좋지 않으면, 남편이나 아내에게 털어놓을 수 없다. 또한 첫사랑의 비밀 같은 것은 때로

부모에게 털어놓을 수 없다. 이럴 때 부모나 가족에게 할 수 없는 말을 털어놓을 친구가 필요하다. 중국 전통문화는 친구를 군신, 부자, 부부, 형제와 더불어 가장 중요한 다섯 가지 윤리관계의 하나로 보고 '오륜五倫'이라고 했는데, 독특하고 예리한 점이 아닐 수 없다.

두 번째, 이해를 좇는다. 이익을 좇고 손해를 피하는 것은 원래 인지상정으로, 더욱이 목적을 가지고 친구를 사귀는 것에 당연히 실리적인 계산이 전혀 없을 수 없다. 또한 그런 사람을 일률적으로 '소인' 또는 '정의롭지 못하다'라고 할 수 없다. 처음 친구를 선택하고 사귀기 시작했을 때, 두 사람 사이에 아직 '정'이랄 게 없는데, 이익을 좇고 해를 피하는 것이 어째서 정의롭지 못하다고 할 수 있을까? 역사상 신릉군과 후영, 공자광과 전제, 엄중자와 섭정, 연태자단燕太子丹과 형가 등은 모두 실리적인 목적이 분명했지만, 정의롭지 못하다고 생각되지 않았다. 또한 어떻게 보통 사람의 사귐에 전혀 이해관계를 따지지 않을 것을 요구할 수 있을까? 엄격히 말해서 어려움은 함께하면서 부귀는 함께 나누지 않고, 작은 이익을 위해 대의를 저버리며, 친구를 팔아 영달을 추구하고, 부유해지자 바로 안색을 바꾸는 사람이 진짜 배은망덕한 소인이다. 본인과 가족의 이해를 돌보지 않고, 위험을 무릅쓰면서까지 역경에 처한 친구를 사귀거나 곤경에 빠진 친구를 사귀는 사람은 정의롭고 늠름한 군자다. 이 둘 사이에 있는 것이 보통 사람이다. 보통 사람이 친구를 처음 사귈 때 이익을 따르고 손해를 피하는 것은 당연히 이해해야 한다. 만약 상대방이 힘을 잃고 어려움에 빠졌을 때도 여전히 우정을 유지한다면, 군자로 보는 것이 마땅하다.

세 번째, 만남과 헤어짐이 잦다. 보통 사람의 사귐은 필요를 목적으로 한다. 즉 변화가 필요하면 친구관계 역시 변화가 발생할 수 있는데,

더 깊어지거나 소원해지거나 다른 사람에게 옮겨간다. 그래서 보통 사람의 친구관계는 끊임없이 새롭게 조합되고, 오래된 친구도 점차 소원해지며, 새 친구를 사귀게 된다. 이는 정상적인 현상이자 '좋은 일'이라고 해도 무방하다. 교제의 범위가 확대될 수 있기 때문이다. 중국 전통 윤리 관념에 친구는 부부와 같아서 줄곧 '처음부터 끝까지'를 강조하는데, 현실적이지 않을 뿐더러 완전히 합리적인 것은 아니다. 사람을 아는 데는 과정이 필요하다. 사귀는 과정에서 만약 상대방과 자신의 지향이 같지 않고, 성격이 맞지 않으며, 가는 길이 다르다는 것을 발견하면 헤어지고 각자 제 갈 길을 갈 수 있다. 일방적으로 '시종일관'을 강조하는 것은 일종의 '폭력'이다. 자신의 시비를 시비라 하고 자기의 선악을 선악이라 하면서 친구에게 모든 면에서 자기와 같고, 모든 일에서 자기와 맞출 것을 요구하며, 의견이 다르면 '배반'이라고 생각하는 것은 사실 '다양성을 인정하지 않는 것'이다. 그 결과 '소인의 사귐'이 되지 않으면, '외로운 사람'이 되고 만다. 많은 사람들이 일생토록 지기가 없는 이유가 바로 여기에 있다. 만약 "자고로 성현들은 모두 외롭다"라는 핑계를 댄다면, 아직 아집에서 벗어나지 못한 것이다. 자고로 성현들이 모두 외로웠던 것은 사상이 초월적이고 관점이 독특했기 때문이다. 성현들이 물론 많이 외로웠던 것은 사실이지만, 외로운 사람이 모두 성인은 아니다. 성현도 아니면서 외로운 사람은 대부분 마음이 지나치게 좁다. 마음이 좁은 것은 장점이 하나도 없다. 따라서 마음을 보편적인 상태로 조절하는 게 이롭다.

438

의협심과 독야청청

우정 그 최고의 가치

진정한 우정은 분명 공리를 초월한다. 우정이야말로 진정한 사랑의 구현이다. 그렇기 때문에 정의를 중시하고 이익을 가볍게 생각하는 사람은 우정을 그 모든 것의 우위에 두며, 그 무엇보다 소중하게 생각한다.

우선, 우정은 돈보다 중요하다. 많은 중국인에게 돈은 '몸 밖의 물건'으로, 가장 아까워할 가치가 없는 것이다. 금전뿐 아니라, 돈으로 살 수 있고 값이 나가는 물질적 이익과 물질적 즐거움은 모두 우정을 위해 쉽게 포기할 수 있다. 공자가 자신의 학생 안회와 자로에게 자신의 지향과 바람을 말하게 했는데, 우정을 중시하는 자로는 감개무량해서 자기의 수레와 의복을 친구들과 함께 쓰기를 원하며 다 써서 망가져도 아깝지 않을 것이라고 대답했다. 이는 우정을 중시하는 보통 중국인의 공통된 심리다. 자기의 돈과 재물을 친구가 필요하다면 가져가 쓰게 할 뿐 아니라, 친구에게 필요한 것이 자기에게 있기만 하면 절대 인색하게 굴지 않는다.

이것이 서양 사람들과 다른 점이다. 서양 사람들은 우정과 금전을 매우 분명히 구별하여, 우정은 우정, 돈은 돈이라고 생각한다. 친구는 말할 것도 없고, 부자지간에 돈을 빌려도 차용증을 써야 하는데, 이것이 인격을 존중하는 것이라 생각한다. 서양의 인간관계는 '계약관계'로, 증서가 없으면 규범이 될 수 없다. 중국의 인간관계는 '정감관계'로, 계약서를 쓰는 것은 남 대하듯 하는 것이고 '감정을 상하게' 할 수 있다. 그래서 중국에서 친구지간에 돈을 빌릴 때, '차용증서'를 쓰는 경우가 거의 없다. 심지어는 '빌리다'라는 말도 꺼리며, 얼마든지 가져다 쓰라고 한다. 친구지간에 중요한 것은 '신의'로, '계약'이 아니다. 친구에게 어려움이 있으면 도와주는 게 당연하지, 어떻게 아까워할 수 있단 말인가? 심지어는 친구와 즐거운 밤을 보내고 취하기 위해, 귀중한 재물을 전당포에 맡기는 것도 마다하지 않았다. 이백은 〈장진주將進酒〉에서 '오색 빛깔의 말과 천금의 가죽옷 따위는 아이에게 가서 술과 바꿔 오게 하여, 자네와 함께 오랜 세월의 근심을 녹여보리라〔五花馬, 千金裘. 呼兒將出換美酒. 與爾同消萬古愁〕'라고 했다. 술 마실 돈이 부족하다? 자네한테 좋은 말과 비싼 가죽옷이 있지 않은가! 자네 집 아이를 시켜 술과 바꿔오라고 해서 오늘 우리 취할 때까지 마셔보자! 이런 '주객이 전도'된 흥분은 이심전심으로 서로 격식 없는 호탕한 사이가 아니고는 할 수가 없는 것이다. 양계초梁啓超는 시에서 '한 잔의 술로 자네와 호형호제하네, 자네의 어머니가 나의 어머니, 자네의 원수가 나의 원수〔瀝血一配酒, 與君兄弟交. 君母卽吾母, 君仇卽吾仇〕'라고 노래했다. 친척과 원수까지도 '친구와 함께 나누는데' 재물은 말할 것도 없다.

금전, 재물뿐 아니라 부귀공명, 관직까지 친구를 위해 버릴 수 있었다. 사마천은 이릉李陵[7]을 변호하다 관직을 잃고 벼슬길이 끊겼으며, 감옥에 갇혀 심문당하고 결국 '궁형'을 당했다. 이때 이릉은 이미 항복한 터라 사마천의 변호는 아무 소용이 없었다. 전쟁에서의 항복이란 공명욕을 내세우는 한 무제는 말할 것도 없고, 일반적으로 '명예와 절개를 소중히 여기는' 사람에게는 용납할 수 없는 일이다. 그러나 사마천은 위험을 무릅쓸지언정 그 자리에 있지도 않은 '배신자'를 위해 변호했는데, 이는 '지기'가 아니면 할 수 없는 일이다. 사마천이 감옥에 들어간 후 법에 따라 돈을 내고 속죄할 수 있었지만, 그는 가난해서 그렇게 할 수 없었다. 게다가 평소에 가깝게 지내던 친구들은 하나같이 그를 도우려 하지 않았다. 그 결과 사마천은 옥리의 가혹한 형벌로 온갖 고통을 당했고, 또한 모든 남자들이 굴욕적으로 생각하는 '궁형'을 당해 남자도 여자도 아니고, 산 것도 죽은 것도 아니게 됐다. 이런 모욕을 당한 후, 사마천은 다시 이를 악물고 걸작 《사기》를 완성했는데, '진정한 군자'이자 '대장부'가 아닐 수 없다. 사마천은 《사기》에서 친구를 위해 목숨을 바치거나, 모욕을 참고 책임을 다하는 인물의 이야기를 썼는데, 글이 감동적인 데에는 이런 이유가 있었다. 이밖에 조나라의 우경이 위제를 구하기 위해 재상의 자리를 버린 것이나, 중모中牟의 현령 진궁陳宮이 조조를 구하기 위해 관직을 버린 것 등은 모두 '의리를 중시하고 이로움을 초개草芥'처럼 여긴 호기 있는 행동이다.

금전재물, 부귀공명, 관직 같은 '몸 밖의 물건'을 친구를 위해 버릴 수 있었을 뿐 아니라, 자기 자식과 형제자매, 자기 목숨까지 희생할 수 있었다. 유명한 《조씨고아趙氏孤兒》[8]의 이야기에서, 정영程嬰은 '은혜를 갚기' 위해 쫓기는 조순의 아들을 대신하여 자기 자식을 죽게 했다. 공손저구公孫杵臼는 '우정'을 위해 정영을 대신해서 도망자인 척하다가 정영의 아들과 함께 비명에 세상을 떠났다. 한궐韓厥은 '정의'를 위해 위험을 무릅썼고, 진짜 조 씨 고아를 풀어준 후 자살하여 비밀의 누설을 막았다. 이 세 사람은 모두 맹자가 말한 '정의를 위해 목숨을 바친 사람들'이다.

이렇게 은혜, 우정, 정의 혹은 의리를 위해 희생을 마다하지 않는 행위는 역사상 흔히 볼 수 있었다. 춘추시대 제齊나라 사람인 북곽자北郭子는 집안이 가난한 탓에 어머니를 모실 수 없어 제상齊相 안영晏嬰에게 도움을 받았다. 나중에 안영이 제군에게 의심을 받아 다른 나라로 도망갈 수밖에 없었다. 그러자 북곽자는 친구에게 자기의 머리를 바구니에 담아 제왕에게 주면서, 안 선생은 천하의 현자로 그가 떠난 제나라는 반드시 망할 것이라고 말해달라고 부탁했다. 눈을 뻔히 뜨고 나라가 망하는 것을 보느니 차라리 먼저 죽겠다며 그는 스스로 목을 베어 죽었다. 북곽자의 친구는 '친구의 부탁을 들어주고' 친구와 '생사고락을 함께 하기' 위해 옆 사람에게 똑같이 부탁하고는 그도 역시 자결했다. 마침내 진왕도 놀라 친히 마차를 타고 안영을 쫓아갔다.

또한 서한의 협객 곽해郭解는 법을 어겨 관청의 지명수배를 받아 무제가 뒤를 쫓자, 임진臨晉으로 도망갔다. 임진 사람 적소공籍少公은 곽해를 몰랐는데, 그가 도움을 청하자 여러 가지 방법으로 그를 도와 도망가게 해주었다. 나중에 관청의 추적이 적소공에게까지 이르자, 소공은 그때서야 그 사람이 곽해라는 것을 알았다. 단서를 없애기 위해 그는 결국 자살해서 입을 막았다. 소공과 곽해는 원래부터 알고 왕래하는 사이가 아니었는데도 뜻밖에 목숨을 바쳐 책임을 다했다. 이는 우정이라기보다는 '의협심'이라고 할 수 있다.

의협심

의협심이란, 의지와 기개가 넘치고, 체면과 신의를 지킨다는 뜻이다.

《사기 · 태사공자서》와《유협열전游俠列傳》에 따르면, 의협심은 다음 세 가지 특징으로 정리할 수 있다.

의협심의 첫 번째 특징은 약속을 잘 지키는 것이다. 이른바 '일단 한 약속을 어기지 않고, 믿음을 저버리지 않거나', '말에는 신용이 있어야 하고, 행동은 실천하여 결과가 있어야 하며, 자기가 승낙한 것은 반드시 지키다' 라는 것이 모두 이를 말한다. 모든 협객들이 거의 대부분 약속을 잘 지켰다. 다른 사람에게 '약속' 한 이상 반드시 지켰고, 이해관계를 따지지 않았으며, 위험을 피하지 않았고, 온갖 방법으로 이 언약을 실현하려고 했다. 이 약속이 어떤 상황에서 이루어졌는지, 내용 자체가 합리적인지 아닌지, 실현할 능력과 가능성이 있는지 없는지, 약속을 실현하는 과정에 어떤 문제가 있고 그 결과가 정의인지 아닌지는 모두 고려의 대상이 아니었다. '술 석 잔에 그러마했으면, 태산이 무너져도 지킨다' 라는 말처럼 약속을 꼭 지키는 것 자체가 최고의 합리성이었다.

의협심의 두 번째 특징은 의리를 따지는 것이다. 의협심은 아주 모호한 개념으로, 어떤 때는 '정의' 를 말하고, 어떤 때는 '의리' 를 말한다. '불의를 보고, 용감하게 싸운다', '곤경에 빠진 사람이나 넉넉하지 못한 사람을 도와준다' 에서 말하는 것은 '정의' 다. '자네의 어머니가 바로 나의 어머니, 자네의 원수가 바로 나의 원수', '친구를 위해 어떤 위협도 무릅쓰다' 에서는 '의리' 를 말한다. 정의는 보편성이 있고, 추상적이며, 어떤 특정한 대상에 제한되지 않아 협객들은 잘 모르는 사람을 위해서도 용감히 나섰는데, 그냥 보아 넘기지 못하고 '참견' 하여, 심지어는 강호의 뜻을 같이하는 사람들에게 미움을 사기도 하고, 자신도 추적의 대상이 되기도 했다. 의리는 개별성이 있으며, 구체적이고, 특수한 대상을 겨냥하여 말하는 것이다. 그래서 협객들은 어떤 경우 '형님들과의 의리' 때문에 나라법도 무시했다. 협객들은 천진하게 자신들이 지키는 구체적인 '의리'와 사회 보편적 '정의'가 반드시 일치한다고 굳게 믿었지만, 애석하게도 절대 그렇지 않았다. 이를테면 《수호전》에서 송강과 관청이 맞설 때 정의와 의리는 일치했다. 나중에 그가 어떻게든 투항하려 하자, 정의와 의리는 충돌하게 된다. 이때 '정의를 따를 것인가' 아니면 '의리를 따를 것인가'는 많은 호걸들에게 하나의 '문제'가 됐다. 그 결과, 의리가 정의를 압도했고, 한 무리의 사람들이 모두 송강을 따라 투항했다. 가장 의협심 있고 투항하기를 원치 않았던 이규와 오용은 이를 위해 목숨을 버린다. 이것이 그들의 비극이자, 협객의 비극이다.

의협심의 세 번째 특징은 생사를 가볍게 생각하는 것이다. 협객들은 죽음을 두려워하지 않았다. 그들은 '승낙'과 '의리'를 중시하고, 자신의 생명을 가볍게 생각했다. 일단 목숨과 정의에 모순이 생기면, 전혀 망설이지 않고 정의를 위해 목숨을 버렸다. 이러지도 저러지도 못하고 망설이다가 택한 죽음이 아니라, 용감한 자결이었다. 앞에서 예로 든 한궐은 '정의'를 위해 죽었고, 북곽자는 '은혜'를 위해 죽었으며, 공손저구는 '의리'를 위해 죽었고, 춘추시기 진晉의 역사力士 서예鉏麑는 두 가지 '정의' 때문에 죽었다. 서예는 진영공이 조순을 모살하기 위해 보낸 자객이었다. 이 진영공은 역사상 유명한 어리석은 군주로, 조순은 사람들이 경의를 표하는 나라의 중신이었다. 서예는 난처했다. 많은 사람들의 존경을 받는 인물을 죽이는 것은 '충성'이 아니었고, 명을 받고도 행하지 않으면 '신의'가 아니었다. 두 가지 죄명 가운데 하나만 있어도 죽어야 했다. 물론 돌아가 진영공을 죽이는 것도 할 수 없었다. 그것은 '시해'였다. 그래서 서예는 하는 수 없이 조순의 집 홰나무에 목을 매 자살했다. 이 일은 《좌전》과 《국어國語》에 기록되어 있는데 '서예 촉괴鉏麑觸槐'라고 하여 '용기 있게 기꺼이 자기를 버리고 남을 돕는 기개와 행위'라는 말로 쓰였다.

협객들은 이렇게 자살하는 데 조금도 망설이지 않았으며, 다른 사람을 죽이는 것도 전혀 아랑곳하지 않았다. 이를테면 양산박의 협객들은 송강을 구하기 위해 사형장을 급습하는데, 군관이고 백성이고 상관하지 않고 모조리 죽여서 피가 수로를 이룰 정도였다. 이규는 도끼 두 개를 휘두르며 목을 베는 데 골몰하여, 도끼질 한 번에 머리 하나씩 앞장서 베어나갔는데 죽은 사람 대부분은 무고한 사람이었다. 설사 황문병黃文炳처럼 아무리 죽어 마땅한 자라도, '마구 칼을 휘둘러 사람을 베고, 불에 구워서 안주로 쓸'(이규가 이렇게 하였다) 필요는 없었다. 이는 살인을 즐겁게 생각한 것으로, 살인광에 가까웠다. 협객들은 무예의 고수로, 죽음을 두려워하지 않았고, 호기부리는 것을 좋아했으며, 국법은 안중에 두지 않았고, 고의로 관에 맞서기까지 했다. 결국, 한비자는 "협객들은 무력으로 금지사항을 위반한다"라고 하고, 그들을 나라에 재난을 일으키는 다섯 인물 중 첫째로 꼽아 '오낭五囊(다섯 가지 기생충)'이라고 했다.

독야청청

'의협심'과 다른 극단에 있는 것이 '독야청청'이다.

독야청청한 사람의 특징은 쉽게 사람들과 사귀려하지 않는다는 것이다. 협객들은 오로지 타인의 어려움만 좇았는데, 이를테면 '구급대'와 '구세주' 같은 사람들은 교우관계가 넓으며, 심지어 천하의 모든 사람과 '목을 빼고 사귀려 한다'. 혼자 깨끗하고 고상한 사람은 다르다. 이들이 볼 때, 이 세상은 기본적으로 더럽고 추악하다. 모든 사람들이 다 저속해도 나만은 우아하며 '고상'하다고 여긴다. 그들은 '세속의 일'에 대해 자세히 물으려 하지 않았으며, '속인'과는 사귀려 하지 않았고, 심지어 '속세의 말'을 들으면, 지존至尊, 지귀至貴, 지성至聖, 지신至神인 '요순의 말'이라도 당장 가서 귀를 씻었다. 역사상 가장 오래된 은사 허유許由가 그렇다. 당시 황제 요堯가 허유를 '구주장九州長'에 임명하려 하자, 허유는 그 말을 듣고 바로 영수穎水에 가서 귀를 씻었다. 마침 그의 친구 소부巢父가 소를 끌고 물을 먹이러 왔는데, 그의 이야기를 듣고는 이 물은 자네 때문에 더러워져 소를 먹일 수 없다며 황급히 소를 끌고 갔다고 한다. 은사들의 청렴과 고상이 이와 같았으므로, 협객들처럼 그렇게 '쓸데없는 일'에 관여하지 않았다. 따라서 협객들과는 정반대였다. 협객들이 폭넓게 교제하며 친구 사귀기를 좋아했다면, 은사들은 세상을 피해 은거하고 혼자 있기를 좋아했다. 협객들에게 한 무리의 친구들이 있었다면, 고상한 은사들은 평생 한둘의 지기가 있을 뿐이었다.

의협심과 독야청청에는 오히려 유사한 점이 있다. 우정을 그 모든 것보다 중시했다는 점이다. 우정을 지극히 소중하게 생각했기 때문에, 협객들은 희생을 아까워하지 않았고, 은사들은 가볍게 사람을 사귀려고 하지 않았다. 우정을 모독할까 심히 걱정했기 때문이다. 그래서 협객들 중에는 고상한 사람이 있었고, 고상한 사람들은 대부분 의협심이 강했다. 이를테면 위진魏晉의 명사 계강稽康은 종회鍾會의 참언으로 살해당했는데, 형이 집행되기 전에 쓸쓸히 거문고를 타며 연주할 수 있었다. 이렇게 죽음을 가야 할 곳으로 보는 당당한 태도는 일종의 '협객 기질'

이다. 협객과 은사들은 종종 모두 불같은 성격으로 사람을 놀라게 했다. 협객들은 걸핏하면 사람들과 '문제를 일으키려' 했으며, 은사들은 걸핏하면 사람들과 '절교'하려 했다. 예를 들어, 관녕管寧은 일찍이 화흠華歆과 함께 책을 읽었다. 한번은 책을 읽는데 밖에서 고관대작의 의장대가 지나갔다. 관녕은 여전히 앉아 책을 읽었고, 화흠은 책을 던져두고 구경하러 달려갔다. 돌아온 후에, 화흠은 관녕이 자기가 앉아 있던 자리를 잘라냈음을 발견했다(그래서 나중에 친구와의 절교를 '할석割席'이라고 했다).

협객과 은사들의 성격이 이렇게 불같았던 것은, 그들이 하려는 것이 사실 특별한 사람이나 할 수 있는 것이었고, '기질'이 그렇게 시키기 때문이다. 사실 화흠은 '소인'은 아니었고, 어느 정도 '의협심'이 있는 사람이었다. 한번은 화흠이 위魏의 사도司徒 왕랑王朗과 함께 배를 타고 피난을 가는데, 어떤 낯선 사람이 배를 타려고 했다. 화흠은 처음에 동의하지 않았다. 왕랑은 자리가 이렇게 많은데 왜 안 되냐고 했다. 나중에 도둑이 쫓아오자, 왕랑은 그 사람을 포기해야겠다고 생각했다. 화흠은 "내가 당초 망설였던 것은 바로 이런 일이 생길까 싶어서였소. 이미 그를 도와주기로 해놓고 상황이 급박하다고 어떻게 버린다 말이오?"라고 했고 결국 그 사람을 데리고 갔다. 이렇게 한번 한 약속을 소중하게 생각하는 정신이 바로 '용기 있게 자기를 버리고 남을 돕는 기개'가 아니고 무엇이겠는가?

관녕이 화흠과 절교한 이유는 화흠이 지나치게 권세를 좇는다고 생각했기 때문이다. 사실 수양의 차이이다. 그들 두 사람이 함께 밭에서 김을 맬 때, '땅에 금 조각이 있었는데' 관녕은 기와 조각을 본 듯, 아무렇지도 않게 그대로 호미질을 했고, 화흠은 그것을 주워들었다가 다시 던져버렸다. 결국 약간의 '차이'일 뿐이다. 그러나 철저한 협객과 은사는 조금의 공리도 용납하지 않았다. 협객들은 '어려운 사람을 구하고, 가난한 사람을 도와야하므로' 당연히 세상사에 관심을 가져야 했고, 청렴하고 고상한 사람은 반드시 벼슬을 하는 건 아니지만, 한 가지 공통된 엄격한 요구가 있었는데, '명예와 이익을 따지지 않고, 공을 세우고 물러나는 것'이었다. 즉 국가를 위해 남을 위해 공헌하고, 좋은 일을 한 후에는 결코 대가를 구하지 않으며, 감사의 말도 부끄러워했다. 자신을 자랑하지 않았고, 공을 드러내지 않았다. 이는 진정한 우정, 진정한 의리의 하나의 표준으로 간주됐으며, 진짜 협객과 가짜 협객, 진짜 은사와 가짜 은사를 나누는 분수령이기도 했다.

결국 협객이나 은사나 공통적으로 강조하는 것은 인격의 힘과 정신이다. 이런 정신적인 힘이 그들로 하여금 권력자를 아무렇지 않게 생각하고, 권위를 대수롭지 않게 생각하며, 공리를 돌보듯 하고, 생사를 도외시하게 했다. 심지어는 이런 인격의 정신을 갖추지 못한 사람을 자신들 앞에서 부끄럽게 할 수 있었다. 한번은 위衛의 '상야相爺'가 된 자공子貢이 수행원들을 거느리고 위풍당당하게 누추한 뒷골목으로 옛 친구 원헌原憲을 만나러 왔다. 원헌은 낡은 모자와 초라한 옷차림으로 그를 만났다. 자공은 친구가 너무 '형편없어졌다'는 생각이 들어 "학형, 어찌 이렇게 불쌍하게 됐는가?"라고 물었다. 원헌이 대답했다. "듣자하니, 돈이 없는 사람은 '빈궁'하다고 하지만, '도'를 배우고도 실행하지 못하는 것이야말로 '가련하다'하지 않던가! 나 같은 사람은 '빈궁'할 뿐이지 '가련하다'라고는 할 수 없네." 자공이 이 말을 듣고는 부끄러워 얼굴이 빨개져서는 화가 나서 가버렸고, 죽을 때까지 이 말을 치욕스럽게 생각했다. 이것이 '은사'의 승리다. 또한 동한東漢 말의 명사 순거백巨伯이 멀리 있는 친구에게 문병을 갔는데, 마침 오랑캐가 성을 침공해 들어왔다. 순거백이 과감하게 혼자 남는 것을 보고 다들 크게 놀랐다. 거백은 친구가 병이 났는데 냉정하게 그를 버리고 갈 수 없으니, 친구를 대신해 죽게 해달라고 했다. 오랑캐의 군대가 서로 바라보며 "우리처럼 불의한 사람이 정의가 있는 나라에 들어왔다"라고 했다. 그래서 군대를 이끌고 돌아갔고 마을은 이로써 구원을 받았는데, 이것이 '의협'의 승리다. 인격의 정신과 힘은 이 정도로 대단했다.

울타리

울타리의 종류

중국인의 우정의 또 다른 특징은 모든 사람의 교제에 일정한 '울타리' 가 있다는 것이다.

군자의 사교는 하나의 울타리이고, 소인의 사교도 하나의 울타리이며, 협객의 사교도 하나의 울타리이고, 은사의 사교도 하나의 울타리이다. 비록 유교라는 사회적 이상이 '온 세상 사람이 모두 형제' 라고 하지만, 일정한 울타리가 없는 왕래는 절대 존재하지 않는다. 양산박에서도 모두 '형제' 였지만, 일정한 울타리가 있었다. 이를테면 생진강生辰綱을 탈취한 몇몇 사람은 비교적 가까웠으며, 또한 이규, 화영花榮, 대종戴宗은 송강과 비교적 '마음이 잘 통했다'.

유유상종이며, 삼삼오오로, 사람들끼리 서로 다른 울타리를 만드는 것은 아주 자연스럽다. 그래서 만약 우리가 어떤 사람을 알고 이해하려면, 그가 어떤 울타리에서 생활하고, 어떤 사람들과 왕래하며, 누구와 친구로 지내는지를 보면 십중팔구 그가 어떤 사람인지 알 수 있다. 그래서 이렇게 말하곤 한다. "그 사람을 알려면 그 친구를 보라〔不知其人而

視其友)."

　이렇게 '사람을 보는 기술'은 상당히 이치가 있다. 누구나 친구를 사귈 때 의식적이든 무의식적이든 항상 자신과 여러 가지로 비슷한 사람을 선택하기 때문에, 적어도 성격, 성품, 개성, 지향, 취미가 비슷하거나 혹은 세계관, 인생관, 가치관이 서로 같거나 혹은 개인의 도덕수양, 지식수양, 심미수양의 수준, 등급, 경계가 서로 비슷하다. 서로 다르면 공통언어가 없으며, 심지어 '말이 안 통해 말을 섞을 수 없는데' 어떻게 우의를 논할 수 있겠는가. '가재는 게 편이고, 초록은 동색'이라고, 울타리의 형성은 아주 자연스러운 것이다.

　그러나 울타리가 결코 우정은 아니다. 울타리를 형성하는 요소와 조건은 다양하다. 이를테면 '행行'의 본뜻은 '길', 그 다음이 '항렬'이다. '동항同行' 역시 같은 길, 같은 열이다. 같은 일을 하는 사람끼리는 직접적이고 현실적인 이해의 충돌만 없으면 일반적으로 감정상 자연스럽게 연대감을 갖게 되며, 다른 업계의 사람들보다 더 친밀하고 왕래하기 쉽다. 그래서 역사적으로 자기들만의 울타리, 단체와 조직이 있었는데, '길드', '동업조직' 혹은 '조합'이라고 했다. 심지어 거지들까지도 '거지단체'가 있었다. 길드, 각 단체 내부에는 자신들만의 규칙이라고 하는 '영업 규정'이 있었고, 자신들의 언어가 있었는데, '전문용어'라고 했다. 영업 규정과 전문용어를 모르면 그들의 울타리에 진입하기 어려웠고, 그들과 왕래조차 어려웠다.

　'학력' 같은 것도 마찬가지다. 학력은 다음의 세 가지를 중점적으로 울타리를 만들었다. 첫 번째는 '무엇을 배우는가?'로 업종과 유사하다. 무예를 배우는 사람은 '무림중인武林中人'이었고, 글을 배우는 사람은 '의관중인衣冠中人'이었다. 이렇게 울타리가 있었다. 두 번째는 '누구에게 배우는가?'로, 문파, 학파, 문하의 차이가 생겼으며, 울타리는 더욱 좁아졌다. 같은 선생님에게서 배우는 사람을 '동문'이라 했는데, 감정관계는 더욱 깊었다. 세 번째는 '언제 배우고, 어느 정도까지 배웠는가?'이다. 과거를 보던 시절, 같은 회 시험에 합격한 사람을 '동과同科', 같은 과거시험의 급제자를 '동년同年'이라 했다. 동과, 동년 간에는 전에 알았건 몰랐건 간에 모두 일종의 특별한 관계가 있었으며, '연의年誼'라고 했다. 연의관계가 있는 사람끼리는 '연가年家'라고 했고, 선배는 '연백年伯', 동년배는 '연형年兄', 후배는 '연가자年家子'라고 했는데, 마치 가족과 같았다. 일단 관리가 되면, 관리사회에서 서로 보살피고 이끌어줄 의무가 있었으며, 당을 만들어 무리 지어 나쁜 짓을 하는 '붕당'을 이루기도 했다.

울타리를 구성하는 가장 일반적인 요소와 조건은 '본적'이다. 중국인은 지금도 본적을 아주 중시하는데, 중국인의 서류자료에는 모두 본적을 적는 칸이 있다. 중국인들은 다른 지역 사람들 사이에는 서로 다른 문화적 기질이 있을 수 있다고 생각한다. 문화적 기질은 그들의 업종, 직업에까지 영향을 주었는데, '강남에서는 재주가 뛰어난 사람이 많이 나오고, 산동에서는 마적이 나오며', '닝보〔寧波〕에서는 재봉사가 많이 나고, 사오싱〔紹興〕에서는 선생님이 많이 나온다'라고 한다. 본적이 같은 사람은 문화적 기질이 비슷해서 뜻이 맞는 사람끼리 자연히 한데 뭉쳤다. 동향끼리는 일종의 특별한 감정관계가 있었는데, 이를 '동향간의 우정'이라고 한다. 만약 모두 고향을 등지고 떠나 외지에서 생계를 도모하는 사람들이라면, 이전에 전혀 몰랐던 사이라도 일단 '동향'이란 사실을 알게 되면 반드시 서로 보살펴줘야 했다.

이상 세 가지는 가장 흔히 볼 수 있는 울타리다. 특히 동향은 가장 흔하고 보편적인 울타리다. 첫째, 직업, 학력에 관계없이 모두들 고향이 있다. 둘째, '고향'과 '집'의 관계는 가장 밀접하고, 고향의 정 자체가 혈육의 성질이나 혈육의 정과 같은 의미가 있다. 중국의 저명한 사회 인류학자인 페이샤오퉁〔費孝通〕[9]이 《향토중국鄕土中國》에서 말했듯이, 모든 가정이 자기의 지위를 중심으로, 주위에 하나의 울타리를 친다. 이 울타리를 도시에서는 '이웃 사람'이라 하고, 농촌에서는 '동네 이웃'이라고 한다. 이웃의 관계는 어떤 때는 친척보다 더 가까워서 '먼 친척보다 가까운 이웃이 낫고, 이웃보다는 맞은편 집이 낫다'라고 한다. 문을 마주 하거나 벽과 벽을 사이에 둔 이웃은 관계가 가장 가깝다. 모두 늘 만나는 사람들로, 여러 번 만나면 자연히 '안면'이 생기기 때문이다. 다정한 말로 '벽이 있어 두 집이지, 벽만 허물면 한 집'이라고 한다. 이웃은 하나의 울타리로, 확대하면 한 '마을'이며, 더 확대하면 같은 '현縣'이고 심지어는 같은 '성省'을 '고향'이라고 한다. '고향 사람을 만나니 눈물이 쏟아진다'라니 감정이 이보다 더 각별할 수 없다.

지켜야 할 원칙

울타리는 같은 것을 전제로 하기 때문에(동향, 동년, 동종 업계) 일단 울타리가 형성되면 같은 패끼리 싸고돌면서 다른 사람을 배척하고, 울타리 안에 있는 사람은 자기 사람으로, 울타리 밖에 있는 사람은 외부인으로 보며, 엄격하게 '내외구별'의 원칙에 따라 왕래하곤 한다. 예를 들어, 몇몇 사람이 같이 있을 때, 모두 '자기 사람들'이면 말하는 사람이나 웃는 사람 모두 와자지껄 떠들고 서로 간에 '격의 없이' 분위기 망치지 않을 농담을 주고받을 수 있다. 만약 이때 외부 사람이 오면 농담을 즉각 멈추고, 심지어 아무도 말하지 않는다. 그러면 외부인은 들어가지도 나가지도 못하고, 말을 할 수도 안 할 수도 없는 아주 난처한 상황에 처하게 된다. 비밀에 속하는 소식, 소문, 풍문 역시 우선 울타리 안에 있는 사람끼리는 서로 잘 전하는데, 전하면서 종종 '다른 사람에게 말하면 안 된다' 라는 당부를 더하곤 한다. 어떤 실제적인 이해와 관계가 있는 소식일 경우, 더욱이 '좋은 것은 절대 남에게 주지 않기 때문에' 울타리 안에 있는 사람끼리만 '가까이 있는 사람이 먼저 기회를 얻게' 한다.

사실 울타리는 일정한 의미에서 '자원을 함께 누린다' 라는 뜻이다. 이를테면 동향은 함께 같은 토지를 경작하고, 같은 강, 같은 우물의 물을 마시는 사람이다. 그 밖에 동창은 '지식자원' 을 공유하는 사람이고, 동료는 '업계의 자원' 을 공유하는 사람이다. 중국 문화의 '인정의 원칙' 에 따라 자원을 공유하기로 했으면, 지금 생긴 새로운 자원도 반드시 함께 누려야 한다. 이는 지난번에 내가 너의 집에서 밥을 먹었는데, 지금 네가 우리 집에 왔으니 반드시 너에게 식사 대접을 해야 하는 것과 같은, 일종의 양심을 중시하고 보답하는 표현이다. 중국인이 반드시 보편적으로 준수해야 하는 도덕원칙이다. 심지어 도둑까지 물건을 훔치고 난 후 다른 도둑을 만나면 '반을 나누어' 이익을 고루 나누었는데, 모두가 '한 울타리 사람' 이기 때문이다. 만약 이 도둑이 이 원칙을 위반하면, 세간의 그에 대한 평판은 즉각 나빠진다. 그렇게 되면 더는 다른 사람과 자원을 공유할 생각을 하지 말아야 할 뿐더러 발 디디는 것조차 문제가 될 가능성이 크다.

공평하게 누리는 것에는 해로움도 있다. 이를테면 공과 사, 너와 나는 구분하기 어려우며, 이익과 해로움은 동전의 양면일 뿐이다. 그래서 '자원을 공유할' 사람은 반드시 '원수도 함께 맞서야 하고', '이익을 함께 누리는' 사람은 반드시 '재난도 함께 나눠야 한다'. 과거 중국에는 항상 두 집안 혹은 두 마을 사이에 대규모의 싸움이 있었다. 이런 싸움의 원인은 체면이나 자원 다툼 때문이었다. 일단 싸움이 벌어지면 두 집안, 두 마을 사람들 모두가 출동하여 싸움에 뛰어들었는데 절대 물러서지 않고 용감하게 앞장섰다. 사전에 모의된 싸움의 경우, 종종 아주 잔인한 의식이 거행됐다. 이 의식에서는 먼저 생포된 '상대편' 사람의 배를 가르고(청장년이나 상대방의 우두머리를 우선한다), 심장과 간장을 꺼내 조상들께 제사를 지낸 후에 큰 솥을 걸어 끓여 익힌 후 가족이나 마을 사람들이 고기와 국물을 나누어 먹었다. '인육연'에 참가하는 사람은, 어떤 경우에는 성인 남자에 한했지만, 적어도 모든 가정에서 한 사람은 참가했다. '가정본위'의 원칙에 따라 한 사람만 참가하면 온 가족이 참여하는 것과 마찬가지였다. 이렇게 해서 온 가족 혹은 온 마을 사람들 전부가 상대방의 '철천지원수'가 됐다. 이런 의식은 아주 심혈을 기울였다. 첫째, 온 가족이나 온 마을 사람들로 하여금 상대방과 '원한'을 맺고, 죽을 때까지 대대손손 벗어나지 못하게 했다. 또한 모진 마음으로 상대방과 끝까지 싸울 수밖에 없게 하고, 중도에서 '변절자'가 생겨나지 않게 했다. 둘째, 온 가족 혹은 온 마을 사람들 전부가 '죄악'과 '죄의식'을 갖게 했다. 이런 '죄악'과 '죄의식'은 모든 사람을 미친 사람처럼 만들고 전쟁에서 '전사'가 되게 한다. 셋째, 온 가족이나 온 마을 사람들 전부가 '책임'을 분담하게 하여 상대방이 보복하거나 관청에서 추궁하면, 반드시 전체에 벌이 가해지도록 했다. 그러나 상대방의 보복이 온 가족 온 마을 전체를 상대로 하기란 그렇게 쉽지 않다. 관청의 추궁에 있어서도, '법은 대중을 처벌하지 않기' 때문에, 종종 하는 수 없이 중간에 흐지부지될 수밖에 없었다. 이로써 중국인이 일단

'뭉치면' 상대하기가 쉽지 않다는 것을 알 수 있다.

자원을 공유할 뿐 아니라 적대감도 함께 하고, 이익을 고루 누릴 뿐 아니라 재난도 함께 나누는 것을 '행복도 고난도 같이한다'라고 한다. 중국인이 친구를 사귀고, 무리를 짓고, 패거리를 만드는 기본 원칙이다. 이것이 중국인에게 가져다주는 직접적인 장점은, 누군가에게 어려움이 있을 때 걱정하지 않아도 된다는 것이다. 무협소설을 읽어본 사람이라면 누구나 알 수 있듯이, 강호에서 '협의간俠義柬' '녹림전綠林箭'이라고 전해지는 규칙은(한쪽에게 어려움이 있으면 사방팔방에 도움을 청할 수 있다) 동문사제는 말할 것도 없고, 다른 동문 친구까지 가깝고 먼 것에 관계없이 '협의간' 또는 '녹림전'을 받은 사람은 전부 즉각 달려가 도와줘야 한다. 그렇지 않으면 '불의'로, 강호에서 자립할 수 없었다. 동문이 아닌 친구가 달려왔다가 그 일이 이치에 맞지 않거나 쌍방 모두 자신과 '친분'이 있으면, 다시 돌아가거나 양쪽의 화해를 권하거나, 수수방관할 수 있었다. 그러나 동문사제는 일반적으로 시비를 따지지 않고, '원수처럼 대항했다'. 사실 이런 현상은 강호에 그치지 않고, 일상생활에서도 마찬가지다. 이를테면 한 사람이 잘못을 했거나 법을 어겨 처벌을 받게 됐을 때, 그 울타리에 있는 사람은 즉각 달려가 '사정하고', 사방으로 방법을 찾아 도와준다. 이런 일은 옛날이나 지금이나 마찬가지다. 정치적으로 암울했던 시기, 억울한 재판이 널리 벌어지던 시대에 그것은 분명 일부 착한 사람들을 재난에서 빠져나갈 수 있게 해주었다.

대가와 시비

한 가지 긍정할 수 있는 것은, 위에 이야기한 장점들은 모두 대가를 지불해야 한다는 것이다.

대가 중 하나는 바로 개인의 상실이다. 중국 역사상 아주 특별한 사람을 제외하고, 이를테면 학파의 창시자, 각 문파의 대가, 각 단체의 지도자 같은 사람들은 개인적인 매력 때문에 '핵심'이 됐으며, 나머지 다수는 어떤 울타리에 진입할 생각으로 혹은 어떤 울타리 안에서 생존할 생각으로, 가능한 한 울타리 내에서 같아지려 했는데, 심지어 아주 미세한 것까지 포함했다. 이를테면 동향 사람들과 함께 있을 때는 고향 말을 해야 했다. 만약 어떤 사람이 다른 지역으로 간 지 오래됐는데, 여전히 '고향 말을 쓰면' 고향의 부모, 마을 사람들은 그에게 특별히 친하게 대한다. 만약 그가 뜻밖에 고향 본토의 매우 '토속적인 사투리'를 기억한다면 더욱 사람들의 환영을 받았다. 반대로 만약 고향에 돌아왔는데 '표준말'을 쓰면 모두 '멀리하고', 내심 그를 '자기네 사람'으로 생각하지 않는다. 《논어》에서 공자가 종묘, 조정에서 말을 할 때는 신중하고도 분명하며 유창하게 했다. 그러나 일단 고향에 돌아오면 꼭 말을 못하는 사람 같았는데, '동향'에 대한 예의를 표시하려는 언어 방면의 원인이 있었을지 모른다. 또 울타리 안의 사람들이 함께 뭉치려 하는데, 먹기 싫고, 위궤양이 있고, 알코올 과민이라도 말석 한 자리라도 끼어 앉아 있지 않으면 안 된다. 왜냐하면 '한 사람 때문에 모든 사람이 즐겁지 않으므로' 한 사람의 기호 때문에 모두의 흥을 깰 수 없기 때문이다. 이런 작은 일도 이렇게 신경을 쓰는데, '근본적인 시비, 선악'에 이르러서는 당연히 말할 것도 없다. 이렇게 개인이 울타리가 되는 것을 '나'에서 '우리'가 됐다고 한다. 단체의식이 강할수록 자아의식은 약해진다. 울타리와 동일시할수록 개인은 없어진다. 결국 '우리'라고만 할 뿐 '나'라고 할 줄 모르게 된다. 중국인은 글을 쓸 때, 자기의 관점을 말할 때, 종종 "우리는 생각한다"라고 하지 "나는 생각한다"라고 하지 않는데, 바로 이런 관점과 습관 때문이다.

두 번째 대가는 국가의 상실이다. 쑨원〔孫文〕[10]은 "중국인이 가장 숭배하는 것은 가족주의와 종족주의로, 국가주의는 없다"라고 말한 적이 있다. 만약 가족, 종족과 유사한 고향, 향우회, 스승의 문하, 동료 등 크고 작은 울타리를 모두 고려하면, 쑨원의 뜻은 이렇게도 말할 수 있다. 중국인은 '울타리 관념'만 있고 '국가 관념'은 없다. 그래서 국가에 대해 지금까지 한 번도 크나큰 희생정신을 가져본 적이 없다. 그렇다고 해서 중국 역사상 국가를 위해 희생한 사람이 없다는 것은 절대 아니다. 하지만 좀 더 깊이 분석해 보면, 그들 대부분은 국가의 어려움과 가정의 어려움, 임금의 원수와 아버지의 원수를 하나로 생각했음 알 수 있다. 전방에서 장수가 적과 싸우는 것은 '국토 방위의 원칙' 때문이며, 변방의 병사가 항전하는 것은 '고향 수호'를 위해서이며, 악가군岳家軍, 척가군戚家軍이 용감하게 전투한 것은 그들이 단체에 충성했기 때문이다. '침략자'가 우리 집 문을 타도하지 않으면, 중국인의 '애국주의'는 종종 입에 발린 소리일 뿐이다. 이런 까닭에 반 동강 난 국토가 함락되고 어디 한 귀퉁이에 안주한 작은 조정은 여전히 노래와 춤으로 태평성대를 구가했다. 심지어 국난이 눈앞에 이르러도 조정의 각 단체들은 여전히 각자의 이익을 포기하려 하지 않았는데, 각자 '내전에 능하고, 외전에는 서툴렀으며', '당쟁'에 바빠 적을 다스릴 겨를이 없었다. 이는 단체(작은 울타리)의 이익이 국가의 이익보다 우선하는 가장 전형적인 사례라고 할 수 있다.

전쟁 시에는 단체의 이익이 국가의 이익보다 중요했고, 평소에는 인정이 나라법보다 중요했다. 이런 실례는 신문이나 잡지에서 많이 볼 수 있다. 매 안건을 처리할 때마다 누군가 와서 '사정하거나' '인정에 따르는 것'을 피할 수 없었다. 사실 인정은 나라 법뿐 아니라, 진리보다도 중요했다. 어떤 일이든 자기의 울타리와 관계가 있으면, '내부사람'이 하는 일에 시비를 묻지 않고, 가깝고 멀고 만을 따졌다. 사이가 멀면 공평하게 처리하고, 가까우면 곁문을 크게 열어놓는다. 공정한지 아닌지의 문제는 잠시 한쪽에 내려놓았다. 어떤 사람은 중국인은 인정만 따지고 원칙은 따지지 않는다고 하는데, 사실 꼭 정확한 것은 아니다. '인정이 바로 원칙'이라 함이 정확한 표현이다. 다시 말해, 인정을 따지면 '육친을 몰라보거나', '가까운 사람은 슬프게 하고 원수는 기쁘게 하는 일'을 할 수 없다. 이 자체가 원칙이며, 가장 중요한 원칙이다. 이 '최고의 원칙'을 지키기 위해 어떤 진리, 어떤 공평, 어떤 법도 돌아보지 않으며, 원칙으로 삼지 않을 수 있었다.

따라서 일단 울타리, 단체의 이익과 국가의 이익 사이에 충돌이 발생하면, 종종 국가의 이익이 희생됐다. 국가는 '공공단체'라서 조금 희생돼도 무방했기 때문이다. 어쨌든 국가는 이익이 크고, '땅도 크며, 물자도 풍부하고, 인구도 많아서' 약간의 희생이 있다한들 큰 지장이 없었다. 또 어쨌든 모두들 자기의 울타리에만 관심이 있었고, '자기'의 이익을 해치지만 않으면, '공공단체'를 해치는 것에 아무도 '쓸데없이' 관여하지 않았다. 울타리와 단체는 달랐는데, '자기 집'이기 때문이다. 자기 집 앞의 눈을 자기가 쓸지 않으면 누가 치운단 말인가? 자기 식구를 해치고, 자기 식구 앞에서 '면목이 없게 되면' 당연히 '자기 집'을 보호하기 위해 '공공단체'에 미안하게 행동할 수밖에 없다.

'국가 개념이 없으니', '공민 의식'도 없었다. 그래서 중국인은 일단 어려움이 있으면, 우선 '국가'를 찾아가지 않고 '자기 집'을 찾아갈 생각을 한다. 이를테면 사는 데 문제가 생기면, 사회에서 앞장서서 구하려 하지 않고 친척, 친구에게 도움을 받는다. 일단 국가에서 구제하면 당연하게 생각하는데, 빈민 농가를 구제해 생산을 발전시키려 하지 않고 금방 다 먹거나 다 써 버리고는 다시 다음 기회를 기다리며, 자기가 '공민'으로서 국가를 위해 무슨 '의무'가 있는지는 전혀 고려하지 않는다. 또한 장사를 하거나 회사를 만들어도, 국가에 자금을 빌리지 않고 친척이나 친구들에게 '자금을 모은다'. 설사 대출을 받아도 울타리 안에 있는 친구에게 도움을 청하고, 인정을 통해 편법을 써서 대출을 얻어낸다. 또한 다른 사람에게 권리를 침해당해도 법률에 호소하지 않고 '자기 사람'을 찾아가 도움을 청하는데, 상대방을 흠씬 패주거나 '사적'인 변상을 요구한다. 결국, 중국인의 마음속에는 공허하게 저 높이 있고 직접 느낄 수 없는 '국가'보다는 친척, 친구, 울타리 단체가 더 가까우며 믿을 만했다. 따라서 자신의 사회적 역할을 검토할 때는 우선 자기가 어느 울타리에 속해 있는지를 생각했다. 자기가 '국민'이라는 사실은 먼저 생각하지 않았다.

중국 전통사회에는 '국민'의 개념은 없고 '신민臣民' 또는 '자민子民' 개념만 있었다. 신하는 임금의 상대적인 말이고, 자식은 아버지에 상대적인 말이다. '임금'은 자금성이라는 멀고도 높은 곳, 아주 요원한 곳에 살았다. 임금이 대표하는 국가는 사람들에게 낯선 느낌을 주지 않을 수 없었다. 여러 종류의 '아버지', 즉 가부家父, 사부, 부모 등은 모두 볼 수 있고, 만질 수 있고, 의지할 수 있는 사람으로, 특히 중시하지 않으면 안 된다. 게다가 군왕의 의향, 국가의 정책, 정부의 법령도 각종 '아버지'를 통해 바통 전하듯 모든 '신하와 백성' 또는 '자식과 백성'들에게 전달됐다. 가장 하층에 있는 '백성'들이 '국가'에 대해 거리감을 느끼는 것도 당연하다.

한마디로 이렇게 말할 수 있다. 전통 중국 사회는 엄격한 의미에서 '개인'은 없고, '국가'도 없으며, 많은 '울타리'(동업조직과 향우회, 가족, 가정)만 있을 뿐이다. 세상이 태평할 때, 이 울타리들은 중앙정부를 중심으로 결합해서 '동심원'을 이룬다. 세상이 어지러워지고 중앙정부가 통제력을 잃으면, 미안하게도 이 크고 작은 울타리들은 즉각 스스로 체계를 이루어 군웅할거하거나 화해하거나, 하나씩 기회를 틈타 풍파를 일으키고, 혼란을 틈타 한몫 보려 한다. 몇몇 호걸들이 등장해 파국을 수습할 때에도 각각의 울타리의 힘을 빌리지 않을 수 없으며, 모두 다시 하나가 되어 새롭게 '동심원'을 구성한다. 그래서 중국인이 '모래알처럼 뿔뿔이 흩어져 결속력이 없다'라는 말은 정확한 표현이 아니다. '뿔뿔이 흩어진 울타리'라고 하는 게 정확하다. 크고 작은 울타리가 사방에 총총히 분포하고, 각지에 '흩어져' 있다. 그리고 서로 간에 혈연과 지연, 인정과 안면에 의지해 일종의 '느슨한 관계'를 유지하고 있다. 이런 느슨한 관계가 유지될 수 있을 때에는 정부도 이런 관계를 빌어 세금을 거두고 조세를 납부하게 했는데, 그럴 때는 '세상이 태평해졌다'.

따라서 중국인이 우정을 특별히 중시하는 것도 무리가 아니다. 개인의 힘은 너무 미미하고, 국가는 의지할 수 없었다. 따라서 폭넓게 친구를 사귀고, 많은 울타리를 만들 수밖에 없었다.

주註) ─────

1) 제2장 각주 19번 참조.

2) 이것은 소식이 상처喪妻한 지 10년 후의 작품으로, 아내가 죽은 기일 전날 밤 꿈에 아내를 만나 추모하며 지은 사詞이다. 사의 내용에서는 작가의 아내에 대한 영원히 잊을 수 없는 깊고 격한 감정을 나타내고 있다. 시의 원문은 다음과 같다.

10년 동안 산 자와 죽은 자 멀리 떨어져 있어〔十年生死兩茫茫〕/생각하지 않으려 해도 잊기가 어렵네〔不思量 自難忘〕/천릿길 외로운 무덤에서 이 처량함 말할 길 없네〔千里孤墳 無處話〕/설령 서로 만난다 해도 알아보지 못하리니〔縱使相逢應不識〕/얼굴엔 먼지 가득하고 귀밑머리는 서리처럼 하얗게 세어 버렸으니〔塵滿面 鬢如霜〕/깊은 밤 꿈속에서 문득 고향에 돌아오니〔夜來幽夢忽還鄕〕/조그만 난간 창가에서 머리 빗고 몸단장하고 있었지〔小軒窓 正梳粧〕/서로 마주보며 아무 말도 없이 오직 눈물만 하염없이 흐를 뿐이네〔相對無言 惟有淚千行〕/해마다 애간장 태우던 곳은〔料得年年腸斷處〕/밝은 달 밤 키 작은 소나무 아래에서였지〔明月夜 短松崗〕.

3) 이청조와 그녀의 남편 조명성은 둘 다 관리의 가정에서 태어나 일찍 시와 문장을 습득했다. 봉건사회에서 다 그러했듯이 그들 역시 집안 가장의 명으로 혼인을 했으며 결혼 전까지 한 번도 만난 적이 없었다. 하지만 이들은 그야말로 행운의 한 쌍이었다. 처음 만났지만 마치 오래전에 기약했던 운명적인 만남인 듯 둘의 사이는 매우 끔찍했다. 조명성은 아내의 박식함과 사려 깊음에 감탄했으며, 이청조 역시 남편이 공명과 이익을 멀리하고 학문 연구에만 매진하는 데 진심으로 존경을 표했다. 성품과 취향이 비슷했던 이들 부부는 역사상 '먼저 결혼하고, 후에 연애한〔先結婚後戀愛〕' 전형적인 사례다.

훗날 이청조의 아버지가 정치적 모함을 당하여 가문이 몰락하고, 조명성의 아버지는 관직을 멀리하는 아들에게 돈을 주지 않았다. 그리하여 이들 부부의 생활은 상당히 빈궁했다. 하지만 가난도 그들의 뜻을 막지 못했다. 그들은 얼마 되지 않는 돈을 그림, 명서 등 문화유산 구입에 몽땅 썼다. 돈이 모자라면 옷이나 다른 물건을 저당 잡히면서까지 꼭 사고 말았다.

둘이서 20여 년을 이렇게 살다 보니 돈은 별로 없었지만 사랑과 문화적 보물

462

은 오히려 곳곳에 넘쳐났다. 하지만 이들 부부의 행복은 잇단 전쟁 앞에서 산산이 부서지고 말았다. 1127년 북송北宋이 멸망하고 유목민인 여진족이 세운 금나라가 중국 땅을 야금야금 먹어 들어오기 시작했다. 이들도 다른 사람들을 따라 남쪽을 향한 피난의 길에 올랐다. 방랑생활 중 1129년에 조명성은 호주湖州성을 지키라는 궁궐의 명을 받았다. 평생 관직을 싫어하던 조명성이었지만 나라가 남의 손에 들어가는 것을 보고만 있을 수 없어서 선뜻 응했다. 그러나 이것은 영원한 이별이 되고 말았다. 조명성이 갑자기 병으로 세상을 떠난 것이다. 이청조는 자기 손으로 직접 남편을 매장했다. 45살에 과부가 된 이청조는 남편이 채 완성하지 못한 《금석록金石錄》이라는 책을 완성하기 시작했다. 금석록은 쇠나 동으로 된 물건이나 비석에 새겨진 글을 모아 연구한 책으로 역사 연구에 귀중한 자료가 된다. 예술품과 책을 팔아 생계를 연명해 가면서도 마침내 《금석록》을 출판했다.

4) 두보杜甫의 《여리십이백與李十二白 · 동방同訪 · 범십은거范十隱居》.

5) 《시경詩經 · 소아小雅 · 녹명鹿鳴》.

6) 고적高適, 〈별동대別董大〉.

7) 중국 전한의 무장武將. BC 99년(天漢 2) 직접 부하 5,000명을 거느리고 흉노匈奴와 싸웠다. 그는 적은 수의 병사로 흉노를 무찌른 뒤, 돌아오는 길에 강력한 적의 대군을 만나 힘써 싸웠지만 결국 항복하고 말았다. 그의 패전 소식을 듣고 크게 노한 무제가 그의 일족을 몰살시키려고 하자, 사마천이 그의 충성심과 용감한 전투정신을 칭찬하며 변론했다. 그러나 무제가 오히려 더욱 분노하여 사마천을 궁형에 처했다는 이야기는 유명하다. 흉노 왕은 투항한 이릉을 사위로 삼고 우교왕右校王으로 봉했다. 이릉은 그 후 20여 년 뒤 병으로 죽었다.

8) 원대元代 잡극. 춘추시대(B.C.770~476)에 진쯥나라 대신이던 주둔趙盾은 간악한 내시인 도안가屠岸賈와 불편한 관계에 있었다. 진쯥나라 경공景公의 신임을 받던 도둔는 어느 날 조趙의 집을 습격하여 그 가족을 몰살시킨다. 다행히 주군의 누이동생 장희庄姬의 소생으로 조의 손자 하나가 궁 안에 있었으므로 살아남을 수 있었다. 그러나 이 어린아이도 무사할 수는 없었다. 극의 내용은 이 고아를 중심으로 전개된다. 이 아이는 조둔의 늙은 가신이던 정영의 도움으로 죽을 고비를 여러 번 넘기고, 정영의 손에서 길러져서 마침내 원수를 갚는다.

이 이야기는 서한의 사학자 사마천의 《사기》에 처음 등장하며, 14세기에 원나라 사람 기군상紀君祥(원나라 때의 작가, 생몰연대 미상)에 의해 각색됐다. 그리고 이후, 이 극은 600여 년간 전해 내려오며 만인의 사랑을 받아오고 있다.

9) 중국 향촌사회 연구로 유명하다. 1933년 베이징에 있는 옌징(燕京)대학교를 졸업하고 칭화(淸華)대학교, 런던경제대학과 런던대학교에서 대학원과정을 수학했다. 1945년 칭화대학교 인류학교수, 1949년 칭화대학교 부총장이 되었다. 1967년 문화대혁명의 희생자가 됐지만, 1972년 복권되면서 다시 전면으로 떠올랐다. 그는 베이징 사회과학원 사회연구소 교수 겸 소장이 됐고, 중국민주동맹의 주석이 됐다. 그의 저서 중 처음부터 영어로 쓰인 것으로는 〈중국의 농민생활(Peasant Life in China)〉(1939)·〈중국의 향신鄕紳(China's Gentry)〉(1953)·〈중국 촌락의 상세한 관찰(Chinese Village Close-up)〉(1983)·〈중국의 소읍(Small Towns in China)〉(1986)이 있다.

10) 중국 국민당의 지도자(1866~1925). 중국혁명의 선도자로 1911~1912년 중화민국 초대 임시총통을 지냈고, 1923~1925년 중국의 실질적인 통치자였다.

제9장 한담

한담이란

한담과 마작

사람은 어쨌거나 한담을 하지 않을 수 없다.

한담에는 두 가지 뜻이 있는데, 한가할 때 심심풀이로 하는 말과 비공식적으로 하는 말이라는 뜻이다. 언제나 일만 할 수는 없고 쉴 때가 있기 마련이다. 또 항상 심각한 얼굴로 딱딱한 말만 할 수도 없으니, 때로는 입에서 나오는 대로 허심탄회하게 이야기할 수 있다. 그래서 한담을 한다.

한담의 장점은 부담 없고 편하다는 것이다. 말하는 사람은 피곤하지 않고, 듣는 사람은 짜증나지 않는다. 그래서 한담을 '수다'라고도 하고, '잡담'이라고도 한다. 한담은 잠시 시간 날 때 나누며, 대국에 관계없고 크게 저속하지 않으며, '해도 그만 안 해도 그만'인, 진지하지 않은 말이다. '해도 그만'이니 '함부로 떠들어도' 괜찮고, '안 해도 그만'이니 너나없이 '다 떠들어댄다'. 한담이나 좀 하면서 시간을 때울 수도 있다. 어쨌든 뭔가 하는 것이니, 공으로 노는 것은 아닌 셈이다. 그래서 한담이 완전히 '쓸데없이 하는 말'은 아니다.

중국인은 한담하는 것을 좋아한다. 전국 각지에 한담과 관련하여 여러 가지 표현법이 있다. 이를테면 베이징에서는 '칸산〔侃山〕', 상하이에서는 '추이뉴〔吹牛〕', 둥베이〔東北〕에서는 '라과〔啦呱〕', 시베이〔西北〕에서는 '피엔추안〔諞傳〕', 신장〔新疆〕에서는 '쉬안황〔宣荒〕', 민난〔閩南〕에서는 '화셴〔化仙〕', 청두〔成都〕에서는 '바이룽먼전〔擺龍門陣〕'이라 한다. 매우 아주 구체적이면서 나름의 뜻을 가지고 있다. '쉬안황'을 예로 들면, 쉬안〔宣〕은 설명하는 것이며, 퍼뜨리고 전파하는 것이기도 하다. 황荒은 요원하다는 뜻이면서, 황당하고 터무니없다는 뜻이기도 하다. '쉬안황'이란 바로 이치에 맞지 않는 '황당무계한 말(길에서 주워들은 근거 없는 말)'을 멋대로 '퍼뜨리는 것'으로, 자연히 어떤 기준이나 표준도 없이 이것저것 마구 떠들어대는 것이다. 아무 구속도 없고 정해진 규칙대로 할 필요가 없기 때문에, 아주 편하고 즐겁다.

사실 마구 떠들어대는 것도 쉬운 일은 아니다. 어느 정도 생각이 있고, 수준이 있어야 가능하다. 이를테면 베이징 사람들이 한담하는 것을 보면,[1] 마치 어떤 어려움에도 두려워하지 않는 굳센 의지로 밀고 나가는 '우공이산愚公移山'의 힘이 있고, 성도 사람들은 병사들의 훈련진법의 하나인 '용문진龍門陣'의 자세와 진형을 펼치는 듯하며, 당대 설인귀薛仁貴[2]의 위용에 뒤지지 않는다. 베이징 사람과 청두 사람들 모두 한담을 하나의 일로 생각한다. 오히려 민난 사람들이 이를 소탈하게 여긴다. 우룽차〔烏龍茶〕 한 잔 따라놓고, 나무 아래에 앉아 파도가 밀려갔다 밀려오고, 구름이 이리저리 흘러가는 것을 바라보며 마음 가는 대로 이런 저런 이야기를 떠들다 보면 마음은 순간 신선이 되는 듯하다고 느낀다.

그렇다. 수다는 '신선이 되는 것'인데 즐겁지 않겠는가!

중국인들이 한담을 좋아하는 것도 당연하다.

한담을 즐긴다는 것은 비교적 한가하다는 뜻이다. 농경민족은 생활 주기가 느린 편이다. 농촌에서는 하늘에 운명을 맡기고 살아간다. 낮에는 바쁘지만, 저녁에는 시간이 아주 많다. 게다가 '농한기'가 있지 않은가. 북방의 농촌은 아침부터 저녁까지 별로 할 일이 없고, 갈 데도 없으며, 집에서 두런두런 이야기나 나눌 수밖에 없다. 유목민족의 생활 주기도 그렇게 바쁘지 않다. 하지만 그들은 말을 타고 다니고, 서로 간의 거리가 멀어서 함께 수다를 떠는 것이 편하지 않기 때문에 그들은 노래를 부른다.

노래와 한담 모두 남은 정력을 쏟고 시간을 보내는 방식이다. 독서와 똑같다. 그래서 "심심해서 책을 읽는다"라고 한다. 그러나 독서는 교양이 있어야 하고, 글자를 알아야 가능하다. 이 외에도 여자와 놀려면 돈이 있어야 하고, 낚시를 하려면 시간이 있어야 하고, 운동을 하려면 장소가 있어야 하고, 바둑을 두려면 머리가 있어야 하니 역시 수다가 제일 편하다. 약간의 시간만 있으면 논둑이든, 길거리든, 골목이든, 찻집이나 음식점이든, 역이나 부두 어디든 가능하다. 돈이 들지도 않고, 교양도 필요 없다. 입을 본전삼아 두 사람만 있으면 충분하다. 신분과 지위의 제한도 없다. 따라서 중국에는 남녀 구분 없이, 남북의 구분 없이, 모두 한담할 수 있는 가능성과 조건이 있다.

마작의 경우, 중국의 '국민오락'이다. 마작은 카드의 브리지보다 사랑받는데, 포커보다 모양이 다양하고, 바둑처럼 심오하지 않으며, 장기처럼 신경 쓸 필요도 없다. 깊이 빠질 수도 가볍게 즐길 수도 있으며, 남녀노소 모두에게 적당하고, 교양 있는 사람이나 그렇지 않은 사람이나 모두 즐길 수 있어서 누구나 좋아하고, 일단 하면 곧 중독된다. 마작 탁자 앞에서는 컴퓨터 앞에서와 마찬가지로 시간이 쏜살같이 지나간다. 게다가 마작은 '단체 게임'으로 적어도 네 사람이 있어야 가능하다. 그러므로 혼자서 무료하게 있다가 어디에 가서 어울려 놀까 하던 참에 전화가 와서 "헤이, 우리 여기 세 사람밖에 없어, 한 사람이 부족해!"라고 하면 급히 달려가지 않을 수 없다.

마작은 사람을 사귀는 데 유용하다. 최소한 사람을 사귀는 기회를 제공하며, 핑계거리를 만들어준다. 중국인들은 인간관계를 매우 중시한다. 일이 있든 없든 뭉쳐야 한다. 식사 초대에도 핑계가 있어야 하고, 친척 방문에도 화젯거리가 있어야 한다. 하지만 마작은 많은 말이 필요없고, 핑계도 필요 없다. 그 자체가 핑계다. 또 마작은 다른 화젯거리도 필요 없이 그 자체가 화젯거리가 된다. 따라서 마작은 친구들과의 모임에는 우정을 돈독히 하고, 가족들이 모여 단란한 시간을 함께 보내는 데 가장 좋다.

한담과 우스갯소리

한담은 서로간의 사이를 좋게 하고, 감정을 돈독하게 한다. 한담은 한담일 뿐이다. 나와는 무관하고, 경중을 따질 필요도 없으며, 정력을 쏟을 필요도 없고, 관점 차이로 싸움이 일어날 리도 없다. 그야말로 관계 증진을 위한 재미있는 놀이로, 누구나 하기 좋아하고 듣기 좋아해서 한담은 마작과 마찬가지로 중독성이 있다. "10억 인구 가운데 9억은 마작을 하고 1억은 마작 할 생각으로 가득하며, 10억 인구 가운데 9억은 한가롭게 수다를 떨고 1억은 발전시킨다"라는 말이 있다. 확실히 마작과 한담이 중국인이 '가장 좋아하는 것'이 맞다.

중국인이 마작을 좋아하고 한담을 좋아하는 것은 모이고, 뭉치고, 함께 어울리는 것을 좋아하기 때문이다. 그래서 중국인들은 모여서 식사하는 것도 좋아한다. 단체회식이나 갹출하는 식사, '이번에는 너, 다음에는 나' 하는 식으로 돌아가며 밥을 사는 등 어쨌든 함께 모여 밥을 먹는다. 회식은 일단 우정 때문에 오지만 항상 마작이나 한담이 곁들여진다.

한담은 술자리에서 가장 중요한 안주다. 조미료라고 해도 된다. 한담이 오가지 않으면, 모두 얌전히 앉아서 조용히 아무 말도 하지 않고 우아하고 예의바르게 행동하는데, 그런 자리는 분명 조용히 밥만 먹게 되고 더 피곤하다. 만약 모두 석고상처럼 앉아서 농담 하나 안 할 거라면 그런 자리에서 함께 밥은 먹어 무엇하겠는가? 그래서 잘 모르는 사람과 같이 있거나 업무상의 식사일지라도 몇 마디 해야 한다. 만약 손님을 식사에 초대했다면, '썰렁한 분위기'는 더더욱 안 된다. 이때 주인 자신이 말을 잘 못하거나 술을 잘 못 마신다면, 술 잘 마시고 말 잘하는 사람을 불러 접대하게 해야 한다. '손님 접대'를 하는 것이지 '손님에게 이야기하는 것'이 아니다. 화려한 말솜씨는 사람을 설득하기 위한 것이 아니라, 분위기를 띄우기 위한 것이다. 따라서 '이치를 따지는 이야기'가 아닌 '한담'이어야 한다. 그렇다면 한담이 아닌, 철학에 대해서 이야기하는 것은 안 될까?

당연히 할 수 있다. 그렇지만 농담으로 이야기할 뿐이다. 정치도 마찬가지다. 정치 역시 술자리의 주요 화제 중 하나이다. 그리고 또 하나의 주요 화제는 성性이다. 또한 정치와 성을 한데 섞어 이야기하기도 한다. 정치와 성이 한담거리가 됐을 때, 그것은 또한 '우스갯소리'가 된다.

우스갯소리의 종류는 다양하다. 형식상으로는 짤막한 이야기와 즉흥적인 문구에 가락을 맞춰 부르는 것이 있다. 내용상으로는 야한 것, 소박한 것, 비공개적인 것, 공개적인 것이 있다. 야한 이야기라고 해서 꼭 저속한 것만은 아니다. 항전 시기, 어떤 사람이 신혼부부에게 장난삼아 문구 하나를 써주었는데, "여자에게 진군하려니, 영웅도 두려워한다. 진주항珍珠港에 대포를 쏘니, 미인도 겁을 먹는다"라고 했다. 이는 '시사' 적인 내용을 '성적' 인 내용에 적용한 것으로, 어떻게 이런 생각을 했는지 감탄하지 않을 수 없다. 요즘 유행하는 말도 상당히 '시대적인 느낌' 을 잘 담고 있다. "20세 남자는 '펜티엄', 30세 남자는 '히타치', 40세 남자는 중국 제품의 '정다〔正大〕', 50세 남자는 '마이크로소프트', 60세 남자는 '파나소닉', 70세 이상의 남자는 중국 제품 '레노버〔聯想〕"[3]. 이 또한 어느 정도 머리가 있어야 만들어 낼 수 있다.

사실 우스갯소리도 마찬가지다. 우스갯소리는 한담에 불과하며, 누구나 할 수 있지만 진짜 이야기를 잘하기란 쉽지 않다. 우선 사교 범위가 넓어야 한다. 사교 범위가 넓으면 많이 듣게 되고, '판본' 도 새롭다. 하지만 많이 듣는다고 다 기억하고 말할 수 있는 것은 아니다. 그래서 기억력이 좋고 언변이 좋아야 한다. 이런 이야기를 잘하는 사람들은 거의 만담가 수준의 말재주가 있어서 이야기에 몰입할 줄 알고, 익살을 부릴 줄 알며, 심지어 사투리까지 할 줄 안다. 어쨌든 갖가지 익살스런 이야기를 잘 배워 능통하고, 입심이 특히 좋아야 최고수가 될 수 있다.

이런 우스갯소리를 듣는 것은 만담을 듣는 것과 같아서, 이런 이야기를 할 수 있는 사람은 술자리에서 특히 환영받는다. 요사이 약간 규모가 큰 회사나 지위가 있는 간부들은 이런 '고수' 몇 명을 불러 끝없이 이어지는 접대에 응대한다. 그들 덕분에 이 회사, 이 단체, 이 지역에 대해 유쾌하고 좋은 인상을 확실히 남길 수 있기 때문이다. 실제로 우스갯소리는 술자리에서 무시할 수 없고, 다른 것으로도 대신할 수 없는 무언가가 있다.

그러나 한담도 함부로 해서는 안 된다. 이를테면 일상적인 이야기는 친한 사람들끼리만 할 수 있다. 정계나 재계에서 쌍방의 관계가 특별히 '돈독' 하지 않거나 자세한 내막을 아는 사이가 아닐 때, 일상적인 이야기를 잘못하면 '정보 취득' 의 혐의를 받을 수 있다. 하지만 오로지 우스갯소리만으로는 전혀 문제되지 않고, 하는 이야기가 모두 '자기와는 관계없는 일' 이고 '전혀 무관한' 것이면 누구에게도 문제가 되지 않는다. 그런데다 재미가 있으므로 아무리 들어도 질리지 않는다. 더욱이 '야한 이야기' 는 거의 모든 사람이 좋아하니, 몇 차례 익살을 떨면 아무리 무뚝뚝한 사람이라도 웃음을 참지 못한다. 이런 때는 거만을 떨고 체면을 차리려 해도 안 된다.

우스갯소리는 바로 이런 효과를 위한 것이다. 분위기를 조성하고, 심신을 편안히 하며, 경계심을 풀고, 서로 친근하게 만든다. '야한 농담' 하나로 한바탕 웃음바다가 됐을 때, 무슨 거리감, 경계, 어색함이 있겠는가. 모두는 자연스럽게 하나가 된다. 형, 동생 하는 사이는 아니더라도, 적어도 더는 딱딱한 공적인 모습은 보이지 않는다.

한담과 중국인

우스갯소리는 한담이지만, 한담이 다 우스갯소리는 아니다.

한담은 범위가 광범위하고, 내용이 다양하다. 또한 정해진 규칙이 없다. 대개 '큰일' 과는 무관한 '작은 일' 들이고, '공적인 일' 과 무관한 '개인의 일' 이며, '정사' 와 무관한 '야사' 이다. 대부분 출처가 불분명한 소문들이기 때문에 재미있어서 피곤한 줄 모른다. 밥을 먹고 난 후의 심심풀이며, 동네의 이런저런 소문이며, 밥상의 안주거리며, 잠자리의 홍분제다. 이러쿵저러쿵 제멋대로 함부로 말하는 것은 '한담애호가' 들에게는 껌을 씹는 것보다 훨씬 재미가 있다. 만약 하루 종일 한담을 하지 않거나 할 말이 없으면 아편 중독처럼 온몸이 부자연스럽다.

이렇게 중국의 성인들은 거의 대부분 한담과 관계가 있다. 자기가 떠들지 않으면, 다른 사람이 떠드는 이야기를 듣는다. 다른 사람에 대해 한담을 늘어놓지 않으면 다른 사람의 한담거리가 된다. 다른 사람의 한담거리가 되는 것은 어느 정도 자기가 무슨 '이야깃거리'로 다른 사람의 입에 오르내리고 있음을 의미하기 때문에 물론 좋지만은 않다. 하지만 다른 사람의 입에 오르내리지 않는 것도 좋은 건 아니다. 다른 사람이 자기를 전혀 안중에 두지 않는 것이기 때문이다. 만약 안중에 둔다면, 항상 지켜보고 있는데 어떻게 농담 하나 하지 않을 수 있겠는가?

마찬가지로 한담을 즐기는 것도 좋은 것만은 아니다. 한담을 지나치게 좋아하는 사람은 어쨌든 그렇게 똑바르다거나 진실하다는 느낌을 주지 못한다. 왜 그렇게 한담을 좋아할까? 십중팔구 문제가 있다. 일 하기도 바쁜데, 어디 남는 시간이 있어 쓸데없는 이야기나 한단 말인가? 자기의 일도 제대로 못하면서 왜 그렇게 농담을 좋아한단 말인가? 그러나 한담을 전혀 하지 않는 것도 좋지 않다. 모두들 한마디씩 떠들어대고 있는데, 혼자서만 하지 않는다면 '잘 어울리지 못한다'는 표시이며, 사람들에게 문제가 있다는 느낌을 준다. 그래서 스스로 고상하다고 생각하면 모를까, 다른 사람들과 잘 지낼 생각이라면 어느 정도 한담은 필요하다.

따라서 중국은 사람들이 모여 있는 곳에 어김없이 한담이 있다. 찻집, 음식점, 기차역, 부두, 회사 사무실, 각 가정, 기숙사 도처에서 한담이 난무한다. 마치 '봄날 사방에서 바람에 꽃잎 날리듯' 말이다.

그러나 이 '한담'이 뜻밖에 사람을 죽일 수도 있다.

《홍루몽》에서 우이저尤二姐는 한담 때문에 죽었다. 왕희봉은 우선

'몰래'(좋은 뜻으로) 우이저에게, '여동생의 소문이 매우 좋지 못하다, 노마님은 물론 마님들도 다 안다. 동생이 여자로서 행실이 바르지 못하고 형부와의 사이가 지나치게 가깝다'라고 한담을 해주었다. 그러고 나서 어떤 방법을 썼는지 온 세상이 이를 알게 됐고 평아를 제외한 종들과 아낙들이 이러쿵저러쿵 떠들어대며, 콩을 팥이라 우기면서 은밀히 비꼬았다. 이는 우이저를 죽지도 살지도 못하게 만들었으며, 결국 그녀는 극단적인 선택을 하기에 이른다. 이렇게 한담이 사람을 잡는 일이 얼마나 많은지는 통계를 낼 수 없다.

한담은 '사람의 목숨을 잃게' 할 수도 있고, '관직을 잃게' 할 수도 있다. 서한 문제 때의 하동河東 태수 계포季布는 훌륭한 관리였다. 하지만 문제는 그가 현명하다는 이야기를 듣고, 그를 하동 태수 자리에서 불러들여, 어사대부御史大夫에 임명하고자 했다. 하지만 당시 어사대부의 직위는 지위가 상경上卿에 이르고, 부수상에 해당되는 높은 자리였기 때문에 누군가 그에 대한 '한담'을 했다. 계포라는 사람은 용감하고 힘도 세지만, 술을 좋아해서 한번 취해 술주정을 하면 아무도 감히 접근을 하지 못한다는 내용이었다. 문제가 그 말을 듣고 의심이 생겨 계포를 허름한 여관에서 묵게 하고 푸대접하며 한 달을 기다리게 했다. 그러자 계포가 달려와서 문제에게 말하길, "폐하께서 신을 부르셨거늘 임명을 받지 못하니, 아마도 무슨 떠도는 말을 들으셨나 봅니다. 폐하는 한 사람의 칭찬에 저를 부르셨고, 한 사람의 비난에 저를 버리시니, 세상의 재주 있는 선비들이 폐하께서 이렇게 다른 사람의 말에 쉽게 좌우된다는 말을 듣고 호시탐탐 폐하의 깊이를 엿볼까 걱정됩니다"라고 했다. 자신의 생각이 폭로되자 문제는 속으로 부끄러워하며 한 마디도 하지 못하고 한참이 지나서야, "하동은 경기 지방에 이웃한 짐의 수족이라, 그대를 특별히 소견한 것이다"라고 얼버무리며 말했다. 이렇게 해서 계포는 다시 하동으로 돌아가 군수가 됐지만, 만약 계포가 문제에게 사실을 말하지 않았다면, 그는 몇 마디 '한담'으로 '대기 간부'가 되었다가 '퇴직'해야 하지 않았을까?

물론 한담의 가장 일반적인 작용은 사람을 '부끄럽게 만드는 것'이다. 다른 것은 차치하고, 다른 사람의 입에 오르내리는 것 자체가 '부끄러운 일'이다. 다른 사람들은 도마 위에 오르지 않고 유독 나만 섭혔다면, 이는 자신에게 '문제'가 있는 것이 분명하다. 그 '문제'가 정말 '문제'인지 아닌지는 또 다른 이야기다. 그러나 '문제가 있다'는 것이 바로 '문제'이며, 원래 '아무 문제도 없어야 할' 사람이 뜻밖에 '문제가 있으니' 당연히 '부끄러운 것'이다. 설령 누명을 벗고 무죄임이 증명되어 '문제가 없다' 해도 한담이 끊이지 않는다면 결국은 '문제'가 되며, 편안한 날을 보낼 생각은 하지 말아야 한다. 루안링위〔阮玲玉〕4)의 자살이 바로 그것을 증명한다.

한담 아닌 한담

투쟁의 무기

'한담'이 사실 '한가해서' 하는 것은 아니다. 특히 '한가하지 않기' 때문에, 역사적으로 그리고 현실에서 어떤 사람은 한담을 투쟁의 무기로 사용했다.

한담을 이렇게 이용한다는 것은 보통 사람은 전혀 생각할 수도 없을 것 같지만, 사실이며 또한 이치가 있다.

우선 우리는 중국의 역사 속에서 투쟁이 기본적으로 집안싸움이라는 것을 알아야 한다. '집안싸움'이라면, 당연히 조정에서, 가족 내부에서, 울타리 안에서, 자기들끼리 싸우는 내부 투쟁이다. 이는 '공개화'될 수 없다. 일단 공개되면 '집안망신'일 뿐 아니라 다른 사람에게 '웃음거리'가 되고, '빈틈'을 보이게 되며, 자기 얼굴에 침 뱉기다. 게다가 자기 사람들은 '시도 때도 없이 만나는 사람들로', 어쨌든 공개적으로 반목할 수 없다. 만나면 속으로는 어떻게 생각하든지 겉으로는 웃어야 한다. 다른 생각, 다른 의견이 있다고 해도 항상 '얼굴 맞대고' 직접 이야기할 수도 없다. 속으로 열을 잔뜩 받아서 이가 부득부득 갈리고, 주먹으로 때리고 발길질하고 싶더라도, 표면상의 '안정과 단결'을 유지해야 한다. 그래서 공개적으로 '소문낼 수' 없고, 뒤에서 '불평하기' 때문에 '한담'이 된다.

둘째, 이런 투쟁은 공개돼도, 격렬해져도 안 된다. 정말 어쩔 수 없는 지경이 아니라면, 큰 싸움을 벌이거나, 전쟁을 일으켜서는 안 된다. 한 담이라고 하는 것이 쓸데없기도 하고 또 쓸데없지 않기도 해서 '꺼내기는 어렵지만 꺼내놓으면 별것 아닌', 무기로 쓰기에 가장 적합하다. 게다가 이미 '내부투쟁'이므로 그 성패의 최종판결자도 내부에 있다. 만약 다른 수단을 택한다면 '자기 사람'의 반감을 일으켜 결국 사람들에게서 멀어질 수 있다. 한담은 누구나 하기 좋아하고, 듣기 좋아한다. '한담'을 무기로 이용하면, 사람들에게 쉽게 받아들여지고 허용될 수 있으며, 절대 실패하지 않는다는 것을 확실히 보장할 수 있다. 설사 마각이 드러나 사람들에게 발각된다 해도 걱정할 것은 없다. 한담일 뿐이 아닌가!

셋째, 중국은 역대 민주적 절차와 여론의 감독이 부족해서 무슨 일이든 '우두머리'가 말하면 그만이었다. 나라에서는 황제가 말하면 더 이상 반박의 여지가 없고, 집에서는 아버지가 말하면 끝이었으며, 가족, 조직, 문파 내부에서는 족장, 방주, 사부들이 말하면 그만이었다. '일언당一言堂' 제도에서 이런 '윗사람'들은 '민정'을 살펴야 했기 때문에 한담을 들을 수밖에 없었다. 은밀한 제보는 밀고의 혐의가 있었고, 공개적인 비평은 '군부'들의 권위에 대한 도전 같았기 때문이다. 내색하지 않고 '한담'을 퍼뜨리고, 사람을 사지에 몰아넣기에 충분한 여론을 '아무렇지 않다는 듯' 흥미진진하게 말해야 비로소 '깜짝 놀라게' 할 수 있다. 또한 자기에게는 피해가 없는, 진정 '말하는 사람은 죄가 없

478

고, 듣는 사람은 조심하는' 효과를 거둘 수 있다.

'군부' 들도 사람이므로 한담 듣기를 좋아했다. 특히 장점이 매우 많았는데, '말하는 사람은 아무 뜻 없이 하지만 듣는 사람은 새겨듣는다'고, 쓸데없는 말에서 무슨 근거라도 잡아낼 수 있을지 몰라서였다. 들은 후에 진짜라고 생각되면 추궁할 수 있었다. '아니 땐 굴뚝에서 연기 나지 않기' 때문이다. 진짜라고 생각하지 않으면 웃어넘기면 그만이다. 원래 항간에 떠도는 소문에 불과하기 때문이다. 마찬가지로, 쓸데없는 소리를 하는 사람을 조사해서 다스리려면, "다른 꿍꿍이가 있다"라고 할 수 있고, 감싸고 용납하려면 "말은 퍼트리고 다녔지만, 악의는 없다"라고 할 수 있다. 어쨌든 한담이냐 아니냐, 고의적인 비방이냐 그냥 한 소리냐에는 객관적이고 과학적인 표준 따위는 없다. 오로지 생사 여부의 권한을 쥔 사람의 한마디면 끝이었다.

한담은 이렇게 융통성 있고 편리해서, 역대 왕조에서는 시관詩官을 파견하여 특별히 민가와 민요를 수집하게 했고, 패관稗官을 파견하여 '항간에 떠도는 말이나, 길거리의 풍문' 을 수집했으며, 언관言官(감찰부문의 관리)을 정해 '소문을 듣고 임금에게 상주' 하게 했다. 민간민요도, 길거리에 떠도는 소문도, 모두 백성들이 황제의 등에 대고 하는 '한담' 이었기 때문이다. 특히 한담식의 민요는 모두 사회세태와 민의를 반영하며, 어떤 것은 시대의 변화를 반영하기도 한다. 따라서 '임금' 은 한담을 통해 '풍속을 엿보고, 득실을 알고, 스스로 반성할 수 있다' 라고 생각했으므로, 당연히 사람을 파견해 정리 수집하게 했다.

한담의 묘妙

위에서 좋다고 하면 아래에서는 본받기 마련이다. 지존인 천자가

'한담하는 것'을 인정하고 공공연히 제도화, 합법화하자 온 천하의 '한담 애호가'들이 얼마나 좋아했겠는가. 게다가 이 한담이라는 무기는 구체적으로 사용하자면 말로 다할 수 없는 절묘한 장점이 많았다.

한담은 '합리적이고 합법적이다.' 이 문제에 대해 중국인과 서양 사람들의 관점은 그다지 일치하지 않는다. 서양 사람들은 '언론의 자유'를 주장한다. 이는 '하늘이 부여한 인권'이며, 누구도 제한하고 침해할 수 없다고 생각한다. 따라서 서양 사람들은 비교적 마음대로 말할 수 있고, 나라에 대해 왈가왈부할 수 있으며, 최고 통치자를 비평할 수 있고, 하느님이 존재하는지에 대해서도 의심할 수 있다(물론 중세기 이후부터 가능했다). 설령 잘못 말했다고 해도 "당신 말이 옳지 않습니다"라고 할 수 있을 뿐, "해서는 안 된다"라고 할 수 없다.

중국인은 서양 사람들처럼 마음대로 말할 수 없었다. 누구나 다 말할 수 있거나, 어떤 말이든 다 할 수 있는 게 아니었다. 이를테면 '계급의 적', '전제의 대상'은 '함부로 말하고 행동'하는 것이 허락되지 않았다. 또한 윗사람에게 반항하고, 소란을 일으키고, 반역을 꾀하는 '고의적인 반대의 말'은 할 수 없을 뿐 아니라, 머릿속에 생각만 해도 죽임을 당하는 죄였다. 그 죄명은 '속으로 한 비방'이라고 했다. 어쨌든 속으로 '군부'를 비방하는 것은 '크나큰 불경'에 속했다. 이를테면 오대五代에 풍도馮道라는 사람이 있었는데, 관리가 되기 전 선생 노릇을 했다. 어느 날 학생들에게 《노자老子》를 가르치는데, 그 시작이 '도라고 할 수 있는 것은 상도常道가 아니다'였다. 학생들은 선생님의 이름이 들어간 글자를 피하기 위해 감히 '도' 자를 말하지 못하고, 큰 소리로 "감히 말할 수 없네, 절대 감히 말할 수 없네, 정말 감히 말할 수 없네"라고만 했다. 분명 중국인들은 '절대 감히 해서는 안 될' 많은 말들이 있었다.

'반대하는 말'을 할 수 없을 뿐 아니라, '하고자 하는 말'도 마음대로 할 수 없었다. 말할 때는 장소, 대상, 자기의 신분(이런 말을 할 자격이 있는지 없는지)을 봐야 했다. 태도, 말투, 방식, 분수에도 주의해야 했다. 만약 규칙을 어기기라도 하는 날에는 군부, 장관, 나리들이 "여기가 감히 어디라고 함부로 말하느냐? 끌고 가라!"라고 호통을 치거나, 따귀를 치라고 명령한다. 따라서 법규를 아는 중국인들은 '함부로 말하지' 않는다. 장소를 가리지 않고, 대상을 살피지 않으며, 태도와 말투에 주의하지 않고, '입에서 나오는 대로 지껄인다면' 적어도 법규를 모르고 교양이 없는 사람으로 간주될 수 있다.

'하고 싶은 말'은 함부로 할 수 없고, '반대하는 말'은 더욱 해서는 안 되는 상황에서는 '한담'만이 가능했다. 이른바 한담은 비공식적인 말이기도 하다. 앞에서 여러 번 말한 것처럼, 중국인은 말을 하고 일을 하는 데 지극히 규칙과 격식을 따진다. 규칙, 격식은 관리와 백성의 차이, 조정과 재야의 차이, 내외의 차이였는데, 결국 '공식'과 '비공식'의 차이였다. 공식적인 말은 '관화官話'였고, 비공식적인 말은 '한담'이었다. 물론 백성들도 '관화'를 할 수 있었고(관방의 문건을 낭독하고, 관방의 뜻을 전하고, 관방 조직의 회의에서 발언하는 등), 관리 역시 비공식적인 장소에서의 '한담'을 할 수 있었다. 따라서 '쓸 데 있고 없고'는 전적으로 '공식 비공식'의 여부에 달려 있었다. 그러나 '비공식'의 말은 그 주체가 관리 여부에 관계없이 모두 '한담'이라 할 수 있었다. 이는 관리나 백성 모두 그렇다.

게다가 사람이라면 누구나 말을 한다. 하려는 말이나 반대하는 말 모두 할 수 없거나 마음대로 할 수 없는데, 한담까지 금한다면 갑갑해 죽으라는 말 아닌가? 그래서 역대 왕조에서는 한담을 금하는 '법'이 없었으며, 한담을 금하는 '이치'도 없었다. 찻집에 붙어 있는 공고 역시 '국사를 논하지 말라'고만 할 뿐, '한담 금지'라고 하지 않았다. 사실, '국사를 논하지 말라'는 '한담을 많이 하라'는 것이다. 중국에서 '국사'는 종종 '한담'이 되기도 했는데, 이른바 작은 소문과 정치 민요가 그것이다. 하지만 이것이 금지 당했다는 말은 들어본 적이 없다. 이른바 한담이란 '마음대로 말하다'라는 뜻으로, 당연히 아무리 마음대로 말해도 '합법'이었다.

'합법'은 '단체의식'에 뿌리를 둔다. '단체의식'의 논리에 따르면, 모든 사람들이 단체에 속한다. 또한 단체의 것은 모두의 것으로, 공사를 구분하지도 않고 너, 나 구분도 없고, 모든 사람의 개인사를 비롯한 가정사와 남의 일도 모두의 일이었으며, 모두에게는 관심을 갖고 따져 묻고 이러쿵저러쿵 평가할 권리가 있었다. 그래서 중국인들은 개인에게 '프라이버시'가 있다는 것을 인정하지 않았으며, 다른 사람의 프라이버시를 존중해야 한다는 것도 이해하지 못했다. 프라이버시권을 향유하고 존중할 것을 요구한 것은 최근 몇 년 사이의 일이다. 이전에는 누군가 프라이버시권을 요구하면 존중받지 못했을 뿐 아니라, 오히려 "그 사람은 왜 다른 사람들에게 말할 수 없는 비밀이 있을까?"라며 이상한 일로 여겼다. 중국인들이 볼 때, '다른 사람에게 말할 수 없는' 것은 분명 대부분 '부정'한 것이었다. 아니면 사람들에게 왜 말할 수 없을까? 이것이 더욱 '한담'을 끌어낼 수밖에 없다.

결국 '나는 단체의 일원이고, 너 또한 단체의 일원이다. 나는 너에 대해 왈가왈부할 수 있고, 너도 나에 대해 왈가왈부할 수 있다'는 것이다. '뒤에서는 나라님도 욕한다'라고, 어쨌든 누구나 다른 사람에 대해 이야기할 수 있고, 나도 누군가에 의해 뒷공론의 대상이 될 수 있다. 이것이 '공평' 이고 '합법', '합리' 인 것이다.

나쁜 소문은 빨리 퍼진다

한담이라는 무기가 두 번째로 대단한 점은 '신속하게 전파 된다' 는 것이다. 속담에 '좋은 일은 잘 알려지지 않고, 나쁜 일은 천리 밖까지 퍼져간다' 라고 했듯이, 한담의 전파 속도는 굉장히 빠르다. 원인은 물론 한담의 내용이 대부분 '좋은 일' 이 아니기 때문이다. 역대 중국에는 덕으로 나라를 세우고, 예로 나라를 다스린 전통이 있었다. 그리고 '좋은 사람, 좋은 일' 은 항상 나라에서 정식으로 표창했다. '나쁜 사람, 나쁜 일' 은 말하기 어려웠다. 일벌백계一罰百戒를 위한 '반면교사反面教師' 를 삼기 위한 것이 아니라면 모를까 까딱하다가는 '집안 망신' 으로 좋지 않은 영향이 있을 수 있으므로 '감추어졌다'. 좋은 일은 관방에서 많이 이야기하기 때문에, 한담은 '나쁜 일' 로 많이 언급될 수밖에 없었다.

한담 중 나쁜 이야기를 많이 하는 이유는, 좋은 이야기는 면전에서 할 수 있지만, 나쁜 이야기는 대부분 뒤에서만 할 수 있기 때문이다. 좋은 말은 누구나 듣기 좋아한다. 좋은 말은 가능한 한 앞에서 해야 한다. 나쁜 말은 다르다. 면전에서 어떤 사람의 좋지 않은 말을 하는 것은 당사자가 받아들이지 않을 수 있을 뿐 아니라, 스스로 입을 열기도 어렵다. 그러나 말을 하지 않자니 속이 답답해서 하는 수 없이 뒷말을 한다. 바로 이런 이유 때문에 '한담' 이라는 말에는 '뒤에서 이러쿵저러쿵 비평한다' 라는 뜻이 있다. 그리고 '불만의 말', '나쁜 말' 이 됐다.

뒤에서 하는 말은 종종 상당한 '가치' 가 있다.

첫째, 믿을 만하다. 중국인은 체면을 중시한다. '얼굴을 마주했을 때' 체면 때문에 얼버무리며 말을 못할 수가 있다. 심지어 표면적으로 호의를 표하기도 한다. 설령 상대방의 '좋지 않은 이야기'를 하려 한다 해도, 싸움을 제외하고 대부분 우물쭈물 말을 얼버무리고 요점을 이야 기하지 못한다. '등지고 있을' 때는 다르다. 체면의 장애도 없고, '미안 함'도 없고, 마음대로 할 수 있으며, 비교적 진실하다.

두 번째는 이상하게 사람을 유혹한다. 뒤에서 하는 말은 공개적으로 할 수 없다. 그래서 신비하고 유혹적이다. 공개적으로 말하기 어려울수록 사람들은 수소문을 하며, 수소문하기 어려울수록 더욱 신비하다. 또 일단 듣게 되면 일종의 우월감이 생긴다. 자신이 공개적으로 말할 수 없고, 다른 사람은 들을 수 없는 것을 들었는데, 어찌 으쓱하지 않겠는가.

만약 뒤에서 하는 말이, 다른 사람의 '좋지 않은 이야기'라면 더욱 우월감을 느낀다. 다른 사람이 나쁜 일로 언급된다는 것은 나는 잘했다는 증명이며, 다른 사람이 한담거리가 된다는 것은, 자기는 그렇지 않다는 증명이다. 그러므로 득의양양할 수 있는 것이다. 그래서 타인에 대한 한담을 듣는 사람치고 속으로 기뻐하지 않는 사람이 없다. 그러나 '한가하게 속으로 좋아하는 것'만으로는 안 되며, 이야기를 퍼뜨려야 하는 것이다. 전하지 않으면 기쁨을 다른 사람과 나눌 수 없고, 자신의 득의를 증명할 수가 없다. 또한 효과를 보장하기 위해 전할 때는 말이 믿을 만하고, 신비한 색채가 넘치도록 해야 한다.

공개적으로 할 수 없는 말을 들을 수 있다는 것은 자기의 체면이 상당하고, 연줄이 대단하며, 수단이 좋고, 정보가 빠르다는 것을 증명하는 것이다. 그런데 다른 사람에게 보이지 않으면 우월감을 어떻게 드러내겠는가. 게다가 '다른 사람에게 할 수 없는 말'을 다른 사람에게 해주는 것 역시 사람을 사귀고, 친한 체하는 하나의 방식이다. 종종 '우리가 형, 아우 하는 사이가 아니라면, 어떻게 너에게 말해주겠냐?'라고 한다. 이것이 체면이고 인정이다. 한담을 전해주고 우월감을 느낀다. 또한 체면과 인정을 얻으니, 당연히 수지맞는 장사가 아닐까?

설사 당사자의 귀에 들어간다 해도 걱정할 필요가 없다. "'좋지 않은 이야기'는 다른 사람이 한 말이고, 내가 말하는 것은 전적으로 우리가 서로 '친한 사이'이기 때문이다. 그렇지 않으면, 나랑 무슨 관계가 있다고 밥 먹고 할 일 없어서 이런 쓸데없는 일에 참견할까? 우리가 친한 친구이고, 네가 다른 사람에게 속아 아무것도 모르고 있을까봐서 체면 불구하고 특별히 너에게 '환기' 시키는 것이다"라고 하면 된다. 이런 배려를 상대방은 감사하게 생각하지 않으면 안 된다.

한담의 전파 속도가 빠른 데에는 한담 자체의 원인도 있다.

첫째, '한담 애호가'의 수가 많다. 사람이 많고, 의론이 분분하고, 열정적이면 전파 속도도 자연히 빠르다. 두 번째, 중국인은 한담에 대해 흥미가 많다. 이런 말에 대해 열심이고 적극적이다. 수고비 없는 '광고 부대'를 찾지 못할까봐 걱정할 필요가 없다. 세 번째, 한담은 중국인의 많은 심리적 요구를 만족시킨다('호기심', '훔쳐보기', '평형감', '입버릇' 등등). 넷째, 한담은 민간 경로를 통해 옮겨 다닌다. 심사 보고, 회의 토론, 거수 표결을 할 필요가 없어서 자연히 관방 경로로 가는 것보다 훨씬 효율적이다. 그래서 어떤 경우 관방의 비공식적인 의견이나 결정도 '한담'의 민간 경로를 택해 하달하는데, 그것을 '헛소문을 퍼트리다', '숨통을 트다', '인사를 하다'라고 한다.

방어의 어려움

한담이라는 무기의 세 번째 절묘한 점은 '책임을 지지 않는 것'이다. 한담은 '해도 그만, 안 해도 그만'인데 무슨 책임을 지겠는가. 하물며 한담할 때, 기록하지 않고, 안건으로 등록하지 않으며, 자료로 남기지 않는다. '봄날 꿈처럼 수시로 왔다가, 아침 안개처럼 흔적 없이 사라지는데' 어디에 가서 책임을 추궁하겠는가? 책임자를 찾았다 해도 증거는 어떻게 댈 것인가? 증거를 댄다한들 또 누구에게 공정한 심판을 부탁하겠는가? 모두가 그것을 이미 '한담'이라고 공인한 바, 진지하게 생각하고 추궁할 사람은 없다. 누군가 진지하게 추궁하려 한다면 모두 '웃기는 일이라고' 생각할 것이며, 추궁 자체가 새로운 '이야깃거리', 새로운 '웃음거리'가 되어 사람들 입에 오르내릴 수 있다. 본전도 못 찾는 것이다.

당사자는 더욱 나서서 '해명하기'가 쉽지 않다. 그렇게 되면 '아니 땐 굴뚝에 연기 날까' 하는 의심이 생겨서 변명할수록 변명하기 어렵기 때문이다. 한담이 아닌가, '일단 말하고 볼 일'이고 또 '일단 듣고 볼 일'이지 진지할 게 뭐가 있겠는가? 그래서 한담에 대해서는 '한 번 웃어버리고 끝내는 것'이 가장 좋다. 만약 억지로 변명하려고 하면 못 볼 꼴만 보고 소란만 일으킬지 모른다. 게다가 한담을 전하는 사람이 그렇게 많은데, 큰 길에 서서 만나는 사람마다 일일이 해명할 수도 없는 일이 아닌가. 또한 어떤 사람이 한담을 전하고, 어떤 사람이 믿으며, 어떤 사람이 믿지 않는지 알 수 없다. 믿는 사람들에게 설명하면, 사람들은 '능청스럽게 군다'라고 생각하고 더욱 굳게 믿을 것이며, 믿지 않는 사람에게 설명하면 오히려 헛소문만 퍼트린다고 할 것이다. 누가 이런 어리석은 일을 하겠는가.

과연 한담은 대응할 방법이 없을까? 한 가지 단도직입적인 방법은 바로 한담에 한담으로 대응하는 것이다. 이를테면 다른 사람이 나에 대해 교활하다고 떠들고 다니면, 나도 그에 대해 얄은 수를 쓴다고 하고, 다

486

른 사람이 내가 사리를 취했다고 하면, 나는 그가 수작을 부린다고 하는 것이다. 결국, 나에 대해 한담하는 사람이 있으면, 나도 그에 대해 한담하거나 익명의 편지를 쓸 수 있다. 하지만 한담에 한담으로 대응하고, 익명의 편지에 익명의 편지로 대응하는 것은 소인을 소인으로, 부도덕을 부도덕으로 대응하는 것과 마찬가지여서, 결정적으로 자기 자신도 나쁘게 될 수 있다.

한담의 혐오스러움이 바로 여기에 있다.

남자와 여자

여자와 한담

남자와 여자, 누가 더 한담과 인연이 있을까? 답은 바로 여자다.

우선 여자가 남자보다 말하는 것을 더 좋아한다. '여자 셋이 모이면 접시가 깨지고, 남자 둘이 모이면 할 말이 없다' 라는 말이 있다. 즉 남자들끼리 있으면 일에 대해서 이야기하거나, 여자와 성에 대해서 이야기하거나, 말이 통하지 않으면 아예 말을 하지 않는다. 여자들끼리 있으면 항상 이야기가 끊이지 않는다. 날씨, 물가, 아이들, 옷, 직장에서의 잡담, 이웃 간의 소소한 이야기들, 배우들의 스캔들, 최신 유행상품 등 대부분이 '한담거리' 다. 여자의 입을 다물고 침묵하게 하는 것은 하늘에 오르는 것보다 어렵다. 그래서 정보를 염탐할 때 가장 좋은 방법은 여자와 한담하는 것이다. 여자가 신바람이 나서 이야기하기 시작하면, 질문이 끝나기도 전에 자발적으로 허심탄회하게 다 털어놓는다.

여자는 '한담' 에 대해 남자들보다 더 관심이 많다. 이를테면 다른 사람들의 인연을 맺어주는 일에 열심인 사람은 대부분 여자다. 대체로 여자는 남자보다 '한가' 하며, 남자보다 더 '동정심' 이 있다. 동정심이 있

488

다는 것은 '동기'가 되며, 시간이 있다는 것은 '조건'이 된다. 차츰 쓸데없는 일에 대해 호기심을 갖는다. 따라서 다른 사람의 '사적인 일'을 탐문하려고 보내는 염탐꾼은 십중팔구 여자다.

여자는 남자보다 '상상력'이 풍부하다. 남자는 논리적 능력이 강하고, 여자는 직감과 상상에 강하다. 따라서 남자들은 '쓸데없는 이론'에 집착하고, 여자는 '으레 그러려니' 생각한다. 한담은 공교롭게 추리할 수 없고, 상상만 할 수 있으며, 쓸데없는 이론을 인식할 필요 없이 그저 그러려니 하고 생각할 수밖에 없다. 만약 일의 진상을 여실히 드러내야 한다면 그 한담이 진짜 한담일까? 여자들끼리 있으면 모두 그러려니 생각하므로 한담하는 데 아무 지장이 없다.

한담을 투쟁 무기로 삼는 것도 여자가 남자보다 많다. 여자는 남자보다 종종 차별대우를 받으며, 업신여김을 당한다. 그래서 남자들보다 더 세세하게, 더 민감하게, 더 쉽게 불공평을 느낀다. 남자들은 건성건성 대충대충 받아들이기 때문에 잘 느끼지 못한다. 설사 불공평을 느낀다 해도 대체로 쉽게 떨쳐버린다. 하지만 여자들은 스스로 근심을 풀 방법이 없기 때문에 생각을 잘 떨쳐버리지 못한다. 떨쳐버리기 위해서 털어 놓으려 하고, 보복하려 한다. 남자들의 보복이 대부분 행동이라면, 여자의 보복은 말인 경우가 많다. 따라서 남자들은 주먹을 쓰고 여자들은 입을 쓰며, 남자는 싸움을 하고 여자는 소리를 지르며, 남자들은 정변을 일으키고 여자는 한담을 한다.

여자는 한담하기를 좋아하기 때문에 다른 사람 입에 잘 오르내린다.

우선 같은 여자들에게 한담거리가 된다. 여자는 남자보다 동성에게 관심이 많다. 여기에서 말하는 '관심'은 사랑이 아니다. 동성애는 더더욱 아니다. 일종의 은밀한 '힘겨루기' 혹은 '경계'다. 전통사회는 남자들의 사회였다. 남자들은 사회 금자탑의 꼭대기에 있으면서 사회 무대의 중심을 차지하고, 정치를 비롯한 경제, 군사, 외교, 법률적 제재와 도덕 판단의 권력을 장악했다. 또한 자기 자신을 내세우고, 풍류를 즐기며, 세상의 온갖 즐거움을 경험했다. 반면, 여자들은 그들의 부속품이자 종속 대상이었다. 여자가 이런 사회에서 발을 붙이고 살려면 온갖 방법으로 남자들의 주의를 끌지 않을 수 없었다. 그러므로 자기보다 더 젊고, 더 예쁘고, 더 섹시하고, 더 매력 있는 여자를 경계해야 했다.

따라서 여자가 더 관심을 갖는 것은 남자가 아닌 여자다. 그들이 볼 때, 남자들은 모두 똑같다. 자기에게 매력만 있으면 추파를 던지는 남자가 없을까봐 걱정할 필요가 없었다. 공개적인 사교 장소에서 남자들이 관심을 갖는 것은 자기가 바라는 목적(중요한 사람을 사귀거나 정보 교환, 비즈니스 상담 등)의 실현 여부나 뜻밖의 수확이다. 반면, 여자가 관심을 갖는 것은 자기가 대중의 주목을 받는 중심인가 하는 것이다. 따라서 어떤 단위 혹은 어떤 울타리에 갑자기 여자가 하나 나타났는데, 그 여자가 상당히 능력이 있거나, 고상하고 행동거지가 우아하거나, 젊고 예쁘거나, 멋있고 섹시하다면 즉각 주목을 받는다. 남자들이 주목하는 이유는 대부분 '흑심'을 품었기 때문이지만, 여자들이 주목하는 이유는 대부분 '적의'가 있기 때문이다. 모두 '부끄러운 처사'지만, 내용과 성질에는 현저한 차이가 있다.

여자들은 다른 여자에 대한 안목이 특히 까다롭다. 그래서 어떤 여자든 '트집'을 잡히지 않을 수가 없다. 일단 트집이 잡히면 이야깃거리가 생기고 한담이 저절로 생긴다. 그리고 신속하고 광범위하게 퍼져나간다. 한담의 내용과 그 정도는 '뭇사람들의 비난의 대상'이 사람들의 주목을 받는 정도와 정비례한다. 주목을 많이 받을수록 한담도 많아진다.

삼류 타블로이드 신문에서 특히 여가수, 여배우의 일화, 그녀들의 '결혼' 이나 '바람' 에 관한 소문을 즐겨 싣는 이유가 바로 여기에 있다. 어떤 여가수들, 여배우들이 일부러 이런 '가십거리' 를 만들기도 하는 이유도 마찬가지다.

가수나 배우들의 한담을 하는 사람들의 심리는 호기심이 대부분이다. 호기심과 경멸, 남의 불행에 기뻐하는 것 외에도 어느 정도 부러움이 없지 않다. '스타' 들은 자신과는 거리가 먼, 정말이지 도저히 따라잡을 수 없는 존재이므로, '한담' 의 대상으로 삼기에 좋다. 만약 주변의 아는 여자에 대해 한담한다면, 그렇게 공손하지가 않다. 만약 어떤 여자가 '일' 을 내고 '망신' 을 당하면, 한담하는 사람들은 남의 불행에 대해 고소해한다. 어떤 사람들은 자기 주변에 있는 사람이 자기보다 더 잘사는 것을 못 견디겠다고 하는데, 여자들은 다른 여자들에 대해서 더욱 그렇다.

남자와 한담

여자가 같은 여자에 대한 한담을 좋아한다면, 남자들은 여자들에 대한 한담을 좋아한다.

남자들은 여자에 대해 이야기할 때 진정으로 한담한다. 편안한 마음으로, 한가한 태도로, 감상의 눈길로 한담한다. 또한 한담의 대상인 여자가 섹시하고 예쁜지에 대해 집중 토론한다. 공자가 '색 좋아하듯 덕을 좋아하는 사람을 본 적이 없다〔可見好色也是〕' 라고 했을 정도로 남자가 여자를 좋아하는 것은 '인지상정' 이다. 게다가 또 무슨 할 이야기가 있겠는가? 그녀의 학업 성적이 좋다거나, 일하려는 의욕이 넘친다? 그것은 한담이 아니다.

여자가 여자에 대해 이야기할 때, 화제는 비교적 분산된다. 그러니 대체로 이 범위를 벗어나지 않는다. 첫째는 옷차림, 둘째는 행동거지, 셋째는 결혼과 연애, 넷째는 사회적인 교제 등이다. 왈가왈부하는 과정에서 종종 도덕적인 평가가 따르기도 한다. 만약 도마 위에 오른 그 여자의 행위에 신중하지 못한 구석이 있으면 대부분 벌떼처럼 달려들어 비판한다. 분명 여자가 남자들보다 정조문제를 더 중요하게 생각한다. 정조에 대한 남자들의 태도는 모순적이다. 남자들은 대부분 자기의 아내는 정조를 지키기 바라지만, 다른 여자들은 바람기 있는 여자이길 바란다. 그래서 어떤 여자에게 '문제'가 좀 있더라도 그렇게 분노하지 않는다. 여자들의 태도는 겉과 속이 다르다. 스스로에게 엄격한 사람은 다른 사람에게 관대하지 않고, 정조를 지키지 않는 사람은 다른 사람을 음탕하다고 욕하지 않는다. 그러나 대다수 여자들이 정조를 지키며, '일반적이지 않은' 여자들은 그렇게 많지 않다.

대체로 남자가 여자를 말할 때는 감상의 뜻이 있고, 여자가 여자를 말할 때는 비난의 뜻이 있다. 남자들은 여자들에 대해 도덕적인 평가를 하지 않고, 여자는 여자에 대한 심미적인 감상이 쉽지 않다. 남자들의 태도는 미학적이고, 여자의 태도는 윤리적이다. 남자는 감상자이고, 여자는 비평가다.

남자들이 여자에 대한 한담을 즐긴다면, 여자는 남자들에 대한 한담을 잘하지 않는다. 한다고 해도 그렇게 마음대로 하거나 남자를 남자로 이야기할 수 없다. 게다가 전통사회에서 한 여자가 접할 수 있는 남자는 자기의 아버지, 형제 아니면, 남편, 아들로 이야기할 수 있는 사람이 없었다. 기껏해야 '하소연'이었다(남편의 불충이나 아들의 불효를 하소연하는 등). 이런 화제를 이야기할 기회도 그렇게 많지 않았다. 가정 이외의 남자에 대해서는 절대 말할 수 없었다. 잘못하면 일련의 문제를 일으킬 수 있었다. 결국 남자가 여자에 대해 말하는 것은 '불량스런' 혐의가 있고, 여자가 남자에 대해 이야기하는 것은 '바람난 여자'로 보일 수 있었다. 상대적으로 후자가 더욱 겁나는 일이었다.

남자들은 한담과는 관계가 적은 듯해도 사실 그렇지 않다. 중국에서 남자는 종종 여자와 마찬가지로 한담을 좋아하며(그렇지 않으면 중국의 한담 애호가가 그렇게 많을 리가 없다), 여자보다 한담의 강도가 더 세다. 남자는 말하지 않을 뿐, 일단 말을 하면 대체로 문제가 생긴다.

이는 적어도 세 가지 사실을 증명한다. 첫째, 남자도 한담을 하며 그 수가 반드시 적다고 할 수 없다. 둘째, 남자의 한담은 대부분 목적이 있거나 심지어 음모에 이용한다. 셋째, 남자의 한담은 여자와 마찬가지로 타인의 사생활에 착안한다. 이는 여자보다 더 무서우며 비열하다. 여자의 한담은 대부분 단순히 좋아서 하는 것으로, 공리적인 목적 같은 건 없다. 기껏해야 자신의 결백을 증명하거나 울분을 토한다. 반면 남자들이 좋아하지 않는 한담을 하는 것은 대부분 '다른 생각이 있어서'다. 한담으로 다른 사람을 깎아 내리고, 정리하고, 해치고, 사지로 몰아넣는 것은 대부분 남자다. 여자의 한담은 범위가 크지 않고, 말하는 내용도 하찮은 일이 대부분이기 때문에 위협 또한 제한적이다. 남자가 한담을 할 때는 종잡을 수가 없다. 잘못하면 관직을 잃게 하고, 목숨을 잃게 하며, 패가망신하게 하는데 어떻게 무섭지 않겠는가? 위풍당당한 대장부가 제대로 된 일은 안하고 한담이나 하는데 어떻게 비열하다 하지 않겠는가?

사실 여자가 한담을 투쟁 무기로 삼는다 해도 남자들보다 동정할 만하다. 여자는 권력도, 세력도, 힘도 없다. 뒤에서 속닥거릴 수밖에 없다. 남자는 다르다. 남자는 위풍당당하게 진용을 펼치며, 정정당당하게 깃발을 올리고, 정면으로 도전하고, 공개적으로 겨룰 수 있는데, 왜 이런 지저분한 수단을 쓴단 말인가.

군이 해석을 하자면 억지로 그렇게 된 것이다. 누가 그들을 강요할까? 전제주의와 전제제도이다. 전제는 비민주다. 비민주는 언론의 자유가 없고, 여론의 감독도 없다. 모두 하고 싶은 말은 있지만 공개적으로는 할 수 없고, 몰래 할 뿐이다. 직접 할 수 없으니 뒤에서 할 수밖에 없다. 몰래하는 것, 뒤에서 하는 것 모두 '은밀' 하다. '은밀' 이라는 것은 몰래 슬쩍 숨어서 못된 짓을 하는 것을 말한다. 슬그머니 숨어서 못된 짓을 많이 하다 보면 자연히 음침해지기 시작한다. 마음이 음침한 사람이 어떻게 광명정대할 수 있겠는가.

한담 음모가

중국에는 음침한 심리를 가진 '한담 음모가' 가 있는데, 대부분이 다음 몇 가지 일을 할 줄 알고, 즐겨한다.

첫째, '총애 다툼' 이다. 이런 인물은 인격이 독립적이지 않고, 자유의지가 없다. 그들은 항상 어떤 단체나 어떤 개인에 의지하고, 힘 있는 사람에게 아첨하며 달라붙으려 한다. 이렇게 하려면 반드시 '총애를 얻어야 하며', 반드시 '총애를 다투어야' 한다. 왜냐하면 총애를 얻는 것은 상대적이기 때문이다. 다른 사람이 총애를 얻는다는 것은 자기는 얻지 못함을 의미한다. 이미 얻었다 해도 더 많이, 더 깊은 총애를 원하기 때문에 다투지 않을 수 없다. 그러나 총애란 자기가 얻고 싶다고 얻어지는 것이 아니다. 위에서 주는 것이다. 따라서 남의 비위를 맞추고, 아부하고, 기회주의적인 태도를 취하거나 영혼이라도 팔아야 한다. 이

494

런 사람들에게는 '두 가지 보물'이 있다. '아첨과 두 얼굴'이다. 거짓말로 허풍떨며 치켜세우고, 겉과 속이 다른 말로 상대방을 현혹한다.

둘째, '밀고'다. 밀고는 총애를 다투는 데 반드시 필요하다. 한 사람이 총애를 얻느냐 그렇지 못하냐는 그의 활약 여부에 달려 있다. 활약 여부는 상대적이다. 다른 사람의 태도가 좋다는 것은 자기의 태도가 좋지 못하다는 것을 의미한다. 즉 다른 사람의 태도나 활약이 좋지 않아야 내 태도가 좋아 보인다. 따라서 총애를 다투려면 윗사람이 다른 사람에 대해 부정적인 생각을 갖게 해야 한다. 이럴 때 밀고의 방법을 쓴다. 그렇다면 왜 공개적으로 지적하면 안 될까? 공개적인 지적은 증거가 있어야 하고, 모두 인정해야 하기 때문이다. 태도가 나쁘다고 공인되는 사람은 적수가 아니다. 적수는 약점을 잡을 수가 없다. 그래서 밀고를 할 수 밖에 없다. 밀고는 결코 '밀고(몰래 하는 보고)'가 아닌 '비밀을 고하는' 것이다. 비밀을 알렸으니 주의를 불러일으키고 놀라게 할 수 있으며, 밀고를 했으니 쥐도 새도 모른다. 상대방은 반격할 기회와 해명의 기회가 없고, 스스로 어떤 근거도 찾지 못한다. 또한 평지풍파를 일으키며, 유언비어를 퍼뜨린다. 적어도 화를 돋울 수는 있다. 이와 동시에 자신의 지극한 충성, 강직함을 드러내어 더 많은 총애를 얻을 수 있다. 따라서 이런 소인들은 대부분 비밀을 폭로했다.

셋째, '트집 잡기'다. 비밀을 알리는 것은 총애를 다투는 과정의 하나이며, 트집을 잡는 것은 비밀을 폭로하기 전의 사전 작업이다. 비밀을 알리는 것은 항상 증거가 있어야 한다. 어떤 근거도 없고 흐릿한 단서뿐일지라도 그러하다. 그래서 생트집을 잡아야 한다. 소인들은 대부분 억지로 남의 흠을 들춘다. 이 경우는 두 가지 유형이 있는데, 한 가지는 정치문제, 다른 하나는 생활문제다(또는 태도문제라고도 한다). 전자는 대부분 언론에 착안한다. 이를테면 윗사람을 거역하거나, 불경을 저지르거나, 군부를 비방하거나 혹은 반동적인 언론, 자유화언론 등이다. 단순히 불평하거나, 다른 견해를 피력한다. 후자는 대부분 행위에 착안하는데, 남녀관계가 문란하다 같은 것이다. 정치문제로 사람을 괴롭히는 것은 '잔인'하며, 태도문제로 사람을 괴롭히는 것은 '악랄'하다. 전자는 사람을 '타도'할 수 있고, 후자는 사람을 '사회적으로 매장'시킬 수 있다. 만약 두 가지가 겸비되면 소인의 사심을 가장 통쾌하게 풀어줄 수 있다.

그 다음은 '유언비어'다. 사람들이 모두 문제나 약점을 찾아낼 수 있는 것은 아니다. 특히 청렴하고, 처세에 능한 사람은 상대하기가 쉽지 않다. 전자는 일신이 올바르기 때문에 잡힐 약점이 없고, 후자는 언행이 신중해서 잡으려 해도 잡을 수가 없다. 잡히지 않는다고 단념할 수도 없으니, 유언비어를 퍼뜨릴 수밖에 없다. 사람이라면 행동하고 표현하기 마련이기 때문에 유언비어를 퍼트리기가 쉽다. 억지로 갖다 붙이거나 흑백을 바꾸면 얼마든지 그물에 걸려들고, 큰 죄명을 씌우기 어렵지 않으며, 새로운 소식을 만들어 낼 수도 있다. 이를테면 어떤 사람이 외지로 연구조사를 나갔다면, 정부를 만나러 갔다고 할 수 있다. 어떤 사람의 집에 젊은 여자가 출입한 적이 있다면, 자연스럽게 애인이라고 한다.

그들은 믿으라고 하지도 않는다. 듣는 사람이 있으면 그만이다. 또한 그들이 믿든지 말든지 상관하지 않을수록, 사람들은 더 믿는다. 그 결과 모함을 당하는 사람이 아무리 변명을 해도 소용이 없다.

유언비어를 날조할 필요 없이 이미 존재하는 사실에 다른 해석을 갖다 붙일 수도 있다. 이것은 더욱 간편하다. 구실을 찾으려고만 한다면 무엇이든 나쁘게 이야기할 수 있고 종류도 많다. 웃으면 '남의 불행에 고소해한다' 라고 할 수 있고, '겉으로는 웃으며, 속으로는 해칠 생각을 하고 있다' 라고 할 수도 있으며, '겉은 웃으면서 속은 웃지 않는다' 라고도 할 수도 있다.' 울면 '동병상련의 아픔을 느낀다' 라고 하거나, '고양이 쥐 생각한다' 라고 할 수 있고, '동정표를 구하고 있다' 라고 해석할 수도 있다. 울지 않고, 웃지 않아도 말이 있을 수 있다. '냉정하거나' 아니면 '심보가 좋지 못하거나', 아니면 '일부러 아무렇지 않은 척한다' 라는 것이다. 이런 괴상망측한 행동을 하는 데 한담은 중요한 역할을 한다. 죄명은 한담에서 수집되는 경우가 많지만, 비밀을 알리는 것은 한담의 방식을 이용하지 않는다. 한담의 방식으로 비밀을 알리면 아무 소용이 없다. 한담에 불과하기 때문이다. 한담은 모두 근거 없이 떠도는 말로, 다른 사람이 한 말에 자기가 책임을 질 필요는 없다. 다시 말해, 어떤 사람이 한담을 많이 한다는 것은 적어도 그의 입버릇이 나쁘다는 것임을 증명할 뿐이다.

일단 음모가 원하는 대로 이루어져 분위기가 형성되면, 그것은 더 이상 한담이 아니다. 크게 떠들어대면 살생계가 될 수 있다. 역사적으로 간신들이 이렇게 했고, '문화대혁명' 시기 강생의 무리 역시 이렇게 했다. 지금 하루 종일 다른 사람의 작품에서 문제를 찾아내려고 혈안이 되어 수시로 좋지 않은 딱지를 붙이려는 사람들도 이렇게 하려는 것이다.

이런 소인들이 많다고는 할 수 없지만, 위험은 적지 않다. 그들을 '무시' 할 수 없다.

한담의 심리

호기심과 훔쳐보기

한담은 대체로 좋은 것은 아니다. 또한 한담에 열중하는 것은 중국인의 사회생활에서 더욱 '암적 존재' 다. 그런데 왜 많은 사람들이 한담을 하고, 한담을 퍼뜨리는 것을 좋아할까?

이에 대한 심리적인 분석을 살펴보자.

중국인의 첫 번째 '한담 심리' 는 '호기심' 이다. 중국인에게 '호기심' 은 겉으로 보아 없는 듯하고, 본인들 역시 있다고 하지도 않는다. 여기에는 또 두 가지 원인이 있다. 우선, 중국인이 볼 때, 호기심은 부끄러운 것이다. 중국 속담에 '견문이 좁아 모든 것이 신기해 보인다' 라는 말이 있다. 즉 호기심은 견문이 좁기 때문이다. 만약 견문이 넓어 아는 것이 많다면 보고도 이상할 것이 없다. 따라서 무언가를 처음 보더라도 아무렇지 않은 듯해야 한다. 이를테면 처음 제사에 참여했다고 하면, 전에 해본 적이 없더라도 여기저기 두리번거리며 사방을 살피거나 하면 안 되고, 정해진 순서대로 제사를 지내야 한다. 또한 '가정교육이 잘된' 아이는 다른 집에 갔을 때 절대 이것저것 뒤져보면 안 된다. 주인집

498

의 새롭고 신기한 것을 보고 깜짝 놀라거나 하여 사람들에게 자신들이 세상 경험이 없고 '없는 집 아이' 처럼 느끼게 하거나 웃음거리가 돼서는 안 된다.

중국인이 볼 때, 호기심은 올바른 것이 아니다. 호기심의 기奇란 무엇인가? '기' 는 이상한 것, 즉 '기괴한 것' 이며, 이異란 '기이' 라고 한다. '기' 의 반대가 정正이다. '정' 이란 '올바르다' 라고 하고, 상常은 '정상' 이라고 하며, 도道는 '정도正道' 라고 한다. 그래서 정상적이고 건실한 사람은 '호기심' 이 많아서는 안 된다. 공자는 괴이한 것, 힘 센 것, 어지러운 것, 신에 관한 것에 대해 이야기하지 않았다고 하는 것도 이런 이유에서다. '괴이한 것을 말하는 것' 은 군자가 할 일이 아닌데, 어떻게 '호기심' 이 있을 수 있겠는가. 그리하여 중국인의 호기심은 억압받아왔고, 진기할 것이 없었다.

하지만 호기심은 결국 사람의 천성이다. 따라서 중국인의 호기심은 제한을 받아왔을 뿐, 완전히 없어질 수는 없었다. 사실 자연의 신비, 종교적 귀속, 철학적 사유 등의 문제에 대해 중국인은 확실히 전혀 관심이 없다. 그러나 세상살이, 정치 투쟁, 인사 분규 등에 대해서는 관심이 아주 많다. 백성들조차 결혼, 장례, 다툼, 싸움, 학대나 사건 심의, 무법자들의 살인 사건 같은 '떠들썩한 것' 을 구경하길 좋아한다. 이럴 때면 사람들이 빙 둘러싸거나 뒤에서 한 무리의 사람들이 따라다니며 구경을 하는데, 루쉰은 "목을 길게 빼고 마치 오리 떼처럼, 보이지 않는 손에 잡혀서 위로 들려 있다"라고 했다.

중국인은 호기심이 없지 않고, '좋아하는 것' 은 사물이 아닌, 사람과 관계된 것임을 알 수 있다. 이른바 '가정사, 국사, 세상사, 모든 일에 관심을 가지고 있다' 고 했는데, 모두 사람과 관계된 일이다. 그러나 진짜

'공사(국사, 세상사)'에 관심 갖는 사람은 많지 않다. 일반 백성들의 관심은 역시 '개인사', 즉 가정사로, 특히 다른 사람의 가정사다.

따라서 '훔쳐보기'의 심리가 생기지 않을 수 없다.

중국에 얼마나 많은 사람들이 '훔쳐보는 버릇'이 있는지는 통계가 없다. 그러나 대체로 식구가 많은 가족은 며느리, 동서들 간에 서로 엿보지 않을 수 없다. 특히 여자들에게는 이런 취미가 있다. 그 원인을 따져보면 '너무 가까워서 거리가 없기' 때문이다. 함께 사는 사람들은 항상 다른 사람이 어떻게 사는지 궁금해 한다. 그중에서도 자기보다 잘사는지, 아니면 자기보다 못한지를 제일 알고 싶어 하니, 몰래 엿보지 않을 수 없다.

인간의 심리는 대략 이러하다. 거리가 너무 멀면 전혀 볼 수 없기 때문에 관심이 없고, 전혀 가려진 것이 없어 훤히 보여도 그다지 호기심을 느끼지 않는다. 유독 눈앞에 가까이 있는데 분명히 볼 수 없는, 즉 보일 듯 말 듯, 있는 듯 없는 듯, 비슷한 것 같기도 하고 아닌 것 같기도 한 물건과 일에 대해 '도대체 뭘까?'하고 궁금해 한다.

소시민의 생활이 이러하다. 한 골목 안에 수백 가구가 모여 사는데, 위층, 아래층, 벽을 사이에 두고 무엇이든 다 들리기도 하고, 잘 들리지 않기도 하며, 무엇이든 볼 수 있기도 하고 분명하게 볼 수 없기도 하다. '호기심'이 일지 않고 '몰래보는 습관'이 생기지 않을 수 있을까? 게다가 이웃 사람들은 온갖 일에 종사하는 부녀자들로, 함께 빨래하거나 마작하며 항상 수다를 떨지 않는가? 그들은 이야기할 자격이 있었고, 타인의 사생활은 가장 좋은 화젯거리였다. 애석하게도, 이런 소식들은 공개적으로 취재될 수 없는 것이기 때문에 몰래 볼 수밖에 없다.

이러한 것들이 가능한 이유는 중국에 프라이버시 개념이 전혀 없었다는 데 있다. 프라이버시는 개체의식의 기초 위에 세워진 개념이다. 모든 사람이 독립적인 인격과 자유 의지가 있는 개체라는 것을 인정할 때 비로소 그 사람에게 프라이버시가 있다는 것을 인정한다. 그러나 중국 문화의 논리에 따르면, 공사를 구분하지 않았고, 감추려는 사심이 없었다. 내외가 유별하면서도 한계가 모호했다. 만약 훔쳐본 사람 스스로 자신과 타인이 '한집안 사람'이라고 한다면, '훔쳐 본 것'이라 말할 수 있을까? 게다가 같은 고향 사람은 평소 서로 왕래하며 보살피지 않으면 안 되는데, 집도 보지 못하게 한다면 그것은 지나치게 내외하고 너무 의리 없는 것은 아닐까? 그 결과 훔쳐보기는 당당하고 떳떳한 일이 됐으며, 프라이버시를 지키는 것은 오히려 '부정'하고, 적어도 '인간미 없는 일'이 될 수 있었다.

문제는 '보겠다면 봐라, 왜 이야기하고, 또 여기저기 떠들고 다니느냐'이다. 하지만 말하지 않으면, 호기심과 훔쳐보기로는 충분히 만족할 수 없다. 상상력을 발휘할 수 없고, 창조성도 표현할 수 없다. 상상력과 창조성은 모두 '한담 심리'에 속한다.

상상력과 창조성

한담은 상상력을 연마하는 도구다.

상상력은 호기심과 마찬가지로 논쟁거리가 있다. 많은 사람들이 중국인은 상상력이 부족하다고 하는데, 신화가 많지 않고 재미있는 SF소설이 많지 않은 것이 그 증거라고 한다. 하지만 이를 근거로 중국인의 상상력이 부족하다면 억울하다. 루쉰이 말하길 "짧은 소매 입은 것을 보고 흰 어깨를 떠올리고, 나체를 떠올리며, 생식기를 떠올리고, 성교를 떠올리며, 문란한 관계를 떠올리고, 사생아를 생각하기에 이른다.

중국인의 상상력은 이런 면에서만 비약적이다"(《이이집而已集·소잡감小雜感》)라고 했다. 이는 중국인에게 '상상력'이 대단하다는 명백한 증거가 아닐까? 단지 문제는 '이런 면에서만' 그렇다는 것이다.

상상력이 불행하게도 이렇게 일부 영역에 집중됐지만, 어쨌든 그 실력을 드러내야 했다. 그런데 한담이 공교롭게도 '상상력'에 '힘쓸 곳'이 됐다. 한담은 '이야기를 좀 하는 것'이다. 게다가 '군자는 말로 하고 손을 쓰지 않으니', 편하게 말하는 것은 아무 관계가 없었다. 게다가 '손을 쓸 수' 없을수록, 더욱 '입을 쓰고' 싶었다. 그래서 중국인의 한담 내용은 '오직 이런 면'만은 아니었지만 이런 면이 많은 건 사실이다. 성이란, 원래 반드시 '말을 해야 하는 것'이지만, 공개적으로 할 수 있는 것은 아니기 때문이다. 공개적으로 할 수 없으므로 몰래 할 수밖에 없었고, 관방에서 할 수 없으니 민간에서 할 수밖에 없었다. 그래서 성에 관한 말은 대부분 한담이다.

성에 관한 한담은 아주 많은데, 각종 야한 농담과 야한 이야기가 모두 그것이다. 내용이 자극적이고 유혹적이며 형식은 여러 가지가 뒤섞여 복잡하다. 어쨌든 성은 금기의 화제로, 노골적으로 말할 수 없었다. 하지만 금기일수록 더욱 '참을 수 없는 유혹'이 된다. 그래서 말하고자 하는 사람은 그만둘 수 없고, 듣는 사람은 그만 들으려 해도 그만할 수가 없다. 말하는 사람은 얼버무리고, 듣는 사람은 또 꼬치꼬치 캐묻기가 어렵다. 따라서 상상력에 의지할 수밖에 없었다. 이런 상상력은 일반 농민들도 있다. 이를테면 한 농부가 아낙에게 "그 논 했어? 내가 물 줄까?"라면서, "내 관은 길고 두껍다"라고 한다. 그러면 아낙은 농부의 말뜻을 '이해'하고 바로 욕할 것이다. 만약 상상력이 없다면 무슨 말인지 알아들을 수가 없다.

만약 주변 사람, 주변의 일에 관계된 것이라면 상상력은 또 다른 작용을 한다. 일단 이런 이야기를 하게 되면 말하는 사람은 눈을 크게 뜨고, 듣는 사람은 감동의 빛이 어리며, 양쪽 모두 무척 흥이 난다. 말하는 사람은 생생한 묘사를 위해 '합리적인 허구'를 보태지 않을 수 없고, 듣는 사람은 호응하기 위해 맞장구치지 않을 수 없다. 이야기하는 사람과 듣는 사람 모두의 상상력이 충분히 표현되고 발휘되니 즐겁지 않을 수 없다. 이때부터는 불쌍하게 씹히는 사람만이 안녕하지 못할 뿐이다. 길을 가면 누군가 '가는 길을 주목할 것이고', 앉아 있으면 누군가 '뒤에서 손가락질 할 것이고', 이사 오면 갖가지 구실로 달려와 염탐하고, 떠나면 도망간 것으로 오인한다. 더욱이 여자가 이런 한담을 듣게 되면 정말이지 '황하에 뛰어들어도 그 오명을 다 씻을 수 없다'. 살인에 이용된 한담의 대부분이 이런 종류로, '상상력'은 칼날과도 같다.

사실 남녀관계뿐 아니라 다른 한담도 대부분 상상력에 의해 보충된다. 설령 '모든 일에는 원인이 있다'라고 하지만 말이 구체적이지 못한데 상상력이 없이 어떻게 가능하겠는가? 게다가 한담은 책임을 질 필요가 없으니 자기의 상상력을 갈고 닦기에 딱 좋다. 당연하게 여기더라도 걱정할 것은 없다. 어쨌든 잡담일 뿐 학문연구도 아닌데 진지할 게 무어란 말인가.

이런 이유로 창조성을 충분히 표현하기가 딱 좋다. 중국인은 원래 창조적 재능이 뛰어난데 애석하게도 호기심, 상상력과 마찬가지로 이를 제한받아 왔을 뿐이다. 옛날 구사회에서 과학 연구는 장려되지 못하고, 책을 써서 학설을 세우는 것도 상당히 금기시됐다. 경서와 유가의 도덕을 벗어날 수 없었고, 감히 기상천외한 발상은 할 수 없었으며, 누구나 규율을 잘 지켰으며, 모두 선현들에 대해 저술하여 창조성이라고 할 만한 게 없었다. 게다가 연구나 저술 모두 개인의 일들로, 평민백성과는 아무 관계가 없었다.

한담만이 '안전지대'였고, 한담만이 '힘을 발휘할 기회'였다.

한담의 가장 큰 장점은 누구나 할 수 있고, 어떤 것이든 할 수 있다는 점이다. 어쨌든 헛소리에 불과하여, 규칙이 없기 때문에 여유가 있다. 하지만 한담이 마냥 헛소리만은 아니다. 규칙은 없으나 기교는 있다. 한담의 목적은 모두를 유쾌하고 재미있고 즐겁게 하기 위한 것이다. 따라서 재치 있고 신선한 맛이 있어야 한다. 그래서 창조성이 필요하다. 그렇지 않으면 진부하고 흥이 나질 않아 아무도 듣지 않았다.

한담은 창조성이 매우 강하다. 술자리에서 나누는 농담만 해도 매년 '신판'이 있다. 휴대전화로 수시로 새로운 '메시지'를 보내는데, 이는 많은 사람들이 한담 '창작'에 종사하고 있으며, '저작권'에는 관심이 없다는 것을 설명한다. 동시에 전파되는 과정에서도 누군가 끊임없이 수정하고 보충하여 더 완벽을 추구한다. 명예와 이익을 추구하지 않는 창작 대군이 있기 때문에, 중국의 한담 사업은 나날이 발전하고 오래도록 쇠퇴하지 않을 것이다.

평형심과 복수심

한담에는 사람을 즐겁게 하는 한담이 있고, 사람을 해치는 한담이 있다. 사람을 즐겁게 하는 한담이 상상력과 창조성을 표현한다면, 사람을 해치는 한담은 주로 '평형심'과 '복수심'에서 나온다.

이 두 가지는 한 쌍이다. 타인에 대한 한담을 좋아하는 사람은 대부분 마음이 평형을 유지하기 못하기 때문이다. 보복과 마음의 평형을 위해 한담을 한다. 《홍루몽》의 배경인 대관원을 보면, 조이랑의 무리가

504

가장 한담을 좋아한다. 속으로 가장 평형을 이루지 못하기 때문이다. 마음의 평형을 이루지 못하므로 '공연히 분노하고', 분노하므로 '한담하며', 한담을 많이 할수록 공연한 분노는 많아진다. 이런 악순환으로 영원히 곤경에서 헤어나지 못한다. 그러나 이 방법뿐이다. 그들은 우선 권력이 없고, 힘이 없으며, 지위가 없다. 게다가 할 수 있는 제대로 된 일도 없는데 한담 외에 뭘 하겠는가. 한담이 한담만은 아니어서 말이 많아지면 정말 어떤 작용을 하게 될지 모른다. 마음이 평형을 이루지 못해 한담하는 사람의 심리는 대체로 이와 같다.

쓸데없이 다른 사람의 이야기하기를 좋아하는 사람은 모두 어느 정도 '첩의 심리'가 있다고 할 수 있다. '평형심'이란 솔직히 말해 '질투심'이다. 질투심 때문에 자기에게 운이 없으면, 다른 사람에게도 운이 없기를 간절히 바라고, 자기가 성공하지 못하면 다른 사람이 실패하기를 바란다. 자신이 똑바로 서지 못하면 다른 사람이 넘어지기를 바라고, 자기에게 능력이 없으면 다른 사람이 무너지기를 바라며, 자기에게 병이 있으면 다른 사람이 일찍 죽기를 바라며, 자신이 불행하면 다른 사람이 이혼하기를 바란다. 어쨌든 다른 사람, 특히 자기 신변이나 눈앞에서 매일 보는 사람이 자기보다 잘사는 것을 받아들이지 못한다. 루쉰은 "우리 중국인들은 자기 것이 아니거나 자기 소유가 아닌 것에 대해서는 그것이 항상 파괴돼야 즐거워한다"(《화개집속편華盖集續編·기담화記談話》)라고 했다. 그래서 이상한 일들이 일어난다. 여자 친구가 다른 사람과 도망가면, 그 여자를 잡아서 상해를 가한다. 서양 사람들처럼 남자를 찾아가 결투를 신청하지 않는다.

더 형편없는 사람도 있다. 그 여자에 대해 쓸데없는 말을 떠들어대는 것이다. 이는 일종의 '첩 심리'이며, '약자의 행위'다. 강자는 높은 곳에서 내려다보며 강한 우월감으로 자연히 자신이 얻지 못하는 것을 파괴하는 것이 아니라 더 좋은 것을 쟁취하려 한다. 물론 그는 절대 한담할 가치가 없다고 생각한다. 약자는 무능하고 우월감이 없어서 더 약한 대상에게 화풀이나 하고, 심지어 뒤에서 쓸데없는 소리를 한다. 한담으로 사람을 해치는 방식을 통해 일종의 대리 만족을 얻는다. '너는 득세하지 않았냐? 너는 운 좋잖아? 네가 내 행복을 빼앗아가지 않았냐? 다른 사람 앞에서 위신이 서지 않았냐? 그렇지만 나는 뒤에서 네 이야기를 하여 다른 사람과 함께 너를 깎아 내렸으니 우리는 비긴 거다'. 정말이지 아Q만도 못하다. 아Q는 '정신승리법' [5])을 주장하고 자기보다 약한 사람에게 화풀이를 하기는 했지만, 뒤에서 다른 사람에 대해 쓸데없는 소리를 하며 비열하게 굴지는 않았다.

다른 사람에 대해 한담을 하는 사람은, 대부분 한담을 당해본 사람이며, 한담을 당해본 사람들은 대부분 다른 사람에 대해 이야기하려 한다. 이것을 "눈에는 눈, 이에는 이, 한담에는 한담"이라고 한다. 네가 나에게 횡령했다고 하면 나는 네가 돈을 훔쳤다고 하고, 네가 내 이성 관계가 깨끗하지 못하다고 하면 나는 네게 애인이 있다고 하며, 네가 내 글에 대해 다른 사람이 대필한 것이라고 하면 나는 네 책이 모두 표절한 것이라고 한다. 이런 '한담 대전'에 학자나 교수 같은 사람들도 공공연히 참가하니 슬픈 일이 아닐 수 없다.

이렇게 쌍방이 모두 한담을 무기로 서로 보복하는 것 외에 한쪽에서 한담으로 보복하는 경우도 있다. 즉 다른 사람에게 손해를 입고도 당해 낼 수가 없어서 몰래 일을 꾸며 은근히 남을 비방하고 엉뚱한 욕을 하는 것이다. 이는 영락없는 약자의 행위이다. 이런 사람은 종종 두 눈을 부릅뜨고 온갖 방법을 써서 상대에게서 흠을 찾아낸다. 일단 약점을 잡아내거나 약점을 잡았다고 생각하면, 매우 흥분하여 사방에 알리고 소문이 퍼지지 않을까봐 걱정한다. 만약 이 약점을 다른 사람이 먼저 퍼트리면 속으로 고소해하고, 박수를 치고 쾌재를 부르며, 아울러 자발적으로 전파의 임무를 담당한다. 또한 전파 과정에서 가차 없이 화를 돋우는 말을 보태고, 부족한 부분을 보충한다. 따라서 한담을 통해 그 인간관계를 엿볼 수 있다. 어떤 사람이 다른 사람에 대한 한담을 신이 나서 떠들어댄다면, 그들은 대부분 '알력'이 있거나, 전자가 후자에게 '손해'를 당한 것이다.

한담을 보복 때문에 하는 게 아니라 해도, 한담을 전파하는 과정에서 사람들은 종종 남의 불행을 고소해하는 잠재적인 심리가 있다. 좋고 나쁨, 우월과 열세는 항상 상대적으로 존재하기 때문이다. 또 다른 사람이 재수가 없다면 자기는 운이 좋고, 다른 사람이 이야깃거리가 되면 자기는 약점이 없다는 증거이기 때문이다. 따라서 자신의 '결백'을 증명하고 '우월감'을 체험하기 위해서, 몰래 다른 사람에게 일이 생기기를 바란다. 그리고 의식적으로 다른 사람에 대해 떠들어댄다. 다른 사람에 대한 이야기가 많을수록 자기 이야기는 적다. 하지만 진짜 자신에 대한 이야기가 전혀 없을 때 어떤 사람들은 일종의 상실감을 느낀다. 이는 자신이 전혀 다른 사람의 주의를 끌만한 가치가 없음을 의미하기 때문이다.

따라서 아무도 자기를 모르거나 혹은 아무도 자기를 안중에 두지 않는 것을 제외하고, 누구나 다른 사람의 입에 오르내리는 것을 피하기 어렵다. 그 사람이 아무리 인간관계가 좋고, 조신하게 행동해도, 팔자에 있는 재난을 피할 수는 없다. "이 사람은 누구와도 잘 지내고, 한 번도 다른 사람에게 욕을 먹지 않으며, 정말 기름 단지 속의 달걀처럼 둥글고 미끄럽다”라고 한다면, 이 역시 한담 거리가 아닐까?

한담 예술가

한담을 무기 삼아 보복하고 집안싸움을 할 마음이 있는 것을 제외하고, 어떤 사람들은 한담이 좋아서, ‘수다에 인’ 이 박혀서 하기도 한다. 이는 ‘예술을 위한 예술’ 을 하는 사람들이라 할 수 있다. 그들은 다른 누구와 원수 관계이거나 원한을 산 일이 없고, 누구를 타도할 생각도 복수할 생각도 없으며, 목적도 동기도 없다. 그들이 한담에 열중하는 것은 전적으로 ‘한담을 위한 한담’ 이다. 따라서 진정 순수하고, 그야말로 에누리 없는 ‘한담 애호가’ 이거나 ‘한담 예술가’ 들이다.

이런 사람들이 많은 것은 아니지만, 능력도 있고 영향도 광범위하며, ‘한담 운동’ 의 중견인이자 핵심 역량이다. 중국의 ‘한담 사업’ 은 대부분 그들에 의해 유지되고 발전한다. 한담을 가장 사랑하고, 한담을 퍼뜨리는 데 가장 열성적이며, 가장 비한담적 요소의 영향을 받지 않기 때문에 항상 뒷담화의 전파와 유도를 책임진다.

성격적으로 ‘한담 예술가’ 는 대부분 따뜻하고 친절하며, 시원스럽고 솔직하다. 마음이 따뜻하고 친절해서 남의 일에 참견을 잘한다. 참견을 잘하다 보니 아는 사람이 많다. 자연 인간관계가 좋고, 정보가 광범위하며, 신속하게 소식을 전한다. 솔직하고 입바른 소리를 잘하기 때문에 거리낌 없이 대상을 가리지 않고, 만나는 사람마다 이야기하고, 도처에 전파한다. 결국 그들은 무슨 말이나 참견하고, 무슨 일이나 개입한다. 그들이 모르는 일이란 없고, 그들이 감히 발표하지 못할 비평도 없다. 게다가 사리사욕도 목적도 시비도 없기 때문에 이야기를 전하는 데 정의를 위해 뒤돌아보지 않고, 용감하게 전한다. 심지어는 ‘정보 발표자’

의 임무를 담당하고, 많은 사람이 '기대'하는 바와 갈채 속에서 커다란 만족감을 느낀다.

이는 귀엽기도 하고 무섭기도 하다. 그들이 한담을 전파하는 것에 전혀 사심이나 잡념이 없기 때문이다. 사리사욕이 없으니 입장이란 게 없기 때문에 당연히 무슨 이야기든지 일률적으로 전파한다. 누가 다치든 상관하지도 않는다. 또한 스스로 아주 공정하다고 생각하기 때문에 가장 무섭다. 노련하고 용의주도한 집안싸움의 고수들이 한담으로 몰래 사람을 중상하고 모략할 때, 가장 먼저 떠올리게 되는 '저격수'가 그들이다. 그들은 얼떨결에 다른 사람이 시키는 대로 하고, 노고와 원망을 두려워하지 않으며, 보수를 바라지도 않는 진정한 '한담 예술가'이다.

이런 보배들이 힘든 줄 모르고 기꺼이 한담을 하는 이유를 자세히 살펴보면, 세 가지 심리적 원인이 있다. 첫째는 '책임감'이다. 남의 일에 간섭하는 것을 임무라 생각하고, 기꺼이 시간을 써가며 정력을 보탠다. 또한 자기와 전혀 관계없는 일을 위해 사방으로 뛰어다니고 도처에 퍼트리는데, 마치 세상의 흥망과 사회의 혼란이 전적으로 자신의 말 한마디에 달려 있는 듯하다. 두 번째는 '과시욕'이다. 외로움을 견디지 못하는데다, 우월의식까지 대단해서 작은 소문이라도 들을라치면, 즉각 자기가 '세상 모든 것을 다 아는 듯한 신통력'을 표현하려고 한다. 따라서 이런 사람이 이야기 할 때는, 청중이 많을수록 그의 열정은 뜨거워진다. 듣는 사람이 없으면 도도하게 기분 나빠하고, 따분해하고 지루해한다. 셋째는 '즐거움'이다. 전파 과정에서 이 단계로 접어들면 일종의 쾌감을 느낀다. 이런 쾌감이 있느냐 없느냐는 '한담 예술가'와 일반 '한담 애호가'를 구분하는 분수령이다. 어떤 공리적인 목적도 없이 순수한 즐거움을 위해 한담하는 사람이야말로 진정 '한담을 위한 한담'

을 하고, '예술을 위한 예술' 을 한다.

한담을 즐거운 일, 제2의 직업으로 하는 '한담 예술가' 는 소수다. 한담을 무기로 삼거나 투쟁 수단으로 하는 '한담 음모가' 도 소수다. 많은 사람들에게 그들이 한담하고 들으며 전하는 것은 자신의 무미건조한 생활에 약간의 '즐거움' 을 보태는 것이다. '세상은 큰 무대, 무대는 작은 세상' 으로 모든 사람이 이 사회라는 무대에서 '인생을 표현' 해야 하는데, '극적' 이지 못하면 아무래도 재미가 없다. 한담을 듣는 것은 연극을 보는 것과 같고, 한담을 하는 것인즉 연극을 하는 것과 같다. 한담을 전하는 과정에 기름을 치고 식초를 치는 것은 각본과 다름없다.

그러나 '각본' 을 모든 사람이 다 구성할 수 있는 것은 아니며, '좋은 연극' 은 반드시 계속 무대에 올려야 한다. 특히 고대에는 라디오도 없고 텔레비전도 없었는데도 한담이 중요한 오락 방식 중 하나였다. 자신이 창작한 대로 입에서 나오는 대로 지껄이면 요구를 만족시키기 어려웠다. 게다가 말재주마저 없다면 말하기 어려웠다.

그래서 한담을 직업으로 하는 사람도 시대적 요구에 따라 나타났다.

궁정의 '직업 한담가' 는 '농신俳臣' 이었다. 주요 업무는 황제와 농담하고, 우스갯소리하고, 수다 떨고, 재미있는 이야기로 황제의 기분을 풀어주는 것이었다. 황제도 사람인데 하루 종일 엄숙한 얼굴로 '정사' 만 돌볼 수는 없었다. 그에게도 심심풀이, 오락, 유희가 필요했다. 그 중에는 한담이 포함되었으며, 농신이 필요했다. 그들의 일은 결코 한담하는 데 그치지 않았다. 어떤 사람은 사실 남성 동성애의 상대였고, 그는 사람들에게 대우받지 못했다. 전문적으로 한담만 하는 사람을 '문학 농신' 이라고 하거나 '문학시종지신文學侍從之臣' 이라고 했는데, 어느 정도 지위가 있었다. 어떤 사람은 또 '재상' 이 될 수 있었는데, 청대 강희조의 은사 기宿가 바로 그랬다. 이 밖에 '태감(내시)'이 있었다. 태감은 원래 여성화된 남자로, 당연히 한담을 잘하는 사람이 적지 않았다. 황태후, 황후, 비빈들과 한담을 하는 임무가 그들에게 맡겨졌다. 고관대작들 집의 '직업 한담가'인 '청객淸客'은 그들 집에서 빌붙어 사는 문객으로, 《홍루몽》의 주인공 가보옥의 아버지 가정賈政은 신변에 한 무리의 문객을 거느렸다. 그들의 임무는 시를 짓고, 재미있는 이야기를 하고, 벌주를 마시고, 흥을 돋우며, 박수갈채를 보내고, 아부를 하며 돈을 뜯어내는 것이었다. 농신과 청객 모두 황제나 권세가들이 '한가할' 때가 돼야 '일을 하는' 사람들이었다. 그래서 그들의 직업을 '식객'이라고 총칭할 수 있다.

식객과 조력자

식객이라는 직업은 역대 사람들에게 그다지 존경받지 못했다. 황제는 그들을 '광대로 키웠고', 고관대작들은 표면적으로만 친절했을 뿐이다. 따라서 포부가 있거나 기개가 있는 문인들은 가치가 없는 일로 생각했다. 사마상여司馬相如 같은 사람은 항상 병을 핑계로 무제 앞에 비위를 맞추러 가지 않고, '제문'을 지으려 했다. 이백의 경우, 현종玄宗이 자신을 부르자 중책을 맡게 될 것이라 생각하고 기뻐서 하늘을 바라보며 크게 웃고 문을 나서며, "내 어찌 초야에 묻혀 살다 죽을 사람인가"라고 했다고 한다. 장안에 도착해서야 '문학 농신'으로, 임금의 흥이나 돋우는 야릇한 문장이나 짓는 것을 알고는 화가 나서 길거리에서 술에 취해서 "천자가 불러도 배에 오르지 않고, 자칭 나는 주중酒中 신선"이라고 하다가 결국 사직하고 떠났다. 사실 이 두 사람들은 화를 낼 필요가 없다. 실제로 그들에게 어떤 정치적 재능도 볼 수 없기 때문이다. 예술가적 기질이 농후한 사람은 정치하기에 적당하지 않다. '정치만 어지럽히기' 때문이다. 시를 잘 지었던 이욱李煜[6], 그림을 잘 그렸던 조길趙佶[7]이 나라를 어떻게 만들었던가. '어용문인御用文人'[8]은 정말이지 잘 알고 적재적소에 써야한다.

식개 노릇도 쉽지만은 않다. 루쉰이 말했듯이 "반드시 빌붙어 살겠다는 뜻이 있어야 하고, 재주가 있어야 진정한 식객이다."(《차개정잡문이집且介亭雜文二集》) 그렇지 않으면 '잡담'이나 할 뿐이다. 이른바 '진정한 식객'이란, 첫째, '말을 할 줄 알아야 하는 것'이다. 말재주가 좋아야 하고, 큰일도 가볍게 다루며, 자유자재로 글을 쓰고, 재미와 해학이 있어서 흡인력 있는 '구두문학가'에 해당한다. 둘째는 '말을 잘하는 것'이다. 견식이 풍부하고, 고금을 두루 통달하여 어떤 화제라도 말을 이어갈 수 있고, 이유를 설명할 수 있어야 한다. 이렇게 되려면 속에 든 것이 많아야 하는데, 적어도 반은 '학자'여야 한다. 셋째, '어떤 말을 해야 할지 아는 것'이다. 어떤 말은 해도 되고, 어떤 말은 해서는 안 되는지 알며, 무슨 이야기를 하든지 간에 사람을 즐겁게 하고, 반감이 들게 하지 않는다. 이렇게 하려면 약간 '정치가'적인 자질이 있어야 한다.

한담을 하는 것이 쉽지 않다고 이미 말했지만, '간단하면서 심오한 말로 대의를 이야기하며', '위기를 떨치고 어려움을 푸는' 역할까지 하는 것은 더더욱 쉽지 않다. 정직해야 할 뿐 아니라 기지가 뛰어나야 한다. 전국시기의 순우곤淳于髡과 우맹優孟 등이 그런 사람이다. 그중 가장 우수한 사람은 우전優旃이다. '우優'는 '광대'로, 무대에서 익살을 부리는 일을 업으로 하는 예인이다. 우전은 난장이로, 키가 작고 못생겼다. 대략 코미디배우 같은 인물로, 재미있는 이야기를 잘했는데, '도를 지나치지 않았다.' 진시황이 일찍이 큰 사냥터를 지으려 했는데, 동쪽으로는 함곡관函谷關(지금 허난성 잉바오[靈寶]현 서남쪽)에 이르고, 서쪽으로는 옹雍(지금 산시성 펑샹[鳳翔]현 남쪽), 진창陳倉(지금 산시성 바오지[寶鷄]현 동쪽)에 이르렀다. 우전이 이 이야기를 듣고는 "아주 좋습니다, 아주 좋아요! 안에 들짐승을 많이 길러서 동방에서 침입자들이 오면 고라니에게 명령해서 그들에게 저항하라고 하면 되겠습니다"라고 했다. 진시황이 그의 말을 듣고는 이 계획을 취소했다. 나중에 진 2세가 황제가 되자, 기상천외하게 성벽에 유칠을 하려고 했다. 우전은 이렇게 말했다. "좋습니다, 아주 좋아요! 유칠을 한 성벽은 아름답고 사치스러우면서도 미끄러우니 적들이 올라오고 싶어도 올라올 수가 없지요. 칠하기는 쉬운데, 칠한 성곽을 들여놓고 음지에서 말리려면 그렇게 큰 방을 찾기가 좀 어렵겠네요" 그의 말에 2세는 웃고 말았다. 몇 마디 담소로 나라나 백성에게 백해무익한 안건을 부결시켰으니 그는 '식객'이 아닌 '조력자'다.

문객 중에 조력자가 될 만한 사람이 적지 않았다. 한 무제 때(일설에는 선제宣帝) 북해 태수의 문객 왕 선생이 그러하다. 당시 황제가 태수를 만나려하자, 왕 선생은 태수에게 "만약 황제가 '어떻게 북해를 다스려 도적이 없게 했는가? 하고 물으면 어떻게 대답하실 것입니까?" 라고 했다. 태수는 "훌륭한 인재를 뽑아 각자의 재주를 펼치도록 했고, 뛰어난 사람에게는 상을 주고, 발전하려 하지 않는 사람은 벌을 주었습니다" 라고 대답했다. 그러자 왕 선생은 "이것은 자화자찬이며, 공로를 과시하는 것입니다. 이렇게 대답하십시오. 저의 힘이 아닌, 모두 폐하의 신성과 권세가 변화시킨 것입니다." 라고 했다. 북해의 태수는 황제를 만나 정말로 왕 선생의 충고대로 대답했다. 황제가 듣고 아주 기뻐하며 북해 태수를 상림원上林苑을 담당하는 수형도위樹衡都尉에 임명하고, 왕 선생을 그의 조수에 임명했다. 왕 선생의 말이 '정의'라고 할 수는 없지만, 그는 '조력자'였지, '식객'이 아니었다.

'한담이 한담이 아님'을 알 수 있다. 한담을 잘하면 '조력'이 되고 한담을 잘못하면 '잡담'이 된다. 한담과 잡담의 차이는, 전적으로 내용에 달려 있지 형식에 있지 않다. 역사상의 정치가, 외교가는 비록 '직업 한담가'는 아니었지만, 대부분 한담 몇 마디 할 줄 알았고, 한담에 필요한 작문, 언변과 임기응변 능력이 어느 정도는 있어야 했다. 중국 전통의 정치와 외교에는 모두 연회가 있었기 때문이다. 연회는 우호를 표시하는 형식으로, '관리의 티를 내서는' 안됐으며 한담만 할 수 있었다. 설사 충돌이 생기더라도 한담으로 반격하고 화해할 수 있었다. 삼국시기, 서촉西蜀의 사신 장봉張奉이 손권이 개최한 연회에서 무례하게 말해서 동오東吳 쪽에서 아주 화가 났지만 쉽게 화를 낼 수 없었다. 그리하여 동오의 설종薛綜이 장봉에게 다가가 술을 청하며 아주 아무렇지 않은 듯 물었다. 선생은 "'촉蜀'이 무엇인지 아십니까? 개가 있으면 독獨이고, 개가 없으면 촉이며, 눈을 사납게 뜨고 몸을 구차하게 하니 벌레가 뱃속에 들어 있습니다." 그러자 장봉이 불쾌해하며 반문했다. "선생은 무엇을 오吳라고 하는지 말할 수 있소?" 설종은 의연히 대답하길 "입이 없으면 하늘[天]이고, 입이 있으면 오吳이며, 군이 만방에 임하는 천자의 수도입니다." 자리에 있던 사람들은 모두 웃었고, 장봉은 대답할 말이 없었다. '연회에서 술잔을 주고받으며 상대를 제압하는 것'이 한담과 밀접한 관계가 있음을 알 수 있다.

한담과 한서閑書

한담에 이렇게 많은 용도가 있었기 때문에 자연히 전문적으로 한담을 이야기하는 책이 생겼는데, '한서閒書'라고 했다. 한서에는 전문적으로 한담을 기록한 것과 그 자체가 한담인 두 종류가 있다. 전자는 위 문제 조비의 《소서笑書》, 같은 시대 한단순邯鄲淳의 《소림笑林》이 그것이다. 이밖에 유명한 《세설신어》도 적지 않은 한담을 기록하고 있다. 후자의 범위는 더욱 광범위했다. 넓은 의미에서, 사람들이 한가할 때 읽고, 반드시 정식 장소에 사용되거나, 단정한 차림을 하고 진지하게 앉아서 읽어야 하는 책이 아닌 것을 모두 '한서'로 볼 수 있다. 하지만 내용이 모두 '심심풀이'는 아니다. 이는 형식에만 관계있을 뿐, 내용과는 관계가 없었다. 이런 관점에서 잡문, 수필, 산문, 소설 등 문학 작품의 반수 이상이 모두 '한서'라고 할 수 있다.

이렇게 말하면 분명 많은 사람이 반대하고 화를 낼 것이다. 이론가들은 문학의 사회 작용을 무시하는 것이라고 생각할 것이고, 작가들은 고의로 자신들의 '몸값'을 저평가하고 작가를 '예인'으로 보는 것이라 생각할 것이다. 하지만 잠시 진정하고 들어주기를 바란다. 첫째, 지금 사회는 만인이 평등하고, 맡은 바 직업은 각자 사회적 분업이 다를 뿐 귀천이 없다. '직업적인 한담가'는 적어도 전문적으로 '입에 발린 소리를 하는 사람'이나 '허풍쟁이'보다 못하지 않다. 두 번째, 책의 사회적인 가치는 주로 그 내용으로 보며, 심미적인 가치는 주로 그 형식으로 본다. 고상하고, 건강하고, 충실하고, 사람들에게 유익한 내용이 있어야만 사회적 가치가 있는 것이지, 그 형식이 '심심풀이'인지 '심심풀이용이 아닌지'와는 관계가 없다. 과거 어떤 사람이 루쉰을 공격하길, 작품이 '재미를 중심으로 하는 문예', '긍지를 갖는 것이 첫째도 한가, 둘째도 한가, 셋째도 한가'라고 했다. 루쉰은 '위신이 떨어졌다'라고 생각하지 않고, 반대로 자신의 수필집을 《삼한집三閒集》이라 명명하고 간략하게나마 반격을 표시했다. '흰시' 문제에 대해 루쉰은 분명 보통 사람과는 다른 심오한 견해를 가지고 있었는데, 표면상으로만 고상하다고 자처하고, 실제로는 저속하기 짝이 없는 사람과는 함께 논할 수 없다고 했다.

한서는 한담처럼, 그 자체를 좋다 나쁘다로 논할 수 없다. 관건은 무엇을 말하는지를 봐야 한다. 한담이 사람을 해치는 것은 그것이 한담이 아님을 말한다. 이는 도끼가 불행히 사람을 죽이는 데 사용됐다고 해도, 도끼에 죄가 없는 것과 같다.

한서와 한담은 생활에 없어서는 안 된다. 우리는 한담이 원래 절대로 '배후의 의론, 비평'의 뜻이 아니며, '불만의 말' '나쁜 말'이 아닌, '한가할 때 하는 말'이라는 것을 안다. 한서는 '한가할 때 보는 책'이다. 한서는 일종의 휴식 방식이자 생활의 정취다. 살면서 한담을 전혀 하지 않는 사람이 얼마나 될까? 독서할 때 한서를 전혀 읽지 않는 사람 또한 많지 않을 것이다. 설령 몇 사람이 있다고 해도 대부분 판에 박은 듯 융통성 없고, 무미건조하고, 아무 재미가 없고, 사는 게 무척 피곤할 것이다.

한서는 세 종류로 나누어볼 수 있다. 첫째, 내용이 충실하고 심오한 의의가 있는 것으로, 형식은 한서지만 실제로는 정사正史인 것이다. 둘째, 형식도 '심심풀이', 실제로도 '심심풀이'로, '심오한 의의'는 없지만 생활의 윤활유로 심신을 이완시키고, 피로를 풀어주며, 시간을 보내는 데 좋은 것이다. 셋째, 내용은 공허하고 전혀 의의가 없는 '잡담'이다. 한서는 '잡담'이 되기 쉬우므로 조심하지 않으면 안 된다. 그러나 '잡담'이 한서에만 있는 것은 아니다. 이를테면 지금 도덕군자인양하면서 글은 무미건조하고, 진지하게 농담하는 '정서'를 많이 봐오지 않왔나?

　이로 보아 한서도 정사라 할 수 있으며, 정사도 주제와 관련이 없는 글을 이용할 수 있다. 사실 이런 저작이 역사상 적지 않은데, 이를테면 청대 원매袁枚의 《수원시화隨園詩話》가 그것이다. 지금까지도 중국 미학사와 중국 문학비평사상 중요한 저작으로 여겨지는 것이 '한서'다. 이는 한서가 가치가 없는 것만은 아니라는 사실을 다시금 증명한다. 반대로 한서가 편안하고, 문필은 유창하며, 설명은 민첩하고, 해학적이고 유머가 있으며, 읽기에 부담 없고 유쾌해서 사람을 끌어들이기 때문에 '정사'를 말할 때 효과가 더 좋다. 이렇게 좋은 한서를 쓰려면, 견해가 독창적이고, 학식이 풍부하며, 기지가 번뜩이고, 재기가 넘쳐야만 생기 넘치고 깊이 사색할 수 있는 글을 쓸 수 있다. 그러려면 '큰일을 간단하게 처리하는' 솜씨가 있어야 한다. 절대 '쓸데없이 지껄이는 것' 만으로는 효과를 볼 수 없다.

　이 책이 바로 이런 시험을 하려는 것이다. 엄숙한 학술서적에 한서의 형식을 입히거나 또는 한서에 심오한 사상을 부여하려 한다. 그래서 이런 형식을 '수필체 학술저작'이라고 명명한다. 이 시험이 성공할지, 실패할지는 자신이 없다. 독자들의 감정, 품평, 감상, 한담에 맡길 뿐이다.

1) 베이징 사람들이 말하는 한담하다의 '칸산〔侃山〕'에서 '간侃'은 강직하다라는 뜻이 있다. 그만큼 한담을 할 때는 산을 옮길 정도로, 훈련을 잘 받은 군사들처럼 강직한 말투로 한담을 나눈다는 뜻이다.

2) 농민출신에서 대장군의 직위에 이른 입지적인 인물.

3) 20세 남자는 달리고, 30세 남자는 뜻을 세우고, 40세 남자는 가장 장대하고, 50세 남자는 부드러우며, 60세 남자는 조용히 숨을 내쉬고, 70세가 되면 행동은 못하고 연상만 한다는 비유이다.

4) 상하이 출신의 유명한 은막 스타. 남성들과 관련된 확인되지 않은 온갖 소문과 사랑하는 남자들의 배신에 결국 자살로 자신의 억울함을 증명했다. 짱만위〔張曼玉〕 주연의 영화로도 만들어졌다.

5) 현실은 어떻든 정신만 승리하면 승리라는 '아Q'의 정신.

6) 중국 오대五代 남당南唐의 마지막 왕(937~978). 송나라에 패하여 유폐됐다가 독살됐다. 음률에 정통했으며, 사詞를 서정시로 완성하는 데 결정적인 역할을 했다.

7) 중국 북송의 8대 황제(1082~1135). 예술의 후원자이자 화가·서예가로 유명하다. 그는 정치를 멀리하고 문학과 미술에 탐닉했다. 그의 화원畵院에서 일하는 화가들에게, 세밀한 표현기법을 도입하여 있는 그대로의 색채와 형태로 대상을 묘사해야 한다고 강조했다. 화조花鳥를 대상으로 한 자신의 작품 또한 정확한 색채, 정밀한 표현, 완벽한 구성 등을 이루고 있다. 그는 '수금체瘦金體'로 알려진 우아한 서체로 탁월한 재능을 발휘했다. 한편 3세기부터 당시까지 황실에 전해지는 많은 주요 화가들의 전기傳記와 그림 목록을 뽑아《선화화보 宣和畵譜》를 편찬하도록 했다(선화는 휘종의 연호임).

그의 재위기간은 북송의 급격한 쇠퇴기였다. 그는 황실에 도교를 장려하고, 정원을 사치스럽게 꾸몄다. 황제가 총애하던 환관들이 조정에서 유례없이 막강한 실권을 장악하자, 보수파와 개혁파 간의 정치적 갈등은 계속됐다. 북쪽의 요遼나라가 세력을 뻗치며 위협하자, 그는 만주(지금의 둥베이)의 여진족과 동맹을 맺었다. 요와의 전투에서 이기기는 했으나, 여진족의 세력이 점차로 커지게 되자 이에 두려움을 느낀 그는 1125년 아들 흠종欽宗에게 제위를 물려

주었다. 그러나 흠종이 제위에 오른 지 2년이 지난 1127년 여진족은 수도 개봉開封을 점령하고 북송을 멸망시켰다. 휘종과 흠종은 만주에서 비참한 귀양살이 끝에 죽었다.

8) 권세 있는 이에게 아첨하며 빌붙어 사는 문인.

이중톈,
중국인을 말하다

1판 1쇄 발행 2008년 3월 25일
1판 3쇄 발행 2008년 6월 12일

지은이 · 이중톈
옮긴이 · 박경숙
펴낸이 · 주연선

책임편집 · 이효선
편집 · 이진희 이신혜 최형연 강소라 김광일 이외숙
디자인 · 정혜욱
마케팅 · 김호 장병수 이정희 노재용
관리 · 구진아

도서출판 은행나무
121-839 서울특별시 마포구 서교동 384-12
전화 · 02)3143-0651~3 | 팩스 · 02)3143-0654
등록번호 · 제 10-1522호(1997. 12. 12)
www.ehbook.co.kr
ehbook@ehbook.co.kr

잘못된 책은 바꿔드립니다.
ISBN 978-89-5660-221-9 03380